"十二五"国家重点图书

第四卷

产业发展与结构转型研究

大公司主导变革：我国产业结构战略性调整的新思路、新政策
——基于产业链重构视角

芮明杰　杨　锐　著

上海财经大学出版社

本书是"上海产业结构调整"上海社会科学创新研究基地、上海市发展战略研究所芮明杰工作室与复旦大学产业经济学系部分研究人员在上海市政府决策咨询研究重点课题"基于战略性新兴产业发展的上海高新技术自主创新网络与公共服务体系配套研究"(项目编号:2012-GZ-07)、上海市政府决策咨询研究重点课题"上海能源、环境与产业选择之间的关系"(项目编号:2012-GZ-06)和国家社科基金重点课题"政府主导产业链、供应链和价值链重组以推动产业结构调整优化战略、路径与政策创新研究"(批准号:10AZD006)终期成果的最终成果,以及国家自然科学基金面上项目"基于服务价值链的知识创新服务模块化分工及集成研究"(批准号:71072001)和复旦大学"985工程"三期整体推进社会科学研究项目"后金融危机时代中国现代产业体系构建研究"(批准号:2011SHKXZD007)的部分成果基础上进一步修改完善而成。该项目除受上海市人民政府发展研究中心、上海市哲学社会科学规划研究办公室及国家自然科学基金委资助研究外,同时还获得复旦大学"985工程"三期整体推进社会科学研究项目"后金融危机时代中国现代产业体系构建研究"的研究资助。特此感谢!

总　序

在经济全球化条件下，跨国的商品与服务交易不断增加、国际资本流动规模日益扩大、技术扩散与传播广泛而迅速，使得产业资源要素的国际流动速度加快、融合程度加深、关联效应加大，基于资本与劳动力等基本要素禀赋的静态比较优势也发生了重要的变化，产业分工与价值链分布在全球范围内展开，中国现行产业发展、产业体系及其变化在全球产业转移和扩散中扮演着越来越重要的角色。

一

本研究系列成果的出版有两个重要的宏观背景：一是在百年一遇的国际金融风暴之下，全球产业分工体系与产业链正在进行快速重构，再工业化与新兴产业发展已经开始；二是我国经济和产业经过近10年的发展，积累的结构问题已经到了非解决不可的地步。

第一，全球产业分工体系以及产业链、供应链与价值链正在进行快速重构，需要重组升级受本轮危机严重影响的原有重点产业，进行再工业化并大力培育新兴重点产业形成经济发展的新动力，通过调整优化产业结构以构筑经济复苏基石。

例如，汽车产业一直是美国最为重要的支柱产业之一，也是这次危机过程中受损失最大的产业之一，同时还是这次危机过程中在美国政府及社会压力下重组力度最大的产业。受益于汽车销售相关的金融创新产品的广泛应用，美国汽车产业此前一直维持稳定增长。但随着国际金融危机的爆发，没有了相关金融创新产品的支持，民众的汽车需求急剧下降，汽车销售量与日俱减，库存大幅攀升，三大汽车制造商纷纷面临资金链断裂危险。美国政府于2009年2月16日宣布专门成立一个跨部门的汽车工业特别工作组，以监督指导汽车业重组计划。在这之后，三大汽车制造商之一的克莱斯勒被裁定进入破产程序，通用汽车公司则通过破产保护被分割为两家企业。美国汽车产业格局全面洗牌，世界汽车产业格局也将面临重大调整。环保型汽车随着汽车产业链、供应链与价值链重组的推进将逐步成为市场主流。

然而，将大力发展低碳经济与再工业化作为新兴重点产业，是这次危机期间各主要发达国家挽救经济的共同手段。美国总统奥巴马的经济刺激方案中,一项重要内容就是明确提出要促使新能源行业产出翻倍并以此创造或挽救300万个就业岗位。在日本,前首相麻生太郎提出把经济的中长期发展战略作为一个改革方向,重点发展“环境友好”(低碳节能)型经济、老年人的医疗护理以及动漫与时尚文化产业(康怡,2009)。而在欧盟峰会结束后的2008年12月13日,欧盟委员会宣布,将通过公私合作方式投资32亿欧元,用于低碳经济的研发,推动低碳经济的发展和低碳产业链的形成与发展;重点用于创新型制造技术、新型低能耗建筑与建筑材料、环保汽车及智能化交通系统三个领域的科技研发。全部投资的一半来自欧盟预算,另一半来自相关私营企业(金力,2009)。

第二,目前我国经济和产业结构问题已经比较严重,需要认真研究与探讨。

研究表明,我国目前的主导产业是第二产业而不是第三产业,产业结构变动的基本态势为:(1)第一产业的比重大幅度下降,产业链分散;(2)第二产业的比重依然占50%,稳定且不下降,处于价值链低端,同时地区差异相当大;(3)第三产业的实际产出比重有所上升,但内部结构构成不合理,生产性服务业发展缓慢,与第二产业发展不匹配。后两个特征实际上是最近几年中国产业结构演变的一个典型特征。结构调整的动因是供需之间的结构性矛盾,现有很多产业的产能过剩就是这种结构性矛盾的体现。在结构调整过程中,不同产业的产出结构和劳动力结构变化的不一致导致了产业之间相对劳动生产率的变动,这是中国产业结构演变内在联系的一个重要方面。产业链上下游产业之间,以及供应链、价值链上企业之间的分工、协作与竞争是决定产业结构合理程度和产业竞争力的关键(Fleming,1955;Okuno-Fujiwara,1988;Rodriguez-Clare,1996;Ciccone,2002;芮明杰、刘明宇和任红波,2005),能否使产业链上下游产业动态匹配,能否控制产业链上的关键产业,成为决定产业结构和产业竞争力的关键(郁义鸿、管锡展,2006;芮明杰、刘明宇和任红波,2005;江静、刘志彪,2007)。

金融危机导致我国出口依赖的产业、资源依赖的产业与劳动力成本依赖的产业遇到了严重的问题,一些产业的产能严重过剩。中国工业和信息化部的调查显示,24个行业中有21个产能过剩,其中钢铁、水泥、平板玻璃、煤化工、多晶硅、风电设备6个行业均为受到重点关注的产能过剩行业。同时,盲目投资现象仍然很突出,一些钢铁新开工项目未批先建或违规建设,如2009年前5个月水泥投资同比增长78.6%,在建水泥生产线超过200条,新增产能超过2亿吨;造船能力过剩约1 600万载重吨,约占总能力的1/4,而前5个月船舶工业固定资产投资仍然增长55.5%。至2010年6月底,我国依然有钢铁、水泥、平板玻璃、煤化工、多晶硅、风电设备、造船七大产能过剩行业,以及发电设备、重型装备和通用机械等潜在产能过剩行业，结构调整优化任务十分艰巨。

我们应清醒地认识到，在全球资源价格上升、人民币升值、贸易保护主义抬头和技术进步快速等现象存在的今天，中国现行的产业发展与产业体系在全球分工中所处的劣势已经日益显现，我们迫切需要进行产业体系的整体转型，需要构建面向未来的现代产业体系，需要对此进行认真科学的研究。研究构建符合我国长远利益的现代产业体系及其科学发展模式，以及相应的经济制度结构和政策支持体系，在新的经济环境中，以科学发展观为统领，正确发挥市场和政府在产业结构调整与升级过程中的重要作用，为转变发展方式，从“快字优先”到“好字优先”，实现“又好又快”的发展目标，提升我国产业的国际竞争力，促进我国现代产业体系形成与持续健康发展，具有极其重要的理论意义与现实应用价值。

二

近 5 年来，我们复旦大学产业经济学科研究团队与我们的合作者——上海其他高校、政府研究机构相关研究人员，依托复旦大学管理学院产业经济学系、上海市哲学社会科学规划办公室与上海市政府发展研究中心批准成立的复旦大学“上海产业结构调整”上海市社会科学创新研究基地和上海发展战略研究所芮明杰工作室，先后主持承担或正在主持承担与“产业发展与结构转型”主题相关的国家社会科学基金重大项目 1 项、国家社会科学基金重点项目 1 项、国家自然科学基金面上项目 5 项、国家软科学基金项目 1 项、上海市重大决策咨询项目 3 项以及上海市政府委托的其他重大项目多项，产生了一批重要的成果。为使我们的这些在产业科学发展与结构转型方面的创新研究成果能够及时出版，贡献于国家和上海的产业发展、产业结构调整、产业创新的理论创新与实践，我们设想与上海财经大学出版社合作在总标题“产业发展与结构转型研究”下，每年出版 1～2 本我们的上述优秀研究成果，每本 20 万字左右，形成系列。

复旦大学产业经济学科发展至今已有 20 多年的历史。复旦大学产业经济学硕士点建立于 1983 年，产业经济学博士点于 1986 年经国务院学位委员会审定批准建立，至今已有 29 年。1988 年，产业经济学科被国家教委确定为首批国家级重点学科之一，之后顺利通过 2001 年和 2007 年教育部的两度评选，20 多年来一直保持国家级重点学科的荣誉，在国内同行中享有盛誉。自 2003 年以来，复旦大学的产业经济学科带头人芮明杰教授，同时还兼任“上海产业结构调整”上海市社会科学创新研究基地首席专家、上海发展战略研究所芮明杰工作室的领军人物。

在学科带头人的领导下，复旦大学产业经济学科把握了国际前沿发展趋势，进一步拓展了产业经济学科新领域，研究解决了国民经济发展中的产业经济新问题，从高起点进入产业经济研究的主要领域,承担了大量的国家与地方研究基金课题和政府委托的产业发展与规划方面课题,已经形成复旦的特色研究方向,即“产业结构调整与布局”、“价值模块与产业链整合”、“策略行为与规制”、“产业创新与知识网络”、“产业成长与竞争力”,并取得了优秀的创新成果,近5年在国际SSCI、SCI,国内《经济研究》、《管理世界》、《中国工业经济》、《管理科学学报》等顶级学术期刊上发表了51篇高质量的学术论文,获得了32项国家自然科学基金和国家社会科学基金项目的资助,获得了教育部与上海市哲学社会科学研究、决策咨询优秀成果13项,其中一等奖1项、二等奖3项、三等奖3项,为国家与上海等地方政府提供了25篇高质量的研究报告并获得好评,起到了很好的决策参考作用。

为此,我们希望本研究系列能成为复旦大学“上海产业结构调整”上海市社会科学创新研究基地、上海发展战略研究所芮明杰工作室与复旦大学产业经济学科研究的标志性研究成果之一,形成学术品牌。为了保证此项研究系列成果的创新性和学术性,特别组建一个学术委员会,主任为芮明杰教授。

2011年此系列的第一本著作,书名为《后金融危机时代:上海先进制造业发展战略与对策研究》;2012年的研究成果,书名为《基于价值链重构:上海先进制造业与生产性服务业动态匹配研究》;2013年的研究成果,书名为《战略性新兴产业:上海自主创新网络与公共服务体系配套研究》;2014年的研究成果,书名为《大公司主导变革:我国产业结构战略性调整的新思路、新政策》;2015年的研究成果,书名暂定为《主导未来的竞争力:中国现代产业体系的构建与制度设计》。

芮明杰

于复旦大学思源楼

前　言

中国的产业结构调整、优化与升级是一个长期的战略任务。自 2008 年开始的世界金融危机则是世界经济周期波动的一次爆发，并影响了今天全球的经济状况，全球各国都在想方设法进行经济结构与发展方式的调整。这些年我国的应对不能说没有成果，但也值得商榷，如以 2009 年的 4 万亿投资为代表的大规模政府投资，可能使我国产业体系与结构的缺陷进一步放大，而我们今天经济发展的口号是“稳增长、调结构”，即稳定 GDP 增长速度和调整产业结构。可见，我国的产业结构调整还有很多要做，如大范围的产能过剩、长期处在产业链和价值链低端、产业国际竞争力弱、地区产业结构雷同、服务业发展滞后、技术创新不足、过度依赖自然要素禀赋、依赖出口、市场不成熟等依然存在，有的方面似乎更加严重。应该讲，产业结构的问题已经成为我国经济健康发展的障碍，对产业结构进行调整已经迫在眉睫。

一

我国产业结构方面存在的问题，在很大程度上可以归结为产业链、供应链和价值链及其空间表达方面的问题，因为产业链实际上就是关联产业的供给与需求之间的关系，这中间就有结构均衡的问题，如产能过剩就是生产供应与消费需求的不匹配；而供应链与价值链则是生产过程中产业与企业在分工协调、技术匹配、管理规则等方面形成的关联，产业结构的低端状况、流通问题、过度依赖自然要素禀赋、依赖出口等都与对这些链的治理有关。当高技术产业与其他产业发展互相孤立、没有产业关联时，就导致了制造业的“飞地”代工长期没有技术升级的状况；而对低端产品的出口依赖实际上是价值链被跨国公司所控制。当然，这些问题的背后有政府行政干预过多、地方财政“分灶吃饭”、地区市场保护、投融资问题、粗放发展模式等原因。

自 2008 年金融危机爆发至今，世界各国对自己原来的经济结构、产业体系进行了研究和结构调整。美国在 2009 年开始的所谓“再工业化”战略，即借助更先进的技术与方法重新谋求美国制造业的崛起，占领未来制造业的高端，同时让制造业回归美国。而从 2012 年开始广泛传播的第三次工业革命，即新工业革命的思想与观点,开启了对未来新能源革命、互联网革命、智能制造革命的技术创新,使新型产业开始快速发展,新型产业体系正在发达国家形成。2013年德国提出并身体力行的“工业4.0”则开启了以未来互联网、物联网为支持的智能制造生产服务体系的伟大变革,让大家看到了未来产业体系与新型产业结构的前景。种种现象表明,全球产业体系与结构在新一轮技术进步与未来需求引导下,即将发生重大的变革,新型产业体系与结构已经初显轮廓。如果我们不能跟上此轮产业革命,可能要落后许多年。

产业结构调整是痛苦的,需要相当长的时间才可能见效,一国产业结构调整存在多种操作方式,但在理论上,可归为两种方式:一种是由政府的行政方法进行调整;另一种是由市场中的供求力量进行调整。在过去,我国产业结构调整主要采用行政调整的办法,简单地说,就是“关、停、并、转”。在以国有经济为主的发展阶段,只要上述行政政策措施正确,也确实产生过不错的效果。但是,目前我国的经济主体结构已经发生了重要变化,民营、外资已日益在我国经济发展中扮演重要角色,如果依旧单纯采用行政手段,一方面可能难以推进调整,另一方面也难以取得良好效果。

二

本书研究认为,我国的产业结构问题有自身的特殊性,我们需要认真研究目前乃至未来相当长一段时间里我国产业结构调整的问题,而产业结构调整的基本出发点是从未来我国产业具有国际竞争力方面的比较优势基础的角度思考问题,研究适宜不完善市场经济下的产业结构调整优化的思路、路径与方法。本研究从理论与实证的角度,充分论证了在市场机制的作用下,以产业链、价值链上具有主导力量的大企业推动我国产业链、供应链和价值链的重组为抓手,配合制度改革与政策设计,就可以实现我国产业结构的存量调整、优化升级和空间重组的科学性与可行性。

本书研究的重要创新之一是分析了产业链上大公司、大企业主导产业链重构的两种行为:产业链构成的变化和产业链治理的变化,以及这两种微观行为促进产业结构调整的内生逻辑。本研究从理论上分析和论述了产业链上的大企业在主导产业链重组时,通过产业链的重组和重构,进而以大企业带动产业链上配套企业的创新,最终基于微观产业体系的持续进化,实现宏观上产业结构的调整优化。产业链重组的主导力量来自作为产业链或价值链主导者的大企业,因此在市场经济条件下,产业结构调整优化的主体也是产业链上的大企业。

本书研究的重要创新之二是提出了产业结构调整的新理论框架,并把此理论称为“大公司、大企业主导产业链重构、推进产业结构调整的内生理论”,即在市场竞争力量作用下,在产业链竞争背景下,产业链上的企业,尤其是有控制力的大公司、大企业,会在市场竞争压力和追求创新租金的驱动下,自发主导自身所在的产业链或价值链重构,实现产业链上关联企业的共同创新,这样的行为效果叠加后最终会导致产业结构的调整。

本书研究的重要创新之三是在大企业主导产业链重构、推进产业结构调整的内生理论的基础上,分析了未来影响新型产业体系与产业结构的内生与外生变量,分析了未来新技术革命以及新生产方式发展的趋势,给出了在全球化条件下,我国现行产业结构转型升级的目标模式、战略方向、战略思路、战略路径的研究结果,提出了我国产业结构调整的政府职能定位、成熟市场机制建设、与培育产业链上有控制力的大企业相关的战略对策。

三

本书是国家社会科学基金重点课题“政府主导产业链、供应链和价值链重组以推动产业结构调整优化战略、路径与政策创新研究”(批准号:10AZD006)的终期成果,课题组经过四年的认真研究,克服了许多研究工作中的困难,尤其是在接到课题之后,国际上新工业革命、新技术革命,发达国家的“再工业化”、“工业 4.0”,以及我国经济进入了新常态等新情况,对本课题的研究提出了新问题、新挑战,加上以市场作为配置资源主体的基本国策的确定,都给了我们课题组以极大的研究热情与信心,因为我们研究的目标就是要给出如何通过市场机制来进行我国产业结构的转型升级的全新理论与方法,为我国产业结构调整提出我们的创新性、建设性政策建议。

在四年的时间里,我们先后研究了我国制造业结构与结构调整问题,研究了服务业尤其是生产性服务业发展与结构问题,研究了我国高技术产业的国际竞争力问题,研究了我国流通产业的结构与发展问题,还研究了长三角区域产业结构、县域产业结构以及上海市产业结构与产业发展等方面的问题,这些研究报告分别已经提供给国家科技部、国家商务部、国家工信部、浙江省政府、上海市政府以及有关部门,受到了高度重视与好评。考虑到本书的篇幅,我们仅仅以一份《上海制造业结构转型与增长的实证分析与战略思考》作为附录,它是课题组成员多年巨大努力的小小见证。这篇报告完成于 2013 年末,用了计量模型进行实证,发现了上海制造业结构转型与增长的相关问题,探讨了问题的原因,并给出了我们的政策建议。应该说,这也是我们课题组的重要成果之一,可以看作一个个案研究,从一个侧面证实了我国制造业结构问题与背后的原因是多么复杂。

最后在本书出版之际,首先要感谢国家社会科学基金给我以及课题组的信任,能够让我们在充裕的时间里完成了课题的研究。其次要感谢课题组的全体成员,因为你们的努力与创新以及坚持不懈的研究工作,才能使本课题研究顺利完成,其中还要感谢杨锐博士,沈凝、张群、黄舒博士生的辛勤付出。最后要感谢上海市社会科学创新研究"上海基地(产业结构调整)"与上海发展战略研究所芮明杰工作室的全体同仁提供的研究支持与数据库支持,感谢上海市政府发展研究中心与上海市哲学社会科学规划办公室的支持,感谢上海财经大学出版社以及王永长老师对本书出版的支持和编辑的认真工作。

芮明杰

于复旦大学思源楼

2015 年 2 月 9 日

目　录

第1章

导　论

1.1　研究背景

自改革开放以来，伴随我国经济高速增长，产业结构也在顺应经济发展阶段的变化进行相应调整。当前我国经济增长方式面临的环境压力日益加大、经济增长新动力不足、价值链关键环节缺失或受制于人等问题解决的切入点均与我国产业结构调整有关。

在实践中，各国对本国产业结构的调整存在多种操作方式，但在理论上，可归为两种方式：一种是由政府的行政方法进行调整；另一种是由市场中的供求力量进行调整。在过去，我国产业结构调整主要采用行政调整的办法，简单地说，就是“关、停、并、转”。在以国有经济为主的发展阶段，只要上述行政政策措施正确，也确实产生过不错的效果。但是，目前我国的经济主体结构已经发生了重要变化，民营、外资已日益在我国经济发展中扮演重要角色，如果依旧单纯采用行政手段，一方面可能难以推进调整，另一方面也难以取得良好效果。2008年金融危机爆发后，世界经济环境日趋复杂，对制定政策措施的影响因素更为多变，对于政策实施的效果也更加难以预测。如果把我国产业结构调整优化全部交给市场机制去进行，也需要面对很大的挑战：一方面，所需调整时间过长，全球经济不稳定，调整变数较多；另一方面，我国市场机制尚不完善，市场力量薄弱有限。这就需要政府发挥其重要作用，在转变职能与经济发展方式上下功夫，配合市场机制积极引导大企业、大公司重构产业链，并进行制度创新与政策引导，发挥市场竞争机制的作用，发挥大公司、大企业在生产过程中与其他产业和企业的关联性,并由此推动产业结构调整,实现我国产业结构的调整优化与转型升级。

随着全球经济一体化的范围扩大和深度增加,我国各行业多已在不同程度上嵌入全球产业链、价值链中。然而,产业链、价值链的核心重要环节多被跨国公司控制着,是那些领导型或平台型大公司、大企业在起着主导/支配作用;这对于那些处于价值链低端的国家及其企业来说,它们在产业链、价值链上的利益分配中处于被动地位。在这样的背景下,我国产业结构调整就不单是内部静态的比例数量变化的问题,更是在全球开放体系下,本土大企业、大公司如何通过产业链重构来推动行业技术变革、改变当前被动地位,从而实现产业结构内生动态调整的问题。

1.2 重要概念界定

1. 大公司主导

本书所指的大公司、大企业,是指那些在所处产业中,产出规模大、产业关联性强、在产业链或价值链上具有重要位置的企业,甚至是产业链或价值链的控制者。这样的大公司、大企业由于产出规模大、产业关联性强,而且在产业链或价值链上具有一定的影响力或控制力,其创新发展、技术进步、管理变革就会通过产业链或价值链的产业关联性,或改变产业链结构,或进行产业链治理的变化,具体影响到链上其他相关产业的相关企业发生相应的创新变化。因为今天以及未来产业间的分工与融合,企业竞争力已经表现为企业所处产业链与价值链的状况,表现为企业价值网络的竞争与合作状况。

企业的市场行为是微观的,但大量微观行为的综合就会形成影响社会资源配置的力量,这就是市场机制的力量,最终在宏观层面上表现出来。政府的宏观政策就是希望通过影响企业的微观市场行为,最终达到宏观调控的目标,而产业结构调整也应该如此。这里的问题是政府制定的宏观政策是否能够有效影响企业的微观市场行为,如何由市场价格机制具体通过产业关联传导机制影响企业市场行为,进而实现宏观政策目标。研究大公司主导产业链重构进而影响产业结构的转型升级与动态演化,就是探讨大公司如何通过产业链或价值链这样的产业关联和企业关联方式、治理方式,影响关联产业与企业,最终导致产业结构调整的内在机制。

2. 产业结构

传统的产业结构是指产业间的需求与产出比例关系，包括一、二、三次产业间的需求与产出比例关系，以及每一次产业内的需求与产出比例关系，如制造业中的轻、重工业需求与产出比例关系。产业的产出与需求一定是同社会消费需求总量及结构相匹配的，不然就会有产品与服务供给不符合消费者要求的问题，就会有产能过剩、供不应求的问题。然而，从今天来看，一个国家的产业结构虽然宏观上还可以定义为上述的比例关系，但已经过于牵强。因为在开放经济条件下，一国的产业结构还会有如何与国际产业分工体系融合协调，特别是基于比较优势变化的比较利益有效获得的问题，于是就有了本国产业与全球相关产业的需求与产出比例关系。更重要的是，从动态的角度看，这些比例关系还在不断变化之中。

我们把产业结构看成是构成产业体系的各产业之间在时空上的联系及联系方式，比例关系是这些方式的一种表达（芮明杰，2012）。宏观的产业与产业间的需求与产出比例关系是由无数不同产品与服务、不同技术与知识为核心的，位于不同产业的企业构成的产业链、价值链、合作网络中具体供求交换关系所表达的。在竞争性市场上，这些单个企业或由此形成的微观产业链、价值链的变化对宏观产业关联比例关系影响不大，但随着产业集中度的提高、产业组织方式的变化，由提供不同产品与服务、不同技术与知识为核心的，位于不同产业的企业构成的产业链、价值链、合作网络数目在减少，其中起到主导作用的产业链的链主，即本文论及的大公司、大企业，它们的创新发展或守旧行为会通过相关产业链、价值链影响一大批关联产业与企业，进而影响一国的产业结构，这是不争的事实。这些大公司、大企业已经成为政府与市场之间具有一定资源配置力的产业发展引导者。

3. 产业链重构

产业链重构是指产业链上的主导大企业通过对产业链中的信息、技术、资本以及相关行业的企业等关键要素进行再配置，改变产业链的构成和进行产业链的治理，以实现整体生产效率提升、成本下降、新产品与新技术产出目标的行为。产业链重构包含产业链治理变化与产业链构成变化两部分。具体来说，产业链治理变化是产业链关联方式与管理规则的变化，也可以表达为产业链治理组织模式与空间结构的变化；产业链构成变化可以归纳为产业链升级和产业链重组两个方面。

1.3 研究问题

如何从微观主体视角探索我国产业结构调整的微观驱动机制是当前学术界亟待研究的重要理论问题,也是我国当前产业结构调整面临的重要实践难题。

1. 论证产业链对我国产业结构问题的表征

首先,应厘清我国产业结构的现实状态、产业结构调整方式及其存在问题。其次,应分析产业链与我国产业结构存在问题之间的联系。产业结构是由无数围绕最终产品的产业链所构成的。改革开放后,我国产业结构通过产业链的全球化已深深融入全球产业分工体系,我国产业结构的问题不仅是供需不平衡、结构比例关系不合理等宏观问题,更重要的是,与我国本土企业在全球产业链与价值链中的地位、利益分配关系、技术进步等微观问题有关。一个国家的企业在产业链中的位置决定了该国产业结构的国际竞争力,从产品—企业—产业链的微观思维过程来考察我国产业结构问题,是本书的一个重要研究取向。

2. 产业链重构影响产业结构调整的内生逻辑

企业的竞争结构已由企业之间的竞争转向产业链与产业链之间的竞争。任何新技术、新产品的生产实现都离不开产业链的配合,正如当下智能穿戴设备生产所遭遇的产业链约束问题所体现的。在产业链竞争背景下,产业链上的企业尤其是大公司、大企业,会在市场竞争压力和追求创新租金的驱动下,自发重构产业链。为此,本书核心研究问题之一就是分析大公司、大企业主导产业链重构的两种行为:产业链构成的变化和产业链治理的变化,以及这两种微观行为促进产业结构调整的内生逻辑。

3. 构建大企业主导产业链重构、推进产业结构调整的理论框架

首先,本书提出产业结构调整的新理论框架,并把此理论称为"大公司、大企业主导产业链重构、推进产业结构调整的内生理论",即在市场竞争力量作用下,产业链上的大企业,自发主导产业链重构,实现产业链上关联企业的共同创新,进而推进产业结构调整。其次,分析大企业主导产业链治理的变化和产业链构成的变化对产业结构调整的影响。这是本书的核心研究问题,也是本书的重要理论创新之处。

1.4　研究意义

1. 现实意义

产业结构调整是经济增长的重要源泉(熊彼特,1928;库兹涅茨,1971;钱纳里等,1986;麦迪森,1996;刘志彪、安同亮,2002)。各国家和地区都致力于促进产业结构变化以推动经济持续增长,我国也不例外,产业结构调整是实现经济发展方式转变、增强经济持续发展能力的重要手段和途径。调整产业结构是推进我国经济结构战略性调整的重点内容,而科技创新是推动产业结构调整的重要动力,因此,如何立足本地主导大企业的技术进步推动区域产业结构调整,是实现区域经济创新驱动发展战略的重要切入点。

"十二五"时期是我国工业结构调整和优化升级的关键时期(中国社科院工经所课题组,2010;何映昆等,2010),为此,需要审视当前我国产业结构存在的问题,这些问题不仅表现为一、二、三次产业的数量比例关系,更表现为各次产业内部尤其是工业内部的结构水平较低(周叔莲、王伟光,2001;金碚等,2010)、产业之间关联度较低,导致我国产业之间技术外溢程度和技术有效扩散程度较低(何德旭、姚战琪,2008)、技术进步对我国产业结构调整贡献率偏低(任艳玲、原鹏飞,2006;顾乃华,2005)。这些问题表明我国产业结构尚处于低端水平的发展状态,这个结构发展状态受我国产业与国际产业分工体系联结性质的影响。改革开放30多年,我国产业和企业通过产业链、价值链等方式融入了国际分工体系,一方面,这在一定程度上缩小了我国企业在技术和管理上与发达国家领先企业的差距;另一方面,我国多数行业、企业依旧嵌于全球产业体系的低端,产业链和价值链被全球化企业控制的现实依然严峻。此外,人民币兑美元汇率变化、全球资源价格上涨、我国工人平均薪资提升等内外环境的变化,使得我国产业此前发展所基于的低成本比较优势处于不断减弱的趋势中。在此新背景下,产业结构的低端水平和不均衡矛盾显得更加突出,通过本土主导企业的产业链重构,破解我国产业结构低端和非均衡发展现状,重塑比较优势以构建我国现代产业体系,是新时期我国产业结构优化升级所亟待解决的问题。

目前中国制造业产业链之间的联结方式和联结程度还非常欠缺,在研发体系和创新机制上没有形成合力,这与发达国家还有很大差距。为了在参与全球竞争的过程中占据竞争优势,我国工业不仅要实现单个企业在技术上的创新,而且也要加强产业链上下游的组织与整合,增强产业链协同创新能力。以汽车行业为例,汽车产业要创新,涉及上游的发动机、变速箱、汽车电子以及零部件企业。汽车产业要实现创新发展,不能只靠整车生产商自己创新,零部件、汽车电子、发动机等相关领域都要同时创新,这样才能相互协同,实现整体产业发展的目标。在这个目标的实现过程中,企业尤其是本土主导企业扮演着关键角色,它会通过对产业链上各节点产业参与者的相互依赖性和参与者独自创新能力等方面进行治理,以实现自身行业创新这一目标,Gawer and Cusumano (2002)把这样的企业称为"平台领导"。

在我国迈向创新驱动的经济发展之路上,对产业结构调整的研究需把研究视野由对总量结构的考察拓展到由企业自发进行的产业链重构的微观进程上。产业链重构不仅有助于主导企业形成产业链竞争优势,而且最终自发促进了产业结构调整。例如,在2008年全球金融危机的冲击下,我国长三角地区的服装、珠三角地区的陶瓷等传统行业的部分企业,采取了不同方式进行产业链重构,不仅为企业赢得了新竞争优势,而且也推进了地区产业结构调整。本书运用产业链、产业关联和产业集聚等理论,从产业链上主导性大公司、大企业重构产业链视角,去探索如何促进产业链上关联企业的相应变化,如相应的产品或技术创新、相应的人才与管理流程的变化,在市场竞争的压力下自发创新变革如何最终促进了产业结构的变迁。通过研究发现,这样的产业结构优化调整的微观驱动机制,可以指导我国产业结构转型升级、创新驱动演化的实现。

2. 理论意义

产业结构调整是一个国家和地区经济发展的主旋律,也是国内经济学等多门学科研究的重要内容(刘国光、李京文,2001;刘志彪,2005;吴敬琏,2005;吕政,2007;刘伟、张辉,2008;付凌晖,2010;温杰、张建华,2010;余子鹏、刘勇,2011;干春晖等,2011)。在时空形态上,产业结构可表现为时间形态上的产业部门结构与产业组织/技术结构,以及空间形态上的多部门产业关系的空间分布(芮明杰,2012)。当前国内的研究,一是关注产业部门结构。一方面是从宏观总量结构角度,即产业之间的比例关系及其变化去理解产业结构,研究不同经济发展阶段以及三次产业对宏观经济增长的影响性质。此研究视野把全国层面的产业结构优化升级视为地区产业结构优化升级分量的叠加,这有助于我们从整体上把握结构优化升级与经济增长的内在规律性。不过,由于地区的产业结构升级直接受地区技术选择的影响(黄茂兴、李军军,2009),而且行业之间和地区之间存在不可忽视的差异性特征,因此,宏观结构视角不能完全刻画出区域产业结构优化升级对经济增长的内生性过程。另一方面是考察产业内部结构，即把以一国经济为系统边界缩小为以某个具体产业为系统边界，研究具体的产业内子产业之间的关系及其演进规律（左美云，1998），而生产率的增长主要来自产业内部，尤其是第二产业内部（干春晖、郑若谷，2009）。二是关注产业的组织/技术结构。产业组织、企业理论和新制度经济学等学科展开了对产业的组织/技术结构的研究，例如模块化生产网络（Sturgeon，2002）、交易位置变化（Baldwin，2009）、治理模式（Menard and Shirley，2008）、垂直网络组织（杨锐等，2011）等。

当前对产业结构调整的研究或侧重于时间形态上的部门间（内）结构数量关系，或侧重于时间形态上的组织结构。实际上，产业结构调整旨在促进经济迈向创新驱动发展路径，为此，调整就是要优化产业结构的时间形态与空间形态的匹配性状，以形成有利于主导企业收益递增的结构条件，激励企业从事创新活动，促进产业升级进而产业结构变迁。由于产业链的结构与产业结构的时空形态所对应的产业部门结构、空间结构和组织结构正好又相对应，产业链正逐渐成为产业结构调整研究和实践的一个重要视角（白瑞雪、翟珊珊，2012）。目前对产业结构调整的研究仍集中在宏观视野，其政策指向通常倾向于借政府之手实现“由上而下”的结构变迁；然而，产业是由企业构成的集合，企业是市场主体，在市场机制的作用下，企业会自发进行“自下而上”的自生调整过程。

尤其是在产业链竞争背景下，大企业的自生调整过程正日趋采取产业链重构行为，产业链重构不仅可为企业赢得产业链竞争优势，而且还是驱动产业结构调整的微观机制，而目前从产业链重构视角展开对产业结构调整的研究还相对较少。本书试图通过产业链上主导大企业对产业链构成的变化和产业链治理的变化的影响展开深入研究，形成产业结构调整的微观驱动理论；通过研究希望在产业链重构驱动产业结构调整的理论与方法上有所突破，补充和完善当前理论界在这方面研究的空白，其理论意义是十分重要的。

1.5 研究架构

本书研究框架如图1－1所示。第一部分：一是我国产业结构调整方式及存在的问题，包括我国产业结构调整的现实问题，以及产业结构调整方式及其存在的问题；二是现有产业结构调整的理论分析，并分析了产业链重构视角下的产业结构调整的理论渊源和产业结构调整的内在动力。第二部分：提出产业结构调整的新理论框架——大企业主导产业链重构、推进产业结构调整的内生理论。第三部分:从战略的角度,提出我国产业结构调整的新模式、新思路、新路径,以及我国产业结构转型升级的战略对策。

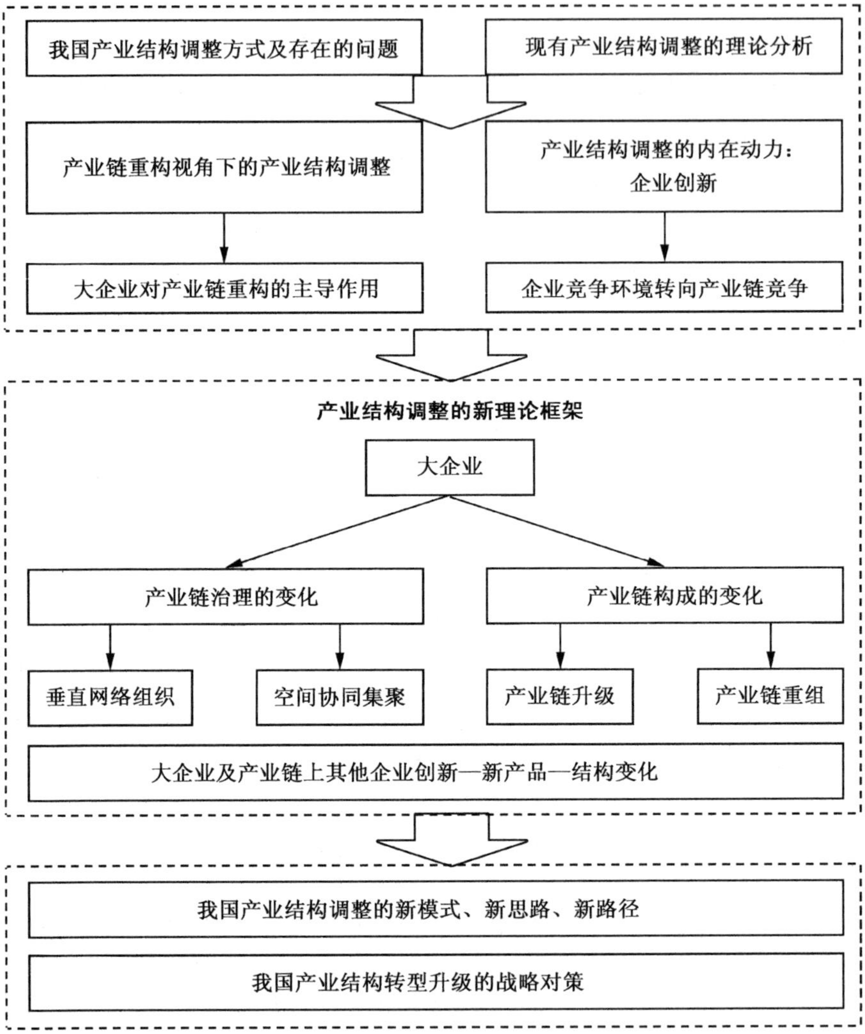

图 1—1　研究框架

1.6　研究方法

1. 归纳和演绎

本书对产业结构调整的国内外理论研究文献进行了梳理,通过归纳和演绎方法,立足微观企业主体,从产业链重构视角提出在产业链竞争背景下产业结构调整的新理论：大企业主导产业链重构、推进产业结构调整的内生理论。

2. 案例分析

首先，以中国手机产业作为案例对象，分析价值链能力分布对大企业主导产业链构成变化的影响，以及在技术变迁下，能力—成本共同演化影响大企业主导产业链构成变化的实现机制；其次，以 Dell 公司为企业案例对象，分析大企业主导产业链治理变化的组织模式（垂直网络组织）及其对促进企业自身以及其他配套企业创新活动的影响。

3. 实证研究

首先，本书以我国电子产业和仪器仪表业为对象，通过面板模型，分析了大企业主导产业链治理变化的空间模式选择，即大企业主导的基于垂直相关多样性的空间协同集聚模式对产业创新的影响；其次，以上海手机产业为对象，通过问卷调查收集企业层面数据，分析大企业主导的产业链构成的变化对产业链上其他企业创新绩效的影响。

4. 对策研究

本书在大企业主导产业链重构、推进产业结构调整的内生理论的基础上，给出了对中国当前产业结构转型升级的目标模式、战略方向、战略思路、战略重点的研究结果，分析研究了我国产业结构调整应该如何放弃行政机制调整方式，让市场机制发挥在产业结构调整中的更大作用，涉及培育产业链上有控制力的大企业的相关政策措施。

第 2 章

我国现行产业结构状况分析

2.1 产业结构的概念

产业结构是 20 世纪 50 年代中期才出现的概念。关于产业结构的内涵，学术界有过广泛的讨论，有狭义和广义的理解之分。狭义的理解是指产业之间比例关系及其变化，相关理论如产业发展形态理论，或产业之间投入产出联系，如产业联系理论。广义的理解包括产业内的企业间关系，相关的理论如产业组织理论。本书从时空形态角度来理解产业结构概念，认为产业结构是构成产业体系的各产业之间在时空上的联系及联系方式(芮明杰，2012)。如表 2－1 所示，产业结构有多种时空表现形态，本书把产业结构的研究范围限定在三个层面：时间形态上的产业部门结构，产业的组织结构和技术结构，以及空间形态上的多部门产业关系的空间分布。

表 2－1　产业结构的时空形态

时间	空间
两大部类比例关系	三次产业结构的空间分布
三次产业结构	轻、重工业比例关系的空间分布
产业部门结构	多部门产业关系的空间分布
产业的技术结构	产业内企业关系的空间分布
产业的组织结构	产业内产品结构的空间分布
产业的产品结构	

资料来源：整理自芮明杰(2012)

根据上述定义，产业结构可理解为产业之间的联结及联结方式在时空上的表达，即产业网络结构，这个网络结构是由不同层次的微结构构成的。图 2—1 展示的 1997 年美国的产业结构和 2007 年上海市的产业结构是对产业网络结构的直观刻画。

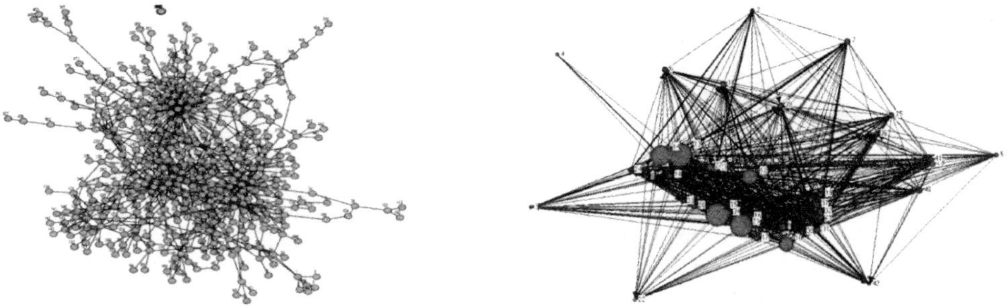

图 2—1　1997 年美国(左)和 2007 年上海市(右)的产业结构

2.2　我国产业结构的现状表征

2.2.1　以服务经济为主的结构加快形成

自 2010 年以来，中国国民经济逐渐告别高速增长，呈现中高速增长的“新常态”。中国 2014 年国内生产总值按可比价格计算比上年增长 7.4%，增速较上年下跌 0.3 个百分点，创进入 21 世纪以来中国年度 GDP 增速的新低(如图 2—2所示)。

但是，服务业增速超过工业，在 GDP 中所占的比重也超过工业，成为我国宏观经济中的亮丽风景线。从 2012 年第四季度以后，中国第三产业的增速开始超过第二产业；在 2013 年，中国第三产业占 GDP 的比重开始超过第二产业(如图 2—3 所示)；在 2014 年经济增速明显放缓的情况下，全年第三产业增加值占国内生产总值的比重为 48.2%，比上年提高 1.3 个百分点，高于第二产业 5.6 个百分点。

第三产业的壮大发展，是改革开放 30 多年来中国产业结构不断优化的最鲜明的特征，国家从重视调整农、轻、重比例关系，到大力促进第三产业发展，使得三次产业结构不断向优化升级的方向发展。进一步回顾 1999～2013 年的数据，第一、第二产业和第三产业对 GDP 的贡献率表现出此消彼长的趋势。其

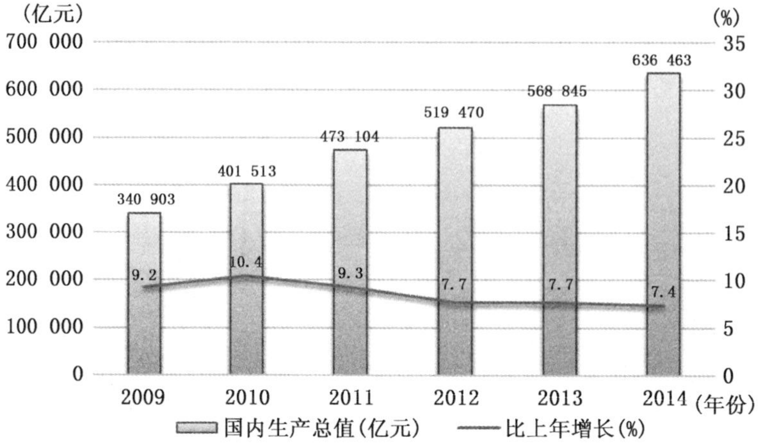

数据来源:中国统计年鉴

图 2—2　2009～2014 年国内生产总值及其增速

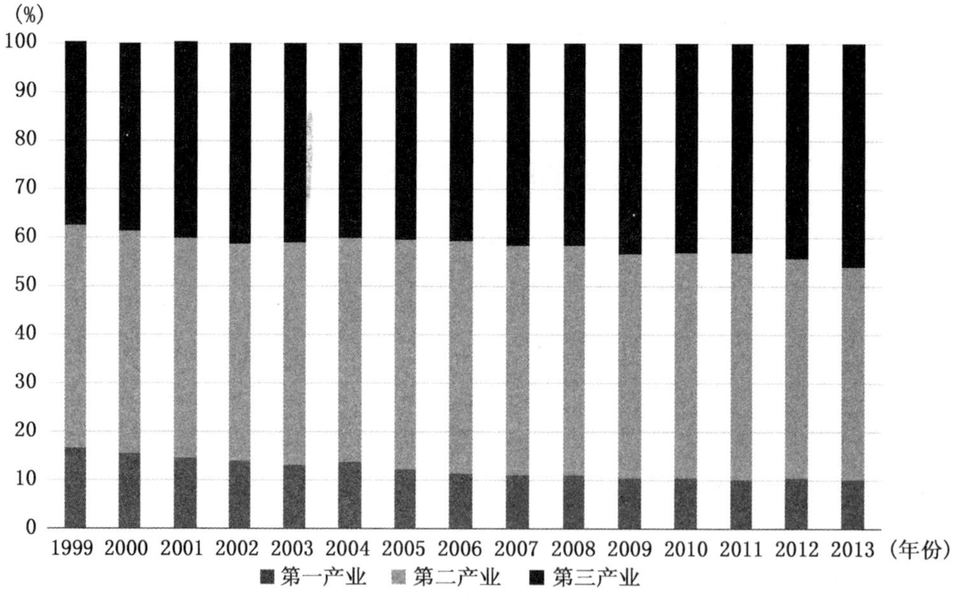

数据来源:中国统计年鉴

图 2—3　1999～2013 年我国第一产业、第二产业、第三产业占 GDP 比重变化情况

中,第一产业贡献率由 1999 年的 6%降至 4.9%,第二产业贡献率由 57.8%降至 48.3%,而第三产业贡献率则由 36.2%上升至 46.8%(如图 2—4 所示)。

服务业在 GDP 中比重的持续提升,意味着中国经济正在由原来的工业主

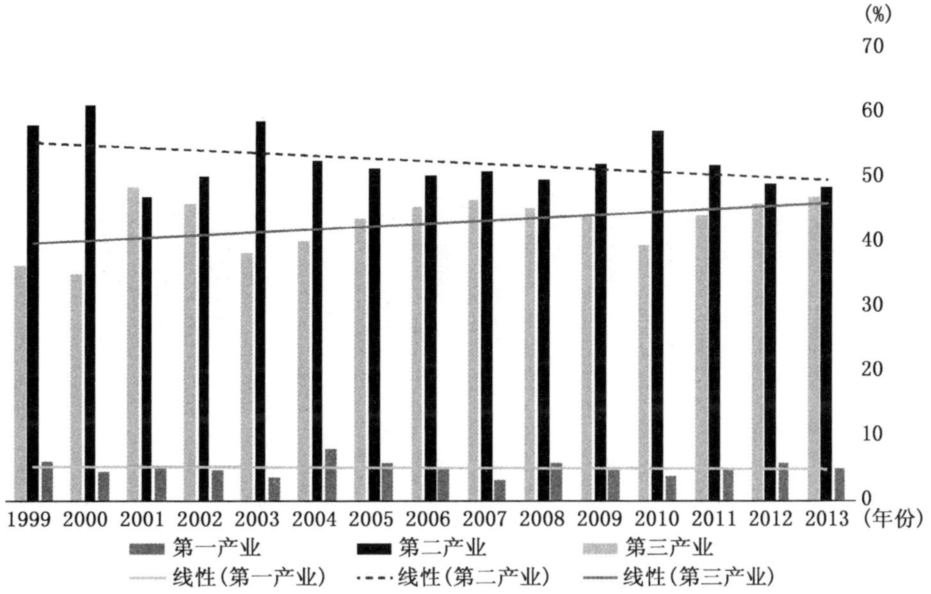

数据来源:中国统计年鉴

图2—4 1999～2013年中国三次产业贡献率变化情况

导型向服务主导型转变,这种趋势将给中国经济增长、就业以及其他各方面带来深远而持久的影响。

2.2.2 第一产业与第三产业劳动效率有待提高

三次产业结构变化也反映在就业人员的结构变动上。根据图2—5,1999～2013年,三次产业从业人员比重从50.1∶23.0∶26.9变为31.4∶30.1∶38.5。第一产业下降了18.7%,年均下降1.3%;第二产业上升了7.1%,年均上升0.5%;第三产业上升了11.6%,年均上升0.8%。尽管如此,就业结构变动仍然滞后于产业结构的变动,2013年我国三次产业产值比重为10.0∶43.9∶46.1,三次产业就业结构分别偏离产业结构21.4、13.8和7.6。

同时,第一产业劳动生产率低下,有过多劳动力滞留。2013年,第一、第二、第三产业劳动生产率分别为2.36、10.78和8.85,即农业的劳动生产率分别只相当于工业和服务业的约1/5和1/4,传统农业部门的劳动生产率大大低于以工业和服务业为代表的非农产业的劳动生产率。如果在以后的10年中,农业的劳动生产率提高到平均水平,就意味着现有农业从业人员中的约2/3,即16 114万人需要从农业中转移出来,而且这还只是一个静态的数字。但与此同

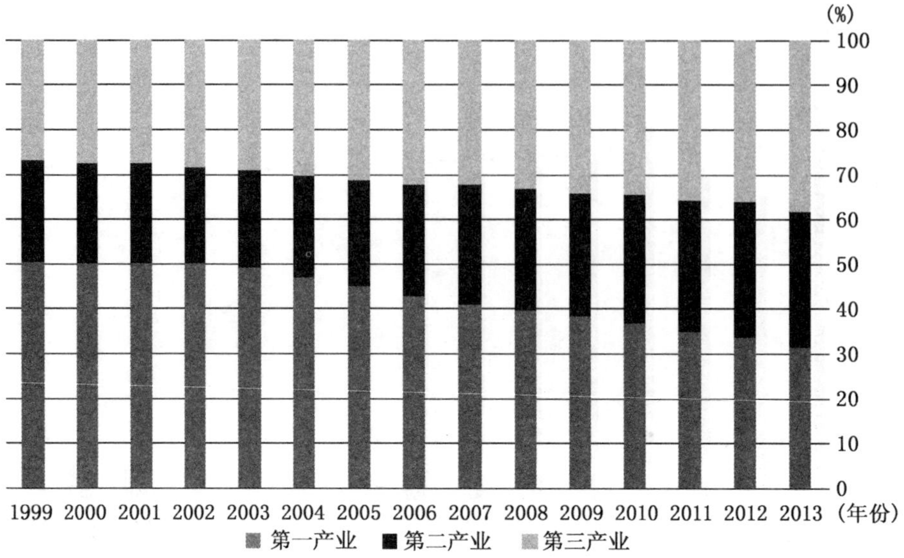

数据来源:中国统计年鉴

图 2—5 1999～2013 年中国三次产业就业人员比重变化情况

时,也就意味着可以再增加国民产出及相应的消费和投资需求。1999～2013年中国三次产业劳动力数量趋势见图 2—6。

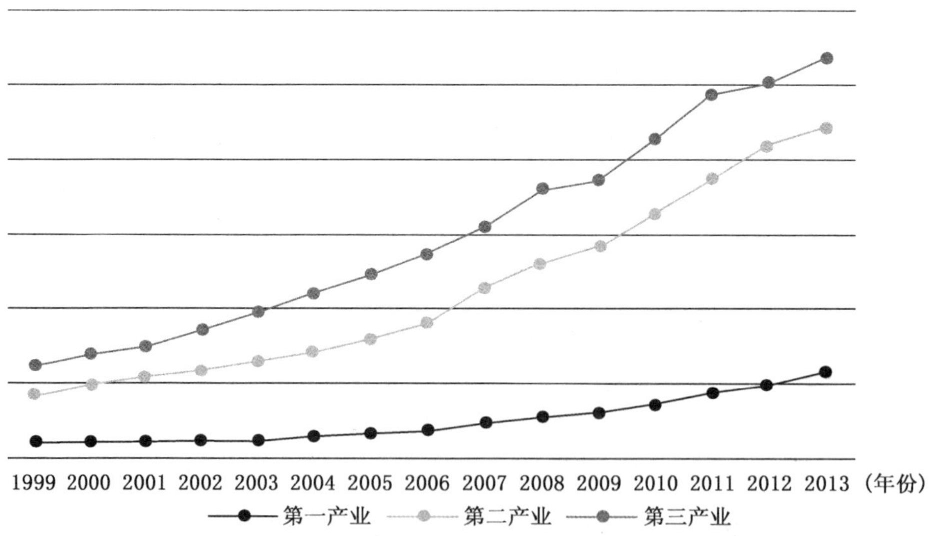

数据来源:中国统计年鉴

图 2—6 1999～2013 年中国三次产业劳动力数量趋势

另外，在过去的几年，第三产业成为吸收就业的主要部门，这是由于其更多地具有劳动密集型的特性，以及进入壁垒较低可以更多地吸收就业人员。但是我们也应当知道，第三产业的劳动生产率依然低于第二产业的劳动生产率。究其深层次的原因，我国第三产业技术含量低、从业人员整体素质低、产业附加值低是主要因素。

2.2.3　传统产业集群投资及增长放缓，新兴产业集群快速成长

通过几十年的大规模投资建设，曾经是我国国民经济“瓶颈”的基础产业生产能力和基础设施服务水平有了大幅度提高，我国的能源、交通、通信等基础产业已取得举世瞩目的成绩。2012 年，我国能源生产总量达到 33.2 亿吨标准煤，年均增长 5.0%。同期，我国能源消费总量年均增长 5.6%，与能源生产增速的差距不大，能源总自给率达到 90%以上，一定程度上保证了国家经济安全。2012 年，我国铁路营业里程达到 9.8 万公里，比 1978 年增长 88.8%，居世界第二位；公路里程 424 万公里，比 1978 年增长 3.8 倍；民用航空航线里程 328 万公里，比 1978 年增长 21 倍；沿海主要港口货物吞吐量 66.5 亿吨，比 1978 年增长 32.5 倍。邮电通信业也突飞猛进，从 1978 年到 2012 年，变化惊人：邮政营业网点由 5 万处扩张到 9.6 万处；固定长途电话交换机容量由 0.2 万路端提高到 1 580万路端；电话普及率由每百人 0.38 部提高到每百人 103.10 部。

随着基础设施和基础产业的快速发展，其生产与供给结构也在朝着以人为本、节能低碳的方向不断优化完善，这可以在固定资产投资的分化中得到印证。

由于中国是一个发展中国家，很多领域百废待兴，基础设施人均拥有量不高，所以在比较长的一段时间内，中国的固定资产投资保持了比较快的增长速度，2012 年之前都是 20%以上的速度。但这几年，特别是 2014 年，随着房地产市场的相对调整、制造业领域产能的相对过剩，中国固定资产投资增速确实在下降，2014 年的名义增速只有 15.7%。

近年来，我国重化工业固定资产投资增速较低，且明显下滑；传统优势制造行业、传统居民服务业和房地产固定资产投资增速适中，且较为稳定；高端制造业、生产性服务业和社会服务业固定资产投资增速较高。

从横向比较看，2013 年 1～9 月份固定资产投资增速较低的行业依次为公共管理和社会组织、建筑、煤炭、钢铁、电气、水上运输、金融、仪器仪表、铁路运输、铁矿石开采、居民服务、电力等，增速都在 15%以下，明显低于固定资产投资累计同比增速(20.2%)。

固定资产投资增速适中的行业包括金属制品、食品制造、印刷业和记录媒介复制、造纸、专用设备、科研技术、教育、卫生、石化、木材加工、房地产、纺织、烟草、通信电子、有色金属、住宿餐饮等,都能够保持 15%～25%的增速。

固定资产投资增速较高的行业依次为循环经济、燃气、饮料、航空运输、医药、环保、租赁和商务服务、批发零售、农林牧渔、公共设施管理、文教体育用品、水利、文体娱乐等,近年能够达到 30%左右的增速。

与固定资产投资趋势相对应,根据国家统计局数据,国泰君安证券研究所预计我国重化工业将在达到峰值后出现大幅度回落(如图 2—7 所示)。

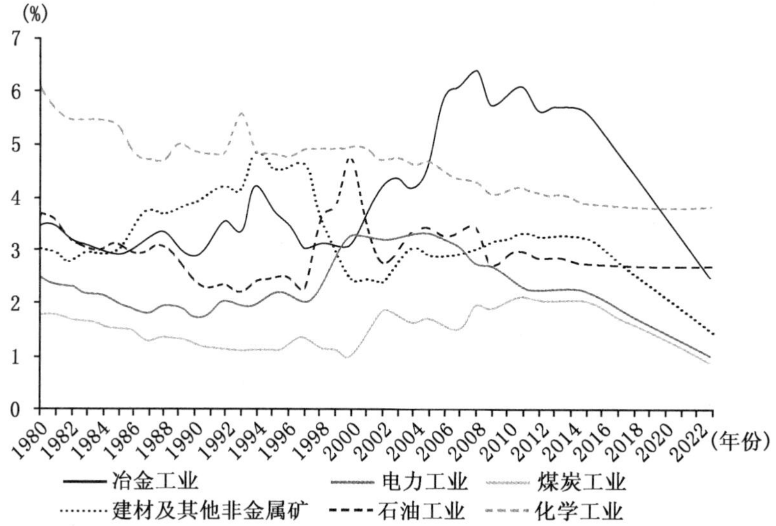

数据来源:国泰君安证券研究所

图 2—7　我国重化工业投资变化及趋势

在以重化工业为代表的传统产业集群增长日益放缓的同时,以高端制造业和现代服务业为代表的新兴产业集群正快速成长。2013 年 1～12 月,我国节能环保、生物、新一代信息技术以及新能源等重点产业的主营业务收入达到16.7万亿元,同比增长 15.6%,高于工业总体 11.2%的增速;产业经济效益良好,1～12 月重点产业利润总额达7 643.2亿元,同比增长 20.7%,明显高于工业总体 12.2%的增速。2014 年 1～10 月,在电子信息制造领域,规模以上电子信息制造业增加值同比增长 11.9%,高出工业平均水平 3.5 个百分点;实现销售产值83 412亿元,同比增长 10.1%;出口交货值41 980亿元,同比增长 5.8%。在软件和信息技术服务业,累计实现软件业务收入29 853亿元,同比增长 20.3%;软件业实现出口 398 亿美元,同比增长 15%。在通信业,电信业务总量完成

14 833.3亿元，同比增长 15.3%；电信业务收入累计完成9 755.4亿元，同比增长 4.7%。在新能源汽车领域，1～11 月，新能源汽车累计生产约 5.67 万辆，同比增长 5 倍。其中，纯电动乘用车生产 2.58 万辆，同比增长近 7 倍，插电式混合动力乘用车生产 1.36 万辆，同比增长近 25 倍，燃料电池乘用车生产 6 辆；纯电动商用车生产7 363辆，同比增长 188%，插电式混合动力商用车生产9 949辆，同比增长 245%。

2.2.4　粗放型经济发展模式导致资源浪费和环境污染严重

自 20 世纪 90 年代中后期以来，我国产业结构出现了显著的重化工业化趋势。重化工业粗放式的发展方式会使得环境状况严重恶化。从重化工业的生产特点看，其对非清洁能源有着较大的依赖性，这使得重化工业生产过程不可避免地产生大量污染物。自“十一五”时期以来，虽然国家积极推动环保技改，但重化工业增长与环境消耗之间显著的正相关关系并没有得到改变，重化工业发展带来的环境破坏仍是当前我国工业发展中极为严重的问题。2012 年我国一次能源消费量为 36.2 亿吨标煤，单位 GDP 能耗是世界平均水平的 2.5 倍、美国的 3.3 倍、日本的 7 倍，同时高于巴西、墨西哥等发展中国家。中国每消耗 1 吨标煤的能源仅创造14 000元人民币的 GDP，而全球平均水平是消耗 1 吨标煤创造25 000元 GDP，美国的水平是31 000元 GDP，日本则是50 000元 GDP。每单位 GDP 能源消耗比较见图 2—8。

但中国的努力对全球来说，成效还是相当明显的。从 1990 年到 2010 年，中国通过节能、提高能效，累计节能量占了全球的 58%。虽然可再生能源占一次能源比重只有 9.8%，但是绝对量非常可观，从 2005 年到 2013 年，水电装机容量增长了 1 倍，风电提高了 60 倍，光伏发电装机提高了 280 倍，整个中国的可再生能源的装机容量占了全球的 24%，在 2013 年增量中占了 37%。

2.2.5　技术储备不充足导致中高技术产品竞争力匮乏

在国际市场上，产品可按技术含量分为高、中、低三类，其中，中国的低技术含量产品的国际竞争力非常突出。我国高技术产品在国际市场上虽然占有很大的市场份额，但我国既是高技术产品的出口大国，同时也是高技术产品的进口大国，以贸易竞争力指数来衡量，我们高技术产品的竞争力大大低于低技术产品。中国在高、中、低三类技术含量产品中，中等技术含量产品的竞争力是最低的，无论是从市场占有份额还是从贸易竞争力指数来讲，都是如此。2004～

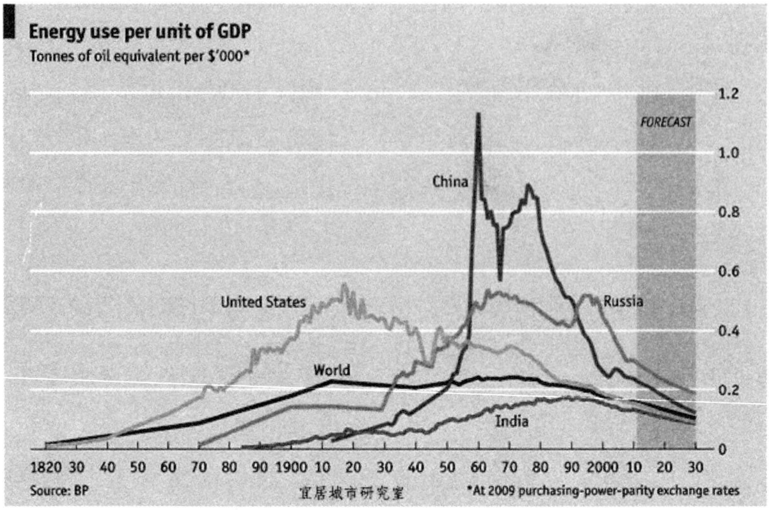

图 2—8　每单位 GDP 能源消耗比较

2013 年我国高技术产品与初级产品进出口贸易差额如图 2—9 所示。

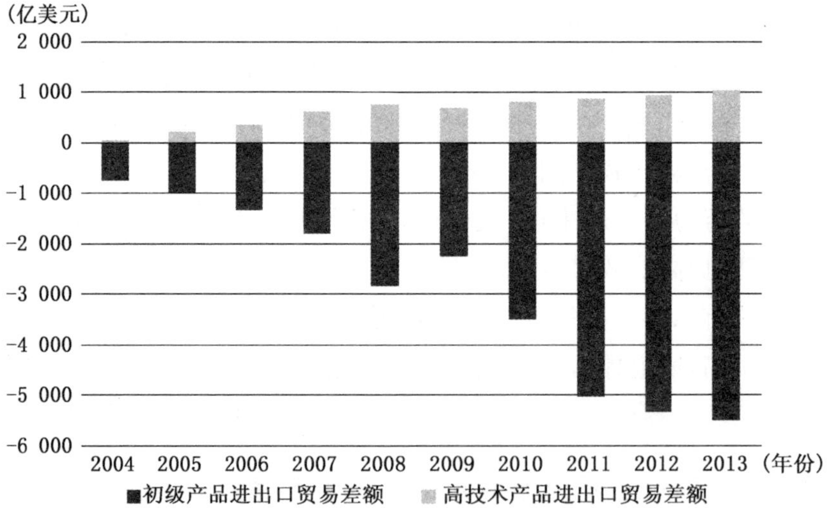

数据来源:中国统计年鉴

图 2—9　2004～2013 年我国高技术产品与初级产品进出口贸易差额

就技术储备情况而言,中国高技术产业发展潜在竞争力明显不足。在四大领域里,与 ICT 技术相关的技术专利,日本占 23%、美国占 30%、中国占0.5%;生物技术专利,日本占 11%、美国占 13%、中国占 0.6%;纳米技术专利,日本占

22%、美国占 36%，中国因为数据缺少还无法统计，但是总体来讲也是比较低的；与新能源相关的专利，日本占 10%左右、美国占 22%、中国占 4%。中国的新能源相关专利技术情况相对较好，但是与发达国家，特别是与美国和日本相比，差距比较显著，而德国专利的占比也达到 11%。

2.2.6　各地方产业结构调整方向有待进一步明确

虽然有“绿色经济”及“产业升级”的全国性政策的统一号召，但无论是西部开发、东部振兴还是中部崛起，由于行政区划体制问题，资源难以在区域间平衡及协调，造成各地区均出台各自的产业布局战略，以规划建设产业园、工业园为开端，以招商引资为重点，目标定位大同小异，缺乏协同性、差异化，造成重复建设，资源耗费严重。产业结构调整是不同产业之间的比例关系，对于这种产业之间的比例，不同国家或者一个国家的不同地区，在发展的不同阶段，产业结构调整的方向是完全不同的，要受具体的资源和起点的约束。

尤其是在经济发达的东部地区，由于要对原有劳动密集型企业进行产业升级，许多地方都采取“腾笼换鸟”的方式，直接淘汰传统产业，而对高新技术产业趋之若骛，忽略两者之间其实是相辅相成的关系，此举容易造成产业发展断层，且极容易造成产业结构趋同。以珠三角为例，从不同城市看，广州、深圳、珠海、佛山、江门、肇庆、惠州 7 市的 40 类大产业中，排在前列的大多是电器、服装、电子、纺织、食品加工、非金属制品等产业，而产业升级目标多指向电子信息、生物制药、金融服务、新能源、新材料等。具体升级路径模糊不清，造成地方之间为招纳跨国企业或大型企业常常产生恶性竞争，未趁本轮产业转型升级的良机形成区域间经济整合。

2.3　三次产业内部结构的分析

2.3.1　第二产业内部结构变化现状及问题

1. 第二产业内部结构变化现状

(1)从轻、重关系看，工业结构呈重型化趋势，重化工业比重进一步上升

发达国家和新兴工业化国家的发展经验表明，工业结构重型化是工业化进入中后期之后的一个基本规律。我国新一轮的重工业化趋势始于 20 世纪 90 年代中后期，到“十五”末期，在规模以上工业企业中，重工业产值占工业总产值

的比重已经接近70%,工业重型化趋势显著。自"十一五"时期以来,重工业产值占工业总产值的比重虽有所波动,但一直维持在70%以上。到了"十二五"期间,重工业增长继续领先于轻工业,工业结构的重型化趋势继续加强,在2012年重工业产值占工业总产值的比重甚至达到了77.1%(如图2—10所示)。

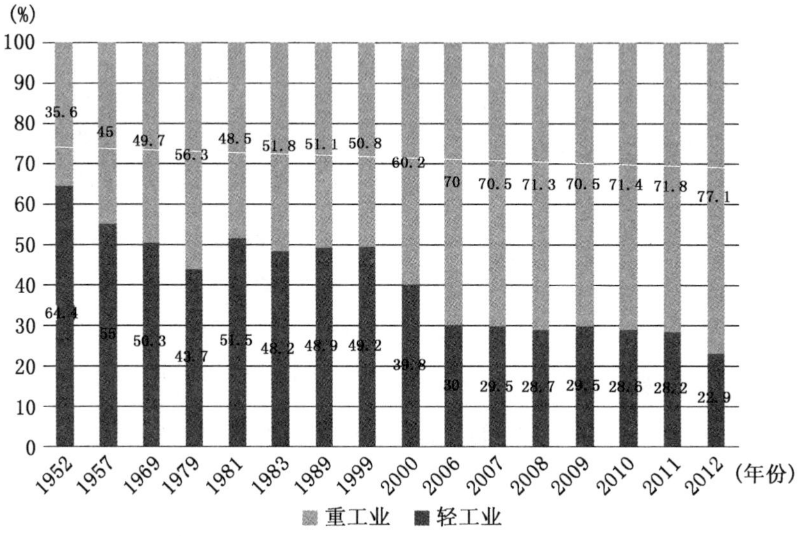

数据来源:中国统计年鉴

图2—10 1952～2012年中国轻、重工业占比变化情况

(2)从要素结构看,资本密集型行业比重下降,劳动密集型行业比重上升

采用固定资产原值与从业人员人数的比例这个指标,可以区分各个工业行业资本或劳动力的密集程度。这里,本书使用2011年规模以上工业企业的数据进行计算,并采用两分法把该比值大于全部工业平均值的石油和天然气开采业、饮料制造业、烟草制品业、造纸及纸制品业、石油加工炼焦及核燃料加工业、化学原料及化学制品制造业、黑色金属冶炼及压延加工业、有色金属冶炼及压延加工业、电力热力生产和供应业、燃气生产和供应业、水生产和供应业11个行业界定为资本密集型行业,其余28个行业界定为劳动密集型行业,具体情况见图2—11。

2011年,劳动密集型行业的产值和利润总额占整个规模以上工业的比重分别达到65.30%和69.56%,可见,劳动密集型行业仍是我国工业的主体。由图2—11可知,从变化情况看,与2003～2004年的上升趋势相比,自"十一五"时期以来,资本密集型行业的比重呈下降趋势。2011年,资本密集型行业的产

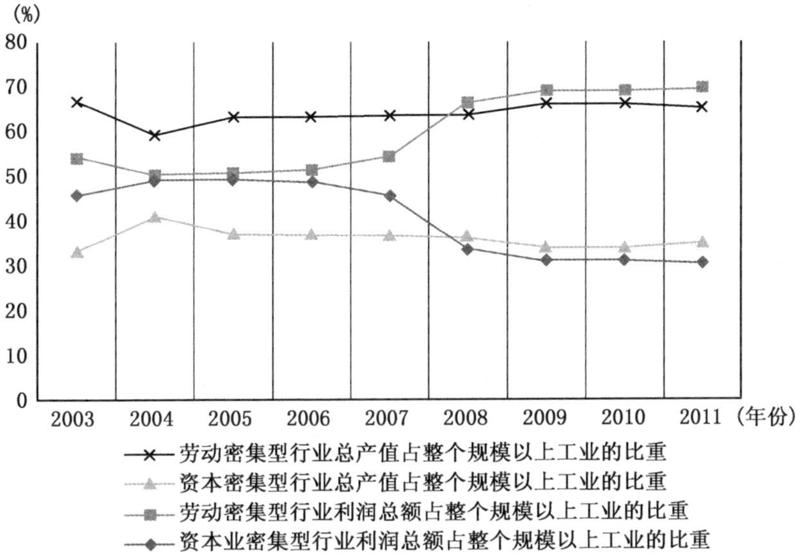

数据来源:中国统计年鉴

图 2—11　2003～2011 年规模以上劳动密集型行业与资本密集型行业变化情况

值比重比 2004 年下降了 6.45 个百分点,利润总额的比重则下降超过 19 个百分点。其中,利润总额的比重在 2008 年下降幅度达到 11.85 个百分点,2009 年再下降 2.75 个百分点,这主要是由石油采掘和加工行业利润大幅度下降引起的。而自 2009 年以来,劳动密集型行业与资本密集型行业的比重保持相对稳定。工业要素结构的变化表明,丰富的劳动力资源仍然是我国工业发展最重要的比较优势,并且,国际金融危机对劳动密集型行业的影响小于对资本密集型行业的影响。

2. 第二产业内部结构存在的问题

(1)制造业向全球价值链高端攀升进展缓慢

自“十一五”时期以来,我国对外贸易持续增长,贸易结构有所改善。同时,在工业品对外贸易中,垂直分工与贸易所占的比重越来越大,工业制成品成为对外贸易的重要形式,这表明我国融入全球贸易体系的程度正在加深。我国企业大多是以代工的方式加入全球价值链,中国企业利用低要素成本优势,特别是廉价劳动力优势,在国际分工中只承担一些行业的加工组装环节,而生产所需的技术、装备依靠进口,研发、设计来自国外,产品的品牌和市场营销也由跨国公司所控制。由于价值链不同环节的竞争程度不同,国外跨国公司在国际分工中能赚取高额利润,而我国企业只能赚取很低的代工费。以服装产业为例,欧美国家的企业大多占据行业高端,利润一般在100%以上,日韩企业占据中高端,利润一般在50%~80%,而中国服装企业多为代加工,利润大多在10%以下。因而在贸易地位有所提升的情况下,我国的贸易利得却没有明显增加,"中国制造"向全球价值链高端攀升还面临诸多阻力。

(2)高技术产业发展与高技术发展并不同步

20世纪90年代初,随着大规模的技术引进,我国高技术产业快速发展。2000~2011年,我国高技术产业总产值增长了9倍,年增长率接近20%,远远超过GDP的增幅(如图2—12所示)。快速发展的高技术产业成为我国产业结构和出口商品结构优化调整的重要推动力,以及我国经济快速发展的主要引擎。但是,在我国高技术产业总量扩张的背后是其产品技术含量不高,产值和出口的增长主要依靠大量承接跨国公司的OEM,技术的发展和进步远没有成为高技术产业高速发展的真正推动力。

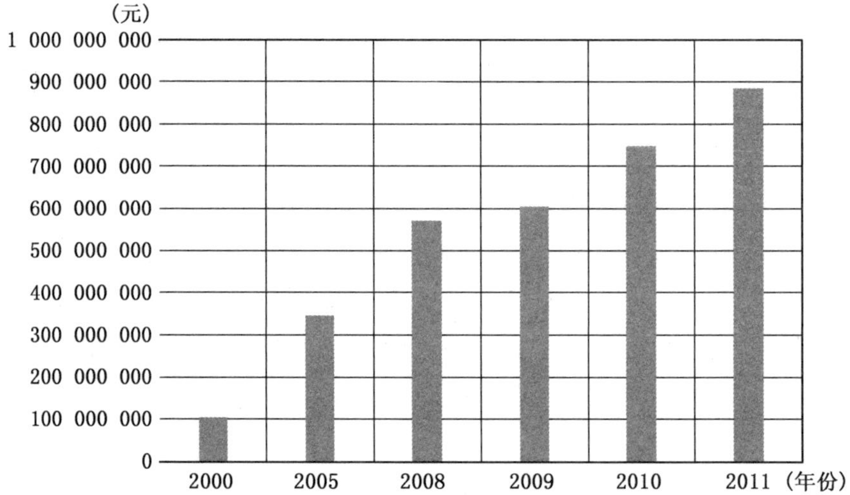

数据来源:中国统计年鉴

图2—12 2000~2011年高技术产业总产值

目前,从高端产品、关键核心技术、关键原材料、关键设备制造的自给率看,受制于人的局面并未发生根本改变。

例如,在光伏领域,关键材料、关键设备供应商多为发达国家的龙头企业,如Applied Materials、Centrotherm、GT Solar等;而且绝大部分国内企业都在使用已应用了长达15年的主流晶硅电池技术,在薄膜电池技术和新型太阳能电池技术等前沿技术研究领域,与国外重点研究室相比存在一定的差距。

在平板显示领域，我国液晶面板产业规模不断壮大，但 FHD(全高清，像素数为1 920×1 080)及以上高分辨率面板仍由日本、韩国厂商垄断；同时，关键原材料仍受制于人。其中，液晶面板的核心原材料 TFT 液晶材料市场被德国默克、日本捷恩智和大日本油墨 3 家企业垄断；作为液晶面板重要原材料之一的基板玻璃，其市场份额主要被康宁、旭硝子、电气硝子、安翰视特 4 家厂商垄断。

在工业机器人领域，虽然关键零部件，例如 RV 减速机、谐波减速机伺服电机和控制器等，有包括南通振康、秦川发展、山东帅克埃斯顿和广数等在内的众多国内企业正在研制，但技术方面仍与纳博特斯克、Spinea、住友、Harmonic、贝加莱和 KEBA 等国外龙头企业差距较大。

(3)产能过剩问题呈现扩大趋势

自 2012 年以来，我国工业中的部分行业的产能过剩问题既是多年来建设投资积累的结果，也是受国际金融危机的深层次影响，在国内外需求急剧减少等外在压力集中作用下爆发的结果。其中，钢铁、水泥、电解铝、平板玻璃和船舶五大行业的问题较为突出。2012 年底，五大行业产能利用率分别仅为 72%、73.7%、71.9%、73.1%和 75%，明显低于国际正常水平。产能过剩导致钢铁、电解铝、船舶等行业企业利润大幅下滑，企业普遍经营困难。根据中钢协的数据，2013 年上半年会员钢铁企业实现销售收入17 998亿元，同比增长 0.94%。但盈亏相抵后实现利润仅有 22.67 亿元，平均销售利润仅有 0.31%，在全国工业行业中最低。86 家重点大中型钢铁企业亏损的有 35 家，亏损面高达 40.7%，比上年同期提高 3.5 个百分点。值得一提的是，大中型钢铁企业的资产负债率已达 69.47%，部分企业达到 80%以上，有的甚至高达 100%。另据有色金属协会统计，2012 年全国有 93%的电解铝企业处于亏损状态。船舶方面，根据中船协的统计，2012 年 1～11 月，船舶行业销售利润率仅为 4.7%，同比下降 29%。全行业亏损企业数量增加到 323 家，亏损额同比大幅上升 158.3%。

除了传统产业外，大量的重复建设也使得新能源、新材料、电子信息等新兴产业的产能过剩问题开始凸显，碳纤维、风电、多晶硅、锂电池等一些新兴产业领域已经先后出现产能过剩的情况。

2.3.2　第三产业内部结构变化现状及问题

1. 第三产业内部结构变化现状

(1)消费性服务业高速发展，生产性服务业地位不高

从表 2—2 中我们可以看出，自 2009 年开始，生产性服务业占服务业的比

重呈下降趋势。在2009年,生产性服务业占服务业的比重为36.2%,而占GDP的比重为15.7%;虽然生产性服务业占GDP的比重是上升的,但是其在服务业中的比重却出现轻微下降;同时,因为服务业中的其他部门存在快速的增长,导致服务业所占GDP比重有比较大的提升。2011年,生产性服务业在规模上得到长足的发展,其总值达到73 544亿元人民币,但是占GDP的比重却只达到15.5%。由此可见,尤其是最近几年,虽然中国服务业快速发展,但这种发展在很大程度上并非依托生产性服务业而是消费性服务业的高速发展。

表2—2 中国生产性服务业发展状况

年份	GDP(亿元)	①服务业(亿元)	②生产性服务业(亿元)	②/①(%)	②/GDP(%)
2005	184 937.4	74 919.3	26 873.9	35.9	14.5
2006	216 314.4	88 554.9	31 989.9	36.1	14.8
2007	265 810.3	111 352.0	40 630.1	36.5	15.3
2008	314 045.4	131 340.0	48 687.1	37.1	15.5
2009	340 902.8	148 038.0	53 571.5	36.2	15.7
2010	401 512.8	173 596.0	62 416.6	36.0	15.5
2011	473 104.0	205 205.0	73 544.0	35.8	15.5

数据来源:中国统计年鉴

同时,与发达国家相比,中国的生产性服务业还有很大差距。据相关资料表明,发达国家服务业收入占国民经济总产值的70%左右,生产性服务业又占服务业收入的70%左右,即生产性服务业约占GDP的50%,而中国在2011年时才达到15.5%。美国服务业收入占国民经济总产值的比重更是超过80%,本土有80%的人口从事服务行业。

(2)金融业和房地产业成为拉动第三产业发展的主要力量

自2003年起,我国房地产业走上了快速发展轨道,在近10年时间里,房地产业占GDP的比重逐年提高,从2003年的11.02%上升到2011年的13.03%,共增加了2.01个百分点。传统住房福利制度的改革,使人们的住房商品化意识越来越浓,再加上新时代年轻人小家庭观念的导向,促使了房地产行业以及与其相关行业的发展,房地产业逐渐成为拉动第三产业发展的主要力量之一。

同时,金融业占GDP的比重由2003年的8.91%上升到2011年的12.18%,共增加了3.27个百分点。随着我国市场经济的逐步完善,银行业在市场经济中的作用越来越重要,这极大地促进了金融业的发展,使金融业成为国民经济发展的新引擎。

(3)营利性行业的相对劳动生产率高于非营利性行业的相对劳动生产率

总体来看,营利性行业的相对劳动生产率较高,而非营利性行业的相对劳动生产率较低。即非营利性行业发展缓慢,但占有的劳动力人数较多;而新兴服务业发展较快,但占有的劳动力人数较少。

截至2011年,我国非营利性行业,如卫生、社会保障和社会福利业,教育,公共管理和社会组织的增加值,占GDP的比重分别为1.49%、3%和4.04%,但其占有的就业人数占总就业人数分别达到4.71%、11.2%和10.18%。同时,截至2011年,营利性行业中的金融业,房地产业,信息传输、计算机服务和软件业的增加值占GDP的比重分别为5.28%、5.56%和2.21%,而其占有的就业人数占总就业人数比重分别为3.51%、1.72%和1.48%。上述数据说明,非营利性行业,如卫生、社会保障和社会福利业,教育,公共管理和社会组织等行业发展不受市场供求的影响,基本上依靠财政扶持,因此这些行业增长较乏力,其发展慢于营利性行业,如金融业,房地产业,信息传输、计算机服务和软件业等的发展;同时,这些非营利性行业沉淀了过多的劳动力,造成行业机构臃肿,人浮于事,办事效率低下。相反,我国的交通运输、仓储和邮政业,住宿和餐饮业,金融业,房地产业,信息传输、计算机服务和软件业等吸纳劳动力数量过低,就业人数不足,以至于这些行业的就业比重较其增加值比重相对偏低。

在相对资金生产率方面,金融业,居民服务和其他服务业,批发和零售业,科学研究、技术服务和地质勘查业,信息传输、计算机服务和软件业的资金生产率高于其他服务业,说明这些行业的相对生产率很高;而相对资金生产率偏低的是水利、环境和公共设施管理业,房地产业,交通运输、仓储和邮政业,文化、体育和娱乐业,其相对生产率分别为0.05、0.24、0.44和0.58,说明这些行业的相对资金利用率很低,虽然获得了大量的固定资产投资,但是产出水平却低于固定资产的增加水平,造成了资源的浪费。

2. 第三产业内部结构存在的问题

(1)传统服务业占服务业比重依然较大

表2—3反映的是中国生产性服务业各部门年产值的情况,由此我们可以看出,金融业以及交通运输、仓储和邮政业已经成为生产性服务业的重要产业,紧随其后的是租赁和商务服务业以及信息传输、计算机服务和软件业,而科研技术的产值最少。从增长的速度而言,除了信息业外,其他行业2011年的产值都较2007年近乎翻了1倍,相比之下,信息传输、计算机服务和软件业的增长

速度比较缓慢。也就是说,目前我国生产性服务业的结构不够优化,大多是由商业、运输业等劳动密集型产业部门提供的,而对具有较高技术、知识和人力资本含量的现代生产性服务业的投入规模还较小。

表 2—3　　中国生产性服务业各部门年产值　　单位:亿元

年份	2007	2008	2009	2010	2011
交通运输、仓储和邮政业	14 601	16 363	16 727	19 132	22 433
信息传输、计算机服务和软件业	6 706	7 860	8 164	8 882	9 780
金融业	12 338	14 863	17 768	20 981	24 958
租赁和商务服务业	4 695	5 608	6 191	7 785	9 407
科学研究、技术服务和地质勘查业	3 441	3 993	4 722	5 637	6 966

数据来源:中国统计年鉴

表 2—4 反映的是中国消费性服务业各部门年产值的情况,由此我们可以看出,批发和零售业以及房地产业依然是消费性服务业中的重要产业。

表 2—4　　中国消费性服务业各部门年产值　　单位:亿元

年份	2008	2009	2010	2011
批发和零售业	26 182	28 984	35 746	43 445
住宿和餐饮业	6 616	7 118	8 068	9 173
房地产业	14 739	18 655	22 782	26 784
水利、环境和公共设施管理业	1 266	1 480	1 752	2 040
居民服务和其他服务业	4 628	5 271	6 102	7 281
教育	8 887	10 482	12 042	14 429
卫生、社会保障和社会福利业	4 629	5 083	5 981	7 496
文化、体育和娱乐业	1 922	2 231	2 496	3 007
公共管理和社会组织	13 784	15 162	16 210	18 006

数据来源:中国统计年鉴

将生产性服务业和消费性服务业结合起来看,我们可以发现,传统部门和一般产业仍是带动服务业增长的主要力量,传统的交通运输、仓储和邮政业,批发和零售业,住宿和餐饮业等仍占服务业的很大比重。同时,与现代高科技产业相联系的、属于资金和技术密集型的金融保险、信息咨询、供应链服务、商务服务业等专业服务发展明显不足,增速较慢。

(2)市场化程度低

目前,我国现代服务业中除了批发业、餐饮业、交通运输业及居民服务业等传统行业市场化程度比较高、就业人员比重较大外,众多的现代化、新兴服务业的市场化程度仍相当低。服务业的发展,关键在于市场开放。服务业市场开放,是要使社会资本成为服务业发展的主体。发展服务业和发展重化工业不一样,它需要中小企业成为市场的主体,关键在于激活社会资本,同时,还要破除垄断。目前,教育、医疗、健康、养老等服务需求最为迫切,事关民生的改善。但现实是,我国制造业、工业的市场开放程度很高,但服务贸易的市场开放程度还远远不够,民营资本进入教育、医疗、金融等许多服务业领域还面临限制,平等竞争的格局远未形成,社会资本还没有成为服务业发展的主体,服务业市场公平竞争的基本格局尚未形成。

(3)现代流通业发展落后

我国流通业呈现产业规模不断扩大、主体多样化、基础设施日趋完善以及产业融合升级加快的趋势特点,但由于流通市场要素配置水平较低、流通环节过多、价值链功能单一、技术发展落后以及对外开放程度不高等因素,导致流通业集中度不高,业态上以传统业态为主,产业运行效率和溢出效应不高,并且存在地区差异。流通组织方式落后导致要素配置水平较低,存在流通环节过多导致效率较低、流通价值链功能单一、流通技术发展滞后、流通产业对外开放程度不高等一系列发展中的问题。

比如,我国流通企业规模相对较小,中小企业所占比例为99%以上;企业规模呈现小、散、乱、弱的状态;企业扩大规模的方式主要是单体扩张,这在限制企业规模发展的同时,也导致了产业集中度低。

我国(特别是中西部地区)交通运输、批发零售贸易、餐饮、住宿等传统行业占流通业的绝对比重,而以连锁经营、物流配送和电子商务为主要内容的现代流通业份额较小,尤其是现代商贸新技术服务业还几乎呈空白状态。总体上仍处于专业市场虽大不强、传统百货不大不强、现代流通既小又散的现状。

我国的流通产业与发达国家相比还存在显著的差距,如整体信息化建设落后,流通产业平台建设、流通技术创新、流通组织不完善等。

运输设备的不足导致冷链运输覆盖率低。欧美等发达国家和地区的冷链物流从20世纪上半叶发展至今,已经形成了相当完善的冷链物流体系,鲜货冷链运输的覆盖率达到80%以上,而我国鲜货的冷链运输覆盖率仅有20%左右,大量需要冷链运输的生鲜货物都采用常温运输。相比之下,可以说我国的冷链物流还未起步(如图 2—13、图 2—14 所示)。运输设备的不足导致生鲜货物在运输过程中损耗严重,发达国家由于采取了有效的冷藏冷冻措施,得以将农产品采后损失率控制在 1.7%～5%,而我国的损失率则高达 26%～30%。全国每年果品腐损近1 200万吨,蔬菜 1.3 亿吨,按每千克 1 元计算,经济损失达上千亿元。以美国蔬菜冷链为例,其非常重视蔬菜采后处理的各个环节,一般程序为采收和田间包装→预冷→清选与杀菌→打蜡或薄膜包装→分级包装,蔬菜始终处于采后所需的低温条件件。由于处理及时得当,美国蔬菜在加工运输环节中的损耗率仅为 1%～2%。

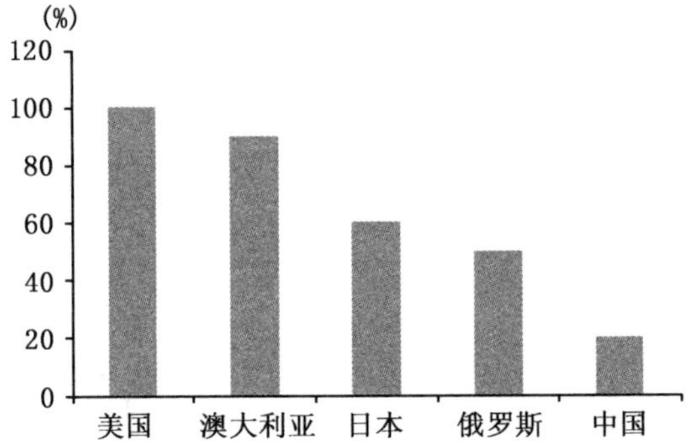

数据来源:《国信投资物流行业研究报告》(2011)

图 2—13　中外鲜活货物冷藏比率比较

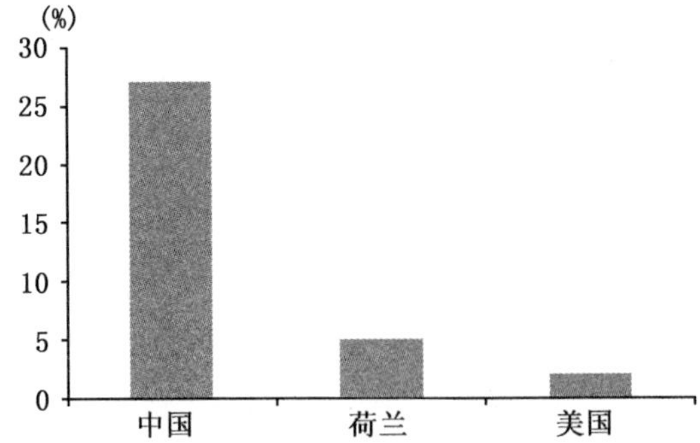

数据来源:《国信投资物流行业研究报告》(2011)

图 2—14　中外蔬菜采后损失比率比较

(4)第三产业内部投资不均衡

第三产业内部投资不均衡,表现在对交通运输、仓储和邮政业,房地产业,水利、环境和公共设施管理业的固定资产投资过多,尤其是交通运输、仓储和邮政业以及房地产业，对这两个行业的固定资产投资比重严重偏高。而我国对金融业，信息传输、计算机服务和软件业，科学研究、技术服务和地质勘查业的投资过少，严重制约了它们的发展。

从 2011 年来看，我国对交通运输、仓储和邮政业，房地产业，水利、环境和公共设施管理业三个行业的固定资产投资占第三产业总投资比重分别为 16.62%、47.98%和 14.4%，三者之和占到第三产业总投资的 79%，而对金融业，信息传输、计算机服务和软件业，科学研究、技术服务和地质勘查业的投资分别占第三产业总投资比重的 0.38%、1.28%和 0.54%。投资结构的不合理严重制约了我国各行业的协调发展，导致资金投入过多的行业资本产出率较低，而得到投资过少的行业则因资金不足制约了其发展。

2.3.3　第一产业内部结构变化现状及问题

1. 第一产业内部结构变化现状

(1)增长率波动加大，不稳定因素较多

第一产业增长率的波动情况与其他产业有所不同，几乎未出现过大幅度下降情况，但波动较大。如图 2－15 所示，自 2004 年以后，第一产业的波动幅度明显较 2004 年前为甚。2004 年前的第一产业增长率年均波动幅度为 2.1%，而 2004～2014 年年均波动幅度达到了 3.3%。值得注意的是，在 GDP 和其他产业增长乏力的 2008 年，第一产业实现连续增长，由第一季度的 2.7%增至第四季度的 5.4%，对当年经济增长的贡献率也大幅增加；但 2009 年第一季度又回落至 3.5%，随后小幅攀升至 2010 年第一季度的 4.2%；自 2011 年第三季度至 2012 年底维持在 3.6%～4.5%的较高水平；到 2013 年又再回落到 3.4%。这表明第一产业的增长率波动加大，不稳定影响因素较多。

(2)种植业逐年稳步增长，林业、畜牧业、渔业发展比较缓慢

据国家统计局公布的数据，2014 年全国粮食总产量达到60 709.9万吨(12 142亿斤)，比 2013 年增加 516 万吨(103.2 亿斤)，增长 0.9%。我国粮食总产量实现“十一连增”，其中谷物总产量55 726.9万吨，比 2013 年增加 457.7 万吨，增长 0.8%。粮食连年丰收，为新常态下中国经济的平稳健康发展奠定了基础。但是，从图 2－16 中我们也可以发现，除了种植业外，林业、畜牧业、渔业无论是从规模还是从增长速度上发展都比较缓慢。

2. 第一产业内部结构存在的问题

(1)农村劳动力素质较低，农户分散经营，农业科技进步缓慢

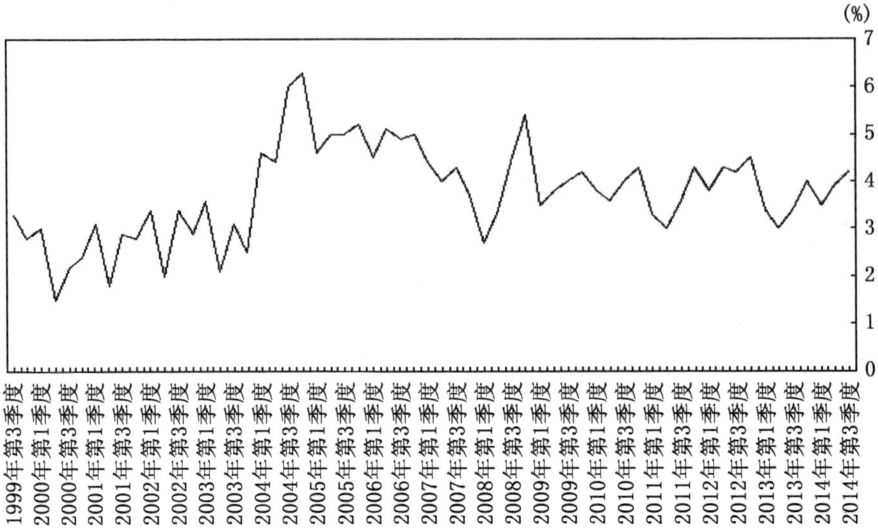

数据来源:中国统计年鉴

图 2—15　1999～2014 年第一产业增加值累计增长率

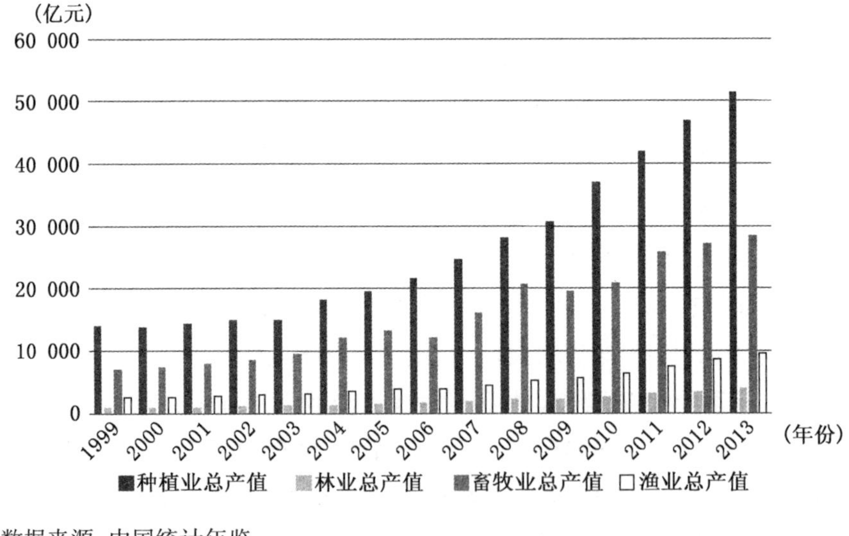

数据来源:中国统计年鉴

图 2—16　1999～2013 年种植业、林业、畜牧业、渔业发展情况

推进第一产业发展,首要任务是“发展现代农业”。根据国务院发展研究中心“新时期我国农业科技改革发展的目标与任务”课题研究,目前制约现代农业发展的因素主要有:

第一，农村土地制度的状况导致每个农户生产规模偏小，相对分散，组织化程度低；种养的产品种类多、品种杂乱，导致生产的专业化程度很低，标准化生产水平低，产品的质量不容易控制。这对农产品产量和质量的提高有很大约束。

第二，农村教育水平以及收入状况不佳，导致农民文化科技素质较低。农村劳动力中小学文化程度、文盲和半文盲占较大比例，再加上近年来一些有头脑、素质较高的农村青壮年劳动力纷纷进入城市，使得农村劳动力不能适应发展现代农业的要求。

第三，我国农业科研没有很好适应农业生产的变化，难以较好满足农民对多样化技术的需求。科技成果水平低、效益低、推广价值低，农业技术发布、定价、评估、交易等服务体系不完善，农业科技成果大规模转化和推广仍然面临较多困难。我国每年经中央和省级部门鉴定的农业科技成果达1万项左右，但可以推广的仅占30%，与部分发达国家90%以上的推广率形成巨大反差。

(2)农产品流通领域整体信息化建设落后

我国商品流通业信息系统的建设正处于起步阶段，企业网站的功能仍然以基础应用为主，无论是硬件设备的生产还是应用软件的开发，都缺乏有关的统一标准，这将给信息技术在商品流通领域的推广带来很大的障碍。根据国家统计局的调查报告显示，我国目前的1 000多万家中小企业中，实现信息化的比例还不到10%，主要原因是目前市场上的物流管理软件至少在10万元到30万元，价格比较昂贵，而且真正适合的产品不是很多。

以中美农产品流通领域的信息化建设为例（严小青，2010）。美国有近300个提供农业信息服务的商业性系统，政府会定期发布农产品物流的权威信息。对于在肯塔基州建立的全美第一个农用视频电脑系统，用户通过个人电脑，即可存取该系统大型数据库里的当前市场价格、新闻和其他农业信息。美国农业部有10万余人分布在全国各地，使农业统计系统对全国各农场每一块耕地所种植的农产品品种、面积、产量等情况都了解得一清二楚，再由政府根据农业统计系统掌握的信息进行统计、汇总，然后定期对外发布，以指导全国的农户进行生产。高度发达的社会化服务体系，使得广大农民在任何时候只要有需要，都会得到及时而准确的农产品物流信息及相关服务。而在中国，由于研发投入不足导致信息基础设施落后，全国涉农信息网络普及面小，信息网络不发达。虽然已经有农业网站6 000多家，但这些网站信息散乱、准确度不高、更新不及时，缺乏完善的信息检索功能。各类网站之间互动功能不强，农户信息质量低，利用率不高(熊卫卫、李富英,2007)。目前中国仅有0.2%的农业上网用户,且大多限于查找供求信息,能够在线洽谈、交易的网站很少。全国将近11 100万网民中,乡村网民总规模为1 913.4万人,仅占乡村人口的2.6%。乡村网民普及率很低,而真正从事与农业相关职业的网民所占比例更是不足1.4%,仅有的这些从事与农业相关职业的网民还大多集中于北京、上海、广东、江浙等经济发达地区,地处偏远、经济不发达的中西部地区用户很少。广大偏远地区的农产品产区信息化程度很低,农民通过网络渠道获取的农产品信息很少。中国涉农网站数量虽然绝对量不小,但相对于中国广阔的农村来说,仍远远不能满足需求,而且有的网站覆盖面很小,根本延伸不到乡村,需要网络信息的广大农村几乎处于真空状态(刘琦,2007)。

第3章

产业结构调整方式及存在的问题

3.1 我国产业结构的结构失衡和低水平均衡

分析我国产业结构现行状况，我们可以发现，我国产业结构长期以来都是供需失衡与低水平均衡并存的结构，这样一个结构当然是过去产业投资与发展积累而导致的，其形成机制主要是因政府推动投资，导致市场机制作用被扭曲。

3.1.1 结构失衡

1. 供需结构失衡

供需结构失衡主要源于政府主导的产业政策，产业政策的干预重点是刺激供给，而对需求关注不够，导致一些产业领域的产品供给过剩。在产业政策干预下，企业投资行为会受政府政策诱导，这种诱导行为实际上妨碍了企业家基于自由市场的决策逻辑，结果是企业的资源配置迎合了政府意图，却偏离了市场规律。这加剧了产业结构的供需失衡，也延缓了产业结构自发的调整进程。近年来，各地方政府大力鼓励发展战略性新兴产业就是明显的政策诱导下的企业盲从投资行为，太阳能光伏产业就是典型例子。2000年，我国太阳能光伏电池产量占全球太阳能光伏电池年安装量的比重为1%，到2011年这个比重达到43%(见表3—1)。

表 3—1　中国太阳能光伏电池产量和年安装量与全球太阳能光伏电池年安装量 单位:兆瓦

年份	中国太阳能光伏电池产量	中国太阳能光伏电池年安装量	全球太阳能光伏电池年安装量
2000	3.00	19 (16%)	303 (1%)
2001	4.60	5 (92%)	365 (1.3%)
2002	6.00	19 (32%)	471 (1.3%)
2003	12.00	10 (120%)	584 (2%)
2004	50.00	10 (500%)	1 133 (4.4%)
2005	145.00	8 (1 813%)	1 411 (10%)
2006	438.00	10 (4 380%)	1 582 (28%)
2007	1 088.00	20 (5 440%)	2 575 (42%)
2008	3 238.00	40 (8 095%)	6 708 (48%)
2009	5 851.00	160 (3 657%)	7 376 (79%)
2010	7 710.60	500 (1 542%)	17 064 (45%)
2011	12 984.00	2 500 (519%)	30 391 (43%)
2012	—	5 000 (—)	31 095 (—)

注:括号内数字为中国太阳能光伏电池产量占中国和全球太阳能光伏电池年安装量比重。

在全球十大光伏组件生产企业中,有 6 家是中国企业,它们的产能、产量及占全球市场比重如表 3—2 所示,这 6 家光伏组件生产企业总产量占全球市场比重已达 67.8%。结果是我们所看到的,我国各地区的光伏太阳能电池生产企业产能严重过剩,再加上国外市场需求下滑,使得这些企业面临巨大生存压力。

表 3—2　中国光伏组件生产企业的产能、产量及占全球市场比重

中国光伏组件生产企业	产能(MW)	产量(MW)	产量占全球市场比重(%)
英利	2 450	3 234	17.60
天合	2 800	2 585	14.10
阿特斯	2 300	1 894	10.30
昱辉	2 000	1 800	9.80
晶科	2 000	1 765	9.60
晶澳	1 800	1 173	6.40
总计	13 350	12 451	67.80

数据来源:中国机电产品进出口商会

2. 竞争结构失衡

竞争结构失衡表现在两个层面上：一是产业链层面，综观我国诸多所谓的先进制造业，产业链上的一些节点产业集聚了很多企业，甚至导致了恶性竞争，而另一些节点产业却非常弱，严重依赖国外进口；二是价值链层面，企业密集地扎堆于低价值环节，如加工组装或低端生产性服务。总之，这两个层面的现象表达了相同性质的问题，无论是在产业层面还是在活动层面，本土企业都扎堆于"低端竞争"，这无疑限制了依赖技术进步来推动产业结构调整的节奏。表3—3给出了我国集成电路产业进出口数量，从 2003 年到 2008 年，我国进口的集成电路数量增加了近 2 倍，出口数量增加了近 3 倍；然而从产品的单位价值来看，进口的集成电路单位价值是出口的近 1 倍，而且出口产品的单位价值没有明显提升。这表明我国集成电路产业一方面严重依赖于从国外进口，另一方面我国生产集成电路企业的出口产品仍然是低价值产品，与进口产品价值有很大差距。

表 3—3　　中国集成电路产业进出口数量

年份	进口数量（亿块）	进口金额（亿美元）	出口数量（亿块）	出口金额（亿美元）	单位进口金额（美元/块）	单位出口金额（美元/块）
2003	479.09	418.58	115.17	65.95	0.87	0.57
2004	635.78	614.46	168.05	112.23	0.97	0.67
2005	765.88	822.13	226.22	146.14	1.07	0.65
2006	874.6	1 071.75	333.21	215.64	1.23	0.65
2007	1 234.57	1 294.53	412.98	239.52	1.05	0.58
2008	1 354.57	1 305.85	485.47	247.31	0.96	0.51

数据来源：中国机电产品进出口商会

3.1.2　低水平均衡

从产品价值角度来看产业结构，其分为低水平均衡和高水平均衡。所谓低水平均衡，主要是指企业在产业链上处于低技术含量的产业环节，在价值链上处于低价值的生产活动环节，如图 3—1 所示。

例如，中国的机床工业存在明显的"双增长"现象：低端产品出口增长与高端产品进口增长并存。2000～2007 年，中国的机床出口获得了蓬勃发展的机会（如图 3—2 所示），出口数量年均增长率达到 7.1%，而这期间从国外进口的机床数量则处于相对稳定态势，年均增长率仅为 2.4%。在 2008 年金融危机之

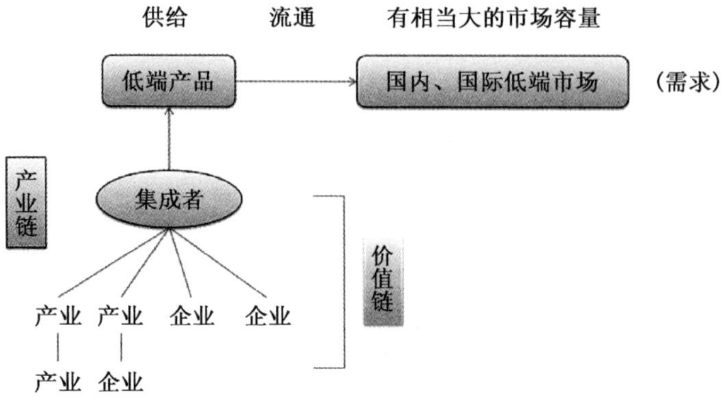

图 3—1　产业结构的低水平均衡

后,虽然对机床的进口需求出现下降,但出口需求有所上升,然而,这个海外需求的增加并不能说明中国的企业竞争力增强了,而是国外的机床生产企业把产品切换到了高端数控机床的生产,留下了低端产品市场空间。

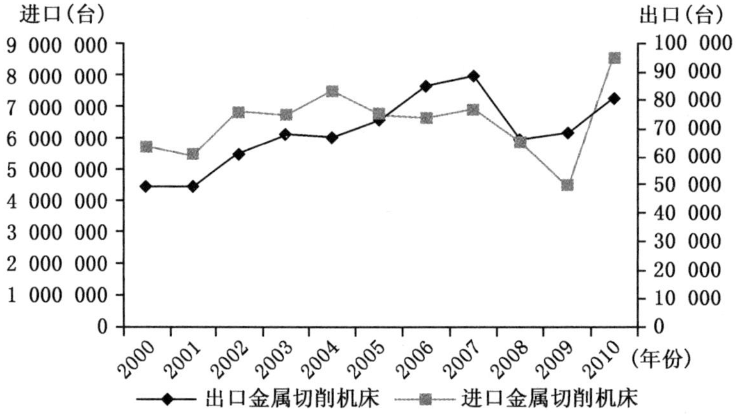

图 3—2　中国金属切削机床进出口数量

上述“出口增长”现象在一定程度上表明,中国的机床工业在国外机床市场有一定的市场份额,但是这个市场仅仅局限在低端产品市场。根据图 3—3,金属切削机床出口均价低于进口均价,2010 年出口均价为 176 美元/台,进口均价则为79 020美元/台,是出口均价的 449 倍,这是巨大的产品价格差距。从价格的年均增长率可以发现,中国与其他国家的金属切削机床生产企业在市场上的价格控制力还有一定差距,2000～2010 年,出口均价年均增长率为 10.65%,低于进口均价的 12.61%。

中国的数控机床在出口数量上处于快速增长的发展阶段,2000～2010 年

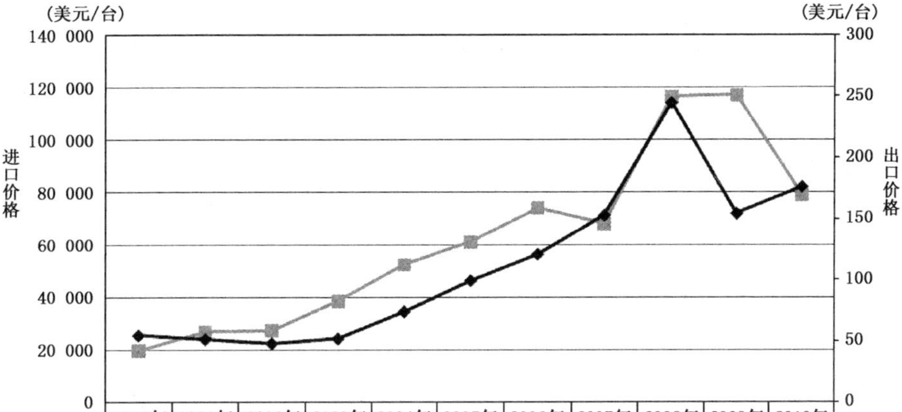

	2000年	2001年	2002年	2003年	2004年	2005年	2006年	2007年	2008年	2009年	2010年
进口金属切削机床	19 740	26 814	27 313	38 640	52 344	61 132	74 119	67 983	116 427	117 134	79 020
出口金属切削机床	55	51	48	52	74	99	121	153	245	154	176

图 3—3　中国金属切削机床进出口均价的比较

年均增长率为 24.1%，而进口的数控机床年均增长率为 13.6%。看似中国数控机床生产企业在国外市场上取得了快速的发展，然而从产品价值上看，就会发现差距，出口均价远远低于进口均价；若根据市场价格增长率，数控机床的出口均价仅仅上涨了 0.83%，而进口均价则上涨了 5.64%，这表明中国企业出口的数控机床在国外市场上尚没有足够的议价能力。

国内下游制造业对高端机床的需求呈上升趋势。由图 3—2 可以发现，一方面，对金属切削机床的进口需求在一段时间呈现下降趋势，但另一方面，对其中高端数控机床的进口数量其实一直处于上升趋势（除 2008～2009 年危机影响）。这充分表明国内对机床有需求的行业越来越走向对高端机床的需求，以满足这些行业生产高端产品的需要。看似矛盾的“双增长”现象背后，反映的是中国机床产业创新能力的不足，中国企业虽然填补了国外先进企业产品升级之后留下的低端市场空间，但不能满足国内巨大的高端产品市场需求。问题在于高端机床产品的生产，需要立足于基础研究方面的知识创新（如新材料等），表现为关键零件和组件行业的发展；并立足于工程开发方面的技术创新，表现为机床整机的制造。而在我国，知识创新和技术创新缺乏有效的整合：一方面，能在基础研究领域起到作用的科研院所没能与生产企业在基础研究上形成有效的知识连接；另一方面，国内的机床企业规模较小，研究能力较弱，没能与产业链下游的应用行业形成有效的技术连接。这个行业的技术创新源泉更多地需要从与用户进行深度的互动中产生，显然生产者—用户之间这样的互动没有形成。

低水平均衡发展状态与自改革开放以来我国在全球分工体系中所扮演的角色有关,同时,目前的升级转型又受制于此角色,即只充当低端产品的全球供应基地。这种供应基地大致分为两类:一类是面向全球采购商的地方供应基地。例如,浙江的"块状经济"和广东专业镇等。然而,这样的基地面临三个外部硬约束:①国外市场对供应物品具有高度的选择性,买家的竞价过程会迫使企业之间产生过度竞争;②国外购买者会采取集体行动而成为象征意义上的"统一买家",造成潜在的压价威胁;③受到国外市场技术贸易壁垒的严格约束。这三个硬约束,对企业而言,会使得外贸市场利润空间受到多层挤压;对地区而言,会因依赖狭隘的专业化经济而变得脆弱。2008 年金融危机爆发之后,国外市场需求下滑导致了国内产品出口额大幅下降就是明显事实。另一类是基于全球生产网络的、由跨国公司主导的产业集群。例如,苏州 IT 产业、东莞的制鞋业等,它们的形成是在全球产业转移背景下,中国吸引跨国公司投资政策的结果,它们的生产力的增长路径基本上与本地产业增长路径没有交集(Wei,2013;杨锐和李伟娜,2010;王琛等,2012)。它们有既定的技术连接方式,技术产生与传播的过程也是围绕着跨国生产网络而组织的,大部分独立于地方政府政策和地方产业之外。本地企业也仅仅在低端环节进行辅助性生产活动,对整个价值链、产业链缺乏控制力和影响力。

3.1.3 高水平均衡是方向

虽然在特定历史发展时期,我国本土企业融入全球产业分工体系在一定程度上缩小了我国企业在技术和管理上与发达国家领先企业的差距,但是我国多数企业依旧嵌于全球产业体系的低端,产业链和价值链被全球企业控制的现实依然严峻。我国产业结构发展状态亟须从低水平均衡调整为高水平均衡,如图 3—4 所示。

综上所述,当前我国产业结构存在的表象问题是一、二、三次产业结构数量比例关系的问题,但本质上的问题是结构性问题,即结构失衡和低水平均衡。实际上,这些问题一直存在,只是当本土企业在面临充足的低端市场需求并可获得利润的发展阶段,没有或不愿意去正视这些问题;只有当人民币兑美元汇率变化、全球资源价格上涨、我国工人平均薪资提升等产业发展环境变化日益颠覆企业生存所依赖的低成本比较优势基础,并威胁到它们的生存时,这些问题才会变成企业愿意去正视的问题。在此背景下,产业结构的低水平和结构失衡矛盾显得更加突出,从理论上研究如何通过本土大企业主导产业链重构,破

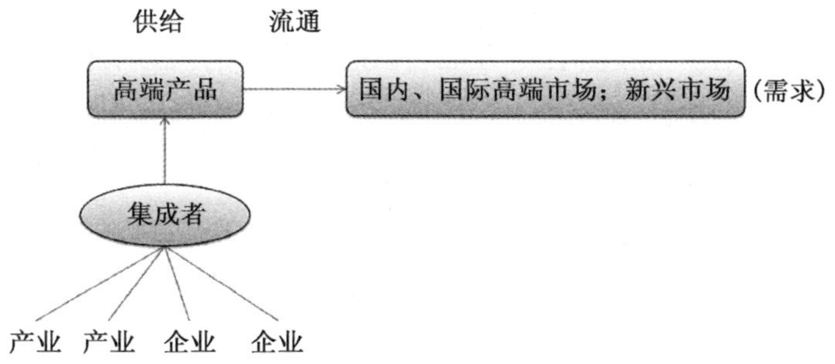

图 3—4　产业结构的高水平均衡

解我国产业发展的结构性问题，重塑比较优势以构建我国现代产业体系，是新时期我国产业结构优化升级所亟待解决的问题。

3.2　我国产业结构问题的现实成因

3.2.1　产业发展理念以 GDP 为导向是产能过剩的关键

重视 GDP 的导向作用是必要的，也是合理的。以 GDP 上升为标志的快速增长，是后发国家经济起飞过程中一个必经的发展阶段。在 GDP 导向下，地方政府争项目、争投资、上产业，形成了地方政府经济发展、产业发展的竞争格局，于是只要能够对地方经济增长、GDP 增长有效的投资与产业，不论是否与别人重复、是否伤害生态环境、是否过度消耗资源，都会受欢迎而且给予政策方面的支持。因此，我国地区产业结构雷同、产业发展重复，最后产能过剩的状况比比皆是，难以克服。

特别在 2008 年世界金融危机时期，在政府主导下的大规模扩大投资和上项目，使已经过大的产业，尤其是重化工业产能急剧过剩。2009 年煤化工、多晶硅、风电制造、平板玻璃、钢铁、水泥六大行业被列入产能过剩行业，我国也开始严控该 6 个行业的产能过剩问题。2010 年有钢铁、水泥、平板玻璃、煤化工、多晶硅、风电设备、造船七大产能过剩行业，以及发电设备、重型装备和通用机械等潜在产能过剩行业。2011～2012 年，产能过剩更加严重，24 个工业行业中有 21 个行业产能过剩，其中钢铁、水泥、平板玻璃、煤化工、多晶硅、风电设备、家用电器、汽车、造船、光伏、纺织等行业均为受到重点关注的产能过剩行业。但盲目投资现象仍然很突出，一些战略性新兴产业新开工项目存在未批先建或违规建设问题。

此次产能过剩的特点主要有以下两点:第一是普遍性。传统产业和部分战略性新兴产业都存在产能过剩:一方面,传统产业中钢铁、水泥、石化、家电等存在着产能过剩;另一方面,部分战略性新兴产业中,以光伏为例,目前我国光伏产业的年产能在40GW左右,但全球新增的装机容量只有30GW左右,风机行业也面临同样的问题。第二是有可能在部分行业出现绝对过剩。未来几年,有些产品可能出现消费峰值。比如钢铁,我国钢铁的消费峰值在7.5亿吨到8亿吨,2014年的钢铁产能为9亿多吨,在建规模1.5亿多吨,2015年有可能形成超过10亿吨的钢铁规模。相比需求,钢铁行业的产能过剩是一种绝对的过剩。此外,水泥和电解铝行业也都可能存在着结构性过剩。

GDP的增长与否只是反映了经济规模扩张和经济总量的变化情况,就本质而言,属于数量型指标。要努力克服唯GDP论倾向,消除对数量、规模、速度的偏好,不再以增长率论英雄、排座次,应及时调整好由于经济发展阶段递进而产生的困惑、失落心理,逐步树立起以质量、效率、效益为取向的新的发展理念,调整经济增长方式,用市场机制推动产业发展、产业结构调整,摆脱目前产业结构的困境。

3.2.2 强势政府思维限制了市场机制的资源配置功能

多年来,我国产业发展的真正主体是政府,政府从产业规划开始,进行产业投资,开展产业调整,设计产业政策。产业发展运行载体以国有企业为主,而民营企业只是在有限的产业领域发挥作用,在政府没有垄断、没有规制或疏于规制的产业领域发挥作用,而且往往是政府忽略的领域民营企业发展得比较好,产业发展得也比较好,例如,我国的互联网产业、电子商务产业就是如此。据不完全统计,2014年共计有10余家中国互联网公司赴美国或中国香港上市,热情之高可谓如火如荼。其中,有以阿里巴巴、京东商城、聚美优品为代表的电商企业,以新浪微博、乐逗游戏、天鸽互动、迅雷为代表的泛文化网络企业,以乐居、猎豹移动、智联招聘为代表的互联网服务类企业。这些企业可谓掀起了中国互联网行业海外上市的第五次浪潮。此前的四次分别为:1999年至2000年,以新浪、搜狐等为代表的第一批;2003年至2004年,以盛大、前程无忧等为代表的第二批;2007年,以完美时空、巨人网络等为代表的第三批;2010年,以当当网、麦考林等为代表的第四批。根据当前市值测算,上述中国互联网公司的海外总市值已达到近2万亿元(周志军,2014),并且,这些互联网公司都是民营企业。

然而在其他诸多的产业领域，如电信、石油、电力、铁路、钢铁、造船、飞机、金融、保险等，主要还是以国有企业为主，国有企业的背后自然是政府。与经济发达、市场发育比较成熟的国家和地区“守夜人”式政府相比，我国政府在参与经济社会生活、产业发展与结构调整的广度、深度、力度等方面具有明显的强势特征，直接干预产业发展的案例较多。这些年来，由于政府和市场的关系更为复杂，政府常常把特定时期、特定条件下的行政刺激政策固化和常态化，追求对社会资源的垄断和配置。政府有形之手伸得过长，严重干扰了市场无形之手的调节作用，由此带来的一系列产业结构失衡问题累积起来迟迟得不到解决。主要有：市场秩序不规范，存在以不正当手段谋取经济利益的现象；生产要素市场发展滞后，要素闲置和大量有效需求得不到满足并存；市场规则不统一，部门保护主义和地方保护主义大量存在。实际上，这些问题的解决要完全靠政府是困难的，“关、停、并、转”的调整产业结构的行政方式已经不太好用，各方利益主体的利益只有在市场机制条件下才能够合理调整。

3.2.3　激励机制约束产业主体创造力的发挥

虽然自改革开放以来，我国许多国有企业的制度发生了巨大的变化，转型成为现代公司制度，但它们的内在机制并未彻底改变，而政府对国有企业的管理主体虽然发生了变化，但在产权制度没有大的变化下，仍然只是依靠“管人、管事、管资产”的基本方法，难以形成有效的激励机制，难以提高企业的创新效率，激发国有企业自主创新、转型升级的积极性。另外，中国市场的巨大规模以及东、中、西部经济发展的梯度状况，使民营企业缺乏大规模创新、开拓市场的动力，而产能过剩导致了市场上产品过度竞争。虽然也有大企业不断产生，然而我们并未看见主要是由创新成功而促成的企业发展壮大，还是借助低成本、低价格的扩张方式。

作为我国产业发展主体，大多数企业并没有创新意愿与创新能力，我们只是看到一些大企业如华为、海尔、宝钢在进行技术创新、产品创新，在带动产业链上的其他企业创新发展，而大部分企业仅仅是别人的代工者或是国外大企业的附属企业，在重构产业链、价值链以推动经济结构、产业结构的升级换代，实现发展方式的转变，完成经济发展从中低端向中高端的变迁上没有贡献什么力量。产业发展结构调整最根本的还是要依靠市场的力量、企业的力量、科技的力量以及这些力量的人格化代表，即企业家的力量、科技人员的力量。只有这样，才能更好地发掘和激活以往由于体制机制障碍而被压抑的增长潜力和发展活力,尽快适应新一轮发展的需要,形成在经济发展更高阶段有效驾驭发展的本领和能力。

3.2.4 产业淘汰机制不完善,结构调整困难重重

现行产业结构的失衡背后是供给结构的失衡、产能结构的失衡,也是现行产业资产存量结构的失衡,在新技术革命与工业革命,如"工业4.0"发展迅速的情况下,我们需要跟上全球产业发展与分工变化的步伐,不然未来没有竞争力。但投资发展增量对目前产业结构问题的解决没有什么帮助,产能过剩与产业资产结构失衡的状况没有什么改变,因为截至2014年,我国经济增长速度在下降,产业结构的问题不但没有解决,连所谓的战略性新兴产业的产能也过剩,出现了结构性失衡。在政府行政性调整产业结构的方法下,如果要有效果,就必须识别什么是落后产能、什么是过剩产能、什么是低效率产业资产,更何况这些落后产能可能就分布在经济落后地区,很难解决,也容易遭到地方政府的顽强抵抗,因为它们财政收入少,就业也要维持,更重要的是GDP指标还要完成,这样落后产能如何能退出?这就是对我国产业结构调整已经呼吁多年、政策出台不少,但少有成果的根本原因。

所以,今天我国产业结构调整的主要方式应该是充分发挥市场机制的作用,运用存量调整的方法。所谓存量调整的方法,就是通过市场竞争、通过创新,优胜劣汰,使一些落后产业、落后产能、污染产业、污染产能、低效率产业淘汰出局。好的存量调整的方式是建立在公平市场竞争的基础上的,通过优胜劣汰,使产业竞争力不断提高,并能提高全社会资源配置的效率。差的存量调整的方法是政府强行进行"关、停、并、转",使某些地方的某些产业淘汰,这会导致失业增加。由于政府不了解产业中究竟孰优孰劣,所以最终可能误伤高效率的产业资产与产能。总之,存量调整过程中一定会导致结构性失业的增加和社会生活的不太安定,而这恰恰是政府应该发挥作用的方面。

3.3 产业结构调整的内涵、方式与我国存在的问题

3.3.1 产业结构调整的内涵

产业结构调整在我国是政府的一种政策干预行为,其目的是为了实现产业结构优化升级。要理解我国产业结构调整,需要先了解我国产业结构优化升级

的政策历史。国家层面正式提出“产业结构优化升级”是在中国共产党第十六次全国代表大会上:“推进产业结构优化升级,形成以高新技术产业为先导、基础产业和制造业为支撑、服务业全面发展的产业格局。”此后,在《中华人民共和国国民经济和社会发展第十一个五年规划纲要》中明确写道:“发展先进制造业、提高服务业比重和加强基础产业基础设施建设,是产业结构调整的重要任务,关键是全面增强自主创新能力,努力掌握核心技术和关键技术,增强科技成果转化能力,提升产业整体技术水平。”

从上述表述中可以看出,政府层面对产业结构优化升级的理解限于三次产业结构和产业部门结构的比例变化。例如,“优化服务业发展布局,推动特大城市形成以服务经济为主的产业结构”。[①] 上海“加快形成服务经济为主的产业结构”。[②] 江苏“服务业增加值比重达到 48%左右,加快形成服务经济为主的产业结构”。[③] “重点产业结构调整”,包括“推进文化产业结构调整,大力发展文化创意、影视制作、出版发行、印刷复制、演艺娱乐、数字内容和动漫等重点文化产业”,“优化海洋产业结构”。[④] “大力发展战略性新兴产业、高端装备制造、节能环保、生物医药、新能源汽车、新材料等产业”。[⑤] 在此基础上,从战略层面提出科技创新和服务业作为推动产业结构优化升级的重要路径。例如,“发挥科技创新对产业结构优化升级的驱动作用”、“把推动服务业大发展作为产业结构优化升级的战略重点”。[⑥]

学术上,产业结构的优化升级是指产业结构向协调化和高度化方向演进(李悦、李平,2002),要提高经济增长质量就必须提高产业结构水平。陈仲常(2005)认为,产业结构优化升级是一个动态过程,它包括产业结构的合理化和产业结构的高级化。杨公朴(2005)认为,产业结构及其高级化过程更多是与经济发展而不是经济增长相联系的。经济发展的要求决定着产业结构的演进,而产业结构的演进又标志着经济发展的不同水平,经济发展从需求和供给两个方面决定着产业结构的演进方向。他进一步指出,产业结构的变动包括不断地从低层次结构向高层次结构的变化和产业结构的调整与协调过程,也就是产业结构的高级化和产业结构的合理化。

---

① 《中华人民共和国国民经济和社会发展第十二个五年规划纲要》。

② 《上海市国民经济和社会发展第十二个五年规划纲要》。

③ 《江苏省国民经济和社会发展第十二个五年规划纲要》。

④ 《中华人民共和国国民经济和社会发展第十二个五年规划纲要》。

⑤ 《2012 年政府工作报告》。

⑥ 《中华人民共和国国民经济和社会发展第十二个五年规划纲要》。

本书认为,产业结构调整是对时间形态上产业的组织/技术结构与空间形态上的多部门产业关系的空间分布进行良好匹配(见图3—5),以实现产业结构由不均衡状态(A 点和 C 点)及低水平均衡状态(B_L 点)升级到高水平均衡状态(B_H 点)。据此,对产业结构时空形态进行优化的主体,可以分为外生主导的政府和内生主导的企业,进而形成不同的产业结构调整方式,因此,有必要对产业结构调整方式及其效果进行分析。

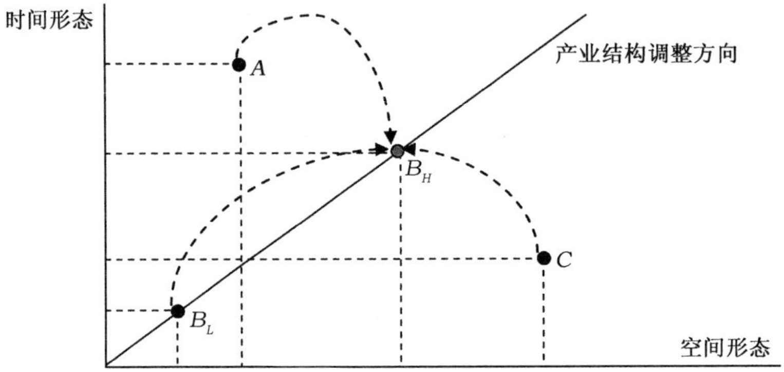

图3—5 产业结构调整的时空形态关系

3.3.2 产业结构调整的两种方式:行政指令和市场机制

世界各国在经济转型发展过程中,也无一例外都进行过产业结构调整。理论上有两种产业结构调整的方式:

(1)政府主导的行政指令,从宏观层面进行数量控制和结构调整,强调政府对宏观经济的干预作用。比如在中国、韩国和日本等东亚国家很常见。

(2)企业主导的市场机制,从企业主体角度,由企业依据市场环境变化而进行自主性投资调整的内生变化过程。美国是典型代表。

行政指令的主体是政府,实施由上至下的宏观结构总量调整,通过各类政策干预企业的供给行为。市场机制调整的主体是企业,企业通过技术创新所带来的货币诱惑来改善供给、扩大需求,进而实现由下至上的结构调整,如表3—4所示。

表3—4 产业结构调整的两种方式

产业结构调整方式	调整主体	调整过程	切入点	调整动力
政府主导的行政指令	政府	由上至下	供给面	政策刺激
企业主导的市场机制	企业	由下至上	需求面	创新租金诱惑

1. 我国产业结构调整方式

我国把产业结构调整作为一种政府干预经济活动的宏观手段，始于 20 世纪 70 年代末。对于大多数国家来说，产业结构调整任务和调整目标(如表 3—5 所示)大同小异，所不同的是每个国家推进产业结构调整的方式。从 20 世纪 70 年代末到 21 世纪初期，我国产业结构调整主要是通过国家出台产业调整政策、运用产业规划等行政手段来实现。

表 3—5　　我国 20 世纪 70 年代末至 21 世纪初的产业结构调整过程

时间	产业结构调整任务	产业结构调整目标
20 世纪：		
● 70 年代末至 80 年代初	● 加强轻工业	
● 80 年代末至 90 年代初	● 加强基础设施建设	● 弥补短线产业、克服供应短缺
● 90 年代末	● 主导产业选择	● 产业升级
21 世纪初：		
● “十五”	● 重点强化对传统产业的改造升级 ● 积极发展高新技术产业和新兴产业	● 提高我国工业的整体素质和国际竞争力
● “十一五”	● 加快发展高技术产业 ● 振兴装备制造业 ● 优化发展能源工业 ● 调整原材料工业结构和布局 ● 提升轻纺工业水平	● 推进工业结构优化升级：提升整体技术水平和综合竞争力，促进工业由大变强
● “十二五”	● 改造提升制造业 ● 培育发展战略性新兴产业	● 构建现代产业体系 ● 转变经济发展方式

政府主导的产业结构调整方式与我国经济制度有直接联系，我国是在 1992 年中共十四大才明确“我国经济体制改革的目标是建立社会主义市场经济体制”。在我国供给短缺的年代，政府通过行政命令集中资源构建我国产业体系，发挥了很好的作用，但是随着我国经济制度逐步由“市场在资源配置中的基础性作用”转向“市场在资源配置中起决定性作用”，政府主导的产业结构调整方式的局限性日趋暴露，同时忽视了产业体系的微观调整，加剧了产业结构失衡。政府主导的产业结构调整由于是从结构数量角度进行政策性干预，因此忽视了产业体系内部的微观结构问题。一方面，会对企业家的自主投资决策产生诱导，破坏“看不见的手”的正常秩序，造成资源不合理配置下的产业结构局

限于低水平均衡和竞争结构失衡的状态;另一方面,会诱导地方政府采取大项目、大投资的"唯GDP至上"的短期政绩功利行为,既浪费投资资源,又会对就业结构、生态等带来伤害。例如,太阳能光伏、电解铝产业等。

2. 美国产业结构调整方式

美国是诸多发达国家中采取市场机制来促进产业结构调整的典型,其以市场中的企业尤其是大企业为主导者,而政府主体的作用仅仅在于完善和弥补市场缺陷,为产业结构调整创造良好的市场环境,以及通过科技政策促进技术进步。在市场机制下,产业结构的演进动力是源于市场自由竞争的自然结果。美国产业结构调整主要有以下特点:①美国产业结构调整方式是采取市场机制。通过市场需求、市场预期、企业创新带动产业结构调整,尤其是市场中的大企业或平台型企业,如英特尔、思科、苹果等(Gawer and Cusumano,2002),在创新激励下,要求和推动大企业的关联企业创新,进而推动行业技术进步,最终促进了产业结构调整。②政府采取隐性化产业政策以调整和优化产业结构(盛美娟、刘瑞,2011)。美国政府没有采取过国家层面的、全面的、综合性的产业政策,而是主要采取放宽经济规制、减税、增加政府投资及补贴等方式来支持产业技术创新,提高产业的国际竞争力。例如,奥巴马签署的《2009年美国复苏与再投资法案》和《美国创新战略:推动可持续增长和高质量就业》中,分别加大对新能源产业的财政支持以将其打造成美国新的经济增长点,并"通过促进区域创新、集群创造竞争团体"以鼓励高增长和基于创新的创业。

3.3.3 我国产业结构调整方式面临的问题

1. 我国政府主导的"由上至下"的结构调整方式,缺乏效果且面临困境

过去我国的产业结构调整方法,主要是靠"由上至下"的行政调整办法,简单地说就是"关、停、并、转",在以国有经济为主的那个时代,只要政策措施正确,也曾经取得过相当不错的效果。由于今天我国经济的主体已经发生了重要的变化,如果单纯地用过去的行政调整方法,一方面,持续扩大增量,并没有有效解决经济转型发展中产业结构的结构性问题,反而使部分问题恶化,例如房地产价格持续攀升、产能过剩问题等;另一方面,政府主导的产业结构调整方式本身存在缺陷,难以推进,例如政策制定、行政指令传导、政策传递滞后,地方保护导致政策执行不到位,以及管理监督缺位等。从前面的分析中我们已看到,在政府主导下的产业结构调整,带来了严重的结构失衡和低水平均衡,这些问题实际上加重了我国产业结构调整的难度。

2. 以政府主导行政性增量调整为主,市场化产能存量调整不足

产业结构调整的方式从调整的主体看,有行政方式与市场方式之分;从调整的方法来看,有所谓的增量调整与存量调整之分。增量调整方法就是不对现有产业体系进行调整,而是通过增加投资新固定资产、投资新兴产业使产业体系不断发展壮大,进而改变现行产业体系与产业结构的方法。增量调整产业结构的方法的优点是,不影响现行产业结构进而不影响现有既得利益者,而且由于投资增长增加了新的就业岗位,社会安定、人心稳定。增量的方式特别受到政府的欢迎,因为稳定与就业总是政府的主要任务。所以这么多年来,我国产业结构调整总是由政府出面,以增加投资发展新兴产业为主。例如,从 2009 年开始的发展战略性新兴产业热潮,虽然似乎是应对发达国家新产业革命之举,实则也是对现行我国产业体系、产业结构的改造调整之举。

所谓存量调整的方法,就是通过市场竞争、创新,优胜劣汰,使一些落后产业、落后产能、污染产业、污染产能、低效率产业淘汰出局。好的存量调整的方式是建立在公平市场竞争的基础上的,通过优胜劣汰,使产业竞争力不断提高,提高了全社会资源配置的效率。存量调整与增量调整是产业体系演化发展、产业结构不断调整升级的两种方法,应该在产业体系与结构优化的过程中长期运用,而不是发现产业结构有问题才考虑运用此两种方法。在用市场机制配置资源的条件下,企业的自行投资选择与产业链关联非常重要,因为它们自己会进行产业资产与产能的增加与缩减,所以在公平竞争的市场环境下是能够产生这两种方法并长期运行的。只有当政府成为资源配置力量时,现行产业结构才成为上届政府干预发展的结果,于是政府忙于规划下一轮产业结构,总是考虑如何调整优化产业结构,而实际效果并不理想。更何况,对于一些地区和行业来说,被淘汰的落后产能是当地利税大户甚至支柱产业,对地方 GDP 与就业是一大损失,地方政府自然不太情愿它们被淘汰,这无疑为落后产能退出增加了难度。因此,需要改变政府行政干预经济与产业发展的思路与做法,重新回到市场配置资源的正确轨道上,充分利用市场需求减少的有利时机,优胜劣汰,加大落后产能淘汰力度,禁止落后生产能力异地转移,将落后产能和设备彻底淘汰出局。

3. 大企业主导的产业链重构是产业结构调整的微观机制,但我国缺乏系统集成商

产业结构调整的内生动力来自企业自主创新,尤其是产业链上的大企业,在市场竞争中,大企业为追逐创新利润,会自发进行产业链重构,以满足新技术

研发和新产品生产需求。例如,美国的苹果公司、韩国的三星集团等企业都是扮演系统集成商的角色,进而推动国内产业结构不断由低技术水平迈向高技术水平。这些企业基本上都吻合本书提出的大企业、大公司主导产业链重构、推动产业结构调整的分析框架。然而,一方面,我国有效的市场机制尚未完善,另一方面,在各行业的产业链上尚缺乏有控制力的系统集成商,基于此,行政命令是当下推动产业结构调整的主要选择。正如我们所看到的,如果完全依赖于政府行政命令,由于作为产业结构一部分的微观结构没有发生真正变化,政府干预调整的效果很难达到预期的目标。但是,如果把我国产业结构调整优化全部交给市场机制去进行,也有很大的问题:一方面,需要的调整时间过长,因为目前全球经济仍处于不稳定时期;另一方面,我国市场的不完善,市场机制力量薄弱、有缺陷,这就需要政府发挥重要作用。但政府应该在转变职能与调整经济发展方式上下功夫,在市场机制下积极引导产业链、价值链和供应链整合,并进行制度创新与政策引导,发挥市场竞争机制的作用,发挥大企业在生产过程中与其他产业和企业的关联性,由此推动产业结构重组,完成我国产业结构的调整优化与转型升级。

总之,当前我国政府主导的产业结构调整方式,即基于宏观结构的数量比例关系调整思路是行不通的且缺乏实际效果的。本研究认为,宏观结构是微观行为状态在宏观上的表达,产业结构调整最终还是需要通过微观结构的调整来实现,这需要新的产业结构调整理论的指导。我国现阶段产业结构调整的思路应该是以大企业为主体重构产业链、推动产业结构调整,政府应在创新制度与政策环境方面积极配合。

第 4 章

产业结构调整理论

4.1 现有的产业结构调整理论

对产业结构演进的研究一直是产业经济学等领域研究的重点内容，主要包括宏观结构视角下产业结构演进与经济增长的内在联系，三次产业结构自身的演变规律，内生经济增长视角下产业结构演进与经济增长的内在联系，演化视角下产业结构演进的过程分析，等等。

4.1.1 宏观结构视角下产业结构调整研究

产业结构变化过程是经济发展的基本特征，宏观结构视角下的产业结构演进研究，主要围绕三次产业和产业内部结构的演进与经济发展阶段的内在规律性。这些研究始于配第（1691）和斯密（1776）对产业结构差异与国民收入差异的关系研究。此后，克拉克（1940）和库兹涅茨（1941）提出了三次产业结构变化与人均国民收入之间的规律，即配第—克拉克定理、库兹涅茨的产业结构演变规律。随着研究的深入，学者们普遍认同，产业结构变化过程是经济发展的基本特征以及解释总体生产率增长率和发展方向的重要变量（Schumpeter，1928；Fisher，1939；Baumol，1967；Kuznets，1971；Pasinetti，1981），研究涉及：①探讨三次产业结构对国民收入和经济增长的影响机制，例如，需求收入弹性、结构红利假说（Timmer and Szirmai，2000；干春晖、郑若谷，2009）、各产业创业活动的不同倾向以及生产商或用户的知识溢出（Peneder，2003）等。②产业内部结构变迁规律，主要理论观点有 20 世纪三四十年代赤松要的“雁行形态理论”以及五六十年代里昂惕夫的投入产出分析方法、罗斯托的主导产业扩散效应理论和经济成长阶段论、钱纳里的工业化阶段理论以及霍夫曼的工业化经验法则等。这些理论观点阐释了随着经济发展阶段的演进,产业内部结构依照如下顺序变迁:工业结构的轻工业化、重化工业化、高加工度化和知识技术集约化。

就国内研究而言,产业结构变迁对经济增长及发展方式有积极作用,这是无可争议的,但在一些问题上也存在观点上的差异,主要表现在产业结构变迁在经济增长时间序列中的阶段性地位、行业部门对经济绩效的影响差异及产业结构特征对经济增长的影响等,具体有:①产业结构变迁和制度改革角色之争。刘元春(2003)的研究表明,二元经济转型引起的产业结构升级,无论是从增长质量的改善上还是从经济增长的边际贡献上都高于经济制度变迁。刘伟和张辉(2008)的研究则表明,自改革开放以来的30多年中,虽然产业结构变迁对中国经济增长的贡献一度十分显著,但是随着市场化程度的提高,产业结构变迁对经济增长的贡献呈不断降低趋势,逐渐让位于技术进步和制度改革。相似地,毛丰付和潘加顺(2012)指出,产业结构对中国城市劳动生产率提升的作用呈“倒U形”变动。郑若谷等(2010)则认为,产业结构和制度不仅对经济规模会产生直接影响,而且还通过对生产要素的资源配置功能产生作用,影响其产出效率,从而对经济增长产生间接影响。这些研究观点表明,产业结构变迁和制度都会影响总体生产率的变化(杨天宇、刘贺贺,2012),它们的影响程度有明显的阶段演进特征,而且两者对经济增长和要素配置功能上具有短期和长期的影响差异。②产业部门对经济绩效的影响差异。刘伟和李绍荣(2002)认为,在中国经济中最有效地拉动经济增长的产业,除建筑业外几乎全是第三产业部门。在产业结构调整方向上也出现了一些不同的观点:一种认为应以高新技术产业为驱动力,以现代服务业和现代制造业为发展的两个车轮,带动产业结构的整体升级(何德旭、姚战琪,2008);另一种认为我国应推动工业化主导的城市化,同时避免因产业结构的过早服务化而导致过度城市化问题(乔晓楠等,2012)。从区域层面看,周勤和吴利华(2008)的研究表明,工业尤其是制造业所占GDP比例和产业竞争力的差距是造成地区就业差异的主要原因。③产业结构特征对经济增长的影响。关于这方面,国内还处于研究中,就产业结构特征的影响而言,最新的研究观点有产业联结机制(干春晖等,2011)、技术选择效果(黄茂兴、李军军,2009)、产业结构合理化,而产业结构高级化的作用则不确定或不显著(付凌晖,2010;干春晖等,2011)。

4.1.2　内生经济增长视角下产业结构调整研究

内生经济增长理论（Romer，1986；Lucas，1988）强调分工、知识溢出、技术进步、报酬递增等对经济长期增长的重要性；Becker and Murphy（1992）把协调成本引入长期经济增长模型，认为知识积累和协调成本共同影响分工程度进而影响经济增长；Nelson（1994）则强调技术、产业结构和国家制度的共同演化对经济增长的重要性。在这些新经济增长理论思想指导下，来自产业经济学、区域经济学和经济地理学等学科的学者，开始讨论产业结构变迁与经济内生增长的联系。Frenken and Boschma（2007）就把地方经济发展看成是产品创新的部门演化和经济活动的行业结构持续转型的过程，而产品创新的范围依赖于现有企业的多样性和城市的多样性，这两个层面的多样性所产生的收益是产品创新所驱动的产业部门演化的核心机制。

知识溢出和外部性是企业创新的重要源泉，在特定空间下，知识溢出和外部性的研究从两个脉络展开：一是考察源于组织研发活动的知识溢出，重点分析大学和商业研发活动的地理邻近之间的动态外部性（Jaffe et al.，1993；Feldman and Florida，1994；Greunz，2003）；二是考察外部性与产业活动成分的内在关系（Glaeser et al.，1992），即从在空间集聚的产业活动成分出发，讨论什么样的产业结构在空间集聚最有利于知识溢出，促进区域经济增长，对此有两种观点：

第一，专业化和多样化的产业结构。一种认为专业化产业结构有助于知识溢出，即“MAR 外部性”；另一种认为多样化产业结构有助于知识溢出，即“Jacobs 外部性”。这两种观点形成了对区域产业结构的专业化和多样化的争论。一些学者认为，多样化产业集聚有利于经济增长、企业诞生和创新（Rosenthal and Strange，2003；李金滟、宋德勇，2008；Glaeser et al.，2010；Boschma and Iammarino，2009）；其他学者则认为，专业化产业结构有利于地区劳动生产率提高（Feser，2001；Capello，2002；范剑勇、石灵云，2009）。彭向和蒋传海（2011）的研究则表明，“MAR 外部性”与“Jacobs 外部性”对我国地区产业创新的影响均显著为正，但影响程度不同：“Jacobs 外部性”中的产业互补对创新的推动作用最大。

第二，相关多样性的产业结构。Henderson（2003），Frenken et al.（2007），Boschma and Iammarino（2009）等演化经济地理学者发展了“相关多样性产业结构”（Related Variety Industrial Structure）理论观点。这为对“多样性”与“专

业性"产业结构的争论提供了一个发展的、融合的解释视角。该观点认为,在产业结构上,需要多样性与专业性保持合理的平衡结构,才能有利于地方经济长期发展。相关多样性产业结构对创新以及经济增长有促进作用;无关多样性产业结构由于企业之间的认知差距过大,导致缺乏共同的知识基础而无法相互学习,不会对经济发展起到促进作用,但是可以抑制失业或稳定就业。胡树光等(2011)对中国的实证研究也指出,单纯强调专业化或多样性都不利于区域竞争力的增强。孙晓华和柴玲玲(2012)对我国城市层面进行实证,发现相关多样性对地区经济增长与经济稳定都存在显著促进作用,无关多样性不利于经济增长,但有助于提高经济稳定性。

4.1.3 演变视角下产业结构调整研究

产业结构演变的动力来源于供给和需求的矛盾运动,有很多文献分析了供给和需求因素对产业结构演变的影响。宏观结构视角把经济增长看作一个无差异的数量变化过程,实际上,经济演变是由企业、产业层面的异质性与产业间不同依赖特征的整合所引导的。在异质性企业的前提下,产业结构变化过程也是不同的,这个变化过程受两个机制的共同作用:立足于供给面的选择(Selection)机制和立足于需求面的筛选(Sorting)机制(Montobbio,2002)。前者依据企业的单位成本进行选择,后者依据行业需求收入弹性进行筛选;行业产出增长的整合效应依赖于市场制度特征、行业在整个经济中的地位、产出增长和替代行业的平均单位成本。产业结构变化通过这两个机制对总体劳动生产率产生影响,即劳动生产率的增长率与行业收入弹性以及行业平均单位成本之间的误差负相关。误差越大,劳动生产率增长率就越低,说明筛选本身不是企业效率改进的手段,因此需求收入弹性仅仅是劳动生产率增长率变化的外部因素,真正的内因是与行业间单位成本差异以及行业内企业平均单位成本差异密切关联的,这实际上与企业家对新机会、新技术的发现和利用相关,即产业结构变化主要是依赖供给面的选择机制。具体来说,影响产业结构演进的主要驱动力包括需求结构变动、技术进步和制度设置这三个因素(Kuznets,1989;周叔莲、王伟光,2001)。根据熊彼特的创新理论,促进经济发展的破坏性创新源于供给领域(熊彼特,1934),这里我们主要概括技术进步与制度设置(如外商直接投资)对产业结构变动的影响。技术进步对产业结构变动的影响,主要是通过基于企业异质性(表现为技术选择、技术学习、企业规模等)和行业技术异质性(技术属性对产业空间集聚和产业组织结构的影响)的一系列机制来实现。

1. 企业间异质性对产业发展动态性的影响(Dosi et al.,2010)

在市场互动过程中,企业所呈现的技术选择、技术学习差异会对企业能力和常规的调节产生不同的结果,这些差异性不仅可以解释企业的技术异质性、行业间产业结构差异(Dosi et al.,1995),还可以解释企业增长率差异。其中一个增长率差异是企业规模,它对企业生产率及产业结构都会产生影响。一种观点认为,企业的平均规模小有利于新企业产生(Rosenthal and Strange,2003)、技术采纳(Acs and Armington,2004)、生产效率提高(Glaeser and Kerr,2009)、作为未来增长的潜在资源池(Lloyd-Jones et al.,1983)。例如,小微企业是欧洲经济结构的重要构成,它们并没有因竞争和规模经济而消失(Petrakos,1997)。平均而言,相较于其他国家的相同产业而言,拥有更少大企业的国家有更好的产业增加值增长绩效(Carree and Thurik,1999)。而 Acs et al.(1999)则发现,全国层面的就业更加集中在有更高生产率增长率的产业。

2. 技术属性对产业组织结构和产业空间集聚的影响

产业活动的组织形式对产业结构的变迁有内在影响(Richardson,2002),产业活动的组织形式表现为产业组织结构和空间集聚。

(1)技术属性对产业组织结构的影响。技术特征决定了产业组织结构与创新活动性质的匹配关系,包括企业内部的正式结构和非正式结构(Teece,1996),以及企业外部的联结网络(Yamamura et al.,2007),技术中断程度也会影响企业的垂直范围(Malerba et al.,2008),因此,产业的技术属性形塑了不同产业组织治理结构的选择和效率以及产业创新战略的不同,并且推动产业结构变迁(Marsili and Verspagen,2002;王振寰、陈俊铭,2006)。一个新的研究切入点是,从企业对区域产业的主导行为来分析区域产业组织治理结构对产业结构优化升级,进而区域经济绩效的影响。在国家尺度上,经验表明集中的产业结构对企业绩效的影响是不确定的,这依赖于集中水平(Gopinath et al.,2004)。Drucker(2011)提出了"区域产业主导"概念,即分析由少数企业主导的区域产业结构对区域经济绩效的影响。一种观点认为,高度集中的区域产业结构限制了集聚经济,最终会影响该产业的企业的经济绩效,尤其是对那些小企业来说更是这样,而且不利于制造业就业增长(Drucker and Feser,2012)。还有一种观点认为,大企业主导区域产业,能吸引专业化劳动力和供应商到该区域,然后受益于小的产业企业(Feldman,2003)。尤其是那些跨国企业具有优秀的管理实践,可以有助于欠发达国家的企业与全球商品链和市场联结(Humphrey and Schmitz,2002)。关于这种由跨国公司主导的联结对东道国产业结构的影响,尽管在经验证据上没有一致性，但是全球连通性可促进学习、专业化和有助于中小企业扩张(Christopherson and Clark，2007)。然而，也有研究表明，对于制造业的一些部门和欠发达经济体而言，小微企业可能不利于生产率提高(Carree and Thurik，1999)。杜传忠(2009)的研究指出，要进一步促进产业的市场集中与空间集聚融合发展，形成以大企业为主体的产业集群与产业组织体系，这是我国工业特别是制造业产业组织调整的基本方向。因此，区域产业主导对创新绩效进而产业结构的影响性质，依据行业技术异质性和地区发展阶段特征而有所不同。

(2)技术属性对产业空间集聚的影响。创新者倾向在技术机会最多的区位出现，Iammarino and McCann(2006)的研究表明，产业的空间集聚行为与产业的技术知识属性有关系。当产业具有隐性的、复杂的和系统的技术知识时，这些知识转移通常凭借非正式人员接触和企业在地理上集聚的交换来促进；相反，当产业知识基础是简单易编码、低机会、低专用性和低累积性时，地理集中就不是那么重要。对处于低技术层次的产业，即使在空间集聚，其对微观制造业企业创新的积极影响也非常有限(张杰等，2007)。此外，由于产业间的技术关联不同，每个产业在产业群创新中的地位与作用是有差异的(姜红、陆晓芳，2010)，对于行业技术知识基础差异对产业空间集聚下的创新活动进而区域产业结构的影响，还需深入研究。

3. 国际分工背景下外商直接投资(FDI)对东道国产业结构变迁的影响

加入国际分工系统既可促进本国产业结构转变，也有可能陷入“比较优势陷阱”，阻碍结构变迁(Matsuyama，1992)，国际分工是通过收入效应、关联效应和替代效应来影响一国产业结构变化的(张捷、周雷，2012)。外资企业是我国经济主体结构中一个重要主体，它对我国产业结构调整的影响具有多面性。总体上，外资经济不仅推动着中国经济的持续增长，而且改变着中国经济的增长方式，提高了中国经济的增长质量(江小涓，2002)。然而，FDI 对投资国产业结构调整有明显的正/负效应(汪琦，2004)，积极的一面是外商直接投资总体上能促进产业结构优化(王洛林等，2000)，但 FDI 的产业结构调整效应呈边际递减规律(聂爱云、陆长平，2012)。然而，外国直接投资也强化了我国三次产业结构发展的不均衡性，而且外国直接投资引致的国际知识溢出对我国产业发展和结构优化的作用也有限(陈继勇、盛杨怿，2009)，导致我国工业结构竞争力有“空心化”的潜在风险(赵果庆，2006)等诸多负面影响。为此，发展中国家要突破“瀑布效应”实现产业结构优化，必须通过产业链、供应链和价值链重构建立自主发展型价值网络，推进分工深化，这样才能摆脱价值链被俘获的处境，掌握产业结构优化的主导权（刘明宇、芮明杰，2012）。因此，产业链重构是立足于开放视角来审视地区产业结构优化升级。

4.1.4 现有产业结构调整理论观点的评析

立足于古典和新古典均衡分析思想，通过比较静态分析，从宏观结构视角剖析产业结构变迁与经济增长的内在联系，存在视角上的不足。一是该视角把经济增长视为数量上的差异，不考虑企业和行业异质性，也不考虑行业间相互依赖性和不同行业间的资源转移情况。MacKay（1968）就指出，在分析产业结构对区域经济增长的影响时，要考虑产业之间的相互依赖性尤其是技术联结。二是该视角把国民收入水平的差异和经济发展不同阶段的关键原因归于产业结构比例的不同，因此，如何由低生产率的部门向高生产率的部门转变成为主要的研究议题，往往假定不同产业具有不同生产率，而没有把引起产业结构变迁的内在因素（如技术）考虑在内，这是基于宏观结构视角的分析所不可避免的一个缺陷。

内生经济增长视角下产业结构变迁研究，为产业结构调整研究提供了极具启发性的理论视角。这个视角立足于产业在空间集聚中所产生的知识溢出效应。对于分析产业专业化、多样化等产业结构特征对区域经济发展的影响，截至目前，“相关多样性产业结构有利于区域经济创新发展”的观点得到了国内外学者的经验支持。不过，内生经济视角下产业结构变迁研究还需考虑两个问题：一是对于一个区域来说，形成相关多样性产业结构的微观机制是什么？二是区域内产业活动的组织模式对产业结构动态变化的影响是什么？

演化视角下产业结构变迁研究，重视技术进步和制度设置（如FDI）对产业结构变化的影响过程，不仅强调企业异质性和行业技术属性——通过影响企业对产业组织治理结构的选择和产业空间集聚模式——是如何影响企业技术创新行为，进而影响产业结构调整的内在机制，而且还重视国家制度设置引起的经济成分变化所带来的产业结构变化。

总之，现有的研究既拓宽了人们对产业结构调整的理论认识，同时也存在一些不足，但是可以看到，理论研究日趋重视产业结构与企业创新之间的内在联系。目前学界基本认同：产业结构调整是企业实现创新目标的内生积累的变化过程。在这个认识基础上，现有的研究虽已转向企业层面，但仍然缺乏对企业创新与产业结构调整之间的内在逻辑关系的分析。产业链视角为此提供了很好的分析工具,尤其是在产业链竞争背景下,产业链上的大企业为实现自身创新目标,通常会自发进行产业链重构,而这个过程的叠加最终会促进产业结构的调整。

4.2 产业结构调整的新理论视角:产业链重构

4.2.1 产业链

产业链(Industrial Chain)是国内学者提出来的一个概念,其产生于20世纪80年代我国学者对农业产业化问题的研究,后来学者们将其拓展到工业、服务业等领域。但是,产业链的思想可以追溯到18世纪中后期的古典主流经济学家对劳动分工的研究。只是在那时,诸如Smith、Baggage and Young等学者所关注的是劳动分工、生产率与经济增长之间的相互关系。根据本书对文献的搜索,第一次明确使用"产业链"的是美国学者雅各布斯,其在著作《城市与国家财富》(*Cities and the Wealth of Nations*)中讨论了产业链对一个地区经济增长的乘数效应。

在国内,与产业链相关的研究文献很多,不过,在产业链使用上和对概念内涵的认识上仍存有偏误。本节首先归纳国内部分学者对产业链的观点,然后对产业链的概念层次作一个分析。

1. 国内学者对产业链的理解

(1)从产品角度,把产业链等同于价值链。受波特价值链概念的影响,国内一些学者在研究产业链或在那些以"产业链"为题目的论文中,仍然是以价值链的定义作为概念基础来进行拓展或组合或等同。例如,"产业链主要是指产业价值链"(陈朝隆等,2007)。"产业链是指产业价值链……而价值链是指企业创造价值的过程可以分解为一系列相互关联的经济活动"(许基南,2007;赵红岩,2007)。产业是相同性质产品的集合,从产品角度来界定产业链,逻辑上是没有问题的,但是在产品内分工条件下,这样定义就会犯把价值链等同于产业链的错误。

(2)从关系角度,产业链是产业联系和企业间关系的表达。从产业关系角度,产业链是具有内在联系的产业集合(卢明华等,2004)或产业联系的结构形态(陈朝隆等,2007),对于一个地区或区域来说,产业链结构的完整性会影响产业配套能力和整个产业的发展(王云霞、李国平,2006)。从企业间关系角度,把产业链视为企业间的战略联盟关系(任保平等,2005)和战略联盟关系链(蒋国俊等,2004),或纵向关系(郁义鸿、管锡展,2006)和横向协作关系(高伟凯等,2010),抑或是由这些关系所构成的网络结构(杨公朴、夏大慰,2002)。从主导企业的角度,产业链是指由多个企业主体构成的企业共生价值系统(卜庆军等,2006)。

(3)从组织角度,产业链是分工的组织形式。产业链是基于分工经济的一种产业组织形式,它强调相关产业或企业之间的分工合作关系。这种分工合作关系,表现为企业间的供需关系(刘刚,2005)。产业链作为跨区域组织生产协作,企业间通过契约关系联结(李靖、魏后凯,2007)。产业链是以知识分工协作为基础的功能网链(刘明宇、翁瑾,2007),是为提高经济体的效率和竞争力而形成的产业优化组合(汪延明、杜龙政,2010)。

对国内的部分文献进行选择性总结后发现,这些学者对产业链的理解,主要是从产品、主体(产业)关系和活动组织三个角度展开,没有形成一个较为完整的概念结构。下面对经济活动的层次结构进行分析,以更好地揭示产业链的概念结构。

2. 产业链的逻辑概念和经济概念

一个经济系统中的生产是由许许多多最基本的活动,通过相互联结的方式进行运作的,这种基本活动之间的联结方式,我们称为经济活动的组织。生产领域,抑或消费领域,都有不同的经济活动组织形式。无论哪种形式,在本质上都反映经济行动者在交易过程中的行为性质差异和活动范围的地理差异性。行为性质差异表现的是主体的行为所受的约束规则和激励机制不同;活动范围的地理差异性表现的是活动与活动之间的联结规则不同。经济活动有三个层次(见图4—1)。

一是活动层。这是任何产品或服务得以生产的基础层,它由企业内部各个部门进行相互联结的生产活动构成,即波特所说的"价值链",每种活动的进行都需相应的生产要素与之相匹配。企业内部价值活动也可通过某种规则(如外包、合同制造等)独立于企业,如设计、生产、物流、仓储等环节日益社会化为一个产业。在此情况下,产业链往往容易与价值链混淆。

二是企业层。活动层的结果表现为企业层面的产品输出,该产品或作为其他产品的中间投入,或作为最终消费产品。无论在哪个阶段,该产品的集合都构成了对应的产业层。

三是产业层。产业层关注的是生产某个产品所涉及的系列产业的集合。

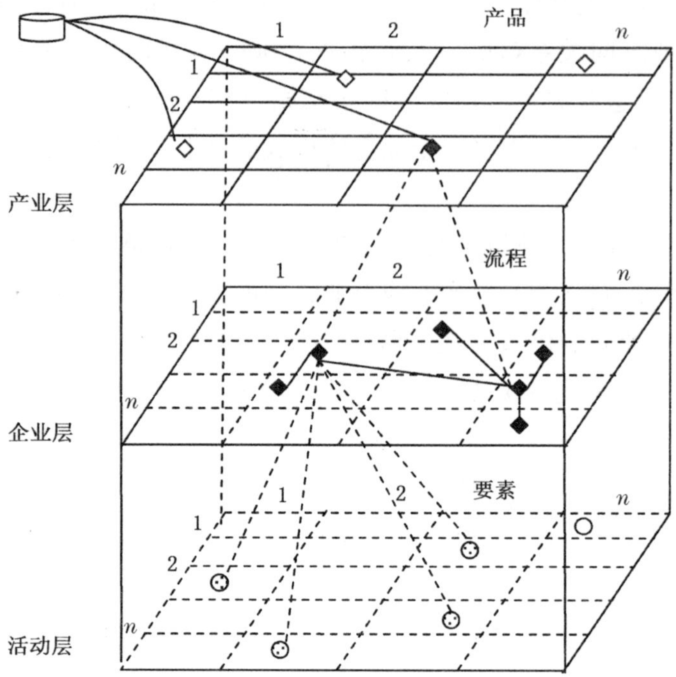

图 4—1　经济活动的层次结构

在全球化和分工经济的背景下,这三个层次的经济活动均会涉及空间的问题。因此,在图 4—1 中未把空间这个维度画进去,以免降低图形的可视性。

首先,产业链的逻辑定义。在分工经济下,经济活动的组织有不同层次的表现。产业链是其中把关注点聚焦于产业层次的一种。在概念上,我们秉承郁义鸿(2005)的产业链定义:产业链是指在一种最终产品的生产过程中——从最初的矿产资源或原材料一直到最终产品到达消费者手中——所包含的各个不同质的产业,按照生产逻辑构成的一个完整链条。这里我们强调不同质的产业,是因为随着分工的深化,出现了产品内分工,该分工虽然或分属于不同企业,但是可能仍然属于同个产业。从这个基本的概念出发,产业链是产业分工关系的客观表达。不过,这是纯逻辑的概念定义。对于经济研究来说,更重要的是,这种分工关系的表达带给主体的行动意义。在实践中,这种行动意义表现在两个方面:一是产业链的分工;二是产业链的组织模式。这些不仅会影响产业在市场上的竞争力,而且也会影响该地区从业人员的收入水平。

其次,产业链的经济概念。吴金明和邵昶(2006)对产业链的形成机制和概念的分析较为完整,他们认为产业链是由供需链、企业链、空间链和价值链四个维度有机组合而形成的链条。不过,供需链和价值链均属于分工范畴,而企业链的经济指向即供需链和价值链，无需重复。因此，从经济意义上，本书认为产业链包括产业活动的分工、产业活动的协调（组织）和产业活动的空间（结构）三个维度，见图 4—2。

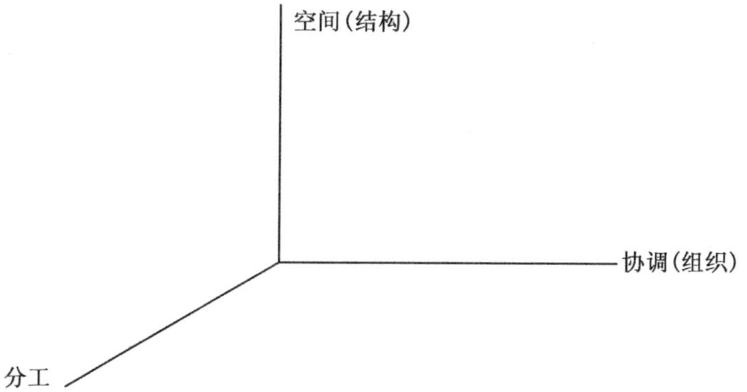

图 4—2　产业链概念的三个维度

产业链是一个融合了产业活动分工、产业活动组织模式（协调）以及空间上的产业构成这三个基本维度的概念。它是产业与空间相互交织的一种分工与协调形式。

(1)空间（结构）维度。伴随着城市群的发展，城市间产业分工开始向产业链分工方向发展。各城市按照产业链的不同环节进行专业化分工，形成了不同类型和层次的城际产业链（朱英明，2007），产业链地域分工是产业空间组织演进的重要走向（李少星、顾朝林，2010）。另外，产业链的微观基础特征引致了产业链上各环节的空间分布，同时，产业链的各环节又嵌入所在国家或地区产业政策环境中，因而其空间分布必会受政策环境的影响。例如，在政策影响下，强制性产业会集聚而形成主导产业（周勤，2004）。产业链各环节，或集中分布于某一区域，或分散于各区域，产业链空间分布具有明显指向性（龚勤林，2007）。构成产业链的各个产业在空间上呈集聚的发展状态。由于产业链的各个产业会分布在相同或不同区位上，因此，产业链上不同产业在区位上的协同集聚状态会影响地区产业链结构的变迁。对区域（产业）竞争力有决定性支撑作用的往往不是单纯的产业集聚，而是产业链集聚（高伟凯等，2010）。产业链由一系列异质性产业构成，产业的多样性会影响产业链的竞争能力。产业链上产业结构的多样性，既包括行业间的多样性，又包括行业内的多样性。例如，电子设备产业链，包括软件业、IC 产业、系统设备产业等不同质的产业，而软件业又包括基础软件、平台软件和应用软件等不同的细分行业。因此，对于产业链的空间

(结构)维度,既要考虑产业在空间的集聚性质,又要考虑在空间集聚的产业构成。

(2)分工和协调(组织)维度。产业链是产业分工关系的客观表达,但是对于地区来说,有两方面值得重视:

①产业链的分工程度。如果从微观层面看,可以发现分工受到诸多因素的影响,在这里,我们仅需要知道,产业链的分工程度在产业链系统内是动态变化的。产业链上某个环节的技术、设计方法、生产组织方式、市场规模等因素的变化,均会促进整个产业链的结构发生变化。例如,电子设备产业链中的 IC 产业链,如图 4—3 所示。

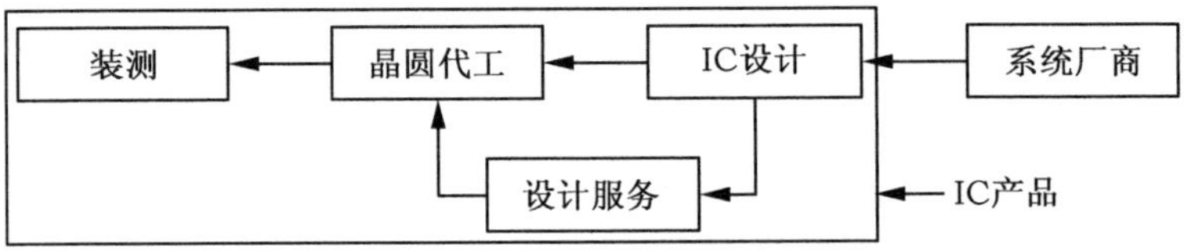

图 4—3 IC 产业链

IC 产业链的生产活动,可以在一个企业内完成,业内称之为 IDM 厂商,如英特尔、三星等。其中某个环节也可能市场化为独立的行业,例如,晶圆代工就有中芯国际、华虹 NEC、台积电、合舰等纯代工企业。随着 IC 产业链自身结构变迁,系统设备产业链的结构也在相应发生变化,如图 4—4 所示。

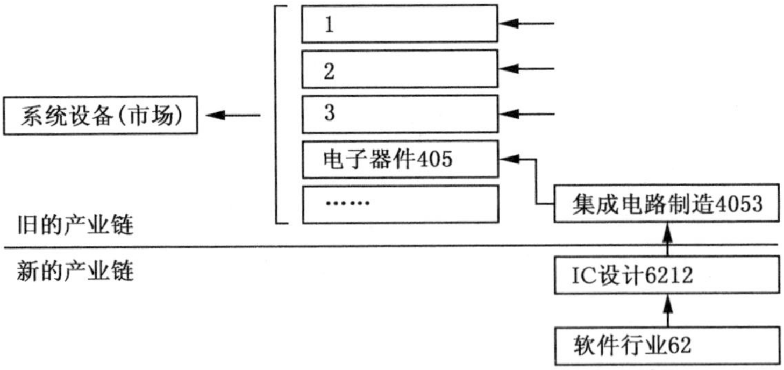

图 4—4 系统设备产业链结构变化

②有分工,就一定有协调的需要。协调的组织模式必然会对产业链的经济效率产生影响。从产业链上经济活动的关联方式看,每个产业生产过程的复杂性和分工程度不同,其所呈现的结构形态有较大差异,但是均表现出一个共同

的趋势,即网络状结构特征,以 IC 组件的电子设备产业链体系为例,见图 4—5。

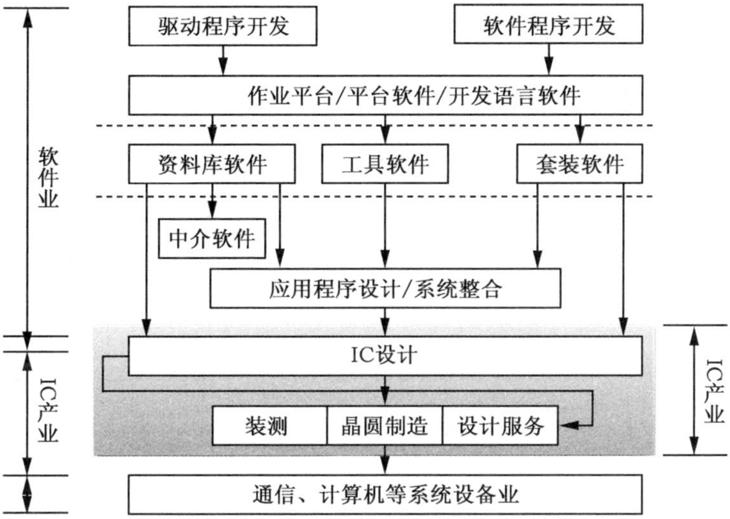

图 4—5　基于 IC 组件的电子设备产业链体系

因此,地区间产业链的异质性表现在三个方面:产业链分工程度、产业链协调模式以及产业链在空间上的分布和结构状态,见图 4—6。

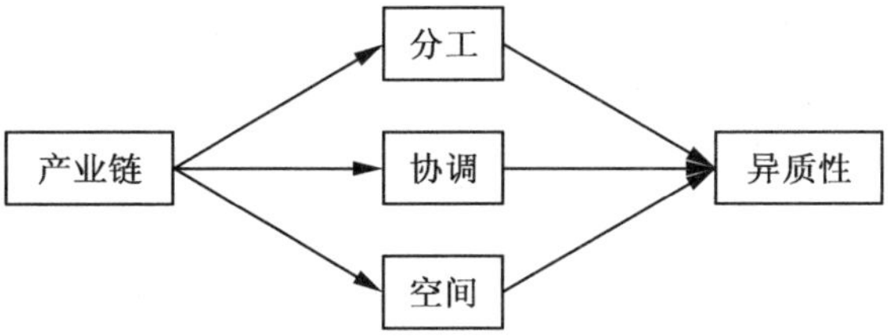

图 4—6　地区间产业链的异质性

3. 产业链、供应链和价值链

产业链、供应链和价值链是三个经常使用,同时又经常被混淆的概念。比如,产业链经常被等同于产业价值链。实际上,产业价值链有两种意思:一种是产业链上各个产业环节的价值表达式。比如玉米—养鸡—鸡粪有机饲料—蔬菜种植……每个产业链环节都产生价值,称为“产业链价值链”。另一种是把企业层面的某个产品或服务的生产过程称为“产业价值链”,这个用法比较不妥。这些价值环节是生产“特定产品”的活动。这些活动中的某些环节,可能会独立出来成为一个单独的产业,比如设计研发服务业、生产加工业;有些则没有。

(1)产业链是由不同质的产业构成的产业活动组织形式,可表达为 $IC=$

$F(x_1, x_2, \cdots, x_i)$,x_i 为不同性质的产业,$i=1,2,\cdots,N$。N 取决于社会分工程度。F 为各产业相互间的函数规则。假设 $i=1$,即一个最终产品形成所需的全部活动都由一个企业完成。

(2)价值链是由生产某产品或服务所需要的各个价值增值活动所构成,可表达为 $V=\sum_{i=1}^{k} v_i$,v_i 为每个环节的价值增值量。这些环节可全部在一个企业内部完成,也可全部或部分通过企业间分工与合作来完成。一个企业的典型价值链结构如图 4—7 所示,通常包括研发设计、原材料采购、制造、仓储运输、销售这几个环节。

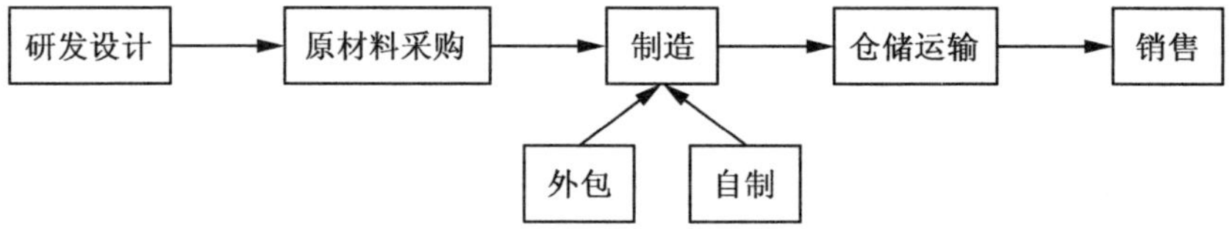

图 4—7 企业价值链结构

(3)供应链是一个为保证企业按计划生产所开展的系列职能活动,包括供应商认证、管理、物料采购、物流、仓库、质检等。供应链是生产企业的一个重要管理职能,供应链的管理流程如图 4—8 所示。

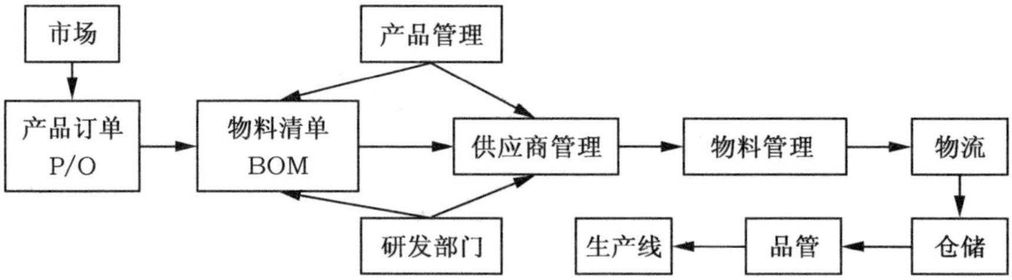

图 4—8 供应链的管理流程

区分产业链与价值链的一个界限是:在分工条件下,交易的产品或服务是不是不同性质。例如,一个陶瓷茶杯,A 企业生产杯身,B 企业生产杯盖,C 企业组装。虽然 A、B、C 三家企业的生产工艺等过程完全不同,但是,它们并不构成严格意义上的产业链,只是价值链活动的分解。A、B、C 企业都属于陶瓷制品企业。再如,IC 设计环节包括前端设计和后端设计,分别由不同的企业完成,但仍同属 IC 设计业。

产业链、供应链和价值链区分如下:

产业链是处于“产业”层面，强调的是产业之间客观的投入产出关系，主要是表达每个地区的产业在整个产业链中的位置。

供应链是处于“物品”层面，强调的是如何有效降低成本，连接企业与企业、消费者与企业。供应链的活动内容主要是在既定价值链结构之下，立足于本企业内部的价值创造活动，对本企业内部和外部企业进行活动协调，旨在最小化企业生产总成本。

价值链是处于“活动”层面，强调的是一个产品或服务最终得以生产、流动的整个价值活动，主要是用以区分不同的价值创造和实现环节。价值链是在既定产业链结构下，作为企业战略管理的重要分析工具，或最大化现有环节的价值，或最大化整个价值链的价值，或企业要努力向高价值环节攀升。

产品在市场上的竞争力，依赖于生产该产品的价值链及其所嵌入的整个产业链的竞争力。这有两个层面的含义：对企业来说，如何从整个产业链视角来进行治理，以提高在各环节企业的持续竞争力，而不仅仅关注企业所在的产业/价值活动环节以及企业自身；对地方来说，一个地方某个产业的竞争力依赖于所在经济范围内产业链的整体竞争力，而不仅仅依赖于单个产业。产业链上各环节产业如果竞争力差异较大，那么整个产业链的竞争力也不会很强。

4.2.2 产业链重构推进产业结构调整的理论渊源

目前，国内学者对产业链重构推动产业结构调整的理论研究非常少，更多的研究放在了产业链组织模式对经济绩效、企业成长以及产业链对城市空间、产业升级的影响上面。

第一，产业链组织模式对经济绩效的影响。产业链的组织模式会影响企业对资源的控制权（程宏伟等，2009），通过产业链上各种资源的协调和整合，带来了更好的产业链绩效，这是产业链管理的核心内容。一些学者研究了产业链上的分工制度安排（杨蕙馨等，2007；吴金明、邵昶，2006）；另一些学者研究了产业链上主体合作的绩效和组织效率（史冰清等，2010；刘慧波，2009；田露、张越杰，2010）。

第二，产业链组织模式对企业成长的影响。产业链组织模式对企业成长有多方面影响。例如，产业链培育与企业自生能力（吴金明等，2005），企业在产业链上的定位与企业创新行为（张杰等，2007），企业在产业链上的优势地位与获取银行信贷的地位（许月丽，2010），产业链与公司治理结构（汪延明、杜龙政，2010），产业链组织结构与企业吸收能力（原长弘、周林海，2011），产业链上下游企业之间技术衔接、互动与技术创新(刘志迎、李慧,2009),企业技术创新、社会福利与产业链上下游企业生产成本的关系(付红艳、李长英,2010),产业链与知识转移和整合(刘刚,2005;韩菁等,2007)。

第三,产业链对城市空间、产业升级的影响。产业链有利于地区间产业合作和关系协调(龚勤林,2004),是消除和缓解大都市区产业发展恶性冲突的有效途径(魏后凯,2007),是促进欠发达地区经济发展的一个途径(黄宗远、徐寿波,2007)。产业链延伸有助于资源型城市空间结构优化(金贤锋等,2010)。此外,产业链协同集聚状况对地区产业竞争力具有明显影响(高伟凯等,2010)。

基于国内研究现状,产业链已成为用来解释企业间组织关系治理、区域经济发展、产业升级和企业成长等问题的重要理论视角和分析工具,不过从产业链视角对产业结构调整的研究目前还相对比较缺乏。

我们认为,产业链重构是指产业链主导大企业通过对产业链中的信息、技术、资本以及相关行业的企业等关键要素进行再配置,改变产业链的构成和进行产业链的治理,以实现整体生产效率提升、成本下降、新产品与新技术产出目标的行为。产业链重构包含产业链治理的变化与产业链构成的变化两部分。具体地说,产业链治理变化为产业链关联方式与管理规则的变化,也可以表达为产业链治理组织模式与空间结构的变化;产业链构成变化可以归纳为产业链升级和产业链重组两个方面。

实质上,产业链重构推动产业结构调整的思想源于 Marshall(1920) and Richardson(2002)两位学者的研究。Richardson(2002)不仅强调具有一般用途的中间投入产业的重要性,而且强调产业结构变化是生产企业在市场创新机会的激励下对产业活动组织的变革过程。Marshall(1921)首次指出工业组织的改进对报酬递增的作用,强调工业地方化集聚产生的外部经济利益:地理上邻近所产生的知识溢出、中间投入品行业集聚所产生的生产上的经济和技术进步、劳动力池。产业链表达的是产业之间的投入产出关系,Richardson 强调的是市场机制下基于产业链的组织间关系变迁,Marshall 强调的是空间视角下基于产业链的知识溢出和技术进步。这两种理论思想构成了产业链重构对产业结构调整的理论思想源泉。而且 Marshall(1920)还提出了一个有待深入研究的问题——“大规模生产的经济必然是内部的,会达到怎样程度?如果它能够是外部的,又会达到怎样程度?”换句话说,到底何种产业组织结构有助于实现产业集聚的动态外部性,进而推动产业结构调整?

这个问题引起了一些学者的初步关注,例如 Van Beers and Van der Panne

(2011)分析了外部集聚规模和企业规模对创新型小企业出口决策以及出口水平的影响。技术知识获得的便利性并不能帮助小企业降低与出口决策相关的进入成本,以及为了获得好的出口绩效所需花费的营销和销售成本,因此,坐落于以技术生产活动为主的马歇尔式产业区的企业,较少有倾向成为出口商。另外,由于存在“猎头”,产业区里那些在占有创新租金上有困难的中小企业,较少有倾向成为出口商。刘明宇和芮明杰(2012)的研究则指出,本土的产业链系统集成商在产业结构优化过程中起到了关键作用。这些研究自然就引申出一个理论上尚未很好解释的问题:产业链重构视角下大企业是如何驱动产业结构调整的?

总之,关于产业结构调整的理论研究,目前仍集中于宏观结构视角,其政策指向通常倾向于借政府之手“由上而下”来推动结构调整。然而,市场主体是企业,产业结构调整应是借助于市场机制的力量,由企业推动的“自下而上”的内生过程来实现。

产业链重构推动产业结构调整有其理论渊源,同时,产业活动组织方式的变异、选择和保留是朝有利于企业技术进步、产业创新的方向进行,这个过程的最终结果是产业结构的调整。在产业链竞争背景下,企业尤其是大企业在竞争压力之下,通常会自发进行产业链重构,这个过程的实现会带来产业结构的调整,然而,目前从产业链重构视角展开产业结构调整的研究还非常少,也缺乏系统的理论分析框架。

第 5 章

产业链竞争背景下产业结构调整的新理论：大企业主导产业链重构、推进产业结构调整

5.1 产业链是产业结构的微观构成

图 5—1 刻画了产业链与产业结构的关系。产业链可以由以生产最终产品的企业为导向构成，也可以由以生产中间产品的企业为导向构成，当然还可以由以生产或提供产品服务的企业为导向构成，所有的产业链实为所有企业在现实生产服务过程中的技术经济供给与需求的基本联系，这些联系如果按照纵向或横向分解，确实就是我们所说的产业，因为产业就是同类企业（产品相同、技术相同、工艺相同、服务对象相同等）的集合。这些产业集合（如发电机、汽车、服装等）构成了一个国家或地区的产业结构，而从初级产品、中间产品到最终产品的投入产出关系即该产品得以生产所依托的产业链。

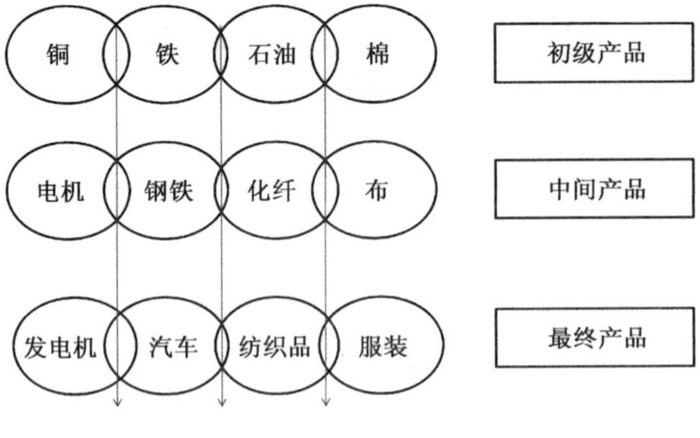

图 5—1　产业链与产业结构的关系

可以看出，一个国家的产业结构在表现为三次产业的简单数量比例关系的基础上，其背后体现的是，围绕关键产品生产所依赖的产业链，它们是产业结构的微观构成。因此，可以推知，产业结构是众多产业链的叠加，产业链的变化和调整自然会推进产业结构的调整变化。

5.2　产业链竞争背景下产业链重构内涵

5.2.1　产业链竞争

1. 竞争的概念

竞争是经济发展的关键动力，这是华盛顿共识的一个重要主旨。① 竞争是市场经济的结构属性，每个人都有权利追求他或她自己的利益。因此，在市场经济中，竞争政策是经济政策的基石。在《新帕尔格雷夫经济学词典》里，直接与竞争相关的词条就有 8 个，分别是“竞争”(Stigler)、“奥地利学派的竞争理论”(McNulty)、“古典竞争理论”(Eatwell)、“马克思学派的竞争理论”(Semmler)、“竞争与效率”、“竞争与选择”、“竞争与政策”和“竞争性市场过程”。

竞争是经济学中十分重要的概念，但是“竞争的概念却总是没有被清晰地区分”(Vickers，1995)。大家都在使用“竞争”一词，一些人是在此语境下使用，另一些人是在彼语境下使用。“他们的想法没有相遇，因为他们是在同一个名字下谈论完全不同的事情”(Fetter，1941)。对已有的文献进行分析后，对于竞争的内涵，有以下几种解释：竞争作为对抗；竞争作为没有进入和退出壁垒；竞争作为选择机制；竞争作为价格接受行为(见表 5—1)。

表 5—1　　竞争的内涵

内涵	作者	作者的界定
竞争作为对抗	Ely	很大程度上，竞争意味着利用冲突的争斗。
	Eddy	竞争与“争斗”、“竞赛”和“对抗”等词是同一个意思以及在同一个层次上。
	Lilienthal	对我们许多门外汉来说，竞争意味着争斗、竞赛、智慧或力量的匹配……对非经济学家而言，商业上的竞争是冲突竞赛和观念对抗的体现。
	Stigler	竞争从普通语义上进入经济学，并且长久以来，暗指仅仅是两个或更多人之间的对抗。

① 华盛顿共识(Washington Consensus)是于 1989 年出现的一整套针对拉美国家和东欧转型国家的新自由主义的政治经济理论。

续表

内涵	作者	作者的界定
竞争作为没有进入和退出壁垒	Liefmann	竞争……不仅仅是市场上出现几个销售者。有人可能把竞争界定为劳动力和资本自由流动的可能性。在产业的分支里,只要有一个新的销售者出现不被拒绝,竞争就存在。
	Machlup	在接下来的讨论……完全竞争将唯一表示自由和容易进入这个产业。
	Stigler	因此,宁愿通过另一种方法去基于变化的条件调适竞争的概念:在较长一段正常时期,仅仅认为没有进入和退出某产业的壁垒。也就是说,这个时期足够长,以至于可以允许即使最持久和专业化的资源在数量上有实质性的改变。
	Andrews	处于公开竞争的产业,其基本特征只不过是这样一个产业对新竞争者是正式开放的……
竞争作为选择机制	Ely	竞争是现代经济社会中的主要选择性过程,通过它,适者生存。
	Encyclopaedia Britannica	在一定程度上,在那些仍使用"竞争"一词的诸多经济学成果中,竞争仅仅是为生存而争斗的特殊例子……在达尔文看来,竞争不仅是现代产业状态的特征,而且是所有有机组织的特征。
竞争作为价格接受行为	Chamberlin	垄断通常意味着对供给的控制,进而对价格的控制。纯竞争的唯一先决条件是任何人都没有控制力。
	Lerner	垄断者的产品的需求曲线是向下的……然而在纯竞争市场上,该销售者面临一条水平的需求曲线。
	Stigler	如果我们可以自由地再次界定竞争,可以举这样一个有说服力的例子:在市场上,垄断势力应该被限制到没有。

资料来源:整理自 Martin(2004)

2. 不同的竞争观

围绕竞争的研究,形成了不同的观点,见表 5—2。

表 5—2　　围绕竞争的主要观点

学者	竞争观	主要观点
斯密(Smith):古典经济学	静态和动态竞争观	通过自由的竞争所带来的交换力量的变化,进而产生分工的发展过程。
马歇尔(Marshall):新古典经济学	竞争的均衡观	需求和供给自由地起着作用;买方和卖方没有密切地结合,每一方都是单独行动者,存在着很大程度的自由竞争;强调竞争的市场结构。
梅特卡夫(Metcalf):演化经济学	竞争过程观	强调竞争者之间行为的差异性。
陈友明:战略管理	竞争动态观	强调竞争者对竞争行为响应的差异性。
阿尔钦(Alchian)、张五常等:新制度经济学	竞争制度观	强调制度设置对竞争行为的约束。

(1)斯密的竞争观

当竞争的概念经由亚当·斯密及其前辈引入经济学时,并未被明确定义。

Stigler(1957)认为:“古典经济学家感到没有必要对竞争作精确定义,因为他们认为垄断是非常罕见的。”斯密分析竞争是为了讨论市场范围对分工的影响。斯密认为:“正因为交换的力量产生了分工,所以分工的程度必然受制于这种力量的大小,或者说受制于市场的广狭。”这里的交换力量,包括竞争的静态和动态因素。对静态的竞争而言,其侧重于产品市场价格向自然价格回归的竞争的方向和程度。斯密在《国富论》第一卷第七章“论商品的自然与市场价格”中,第一次详细地从竞争的方向和程度两个方面分析了竞争的过程。首先,判断竞争的方向是在供给面还是需求面。其次,判断竞争的程度。对于需求面来说,竞争是源于消费者之间的竞争,进而对价格的影响。竞争的程度取决于:①供给与需求的匹配程度;②买者的财力;③买者奢侈挥霍的品行;④商品的特性(即对买者而言的重要程度)。对于供给面来说,竞争是源于产品生产者之间的竞争,进而对价格的影响。竞争的程度取决于:①供给与需求的匹配程度;②商品的特性;③及时卖掉商品对卖方的重要性。对动态的竞争,斯密则主要从供给角度讨论生产要素在行业间的自由流动。斯密从城市规模、区位特征和交换工具的演变等角度,分析了交换能力对潜在市场规模扩大的影响。我们在本节会集中分析斯密的竞争观与分工的关系。

根据斯密对竞争的分析,首先,他对竞争的理解,既包括静态的思想,也包括动态的思想,他更重视通过自由的竞争所带来的交换力量的变化,进而产生分工的发展过程。其次,就竞争的概念而言,它应该帮助我们理解经济世界变化的方式,并且识别这些变化的源泉、过程和结果,以及它们之间的相互依赖性。Stigler(1957)总结了斯密式竞争的五个条件:①竞争者必须独立行动,没有合谋;②无论是潜在的还是当前的,竞争者数量必须足够消除额外的收益;③经济单位必须拥有差不多的关于市场机会的知识;④在经济社会中,有遵循此类知识行动的自由;⑤有足够的时间使资源流入那些拥有机会的市场,并且机会是资源拥有者所期望的数量。就竞争的资源配置或协调方面而言,斯密的竞争观围绕两个中心命题:①竞争使得产品的市场价格趋于自然价格;②竞争使得行业间有相同的资本利润率和劳动工资率。[①]

Stigler对斯密的核心论点作了总结:“生产资源的各个拥有者都力求将资源用于会产生最大收益之处。因而在竞争之下,每一资源的配置都能保证在各种用途上获得相同的收益率。”

---

① 对工资与资本利润率的行业差异,斯密有两个观点:①因为行业本身性质不同所产生的差异;②政策所导致的差异。

(2)新古典竞争均衡论

新古典竞争均衡论的发展,与竞争概念的数学分析形式密切关联。古诺(Cournot)、杰文斯(Jevons)、埃奇沃思(Edgeworth)等都是对竞争或完全竞争概念进行形式化分析的代表学者。其中,古诺第一次从市场中的企业数量角度对竞争的概念进行了形式化提炼。[①] 不过,古诺的竞争定义没有注意到企业进入行业的条件,因此,即使没有企业能够再进入,该定义对那些有很多企业的产业也成立。杰文斯(1871)侧重对知识角色的分析,把竞争与市场的概念合并起来,假定所有交易商对供应和需求有完全的知识。埃奇沃思是第一个尝试对完全竞争进行系统和严格界定的学者。总之,他们用交易活动来表达竞争,在数学形式的逻辑下,把竞争视为均衡状态以及对抗进程的限制。交易和交换的竞争均衡是搜索市场制度效率标准的自然结果以协调资源配置,结果是强调市场制度的性质。在这个阶段,竞争观逐渐偏离了古典的竞争思想。不过,完全竞争理论是新古典学派的杰出成果。他们发展了三个相互独立的观点:完全市场、原子化行为和自由进出。

到了马歇尔时代,他在竞争过程的分析中引入时间维度,以判断什么性质的力量对供需均衡状态有主要影响。在短期,需求或效用对价值起着主要的影响作用;在长期,生产成本对价值起着主要的影响作用。在这些不同性质力量的影响过程中,马歇尔更愿意用"产业和企业的自由"来表达近代产业生产的特征。在《经济学原理》的绪论中,马歇尔写道:"竞争的严格意义,似乎是指一个人与另一个人的比赛,特别是关于物品买卖出价方面的比赛。""'竞争'这个名词用来说明近代产业生活的特征是不甚恰当的。"因为这些特征更应该是:"自己选择方向时的某种独立自主和习惯;自力更生;谨慎而敏捷的选择和判断;未雨绸缪和向遥远的目标前进的习惯。"比较有启发性的是,马歇尔阐述了这些特征的二重性质:"一方面,这些特征可以而且往往的确使人相互竞争;但是,另一方面,它们也可以使人走上,而且现在的确使人走上合作以及各种好的和坏的联合的道路。这种合作行为是每个人自由选择的结果,这种行为经过他仔细考虑之后,似乎最适合于达到他的目的,不论这些目的是否为了利己。"

可以发现,马歇尔对"竞争"的处理,在思想上延续了斯密的竞争观点,如在讨论正常需求和正常供给的均衡时,马歇尔说:"因此,我们假定:需求和供给自

① 即当市场中企业的数量(n)无限多时,产品价格等于边际成本,市场达到效率的均衡状态。$P=MC-\frac{P}{nE}$,$n\to\infty$,$P=MC$。

由地起着作用；买方和卖方没有密切地结合，每一方都是单独的行动者，存在着很大程度的自由竞争；这就是说，买主一般都是自由地同买主竞争，卖主一般都是自由地同卖主竞争。虽然人人都是单独的，但是我们假定他对于别人在做些什么，一般都有足够的认识，使他不致比别人要较低的价格或出较高的价格。”[《经济学原理》(下)]但是，就像 Stigler 所说的那样，马歇尔有点向概念的精炼化方向屈服。他明确地用水平的需求曲线替代了向右下方倾斜的需求曲线，并且采纳了与古诺一样的数学表达式。

对新古典的均衡竞争论，诸多学者提出了批评。例如摩根斯坦(1972)认为，作为一个词，竞争在经济学家那里已脱离了现实，因为他们用“均衡”代替了“奋斗努力”和“对抗竞争”。克拉克(1961)认为，从均衡到过程的转换是竞争理论的最大挑战。他提出了有效竞争的一般要素：①顾客有能力准确评价相互竞争的商品；②个体和组织可以自由从事任何贸易或活动；③能使用所有必要的生产手段；④行业里的企业间有相互依赖的态度和运用战略的风气。简言之，竞争理论的要素不应该以均衡为特征，而应该是去解释经济变化。例如，Georgescu-Roegen(1967)所表达的“通常标示为‘完全竞争的产业’实际上根本没有竞争”。

(3)竞争的演化观

竞争与演化的关系，可以详细参考梅特卡夫等(2002)或《演化经济学与创造性毁灭》一书的第一章。这里主要提炼部分重要观点。竞争的演化观强调正在进行中的经济过程，而不是新古典学派理论的均衡分析。根据奥地利学派的观点，如哈耶克所强调的，完全竞争概念的毛病在于它描述了一个均衡的状态，却缄口不谈导致均衡的过程。事实上，这个概念夺走了厂商与动词“竞争”理所当然地结合后的一切业务活动(哈耶克，1948)。正如梅特卡夫等(2002)的观点：“竞争由一系列连续的事件所构成，它是一个动态过程，是一个探索未知世界的历程，在这个历程中，优质产品和先进生产方法不断地出现，而消费者也能发现谁能够以及以什么样的方式来满足他们的特殊需求。无论是生产者还是消费者在事前都无法得知竞争过程的结果，因为竞争过程本身就是一个不断试错的过程。”

竞争的过程观强调竞争者之间行为的差异性。这个观点无疑削弱了交易者拥有与市场行为相关的所有要素的完备知识的假定。“当新机会不断出现时，我们将在竞争过程中看到一个连续的变迁过程，与之相伴随的是连续的利润和增长机会。我们不可能指望通过对静态竞争均衡的检验来理解这样一个过程的竞争性本质。"(Fisher et al., 1983)这种企业的异质性行为可以成为合谋的障碍,以及创新性行为多样性的源泉。正如马歇尔所言:"各个地方都有自己的特点,而这些特点以不同的方式影响着该地所有商业的组织方法,甚至在同一个地方和同一种职业中,追求同样目标的两个人所采取的方法也将不是完全相同的。差异的趋势是进步的一个主要原因;任何行业中的企业家越能干,这种趋势就越强。"一个产业是竞争性的,不是简单地根据该产业里的企业数决定的,而是因为增加的数目意味着差异化行为的范围扩大(Loasby,1982)。

差异化企业行为会导致企业在竞争过程中不断创造变化的行为模式。这个变化的驱动力量不是价格的调整,而是创新。正是通过创新,企业获得了一个决定性的成本或质量优势,这不会影响其边际利润而是影响它们的生存,或熊彼得的"创造性破坏"过程。相互竞争的主体有其自身的属性或竞争性特征束,在产品或要素市场上,企业会立足于其竞争性特征束[①],不断形成和调适较之竞争对手更有竞争优势的行为模式,具体表现在营业范围的盈利性、业务投资和成长能力、业务创新和转型能力。

(4)竞争的制度观

经济过程是一个探索性的过程,不仅企业能力而且个人的偏好都是在经济过程中不断试错的内生性结果(Knight,1933)。对于经济分析而言,应以不完全信息和不确定性作为预测原则。这个原则放弃了传统教科书中对经济行为分析的"利润最大化"的假定,以及个人行为可预见性的假定。这里所涉及的分析工具,体现了生物演化和自然选择的原则,把经济制度视为一个可采用的机制,通过这个机制选择具有探索性的行动,这些行动是在调适性的行为中以追逐"成功"或"利益"而产生的(Alchian,1950)。经济制度表现在两个层面:一是宏观制度的竞争观,以国家或地区的竞争政策为重点(Metcalf and Uyarra, 2002;Neumann and Weigand,2004);二是微观制度的竞争观,实质上是"契约安排之间的竞争"(埃格特森,2007),或竞争的准则决定了社会的经济运作(张五常,2010)。在不同的准则下,人的行为会不同,所以生产的效率也就不同了。张五常把对竞争的讨论放在经济资源的配置以及对竞争准则的选择以约束竞争行为的原理之上。"竞争的行为一定要受到约束,否则竞争带来的租值消散会灭绝人类。"

竞争是一个制度化的经济过程(Polanyi,1968;Metcalfe,2000)。如果把竞

---

① 竞争性特征是企业的属性,但是其不涉及竞争优势。任何竞争优势仅可能通过在一个特定市场背景下对两个或更多个企业的比较方能识别。

争的经济过程视为竞赛，那么竞赛就需要游戏规则和准则。游戏规则（或竞争的制度设置）决定了竞赛的性质，规定了参赛者获奖的原则、他们参与或被排除的原则。游戏准则要清晰、可接受和可实施，作为行为代码，起着协调竞争者之间行为的作用。竞赛的结果，完全依赖于游戏规则和参赛者群体。如阿尔钦（1950）所评价的："在一个比赛中，奖项归相对最快的人，即使所有的竞争者都是懒汉。即使在一个全是愚蠢人的世界里，仍然存在利润。"

此外，也有学者从伦理角度讨论竞争。一方面，强调通过竞争性行为来获得成就。例如，奈特在 1923 年《竞争的伦理》一文中阐述了这样的观点：从事商业不仅是简单地为了满足需求，而且也是为了行动中所获得的成就和满足。另一方面，强调对竞争过程的治理应该公平，恶意损害其他竞争性行为应该被禁止。例如，穆勒认为，"一个人追求自己所需要的幸福，不应以剥夺他人的自由或妨碍他们去获得的努力为条件。"（Mill，1861）

3. 产业链竞争

产业链竞争的出现是基于企业竞争环境的两个基本转变：第一个是"竞争内容的转变"。企业竞争的内容由"产品供给"向"服务供给"转变。在大规模、批量化生产的工业经济时代，企业关注的是产品的可供给性；在大规模、定制化生产的服务经济时代，消费者关注的是服务的可获得性。第二个是"竞争层次的转变"。企业的竞争层次由单个企业的竞争转变为产业链的竞争。产业链竞争是整合竞争发展的更高级竞争形式，是一种动态的竞争行为，旨在扩展产业链的分工程度，其本质是力求创造新的生产方式、新的生产率、新的需求。

（1）产业链竞争是旨在扩展产业链分工程度的高级竞争形式

产业链竞争是一系列竞争形式演变后的高级形式，具体应区分：首先，市场竞争与产业竞争。市场竞争是指市场上不存在垄断势力（Stigler，1957），它是对同类产品在既定市场结构下企业之间的竞争行为，结果是产品价格趋于自然价格。产业竞争是 Carines（1874）首次使用的概念，它是同性质的资源或资本在不同性质行业间的流动，结果是要素报酬率趋于相等。Carines 对产业竞争的理解等同于我们现在所说的完全竞争。市场竞争是既定市场下的企业短期行为状态，而产业竞争是企业在行业间竞争下的长期行为状态。其次，李嘉图竞争和整合竞争。李嘉图竞争是指在同类商品市场中的企业对既定市场规模下的市场份额进行争夺的行为，这是我们通常所理解的竞争形式。在该竞争形式下，一些企业为了排斥竞争对手，会采取掠夺性定价策略。整合竞争最早由克拉克（1887）提出，他认为在李嘉图竞争下，竞争行为发生在有相似产品的企业之间,但在整合竞争下这些企业会停止相互攻击,而选择不同形式的制度结盟,采取集体行动与产业链的上游或下游的企业群体相抗衡。

当前企业间的竞争形式正由李嘉图竞争、整合竞争过渡到产业链竞争。这个过渡是基于竞争内容的转变,即企业竞争的内容由产品供给向服务供给转变。在大规模、批量化生产的工业经济时代,企业关注的是产品供给;在大规模、定制化生产的服务经济时代,消费者关注的是服务的可获得性。在产业链竞争下,生产技术所驱动的产业组织模式,必将对接或让位于基于消费需求的产业链结构和生产组织模式,这是企业能够在多样化、个性化需求主导时代掌握控制权的重要发展策略。本书认为,产业链竞争是整合竞争发展的高级形式,它是一种动态的竞争行为,可以通过选择适宜的产业链结构和交易结构,以形成产业链整体竞争力,不断扩展产业链的分工程度,引领产业链上各个企业持续寻找和占领新利润增长点为目标。

(2)产业链竞争是通过产业链上的组织经济法则,最大化治理租金

Bullock(1902)把实现大规模生产的原则称为"组织经济法则",即企业通过生产组织规模的变化所实现的边际成本下降。马歇尔(1920)把 Bullock 的组织经济法则由单个企业规模拓展到产业空间集聚规模,认为组织经济法则除了企业规模的扩大可以实现之外,相似产业的空间集聚规模也会促进组织改进,带给企业在要素使用效率上的变化,即"收益递增法则"。与 Bullock 的"组织经济法则"不同的是,马歇尔的落脚点是在要素使用效率的改进上。这种效率源于特定产业在区位集聚发展中所产生的外部经济。Young(1928)把 Marshall and Bullock 的规模生产的组织经济法则由单个企业拓展到整个具有相互投入关联性的产业规模上,并认为专业化经济的分工与此有直接关系。Richardson(2002)强调通过对产业活动进行组织的方式对企业控制和利用社会分散知识与能力的重要性。当产业活动的组织由单个企业扩展到产业链时,需求的增加会刺激企业寻求新的经济活动组织形式,对链条上的交易活动进行治理(Gereffi,2009),以降低企业之间的交易费用,同时增加交易价值(Kuittinen et al.,2009),以实现产业链上单个企业规模、空间集聚规模和产业之间投入联结规模的组织经济法则。

根据上述分析,李嘉图竞争和整合竞争是在一个给定的产业分工框架和市场规模下,力争获得更大的市场份额。产业链竞争是力求创造新的生产率、新的需求,扩大市场规模。它是一种动态竞争行为,行为主体由各节点产业的异质性企业构成,每个主体在竞争行为上是有差异的,为了对这些差异性行为进

行调适、控制和保护，需要创新规则，以获得熊彼特租金（蔡晓月，2009）。因此，产业链竞争是立足于组织经济法则，通过改变产业链构成和产业链治理，扩大市场规模和降低交易费用，创造和占有创新租金。

5.2.2　产业链重构内涵

在产业链竞争背景下，产业链重构是指产业链主导大企业通过对产业链中的信息、技术、资本以及相关行业的企业等关键要素进行再配置，改变产业链的构成或产业链的治理，以实现整体生产效率提升、成本下降、新产品和新技术产出目标的行为。

产业链重构表现为产业链构成变化与产业链治理变化两部分。

产业链构成变化是指主导大企业通过产业链升级和产业链重组，改变产业链分工状态和结构，扩大市场规模（包括现有市场和开拓新市场）的行为。其中，产业链升级是指主导大企业通过现有的合作网络把新技术知识传递给产业链上关联企业，实现产业链的共同创新，以实现主导大企业的创新目标；产业链重组是指主导大企业通过更新或重建合作网络，以实现主导大企业的创新目标。

产业链治理变化是指主导大企业通过产业链上关联企业的空间布局和组织间关系的治理，以实现产业链上的组织经济法则、提升企业间的创新合作效率和占有租金的动态调适过程。产业链治理变化是在既定结构约束下实施的微观治理过程，主要表现为产业链关联方式与管理规则的变化，也可以表达为产业链治理的组织模式与空间模式变化。

5.3　大企业主导产业链重构、推进产业结构调整

5.3.1　理论框架

产业结构调整是对时间形态上产业的组织/技术结构与空间形态上的多部门产业关系的空间分布进行良好匹配，以实现产业结构由结构失衡与低水平均衡调整到高水平均衡的动态过程。现有的理论研究表明，这个动态过程是企业为实现自身的创新目标而积累的自然结果。在产业链竞争背景下，企业创新是产业链上的大企业及其他配套企业的共同创新行为，因此，产业结构调整应该是基于产业链共同创新的内生变化过程。

如图 5—2 所示，本书提出如下理论假说：在市场竞争力量作用下，产业链上的大企业会自发主导产业链重构，实现产业链上关联企业的共同创新，进而推进产业结构调整。

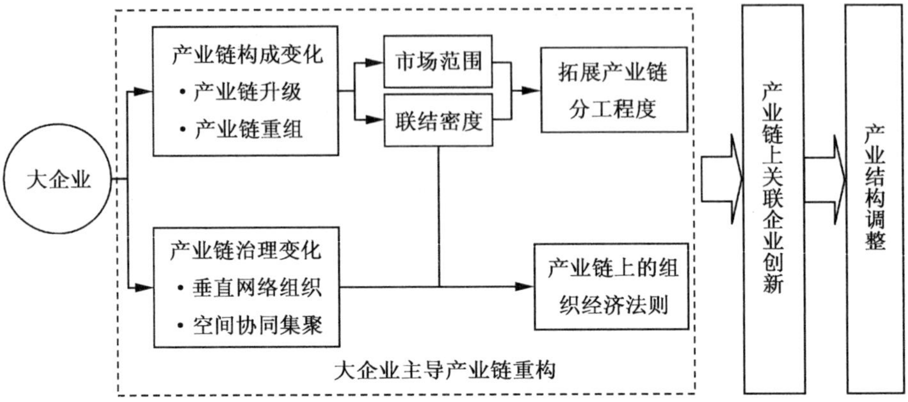

图 5—2　大企业主导产业链重构、推进产业结构调整的理论框架

5.3.2　产业链重构会引起产业结构调整

产业链是产业部门结构与多部门产业关系空间分布的时空表达，见图 5—3。假设产业链 IC 由 n 个节点产业组成($n=1,2,\cdots,N$)，即 $\mathrm{IC}=\{n_i\}$。节点产业(n_i)的发展与其所属的产业部门结构、产业链上下游节点产业的空间协同集聚状态、节点产业的组织结构有密切联系。因此，节点产业(n_i)的存量结构、空间结构和组织结构可由产业链来表达。产业链重构必然会引起产业结构的调整，这个调整是通过两个向量的共同作用来实现：$\overset{\omega}{Z}=[\overset{\omega}{X},\overset{\omega}{Y}]$。$\overset{\omega}{Z}$ 为产业部门结构优化升级向量，$\overset{\omega}{X}$ 向量为节点产业(n_i)对其他产业的空间协同集聚状态的要求，$\overset{\omega}{Y}$ 向量为节点产业(n_i)对产业组织的要求。

宏观结构上，一个国家的产业结构由一产、二产和三产构成。每一类产业都是生产相似性质产品的企业集合，比如汽车制造业属于二次产业，它是由众多生产各类汽车的企业集合构成。在每家企业的生产背后都有一条汽车产业链的支撑，在这个产业链上存在着围绕汽车生产的合作网络。当汽车生产企业需要进行产品改进或产品革新时(如新能源汽车)，产业链上的汽车生产企业必然要对产业链上的合作网络进行改变(即产业链升级和产业链重组)，并对产业链上的组织间关系与空间布局关系进行改变(即产业链治理)，这些改变的目标

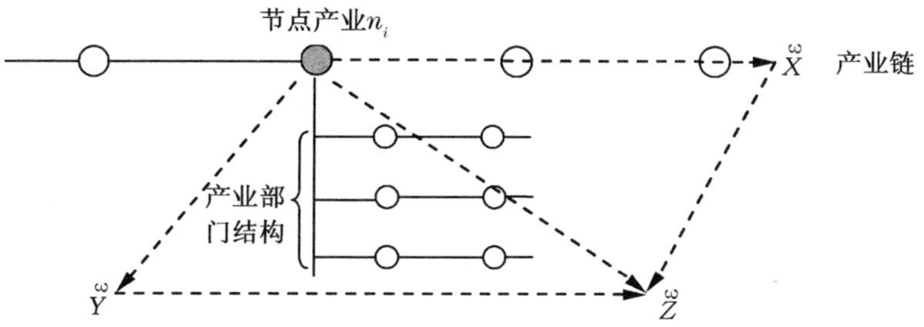

图 5—3　产业链结构

和结果都是促进最终产品的变化，即汽车产业的变化。依照同样的逻辑，其他产业也在发生类似的变化，结果就是产业结构的调整，如图 5—4 所示。

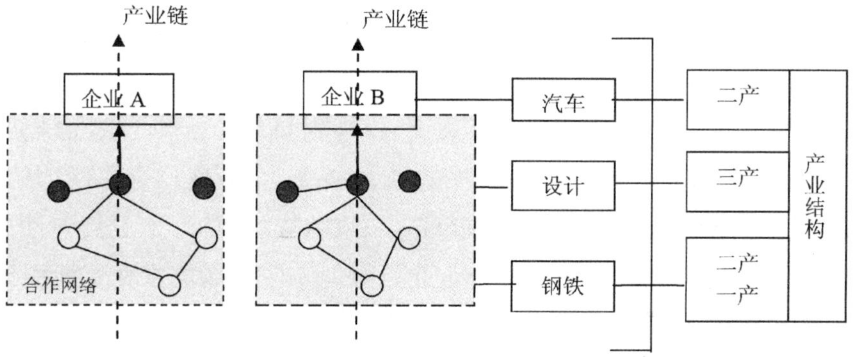

图 5—4　产业链重构引起产业结构调整的传导路径

5.3.3　产业链重构是大企业主导的内生创新行为

本书把对产业链具有主导作用的企业称为大企业。大企业未必是单纯依据规模定义的企业，而是在产业链上起着主导作用的企业，它通常拥有某种关键资源，如技术或品牌等，是产业链的集成者或链主。产业链上的大企业可能是最终产品生产者，或中间投入品生产者，或是承载核心功能的平台型企业。

在市场竞争背景下，基于新古典经济学家把企业视为“在市场关系的海洋中有计划协调的孤岛”的逻辑（Richardson，2002），有两种基本的资源配置机制：企业内部的计划协调和企业外部的市场协调。这两种机制是一种静态效率协调机制，它们是针对既定产业结构和产品市场条件下资源配置的静态效率问题。然而，计划协调会因企业活动多样性、主体间关系复杂性与企业能力的不匹配带来协调上的困难，使得企业应对市场变化的调适性很差，进而失去敏捷性。虽然“把(生产)知识封装在产品或服务里,在企业间能进行廉价的转移。因为使用这些产品和服务不需要深入关注它们是如何生产的,而只需参考说明书就可以”(Demsetz,1988),但是市场协调的效果很大程度上需要依赖于市场中是否有可供给的(中间)产品和服务。

在产业链竞争背景下,资源配置的边界由单个企业或市场范围转向基于产业链的协调,资源配置是基于产业活动在“密集的合作网络以及企业间的隶属关系”(Richardson,2002)中被组织的逻辑。产业链协调是一种聚焦于动态效率的协调机制。这种协调机制是通过产业链构成的变化和产业链治理的变化,来实现产业链上整个生态系统的动态效率。上述两种变化是通过产业链上的相关生产者的共同调适性行为来实现的。为寻求广泛市场或开发新产品(无论是全新产品还是现有产品改进),其中的大企业会激励围绕其产品生产得以完成的整个产业链上的其他企业跟随其创新战略,进行资源配置和战略布局。这样的激励要求单个企业的资源配置行为在一个更具有弹性的合作网络之中来进行,产业链为此提供了可能。在客观上,产业链确保了企业的资源配置行为是在一个相互联结的产业结构体系内部;在主观上,企业通过合作网络的构建,可以使企业之间的资源配置行为更能朝向一致的战略目标,也更具弹性。信息池所带来的更可预测性,能便利各个企业更好地响应市场需求变革所引致的生产机会。

上述变化过程通常是由大企业主导产业链重构,即产业链构成变化(本质上是产业链上企业间合作关系的更新替代)和产业链治理变化(本质上是对产业链上企业间合作关系的组织形式和空间形式进行调整),来推动产业链上的各利益相关企业进行资源配置,以实现大企业创新目标的内生过程。

为什么主导产业链重构的通常是大企业?主要是由于大企业有至少以下几方面的优势:

1. 大企业可获得优越的内部经济和具备组织间关系配置能力

依照马歇尔的观点,大企业可获得机械经济、技能经济和原材料经济。在当前的互联网经济下,由于各类平台型电商企业的出现可降低各种企业的采购总成本,在这点上,原材料经济对企业绩效差异的影响在减少。但是在机械经济和技能经济方面,大企业仍然具有不可替代的优势。机械经济即大企业在生产和市场上具有量的优势,可以担负新设备、新仪器、新工具等先进资本的更替成本、维护费用和折旧费用等,进而可以在较高生产率基础上提供更优质产品;而小企业即使知道有更好的设备来完成当下工作,但除非它能充分利用先进设备，否则也宁愿选择便宜的设备来完成产品生产。实际上，小企业也并不总是对能满足其目的的最好机器有很好的了解，对于复杂产品的生产，多数机器、设备、工具的改良和创新时常发生在生产过程中，相对来说，在有关机械经济方面，大企业积累的知识更多。

大企业相对于中小企业具备更好的组织间关系配置能力。一方面是大企业具有清晰的内部管理职能分工，管理决策者能保持清晰的头脑设法对企业内部和外部关系进行改善，能够获得管理技能上的经济；另一方面是大企业能够通过组织间关系配置来获得更多的外部创新资源。大企业能够立足于自身的内部研发基础，对外部相关信息、资源进行识别，并能够把它们转为新产品（Laursen，2012；Lenox and King，2004）；同时大企业在不同环境、不同地区甚至不同国家经营，能够较好地与不同的消费者、雇员、供应商、政府及其他方面建立联系，并对所获取信息进行再加工和组织学习。尤其是在产业链竞争环境下，产业链上的大企业比其他企业更具有能力来协调不同利益相关企业之间的关系，以促进其创新目标的实现。

2. 大企业可以通过合作网络把先进技术知识传递给其他企业

大企业在产业链上扮演着双重角色，既是其产品或服务的生产者，又是其产品或服务实现的组织者。一方面，大企业要在市场端、生产端和产业技术上发展，实时保持警惕，审视变革趋势，通过收集、消化、吸收和再创新的知识内化过程，把最新的、最先进的技术知识转化为能为企业所用的可生产技术知识，即大企业是一个先进技术知识的生产者。尤其当产业处于萌芽阶段或产业技术处于快速变革阶段，大企业通常是技术变革的推进者，全新产品的诞生所需要的新机器、新工具、新工艺很大一部分是由企业内部设计为自己所用。同时，革新性产品的生产需要企业很好地协调现有的供应链企业进行配合，以及要能够承担生产过程中的各种风险，比如良品率低下、材料损失等费用，这些为革新性产品的实现所需要承担的代价，通常只有大企业具备资金实力和关系协调能力。另一方面，大企业把其所掌握的和所获得的先进技术知识、管理经验、生产工艺、技术标准、产品或行业信息，通过产业链上的分工合作网络传递给其他关联企业，同时要求或激励其关联企业也要与时俱进，保持相同的创新活力。当大企业对现有产品进行改进或是产品革新时，其会有选择性地进行产业链的构成变化和产业链的治理变化，即通过产业链重构行为来实现其创新战略。此外，如果产业链上大企业的合作关系在空间上是集聚在同一个地区，则大企业通过合作网络把先进技术知识传递给其他配套企业的这个过程，自然而然可促进当地产业集聚区的产业结构调整。

5.3.4 大企业主导产业链构成变化,终将提升产业链分工程度,促进产业结构调整

在产品市场中,企业面对的一个竞争压力是要响应市场需求变化和市场份额变化,尤其当企业处在面临产业技术交替变化的区间。例如,2G时代的摩托罗拉和诺基亚,3G时代的苹果、三星、小米等,就是典型的现实案例。为此,产业链上的大企业需要审时度势地对产业链分工合作关系进行重构。大企业通常通过两种方式来实现:一个是产业链升级。大企业围绕自身的产品创新目标,通过对产业链上现有合作网络中的分工状态进行调整,并把自身的新技术、新知识、新工艺等传递给产业链上其他配套企业,要求和激励它们跟随大企业的创新步伐,并确保能够提供满足大企业实现产品或服务的供给。另一个是产业链重组。大企业围绕自身的产品创新目标,通过对产业链上的分工合作结构进行新的组合,即引入新企业加入新产品生产的产业链中,确保能够提供满足大企业实现产品或服务的供给。无论是产业链升级还是产业链重组,大企业主导的产业链重构行为,目的都是为了在市场竞争中扩大自身的市场(无论是现有产品市场还是新产品市场)范围。

下面将通过理论模型的分析,推导出市场范围和产业链上主体间的联结密度会如何共同影响产业链分工程度。

劳动分工提升生产率是通过一系列的分工变化过程来实现的。作为生产的组织原理,分工以两种方式实现生产率的提高:①在企业内部,通过引入组织和技术的变化来实现。②在企业之间,通过组织间关系结构的变化来实现,这个变化使得各个经济单位之间形成相互依赖的链:一方面,它促进了生产率的提高和总体经济的增长;另一方面,它自身在形态上不断演变,在空间上不断拓展,表现为全球价值链和产业链。产业链是一个融合了产业活动分工、产业活动组织以及产业活动的空间构成三个维度的概念。它是产业与空间相互交织的一种分工与协调形式,是促进地区生产率提高的一种实现形式(杨锐,2012)。产业链的分工程度直接影响着企业发展。随着企业产出的增加,企业的经营需求发生变化,这个变化在功能上不受限于其规模的增加,而是与正在发生的事情相关——“外部领域,既有量的变化,又有质的变化”。这里的量变和质变,是指与企业生产活动相关的产业链分工程度。

根据 Arora 等(2009)的研究,市场范围可进一步分解为市场宽度和市场深

度，前者指产业链下游的企业数目，后者指下游单个企业的需求规模。假设产业链由上游和下游两个产业构成，下游产业 i 由 N_i（$i=1,2,\cdots,N$）个企业构成；假定每个企业生产 q 单位产品，而生产 q 单位产品需要上游的中间投入品 X_j，在这里不考虑 q 和 X 之间的投入产出系数。对于下游企业来说，有两种途径可以获得 X：一种是企业内部生产，假定下游企业生产 X 中间投入品的固定成本为 F_X，边际成本为 $MC_X=0$；另一种是企业从上游企业采购，假定采购所发生的交易等费用为 TC_X。

若下游企业内部生产中间投入品 X，假定下游每个企业 N_i 生产 q 单位产品的边际成本均为 $MC=c$；若下游企业从外部市场采购中间投入品，则下游企业面临的边际成本为 $MC=c+TC_X$，并且 $0<TC_X=d<F_X/q$，即该费用小于最终产出的平均固定成本。为了简化分析，假定生产中间投入品的上游行业是受政府依据平均成本进行价格管制的垄断行业，即上游行业企业的利润为零。因此，对于下游企业来说，外购还是自制的决策依据就是，通过产业链上的组织经济法则来考量组织结构变化所带来的产业链成本变化。考察两种极端情况：

垂直一体化的总成本：

$$TC_{VI}=N\cdot F_X+N\cdot q\cdot c$$

完全垂直专业化的总成本：

$$TC_{VS}=F_X+N\cdot q\cdot(c+TC_X)$$

因此，

$$\Delta TC=TC_{VI}-TC_{VS}=(N-1)\cdot F_X-N\cdot q\cdot TC_X$$

其中，N 为产业链下游产业的企业数目，用来衡量产业链上的市场宽度；q 为产业链下游产业的单个企业的产量或需求规模，用来衡量产上链上的市场深度。根据前面的理论分析和该模型的假定，产业链成本结构变化直接影响产业链的组织结构选择，进而影响产业链分工程度，因此：

$$\frac{\partial\Delta TC}{\partial N}=F_X-q\cdot TC_X$$

$$\frac{\partial\Delta TC}{\partial q}=-N\cdot TC_X$$

由于我们假设 $0<TC_X=d<F_X/q$，即发生在产业链上下游产业之间的交易等费用为一个常数，因此，$\partial\Delta TC/\partial N>0$，即 ΔTC 随市场宽度的增加而增加；$\partial\Delta TC/\partial q<0$，即 ΔTC 随市场深度的增加而减小。也就是说，分工随市场宽度的增加而增加，随市场深度的增加而减小。

然而，这个判断是在交易等费用 TC_X 不变且小于单位平均固定成本的条件下得出的。上述模型没有把产业链上节点产业的空间分布纳入考虑,实际上,产业链上的产业经济活动涉及区位布局的问题,发生在产业链上下游之间的交易等费用并非不变,而且还会影响市场范围。Stigler(1951)认为运输费用的下降会扩大市场范围,而且区位是增加产业经济规模和取得专业化收益的一个方法。因此,产业链上不同产业活动的空间距离所引起的地区空间联结密度问题,就是一个不可忽视的变量。有研究指出,联结密度会影响跨国公司在东道国投资的策略,进而对东道国经济产生影响,并且会影响产业在空间集聚中所产生的外部性的作用范围。

这里的联结密度($D_{i,j}$)是指产业链上下游的节点产业(i,j)所在地区之间相互联结的紧密程度。根据此定义,一种极端是节点产业(i,j)完全分布在同一个空间;另一种极端是节点产业(i,j)完全分布在不同空间。这些具有空间分布属性且构成产业链关系的节点产业所属空间的联结紧密程度,会影响产业链的分工程度。实际上,分工受限于联结密度的思想蕴藏于斯密的分工观。按照斯密的观点,劳动分工的一个重要前提是"人类有彼此商品买卖、物物交换、相互交易的倾向"。只是斯密把市场交易中主体之间的联结密度视为不变。然而,只有在各个社会成员之间已经构成联系的前提下,分工制度才能得以实行。如果只有竞争,没有联系,就会造成竞争各方不断分离的倾向。韦伯明确指出了市场范围与主体之间互动的关系:"市场的社会核心是由重复的交换活动——同时指向两种不同类型的行动者的互动——组成的,它直接以某人的交易伙伴(与之讨价还价)和某人的竞争对手(出价高于他)为目标","把劳动分工或专业化与市场范围关联起来的斯密式命题,可以用一般报酬递增的概念进行刻画,这个概念仅仅意味着专业化的程度,而效应会随着经济互动中整体联结规模的增加而增加"。此后,马歇尔把工业组织引入生产要素范畴,分析了产业活动区位分布之间的联结程度对分工的影响。他认为,联结主要表现为商业信用的保障增加,海上和陆路交通、铁路和电报、邮政和印刷机等工具。

国内学者也认为,产业链分工是不同产品或行业间分工的空间结构形态和经济活动的组织形式,产业链发展程度受社会分工程度和市场交易程度的共同影响。不过该观点没有考虑产业活动空间分布的联结性质问题。因此,有:

$$\frac{\partial \Delta TC}{\partial N}=F_X-q\cdot TC_X(D_{i,j})$$

由于$\frac{\partial TC_X}{\partial D}<0$,因此:

$$\frac{\partial^2 \Delta TC}{\partial N \partial D} = -q \cdot \frac{dTC_X}{dD} > 0$$

上述分析表明，市场范围和产业链上主体之间的联结密度共同影响着产业链分工程度。市场容量只是分工的一个附加因素，只有产业链上主体之间的联结密度同步增加，市场容量的增加才会不断促进产业链分工的发展（杨锐、夏彬，2012）。

因此，市场范围的扩大以及随之所要求的产业链上主体之间联结密度的同步增加，会深化产业链的分工程度，这不但会带来生产效率的提高，同时还会增加产业链系统内产业构成的多样性，促进产业结构调整。

5.3.5　大企业主导产业链治理变化，实现产业链组织经济法则，促进产业结构调整

既然深化产业链分工程度可以促进产业结构调整，而市场范围和联结密度对产业链分工程度的影响又同样重要，大企业就需要通过主导产业链治理的变化，来增加产业链上主体间的联结密度，以实现产业链的组织经济法则。所谓组织经济法则，是指在既定土地面积和单个企业的生产规模下，引起企业边际成本变化的力量是不同性质的。在给定的土地面积上，当密集地使用劳动力和资本，需求的增加会在增加每单位供给的同时增加边际成本，迫使生产者利用低劣的土地，导致报酬递减会很快出现，即所谓的收益递减法则。然而，产业组织的效率问题与业务单位的规模有关系，业务单位的再投资是不受土地面积限制的。Bullock（1902）把治理大规模生产的原则称为“组织经济法则”，并以此来代替“报酬递增”一词，以凸显该法则的促成力量与收益递减的促成力量是不同的。

马歇尔把 Bullock 的组织经济法则由单个企业规模拓展到产业空间集聚规模，认为组织经济法则除了企业规模的扩大可以获得之外，相似产业的空间集聚规模也会促进组织改进，带给企业在要素使用效率上的变化，即马歇尔的“收益递增法则”。与 Bullock 的组织经济法则不同的是，马歇尔的落脚点是在要素使用效率上，“劳动力和资本的增加，一般会导致组织的改进，而组织的改进增加了劳动力和资本的使用效率”。这种效率源于特定产业在区位集聚发展中所产生的内外部经济。如马歇尔所强调的：“第一，任何货物的总生产量之增加，一般会增大这样一个代表性企业的规模，因而就会增加它所有的内部经济；第二，总生产量的增加，常会增加它所获得的外部经济，因而使它能花费比例上

较以前少的劳动力和代价来制造货物。"Young(1928)把马歇尔和 Bullock 的规模生产的组织经济法则由单个企业拓展到整个具有相互投入关联的产业规模上,并认为专业化经济的分工与此有直接的关系。与马歇尔(1920)强调"大规模生产"所带来的内部经济和外部经济不同,Young(1928)强调"大生产"的专业化经济。

产业的组织控制着社会利用知识和能力的方式,而这些知识和能力广泛分散在个体和其中的制度里,对产业活动进行组织的方式非常重要。当产业活动的组织由单个企业扩展到产业链时,需求的增加会刺激企业寻求新的经济活动组织的形式和空间模式。对链条上的相互关联的生产活动进行治理,可以降低企业之间的交易费用,同时增加创造价值,如垂直网络组织、平台领导等,可以实现产业链上单个企业规模、空间集聚规模和产业之间投入联结规模的组织经济法则,以获得产业链治理租金。

设某产业链有 $1,2,\cdots,i$ 个产业分工环节,每个环节隶属于不同的产业,第 $(i-1)$ 个环节的产出是第 i 个环节的投入。每个节点产业的企业生产的单位产品的租金表达式为:

$$\begin{cases} r_1 = P_1 - (\bar{c} + c_1) - \pi_0^1 \\ r_2 = P_2 - P_1 - c_2 - \pi_0^2 \\ \cdots \\ r_i = P_K - (P_{K-1} + c_i) - \pi_0^K \end{cases}$$

产业链租金为:

$$R = \sum_{i=1}^{K} r_i = P_K - \sum_{i=1}^{K} c_i - \sum_{i=1}^{K} \pi_0^i$$

其中,p_K 为最终产品 K 的市场价格,π_0^i 为竞争条件下企业的正常利润,它是确保企业生存的最低要求,为了分析方便,我们假定 $\pi_0^i = 0$。于是最大化产业链租金,即满足:

$$\mathrm{Max}R = \mathrm{Max}(p_K - \sum_{i=1}^{K} c_i)$$

在采取产业链治理后,企业可以获得更高的收益和更低的成本,即企业在终端产品市场上能获得较高的价格 $p^g(>p_K)$ 和较低的成本 $c^g(<c_i)$,否则企业不会采取治理行动。因此,对于产业链上的主导企业来说,即考虑:

$$\underset{p^g, c^g}{\mathrm{argMax}} R\left\{(p^g - p_K) + \sum_{i=1}^{K} (c_i - c^g)\right\}$$

假定式中 $p_K = mc_K$,即市场价格等于生产最终产品 A 的边际成本 mc_K,

mc_K 是行业企业使用那些较缺乏效率的资源来生产满足市场需求的最后 1 单位商品的成本。因此，在产业链的组织经济法则的运行逻辑下，产业链治理后的租金为：

$$\underset{p^g, c^g}{\arg\mathrm{Max}} R\left\{(p_K^g - mc_K) + \sum_{i=1}^{K}\int_0^q (mc_i - mc_i^g)dq\right\}$$

产业链治理租金由两部分构成：$R = R(\Delta v; g) + R(\Delta c; g)$。第一部分称为熊彼特租金，通过产品革新，最终产品企业能够获得高于市场上其他企业边际成本的价格；第二部分称为组织租金，它是由组织经济法则所导致的企业边际成本下降。

综上所述，本节提出的"大企业主导产业链重构、推进产业结构调整"的理论模型表明，在市场竞争力量作用下，产业链上的大企业会自发主导产业链重构，实现产业链上关联企业的共同创新，进而推进产业结构调整。其内涵是：在产业链竞争背景下，一方面，产业链上的大企业通过产业链升级和产业链重组(产业链构成变化)，旨在扩大企业的市场范围和增加产业链上企业间的联结密度，以促进产业链分工，进而促进产业结构调整；另一方面，产业链上的大企业通过产业链的组织间模式治理(垂直网络组织)和空间模式治理(空间协同集聚)，增强产业链上主体间的联结密度，实现产业链的组织经济法则，最大化产业链治理租金(熊彼特创新租金和组织租金)，进而促进产业结构调整。

5.4　一个实证案例：丰田汽车主导产业链创新的效应分析

长期以来，丰田公司持续创新的能力是其维持产业链竞争优势、不断发展壮大的重要因素。在产品方面，丰田不断推陈出新，具有混合动力车"普锐斯"等诸多突破性创新；在工艺流程方面，丰田也持续改善，其倡导的精益生产模式成为丰田模式的重要标识。在丰田的创新引领下，整个日本汽车产业的生产和创新能力得到快速提升，在世界范围内独占鳌头。根据 2014 年福布斯全球公司2000强的统计，日本汽车制造与零部件生产企业的总销售规模和利润水平高居世界第一，遥遥领先于德国、美国等传统汽车制造强国。

其实，丰田与日本汽车产业的共同成功并非个案。在其他产业中，成功的产业发展与升级也往往是由一个核心企业所带动的(Powell W. W. and Giannella E., 2010)。核心企业通过自身的创新，引领了上游企业和下游企业的创新方向，促进了产业链中创新活动的顺利开展，最终形成了一个紧密联系、协同创新的新产业链系统(如图 5—5 所示)。在这类新产业链系统中,核心企业的作用就像大海中指引航行方向的舵手,因此,又被学者形象地称为舵手型主导企业(芮明杰、张琰,2009),它是本书定义的主导性大企业之一,这种企业就是主导产业链重构的关键企业。

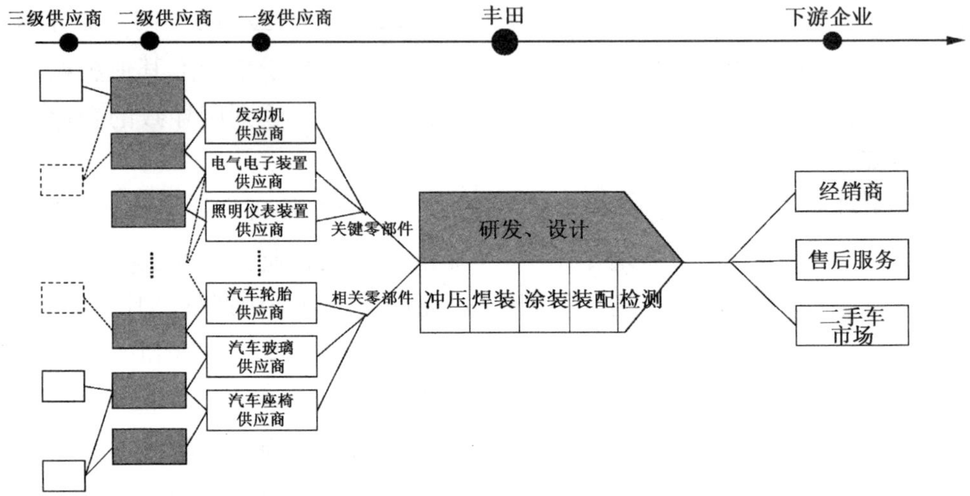

资料来源:本研究根据文献整理

图 5—5 丰田汽车产业链系统

然而,之前的研究对舵手型主导企业的关注还比较有限。一些学者总结了舵手型主导企业共同的特征后认为,舵手型主导企业是具有很强研发能力和知识吸收能力(Agrawal A. and Cockburn I.,2003),同时具有优秀架构设计和平台搭建能力的核心企业(芮明杰、张琰,2009)。它们可以凭借规则设计和模块选择来主动促进其他企业的创新,即通过产品创新与产业链治理规则改变,使得产业链上的其他企业被动创新或主动配合创新。但是,产业链上规则设计和模块选择是如何促进企业创新,以及此类舵手型主导企业促进创新背后的微观机制又是什么,之前的研究却极少关注。因此,为了揭示创新产业链系统中舵手型主导企业促进创新的微观机制,我们以丰田汽车公司为案例研究对象,从丰田创新产业链构成和产业链治理模式出发,分析影响丰田创新产业链成功的关键因素,并找出影响因素背后的内在机制,以期对上述相关理论做出有益补充。

5.4.1　丰田创新产业链的构成与产业链治理模式

丰田汽车产业链建立在丰田生产体系(TPS)之上,是生产体系的升级和进化。丰田生产体系由丰田和上下游企业共同组成,主要应对企业在生产过程中生产计划、物资采购、质量管理等常规生产问题。丰田产业链创新系统则利用已有的生产体系平台,通过信息交流、知识分享等机会推动上下游企业生产与服务创新,是对生产体系的高级化、创新化利用。在此基础上,丰田进一步搭建了多样化的创新促进平台,通过积极有效的运营管理,调动了产业链中企业的创新积极性,提升了产业链中企业的创新绩效。总结丰田的经验,其产业链的新型治理方式主要表现为三种模式,分别是丰田产业体系联盟、问题应对计划和自主学习小组,如图 5—6 所示。

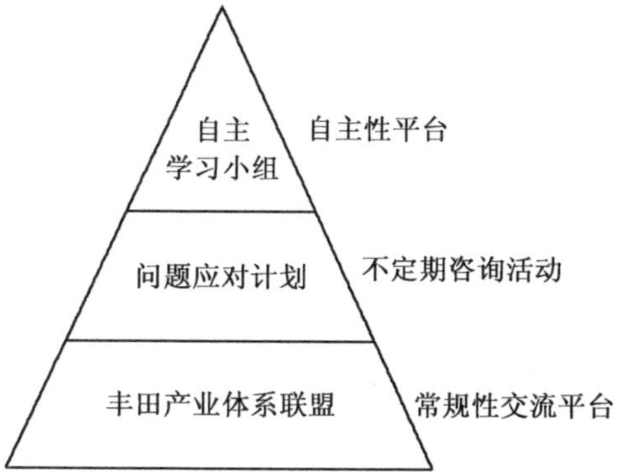

图 5—6　丰田产业链治理模式

1. 丰田产业体系联盟

丰田产业体系联盟(简称丰田联盟)最初是一个由丰田主导的服务于生产活动的常规性交流平台。在这个平台上,所有的丰田一级供应商和分销商通过信息系统相互联系,平台的主要作用是分享信息,包括丰田的生产计划、采购信息、采购政策、市场趋势等基本信息。同时,丰田联盟也会组织一系列的主题论坛,分享关于产品质量、安全生产等普遍性知识。后来随着丰田联盟的逐渐成熟稳定,丰田开始利用这一常规性平台为企业和生态系统的创新服务。

在供应商的选择上,丰田联盟的遴选十分严格(杰弗瑞·莱克,2011)。丰田公司不仅注重供应商的生产设备和质量水准,而且特别重视它们的研发能力。例如,丰田公司 1991 年在英国德比郡建立工厂时,原本有2 000多个潜在供应商可以选择,在经过丰田公司对供应商能力的综合评分后,只剩下 400 个,一些公司因为丰田的严格要求便知难而退。最终,经过严格的挑选,丰田确立了 150 个企业作为其供应商。丰田对供应商的严格要求是希望供应商能够很好地适应丰田创新生态系统,和丰田一样具有持续创新的能力。此外,之所以经过层层筛选剩下了少数最终供应商,这是因为丰田希望与它们建立长期稳定的合作关系,维持稳定的创新生态系统。

为了有效管理生态系统,丰田对供应商和经销商采取了梯度式管理模式,对一级供应商和经销商直接管理,对其他供应商和经销商则通过其上一级实现间接管理。其中,丰田对一级供应商的创新管理最为主动(见表 5—3)。丰田根据供应商产品的不同,分别采取了六种不同形式的管理方式(艾弗·安纳兹、谢里德哈尔·色沙德利、罗伊·瓦沙,2010),管理强度依次由强到弱。有些产品创新完全由丰田主导,丰田向供应商提供详细的图纸和生产指令;而对于另一些产品,丰田则给予供应商较大甚至完全的创新自主空间,当然前提是供应商必须遵守丰田的基本规范。

表 5—3　　丰田对一级供应商的管理方式

管理方式	创新管理程度
丰田提供图纸和详细的生产指令	丰田完全占据主导
丰田提供图纸,供应商提供设计和生产流程	供应商有一定自主空间
丰田提供粗略的图纸,供应商完成图纸和整个生产流程	供应商有较大自主空间
丰田提供规格,供应商负责图纸,但丰田了解整个生产流程的细节	供应商有很大自主空间
丰田提供规格,供应商负责图纸,且丰田对生产流程了解有限	供应商有很大自主空间
丰田对产品生产不加以干涉,直接采购	供应商有完全自主空间

资料来源:根据艾弗等的研究成果整理得到

同时为了保持供应商创新的动力,丰田一般会应用承诺订单和目标价格的激励方式。在供应商创新之初,丰田会向供应商承诺采购数量,并告知供应商未来采购的目标价格。订单承诺和目标价格消除了供应商创新收益的风险。特别是目标价格机制,它向供应商保证了,即使丰田完全了解供应商的生产流程和成本,也不会因此降低采购价格来转移创新收益,这样既充分保证了供应商的创新动机,同时又有利于丰田了解供应商的技术水平。

对于二级以下供应商的管理,丰田通过其上级供应商来完成。利用这样的梯度管理模式,丰田控制了一个庞大的产业链创新体系。这个产业链体系的底层由 4 万多家小企业组成,它们都具有较强的创新能力。如日本学者西口发现,三级供应商拥有 200 个具体流程专利,对整个产业链系统的创新贡献很大。

丰田对经销商的管理相对简单，主要通过信息系统完成。得益于丰田与经销商之间便捷的信息共享，丰田可以实时掌握市场需求动态，根据需求变化开展创新活动。而经销商也会得到丰田的技术支持，丰田会向经销商提供技术培训，并帮助经销商提供相关售后服务。

2. 问题应对计划

问题应对计划是由丰田主持的一项不定期咨询活动。在该活动中，丰田针对供应商生产中遇到的特定问题，专门派出专家顾问，指导供应商改进生产工艺、创新产品制造。

Dyer 和 Hatch 以丰田与金属冲压供应商——大陆金属特种品公司（Continental Metal Specialty，简称 CMS 公司）——合作的例子，说明了丰田的问题应对计划。为了提升 CMS 公司的生产工艺，来自丰田的专家顾问和 CMS 公司一起对公司的现有生产流程做了检查，在 30 道生产步骤中，仅有 4 道步骤被认为是价值增值的。因此在发现问题之后，CMS 对生产流程做了重新安排，大大减少了非增值步骤。例如，CMS 通过将成型和焊接安排在工厂相邻的地点，就消除了 12 道非增值步骤。通过流程创新，CMS 共消除了 19 道非增值步骤，将单位生产时间由原来的 2 个小时压缩到了 12 分钟，同时库存水平也减少至原来的 1/10，大大提升了公司的生产效率。

丰田在与供应商一起进行完工艺创新之后，一般会要求将升级之后的生产线向其他供应商开放。这样其他供应商可以到现场参观学习的方式，更加快速地学习相关创新经验。以此，丰田促进了创新活动在供应商之间的传播。

3. 自主学习小组

自主学习小组是在丰田倡导下由供应商组成的共同学习小组（见图 5—7）。在该形式下，丰田的作用相对弱化，不再直接参与供应商的学习和创新，而是由供应商之间相互协作、共同创新。但是，丰田的影响依然存在，它为自主学习小组搭建了交流学习的平台，制定了交流学习的规则。在日本，自主学习小组在丰田的指导下，每三个月确定一个主题，然后根据这个主题，组内成员进行创新、实验和应用。任何成功的经验都会迅速反馈给丰田，以帮助它及时了解供应商的技术状态。在美国，丰田也有类似的供应商自主学习小组，并取得了很好的成效。一家美国车体供应商的经理提到，因为他们接受了来自自主学习小组其他成员的建议，降低了喷枪的压力，调整了喷枪的轨迹，因此节约了 30％的油漆成本（Dyer J.H. and Hatch N.W.，2004）。

作为汽车产业链上的主导企业，丰田利用自身产业地位和影响力，建立了

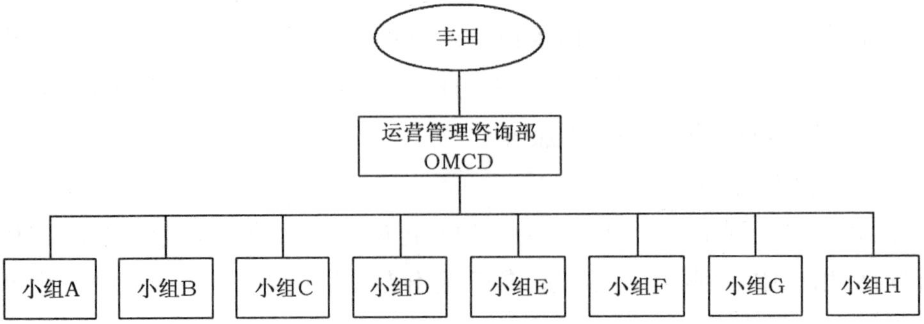

资料来源:根据 Dyer J. H. and Nobeoka K.(2000)整理

图 5—7 丰田自主学习小组

层级紧密、制度清晰的创新产业链系统。通过丰田联盟、问题应对计划和自主学习小组等管理方式,丰田不仅加强了企业间联系,同时也提高了产业链中各级供应商、经销商的创新绩效。甚至竞争对手也从中受益,创新绩效也得到了一定的提升。这在一定程度上说明,丰田公司作为舵手型主导企业,对于整个产业链的创新绩效提升是有利的。

5.4.2 舵手型主导企业提升产业链创新绩效的促进机制

丰田产业链创新系统的成功并非偶然,这主要得益于丰田在产业链创新系统运营和管理中的正确尝试,这也正是很多产业链主导企业领导下产业链创新的共同特征。从丰田的运营和管理方式中,我们不难发现,丰田主要从改善环境和提升能力两方面入手,利用舵手型主导企业的地位和能力优势,不断改善创新生态系统的环境,提升产业链中其他非舵手型企业的能力,进而提升产业链创新系统的创新绩效。归纳丰田的成功经验,我们认为,舵手型主导企业提升产业链创新绩效的促进机制主要表现为三种:一是通过增强产业链企业耦合程度来改善系统环境的耦合式创新促进机制;二是通过提高产业链系统稳定性来改善系统环境的维稳式创新促进机制;三是通过增加创新合作来提升企业能力的协作式创新促进机制。

1. 舵手型主导企业的耦合式创新促进机制

在丰田的产业链创新系统中,产业链上企业间的耦合程度明显超越了普通市场经济理论所认为的简单松散耦合结构,丰田与供应商、经销商之间,以及供应商群体之间的关系更加密切。丰田利用自身的市场地位和影响力,与供应商、经销商共同组成了较为紧密的丰田联盟。通过该联盟,丰田不仅实现了与上下游企业间采购政策和采购信息的交流，同时也实现了生产计划、市场趋势等信息的沟通，上下游企业之间的联系比普通商业伙伴间的关系更加密切。特别是丰田六种形式的供应商管理方式，使得丰田与供应商的联系不仅局限于采购的规格、价格等基本信息，甚至涵盖了图纸设计、生产流程乃至生产指令等多维度的沟通与交流，从而丰田与供应商的联系更加密切。丰田之所以能够成功地建立紧密的丰田联盟，较大程度上得益于丰田在产业链创新系统中的主导控制地位。产业链上舵手型主导企业是产业链创新系统中的核心企业，相对于其他非舵手型企业，具有比较明显的市场势力，对产业链具有一定的控制力。产业链中非舵手型企业很大程度上依赖于舵手型企业而生存，因此与舵手型企业间有较为紧密的联系，耦合程度较高。因此，我们得出命题 1(a)：舵手型企业的存在有利于提升产业链生态系统中舵手型企业与其他企业之间的耦合程度。

与此同时，丰田产业链创新系统的另一个耦合特征是产业链上的供应商群体内部的联系更加紧密。Dyer and Hatch 发现，随着丰田倡导的供应商自主学习小组的出现，丰田产业链创新系统的网络结构由丰田联盟式的双边联系变成了丰田与供应商、供应商与供应商之间的多边联系。在丰田的推动下，供应商之间不仅通过丰田间接联系，而且通过相互参观、相互学习而直接联系。供应商小组甚至为了同一创新目标而共同合作。丰田产业链系统这种网络结构的变化正是 Granovetter 的弱联系理论(杰弗瑞·莱克、大卫·梅尔，2012)在现实中的反映。弱联系理论认为，两个分别与第三者具有强联系的个体之间很可能也存在联系。在产业链创新系统中，舵手型企业与非舵手型企业之间的强耦合联系为非舵手型企业间相互联系提供了基本前提。舵手型企业与非舵手型企业之间的耦合程度越强，非舵手型企业间联系存在的可能性越大，弱联系越明显。随着时间的推移，这种弱联系非常有可能变为强联系，非舵手型企业间的耦合程度因此得到提升。由此，我们得出命题 1(b)：舵手型企业的存在有利于提升产业链创新系统中非舵手型企业间的耦合程度。具体如图 5－8 所示。

丰田通过提升自身与其他非舵手型企业，以及非舵手型企业之间的耦合程度，极大地提升了丰田产业链创新系统的耦合程度。从组织学习角度来看，耦合程度的提升有利于新信息、新知识在产业链创新系统内的传递和交流，这增加了企业间相互学习的机会。所以，丰田产业链系统得到了更好的创新绩效。

具体来说，丰田与非舵手型企业之间耦合程度的提升促进了非舵手型企业的创新绩效。在丰田主导的产业链中，非舵手型企业的创新表现为两类：一类是引致创新，如同引致需求，供应商的这类创新是由丰田的创新而派生出来的，

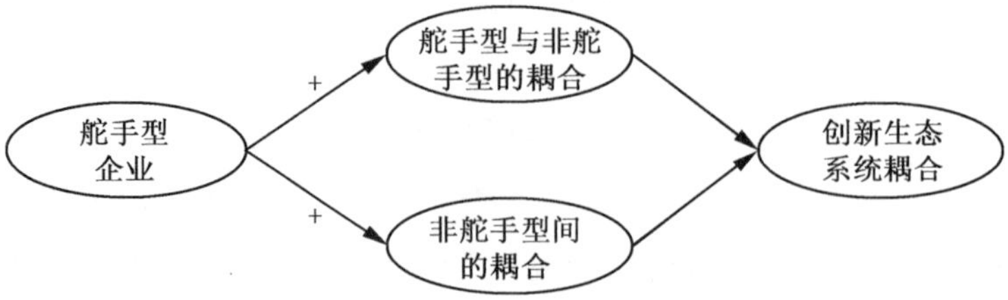

图 5—8 舵手型企业与产业链创新系统耦合程度

丰田在开发一种新车型时往往采用这样一种方式(杰弗瑞·莱克、大卫·梅尔,2012)。丰田与非舵手型企业之间耦合程度的提升对引致创新极为有利。随着丰田与供应商之间的联系愈加紧密,供应商从丰田获取新知识、新信息更加便利,可以更加迅速地应对丰田的创新需求。同时,丰田与供应商之间耦合程度的提升意味着丰田对供应商的控制力更强,能够更加有效地控制创新溢出风险,因此它也更愿意向供应商分享新知识。所以我们看到,在丰田对供应商的创新管理中,前五种管理方式均体现了丰田对创新的引导,尤其是第一种管理形式,丰田完全占据了主导,指导供应商完成引致创新。另一类是自主创新,此时供应商有完全自主的创新空间,丰田的第六种管理方式便旨在促进供应商的自主创新。受益于丰田主导的产业链内系统耦合程度的提升,企业间信息、知识交流更加便利,供应商的自主创新绩效得到了明显提升。例如,艾弗·安纳兹等(2010)发现,丰田常常使用目标价格与"含糊其辞"的指令相结合的方式来管理供应商,既为创新提供了方向,同时又为其自主创新留下了充足的空间。供应商在明确了降低成本的目标后,充分发挥了自身自主创新的能动性,取得了丰硕的成果。正如西口所说,丰田的供应商也掌握了丰富的、具有自主产权的流程专利。所以,我们得出命题 2(a):舵手型企业与非舵手型企业之间的耦合程度越高,非舵手型企业的引致创新绩效越高;舵手型企业与非舵手型企业之间的耦合程度越高,非舵手型企业的自主创新绩效越高。

丰田产业链创新系统中非舵手型企业的创新源泉不仅来源于丰田,同时也来源于它们相互之间的组织学习。例如,丰田车体供应商通过参与自主学习小组,借鉴其他企业的做法,改善了流程工艺,实现了工艺创新。这说明,丰田产业链创新系统中非舵手型企业间耦合程度的提升使得非舵手型企业的知识来源更加多元化,企业间新知识、新技术交流和学习也更加便利,因此,企业的自主创新可以取得更好的绩效。由此,我们得出命题 2(b):产业链上非舵手型企业之间的耦合程度越高,非舵手型企业的自主创新绩效越高。

诚然，产业链创新系统耦合程度的改善为企业提供了便利的学习交流机会，为企业创新绩效的提升提供了良好的客观外部条件。但是，企业最终创新的成功同样受到主观学习能力的影响，这种吸收利用外部知识的学习能力被称为企业的知识吸收能力。当企业知识吸收能力较强时，耦合程度的提升所带来的外部知识对促进企业创新活动才更加有效。因此，知识吸收能力对耦合程度的作用发挥具有重要的调节作用。然而，Zahra and George(2002)同时指出，知识吸收能力并不是单一的能力，而是包括了潜在吸收能力和现实吸收能力两大类。两类能力的影响机制并不相同。潜在吸收能力由知识获取能力和知识消化能力组成，影响了企业识别、获得、分析、理解外部知识的过程；而现实吸收能力则由知识转化能力和知识应用能力组成，主要影响了外部知识在企业内部的后续应用。因此，只有潜在吸收能力才会调节耦合机制的作用发挥。由此，我们得出命题 3：产业链上非舵手型企业的知识获取能力的正向调节耦合程度与创新绩效之间存在关系；非舵手型企业的知识消化能力的正向调节耦合程度与创新绩效之间存在关系。具体如图 5—9 所示。

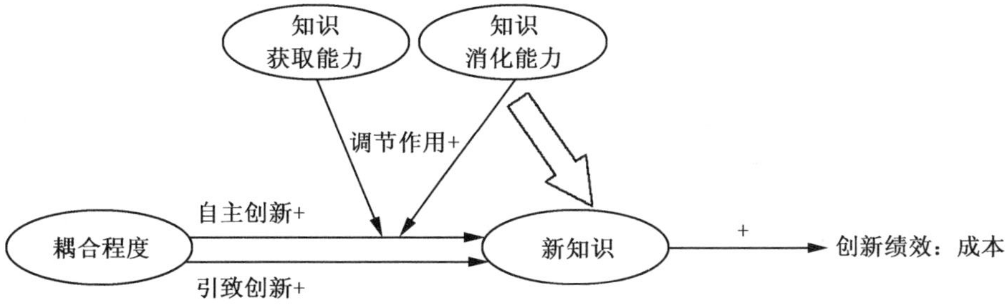

图 5—9　产业链创新系统耦合程度与非舵手型企业创新绩效

2. 舵手型主导企业的维稳式创新促进机制

丰田产业链创新系统的另一个重要特征是系统更加稳定，建立和培养长期伙伴关系是丰田供应商关系管理和客户关系管理的重要目标之一。丰田产业链创新系统的稳定性主要体现在两个方面：一是产业链系统结构的稳定性，系统内企业数目和联系结构相对稳定，丰田产业链生产体系联盟三种方法的组织方式为系统结构的稳定性奠定了组织基础；二是企业间联系的稳定性，丰田与供应商、经销商之间交流、采购的频率和数量相对稳定，承诺订单和目标价格的激励方式为企业联系的稳定性提供了保障。维持稳定性是产业链治理的核心内容之一。相关研究发现，以产业链舵手型企业为中心的网络结构确实比无中心的网络结构更加稳定(Watts D. J., 2002)。这是因为当有中心网络受到外部环境变化冲击时,任何非中心节点的消失都不会对网络产生太大的危害;然而对于无中心网络,某个节点的变化和消失都会给网络带来严重后果,甚至整个网络彻底失败。由此,我们得出命题4:舵手型企业的存在有利于提升产业链系统的稳定性。具体如图5—10所示。

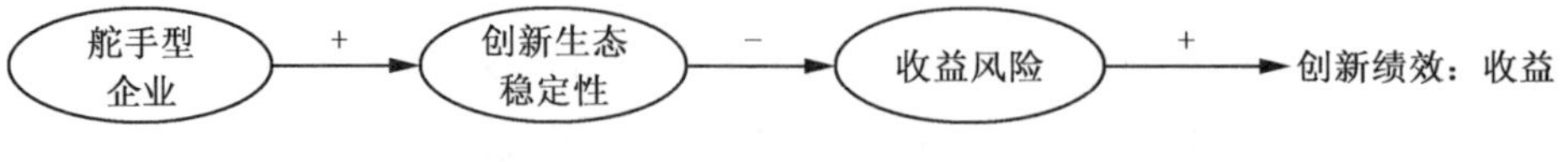

图5—10 舵手型企业的维稳式创新促进机制

丰田产业链创新系统的稳定性,即良好的产业链治理对于非舵手型企业创新绩效的影响是非常重要的。创新本来就是一项风险性很高的活动,既受到内部风险的影响,创新有可能失败;同时也受到外部风险的影响,创新有可能不被市场认可,或市场需求有波动。丰田通过承诺订单的方式减少了市场需求波动对供应商创新的影响,同时又通过目标价格的方式保障了供应商的预期收益,这对于减少创新的外部风险具有积极作用。得益于风险的减少,丰田产业链创新系统中非舵手型企业的创新动机更加强烈,企业的创新绩效也相应得到提升。由此,我们得出命题5:产业链创新系统的稳定性越高,非舵手型企业的创新绩效越高。

3. 舵手型主导企业的协作式创新促进机制

在丰田产业链创新系统中,广泛的创新合作普遍存在。问题应对计划是丰田与上下游企业协作创新的重要方式,丰田通过派专家顾问进驻合作企业,指导企业的工艺和产品改进,双方共同进行工艺创新和产品创新。协作创新的顺利进行主要得益于丰田较强的市场势力和研发能力。丰田较强的市场势力和研发能力使得其有足够的能力控制和影响创新生态系统,主导创新合作;同时其企业规模和较强的知识吸收能力帮助其能较好地内部化创新收益,降低知识溢出效应所带来的竞争风险。丰田的一个美国供应商的反馈证明了这一点,它与丰田协作创新的成果并不完全适用于其他客户的产品。例如,向福特、通用等客户提供的产品更加大而笨重,为丰田产品而专门改造的生产流程并不适合它们。此外,网络限制和内部流程刚性也被认为限制了协作创新成果的溢出效应(Dyer J.H. and Hatch N.W., 2004)。因此,丰田有更大的积极性去组织和主导协作创新。相关研究也指出,规模大且能力强的舵手型企业确实更倾向于进行协作创新(Adams J.D.and Chiang E.P., 2001)。所以,我们得出命题6:舵手型企业的存在有利于促进产业链创新系统中的协作创新。具体如图5—11

所示。

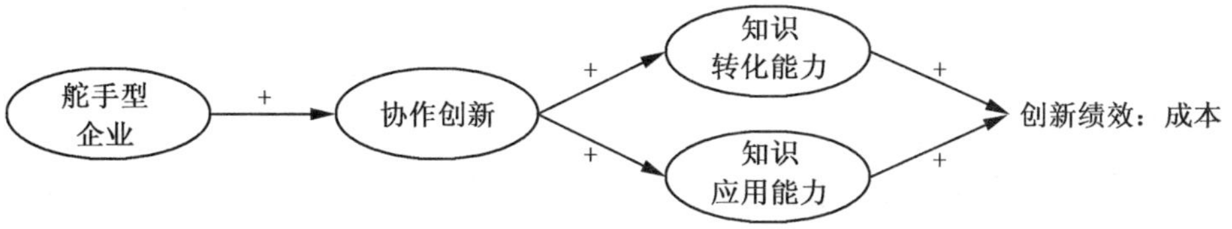

图 5—11　舵手型企业的协作式创新促进机制

丰田与其他企业的协作创新对非舵手型企业的创新绩效具有积极作用。在丰田产业链创新系统中，丰田委派的专家顾问直接与合作企业的研发人员合作，针对具体问题提出解决方案。在这一过程中，丰田与合作企业共同对新知识进行重新组合，纳入实际运营，形成新技术、新产品，这实际上提升了合作企业对知识的吸收能力，即知识转化能力和知识应用能力（Zahra S. A. and George G.，2002）。特别对于其中的隐性知识，"面对面"式的合作是提升知识转化和应用能力的有效手段（Nonaka I. A.，1994）。此外，丰田与合作伙伴之间的创新合作方便了双方研发人员的流动，特别是丰田专家顾问向合作伙伴的流动。相关研究发现，许多原丰田的专家顾问最终成为合作企业的研发负责人，这进一步提升了合作企业的知识转化能力和知识应用能力。因此，我们得出命题 7(a)：产业链创新系统中的协作创新有利于提升非舵手型企业的知识转化能力；产业链创新系统中的协作创新有利于提升非舵手型企业的知识应用能力。

在丰田产业链创新系统内，非舵手型企业知识转化能力和知识应用能力的提升对提高企业创新绩效具有积极影响。Dyer and Hatch 发现，在丰田问题应对计划的帮助下，丰田供应商的工艺和流程创新效果显著，库存水平下降了 74%，生产率提升了 123%。所以，我们进一步得出命题 7(b)：创新生态系统中的协作创新有利于提升非舵手型企业的创新绩效。

4. 三种创新促进机制的有机融合与作用的叠加放大

事实上，在丰田产业链创新生态系统中，通过产业链治理和产业链重构形成与维持了三种机制，即耦合式促进机制、维稳式促进机制和协作式促进机制。这三种机制并不是独立发挥作用的，而是三种机制相互配合、彼此促进、有机统一。从上文的分析中，我们不难发现，耦合式促进机制主要针对新知识的创新阶段，通过提升产业链系统的耦合程度，降低了新知识的获取难度，从而降低了创新成本；协作式促进机制主要针对新产品、新工艺的创新阶段，通过促进舵手型与非舵手型企业，以及非舵手型企业之间的创新合作，降低了新知识转换为新产品的难度，进一步降低了创新成本；而维稳式促进机制则主要针对创新成果的收益阶段，通过提高产业链生态系统的稳定性，降低了收益的风险，从而间接提高了创新的预期收益。三种创新促进机制最终通过降低创新成本、提高预期收益，提升了创新活动的净收益。创新净收益的提升进而又促进了企业的创新动机，企业有更大的积极性从事创新活动，从而形成了创新促进作用的叠加放大，三种促进机制的效果因此更加高效。具体如图 5－12 所示。

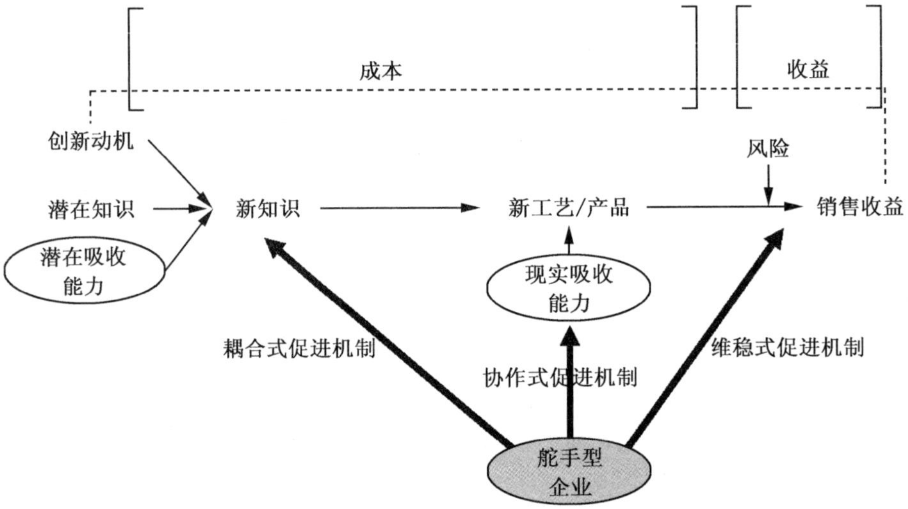

图 5－12　三种创新促进机制的有机融合与作用的叠加放大

5.4.3　案例分析结论与启发

本案例通过对丰田典型案例的分析，探讨了产业链创新系统中舵手型主导企业的重要性及其创新促进机制。对本案例分析后我们认为，舵手型企业存在的重要意义在于，通过促进非舵手型企业的创新提升了整个产业链创新系统的创新绩效。对于产业链创新系统中的非舵手型企业，舵手型企业通过耦合式促进机制、维稳式促进机制和协作式促进机制，分别促进了产业链系统的耦合程度、稳定性和协作创新程度，改善了产业链生态系统环境和合作关系，从而增加了非舵手型企业创新的源泉，提升了企业的知识吸收能力，并降低了创新风险；非舵手型企业的创新成本随之减少，创新收益随之增加，非舵手型企业的创新绩效得到提升，创新生态系统因此受益。进一步来看，舵手型企业促进创新的三种机制是相互协同的。耦合式促进机制为企业创新提供了丰富的新知识；协作式促进机制则极大地降低了新知识转化和应用的难度，新知识向新产品、新工艺的转化更加顺利；维稳式促进机制降低了新成果面临的市场风险，提高了创新的预期收益。创新收益的提升进而又提升了企业的创新动机，创新积极性更高。因此，舵手型企业的三种创新促进机制实际上形成了从新知识到新产品、新工艺，再到新收益，最后反作用于创新动机的循环过程，从而实现了创新促进作用的二次叠加和放大，产业链创新系统的创新活动得以更加有效。

因此，可以得出一个重要结论：舵手型主导企业领导下的产业链创新系统，通过独到的产业链重构与产业链治理方式具有更高的创新绩效，这种绩效从长期来看，不仅改变与提升了汽车产业本身，也改变与提升了同其相关的产业，更改变了汽车产业链或者说重构了产业链。也正是如此，由于汽车产业的产业关联度高，汽车产业的创新与发展，从长期来看，就是在推动国民经济产业结构升级与调整；从宏观上看，就是一种大企业主导下的由产业链变化最终导致宏观产业结构调整的机制。而大企业为什么要不断创新并引致产业链上相关企业协同创新呢？这是因为在公平竞争的市场环境中，优胜劣汰，企业唯有通过努力创新，提供更好的产品与服务满足消费者不断提高与变化的需求，才能获得创新的红利，才能健康成长并获得收益，才可能有中长期市场竞争优势。

所以，大企业主导产业链重构与产业链治理，通过产业链上经济与技术的关联，形成良好的协同创新机制，共同创新，进而提供有竞争力的创新产品与服务，赢得市场与消费者，形成自身产业链的竞争力，是有一个前提的，那就是市场是有效的，即市场不仅是配置资源的主体，而且是有效的、公平竞争的、有规则的（芮明杰、张群，2015）。

第 6 章

大企业主导产业链治理变化对产业结构调整的影响

6.1 大企业主导产业链治理变化的分析视角

基于战略导向，为响应环境不确定性，产业链上的大企业会适时改变产业链关联方式与管理规则。具体来说，就是改变产业链上的组织模式和空间模式，以实现交易费用节约和价值创造。不同的经济发展阶段，企业竞争的资源基础是变化和发展的。当产生租金的资源基础由物质资源转向非物质资源、由个体竞争转向产业链竞争以后，立足于非物质资源的经济活动分工与协调就需要新的组织形态，以利于知识的生产和配置（Antonelli，2005）。

在没有企业异质性的新古典经济学世界里（$h=0$），不存在经济租金，如图 6—1 中的 A 点。在存在竞争优势的世界里，主体一定是具有某些异质性的因素（$h>0$）。有一种异质性是源自企业自身特征（$m=0$），B 点则包含企业规模、产品差异、效率以及资源、知识、能力等。另一种异质性是源自产业活动组织形式的不同（$m>0$），在不考虑空间因素的情况下（$p=0$），C 点所包含的产业活动的组织形式有企业、市场和混合组织（Williamson，1975）；在考虑空间因素的情况下（$p>0$），D 点所包含的组织模式有全球价值链、全球生产网络、产业集聚、产业集群和产业链等。

1. 基于空间分工视角

产业链上各节点产业在地理空间上的分布，包括产业集聚、产业集群、全球生产网络、全球价值链等经济活动的空间组织形式。本章将在 6.4 节详细讨论此内容。

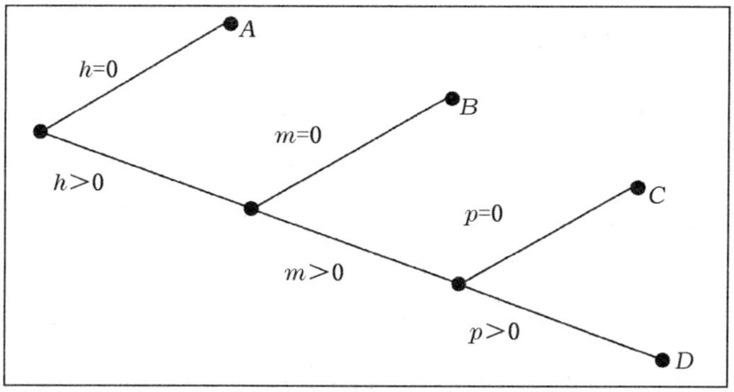

图 6—1　产业链治理的分析视角

2. 基于交易的资源视角

根据资源的可转移性，一是借助产权和交易费用等理论，从交易特性视角，学者展开了对实物资产交易行为的治理机制研究，如垂直一体化或垂直分离；二是立足于资源/知识基础观等企业理论，对非实物资源的转移、共享，衍生出了网络组织研究。基于交易的资源视角的理论可以统称为“企业理论”。企业理论是用来解释和预测企业结构和行为的一般概念和模型。对企业结构和行为从不同视角的研究，形成了具有不同学科色彩的企业理论，我们现在所看到的企业理论，实际上是一个理论集合。每一个企业理论都有其对具体企业特征和行为的侧重，见表 6—1。

表 6—1　　企业理论的部分观点

企业理论	主要观点
新古典经济学	主要是预测企业在外部市场中的行为。新古典经济学中的企业理论，使用局部均衡分析来预测企业在市场中为实现供需平衡而采取的决策行为。经济学中的企业理论把企业看作一个在市场中作出利润最大化行为决策的“均质点”。
组织理论	组织理论把企业看作一个单一决策者、一个包括多个个体的复杂组织。组织理论重点分析企业内部结构以及构成单元与各部门之间的关系。
新制度经济学	在新制度经济学里，企业被当作一种制度。围绕企业为什么存在这个主题，企业理论演绎出了企业的交易费用理论(Coase，1937；Williamson，1975)。重点是从交易属性出发，分析不同制度安排对交易费用的影响。
组织经济学	企图将经济学和组织方法整合起来，如企业行为理论(Cyert and March，1963)和企业演化理论(Nelson and Winter，1982)。
战略管理	战略管理重点是解释企业绩效和战略选择的决定因素。具体包括：①资源基础观把企业看作异质性资源和能力的装置。管理的首要任务是对现有资源和能力进行最优配置以最大化价值，同时培养公司未来发展的资源基础。②知识基础论，给定知识的特征和生产的知识要求，将企业概念化为一个整合知识的制度(Grant，1996)，管理的主要任务是建立整合知识所需的协调机制。

资料来源：根据相关文献整理

(1)资源基础观

从20世纪80年代中期开始,企业的竞争出现了一些新现象。其中,最明显的一个现象是大型企业日益在竞争环境中感到吃力,对市场的应变速度不及那些规模小、组织层级低的企业。在这种情况下,大企业被迫对策略进行调整,例如采取TQM、工程再造、核心能力、基于能力的竞争以及学习型组织等。在彭罗斯(Penrose,1959)的企业成长理论基础上,沃纳菲尔特(Wernerfelt,1984)继续探索企业竞争的切入点,提出了资源基础观(Resource-Based View,RBV)。RBV把一个企业的内部分析与产业和竞争环境分析整合起来,以解释在动态竞争环境中,企业资源如何驱动企业绩效。该理论的核心在于,企业是由一系列异质性的资源束组成,每种资源都有多种不同用途,企业的竞争优势源自企业所拥有的异质性资源。因此,RBV强调企业构建独特资源和能力集对竞争绩效的战略作用,进而确保产生有竞争优势的资源及企业运行的异质性(Collis and Cynthia,1995;Barney,1991;Peteraf,1993),以占有李嘉图租金和关系租金。

(2)知识基础观

知识基础观(Knowledge Based View,KBV)是资源基础观在理论上的发展。虽然RBV将知识视为组织获得竞争优势的重要资源,但是,RBV只是将知识视为一般性资源,未对知识特征进行描述,也未对知识进行区分,而KBV则强化了知识的重要性,把企业看作进行知识整合的一种装置,进而探索企业内部的协调机制(Grant et al.,1995,1996;Spender,1996)。从知识基础论的发展角度看,研究的主要任务是构建对管理有重要意义的知识特征。Grant(1996)认为,知识有下述五个特征,并描述了组织如何通过知识产生价值:①可转移性。既包括知识和能力在企业内部的可转移性,也包括企业间的可转移性。它们的转移可以依据知识性质采取不同的内部方式,比如沟通或实践。②聚合能力。对知识的聚合能力会影响知识转移的效率,这就需要强调吸收者的吸收能力(Cohen and Levinthal,1990)和共同语言(或社会机制)对知识转移的便利性。③专用性。这是指一个资源拥有者能够接受该资源创造同等价值的能力。④知识获得的专业化。为了提高知识产出的效率,需要更多的具有专业知识的个体。⑤生产所需的知识。生产是将投入转换为产出的过程。

租金是资源的服务价格,为了获得超过正常条件下的租金,企业就需要对资源特征进行识别,以确保获得更高的租金。在资源特征研究方面,Barney

(1991)的分析框架最有影响。他认为能够产生和占有租金的资源必须拥有四个特征:稀有性①、有价值、难复制、不可替代。Peteraf(1993)从侧重资源的运行环境,提出了相似的观点:异质性、不完全流动性、受限于事后的竞争限制和事前的竞争限制。实际上,对于 Barney 的前两个条件,即"稀有性"和"有价值"可以合并,仅仅有价值的资源才可以挣得租金,因为一个资源的价值是它在其生命周期内对预期租金收益的折现值。

6.2 大企业主导产业链治理变化影响产业结构调整的实现过程

大企业主导产业链治理变化影响产业结构调整的实现过程,如图 6—2 所示。产业链治理变化表现在两个方面:产业链组织模式的变化和产业链空间模式的变化。

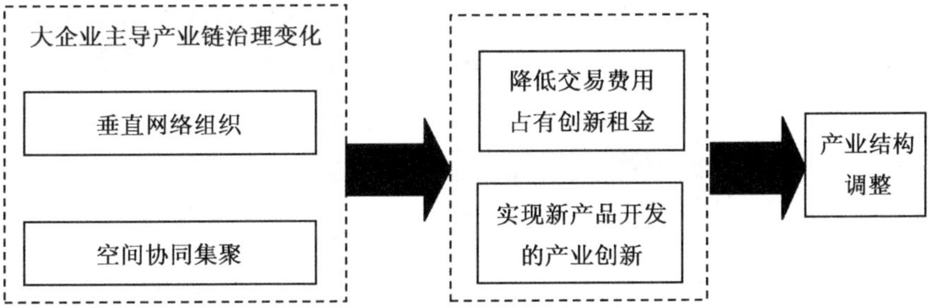

图 6—2　大企业主导产业链治理变化影响产业结构调整的实现过程

大企业主导产业链治理的组织模式即垂直网络组织。大企业一是通过关系权力对与它有直接(或间接)关系的企业进行配置和组织;二是通过关系租金激励其他成员进行专属关系投资,降低交易费用,提升产业链竞争力;三是通过对创新活动的调适、控制和保护,促进大企业自身及其相关配套企业实现产品创新和占有创新租金。

大企业主导产业链治理的空间模式即空间协同集聚,可以促进产业创新发展。本书认为,基于垂直相关多样性的产业集聚,有助于帮助企业通过本地搜

① 稀有性不同于稀缺性。没有绝对稀缺的东西,稀缺的东西总是相对于人们的认知或对其使用的认知。根据 Menger(1981),在世界上仅有两种物品——自由物品(相对于对它们的需求来说是稀缺的,因为它们是相对丰富的,或因为它们没有可知的用途)和经济物品——是稀缺的(因此有价值)。

索获得创新发展的投入要素，有利于通过市场交易等机制促进知识在行业间溢出，进而促进产业创新活动发生。

6.3 大企业主导产业链治理变化的组织模式:垂直网络组织

6.3.1 组织模式随资源基础变化而变化

企业理论从各个维度强调企业的异质性，比如资源、能力、知识等。正是立足于企业自身的异质性，企业在市场竞争中才会获得不同于其他企业的竞争优势。企业参与竞争所立足的资源基础不同，则企业所获得的租金性质也会不一样，例如，李嘉图租金源于对资源的产权。为了占有资源的租金，需要对这些资源及通过其所创造的价值进行保护和提升。资源基础论的一个隐含假定，即企业对这些资源的产权是受/可保护的。然而，在一些情况下，能创造价值的潜在资源，对它们的产权并不是完全的(Kim and Mahoney，2007)，资源基础论需要产权理论来互补。除了产权之外，也有其他保护机制，如因果模糊性(Lippman and Rumelt，1982)和社会复杂性(Dierickx and Cool，1989)；互补和共有专用性资产(Teece，1986；Helfat，1997)以及有效的自我实施或有效率的第三方执行(Williamson，1985)；事后竞争的限制(Peteraf，1993)、隔离机制(Rumelt，1984)。用来保护异质性资源所产生的价值的治理机制，其目的旨在有利于事前租金产生和事后租金占有。租金产生的基础是资源，而资源基础论存在缺陷，即对一些产生租金的资源的产权并不能完全得到保护。从产权视角，一个企业拥有的资源不是实物资源，而是产权束(Coase，1960)，其意义在于，关注的不是资源本身，而是资源如何被利用，这是理解资源作为竞争优势源泉的关键。因此，随着资源基础的变化，对产业链租金的治理机制也需要相应变化。

对于不同经济发展阶段，企业竞争的基础也不同，见表6—2。当租金的资源基础由物质资源转向非物质资源、由个体竞争转向产业链竞争以后，基于这些非物质资源的经济活动的分工与协调就需要新的组织形态，以适应竞争需要。

表6—2　　不同阶段企业竞争的基础变化

阶段	竞争的基础	理论基础
20世纪80年代	规模	产业组织

续表

阶段	竞争的基础	理论基础
20 世纪 90 年代	资源 能力	资源基础观 动态能力
21 世纪	知识 关键资源 网络/关系资源	知识基础论 使用权论 网络组织

自从知识在经济增长中的角色得到重视以来，人们对知识这一概念理解上的变化也推动了与知识相关的治理机制的发展。20 世纪 60～70 年代，知识被视为典型的公共物品，市场和逐利的主体不能生产。到 90 年代，知识成为产权物品。在新知识的生产过程中，外部知识作为必需的中间投入要素的角色被人们再次发现。从 21 世纪开始，相关研究强调外部知识在经济系统中的扩散。这促进了对创新系统的研究，知识的生产被视为知识交易和合作互动的结果，这种互动主要根植于区域空间，发生在承担互补研究任务的主体之间。知识概念与治理制度的演变见表 6—3。

表 6—3　知识概念与治理制度的演变

年代	技术知识的发展阶段	治理制度
20 世纪 60～70 年代	知识作为公共物品	政府资助下的高校、研究机构
20 世纪 80～90 年代	知识作为产权物品	知识市场、知识产权和股票市场等
21 世纪	知识作为地方化的、集体和复杂的、路径依赖的活动	动态协调

资料来源：整理自 Antonelli(2005)

6.3.2　产业链治理组织模式的多样性

产业链治理的根本目的是确保企业更加便利地使用产业链上的关键资源，产生和占有经济租金，形成产业链竞争优势。一方面，在产业链的不同发展时期，产业链上的关键资源或产业链竞争的资源基础是变化的，这个性质会影响对产业链治理机制的选择。例如，电解铝产业链上的关键资源或竞争焦点，由以前的氧化铝变为当前的电力（占成本的 40%）。这种链上竞争焦点的转变会改变企业之间竞争的相对位置，相应地，企业对产业链的治理机制也会变化。另一方面，由于人的因素、决策不确定性和组织的因素（Williamson，1975），会引起多样性的市场摩擦,包括有限理性、潜在机会主义、非对称信息、外部性、溢出、生产经济和能力、治理的不可分割性、未界定和未清晰界定的产权等,这些市场摩擦的存在为企业层面经济租金的存在提供了足够的空间(Mahoney and Qian,2009),而对于市场摩擦的治理,自然是企业获得和占有经济租金的重要方式和竞争优势的源泉(Dyer,1996;Moore and Kraatz,2011)。因此,由于市场摩擦表现形式的多样性,不同企业在应对市场摩擦时采取了不同的治理机制。

一些学者从不同维度,划分出了不同的治理机制。例如,Benz(2007)从关系、动机和协调的角度,把治理划分为层级、网络、竞争和协商四类;Wittek(2007)从“关系主义”、“结构主义”和“文化主义”三个范式,把治理类型分为“正式治理”和“非正式治理”。本书借鉴 Campbell et al.(1991)的划分依据,从主体之间行动的正式整合程度和主体之间的互动范围两个维度,来分析产业链治理组织模式的多样性,见表 6—4。

表 6—4　　产业链治理组织模式的多样性

正式整合程度	互动范围	
	双边	多边
低:自由契约	● 市场	● 监管
中:自治但是相互独立	● 产业链联合投资	● 垂直网络组织 ● 产业链多边合作 ● 产业链联盟与国家政策的战略共振
高:等级控制结构	● 产业链垂直整合	● 供应链与产业链的相互嵌套

1. 产业链垂直整合

虽然产业链垂直整合可以为企业带来整合经济,并已成为企业获得竞争优势的一种战略选择(Harrigan,1984),但是在产业动态发展条件下,垂直整合涉及诸多不确定性因素,其直接经济绩效是不可确定的;除了技术影响外,垂直企业拥有的正常优势似乎很小(Jewkes,1930)。垂直整合的优势在于方便产业链上的知识转移和知识整合,进而影响企业创新绩效(Pisano,1991)。虽然如此,高度的垂直整合也会为企业创新绩效带来负面作用(Li and Tang,2010)。因此,企业应审时度势提升或降低垂直整合程度,让企业在竞争挑战战略的反应速度上和有效性上与竞争对手产生差异(Lazonick and West,1998)。

在企业实践中,诸多企业热衷于垂直整合策略,例如,我国中粮集团倡导的“全产业链”模式,日本三井的“综合商社”模式,韩国三星的产业链垂直整合模式,以及我国大陆 TCL 集团和台湾鸿海集团形成的液晶面板—液晶电视的局部产业链垂直整合模式。然而，企业对于产业链垂直整合存在认知上的偏差。一方面，忽视了产业链垂直整合对企业竞争优势的重要性。国内企业通过不同方式嵌入全球分工体系，处于结构约束的脆弱生存状态，极易受跨国公司全球战略调整的影响而陷于不利处境，没有重视产业链垂直整合对企业获得更多生存发展空间的重要性。另一方面，片面追求"大"，认为产业链整合就是对产业链上下游产业的所有权一体化，而忽视了其他整合形式，如协调整合、任务整合和知识整合(Ferdinand et al.,2006)，或是忽视了产业链整合的条件，如整合后的成本—收益条件(Lafontaine et al.,2007)、产业链上下游企业的能力和技术差异(Jacobides and Winter,2005)、行业技术进步特征(Forbes and Lederman,2009)等。

2. 产业链联合投资

产业链联合投资既包括多家企业对价值链上相同生产环节，以合并、加盟、入股等方式进行整合，增强产业链的凝聚力，也包括多家企业对产业链上下游的共同产业环节进行联合投资。产业链联合投资分两种：一种是价值链横向联合投资，另一种是产业链上游联合投资。例如，浙江嵊州领带产业链包括原材料(广西、云南等)—蚕丝加工(浙江嵊州)—领带生产(浙江嵊州)三大环节。蚕丝加工又包括白厂丝、打线、染色、织造及后整理五个价值环节。其中一些环节由社会化分工下的独立企业承担，另一些由企业内部车间承担。为了进行大规模的专业化生产，嵊州市几家领带龙头企业把各自的打线车间合并，成立独立公司。同样，由3家领带企业的后整理车间整合而成的三鑫整业有限公司，已成为当地最大的后整理企业，处理85%以上的当地领带企业所需的原料布。另外，嵊州领带生产企业面临原材料基地与领带生产基地的远距离运输及原材料的价格波动问题，对领带生产企业的收益影响很大。为此，一方面，领带生产企业联合组建独立物流公司，把产业链上游的外拓基地、原材料采购、印染、打线四个环节整合起来；另一方面，由物流公司去建设或控股蚕桑基地，从源头上掌控原材料的"话语权"，将原来纯粹的市场交易关系变成更加紧密的股份合作关系。

3. 产业链多边合作

合作有助于扩大互动范围，不过合作形式会直接影响合作的层次和有效性，合作的层次包括双边合作和多边合作，对产业链而言，以基于多边合作的联盟为主。联盟是介于企业和市场之间的一种制度安排，各主体采取特定的治理机制，以实现特定的集体行动；同时，各主体之间保持独立性。根据所要达成的集体行动的性质和意愿强度,联盟分为松散型联盟和协议型联盟。一般来说,松散型联盟的功能更多的是形成某种集体共识、象征性行动以及产业链资源共享平台,如装配式钢结构民用建筑产业技术创新战略联盟、中国智能多媒体终端技术联盟、中关村手机动漫产业联盟、手机中国联盟等;协议型联盟的功能更多的是通过采取有约束力的契约、合作行动实现特定的目标,如集成电路封测产业链技术创新联盟和 TD-SCDMA 产业联盟等。

4. 产业链联盟与国家政策的战略共振

George and Cassandra(2009)的研究表明,上海集成电路设计行业中大企业比小企业更具有创新性,其中一个原因在于大企业更能与政府政策形成战略共振。政策制度嵌入企业重大创新活动中,可以降低企业从事技术创新可能遭遇的不确定性和风险,形成国家—企业的战略共振。除了大企业外,产业链上的多个企业所形成的联盟,也能够与国家的政策形成战略共振,促进技术创新。我国的集成电路封测产业链技术创新联盟就是一个典型的成功案例。长期以来,西方发达国家对我国核心半导体设备领域实施垄断和技术封锁,国内封测产业对国外依赖度很高,这在很大程度上阻碍了我国半导体产业的发展。然而,通过一系列重大国家政策的实施("核高基"重大专项)以及产业链上各个企业的共同努力,我国的封测业规模快速扩大。国家重大专项的战略目标与封测联盟的战略任务是相互契合的:①挑战被国外厂商垄断的技术项目;②实现企业与科研院所的有效合作。

5. 供应链与产业链的相互嵌套

供应链是在既定产业链结构下从事企业间交易结构设计和管理的活动,旨在提高服务效率、降低供应链总成本。产业链与供应链的内在嵌套可以规避交易中存在的市场摩擦。在纯市场交易模式下,交易发生的位置是在市场中,交易双方的身份属性与交易活动的发生没有必然联系;然而,在产业链治理的交易框架内,交易发生的位置则在一个制度化的治理结构内,受规则和权力的约束。虽然市场需求增加不会破坏稳固的相互嵌套的交易结构,但是会增加外部企业进入内嵌供应链体系的机会。

日本钢铁产业的供应链与产业链的相互嵌套治理模式为此提供了一个很好的案例,具体包括三个方面:①技术标准。这由日本钢材企业和日本制造企业共同协商制定,这个标准对其他国外钢材生产企业是一种排斥。②供应链服务。供应链是产业链上各个企业生产活动的核心协调机制。在日本钢铁产业链上,钢材生产企业除了扮演原材料供给者角色,还扮演物流基地和中转仓库角色。例如，新日铁在日本国内建设了大量的中转仓库，在日本全国有14个成品物流基地，为新日铁产品销售及供应链优化提供了重要支撑作用。③产业链组织模式。日本的钢材产业链形成了由综合商社、钢铁生产企业和钢材需求者构成的“资本＋产业”的产业链组织模式，其中综合商社扮演中间联系纽带角色，包括铁矿石价格谈判、商业情报搜集和利益再分配等。该组织模式把产业链上核心利益主体之间的经济关系制度化。这种制度化的关系，有利于提高企业对整个产业链的控制和协调，也可对产业链租金进行再配置。这就是为什么日本的一些制造企业，即使中国的钢材价格低于日本的钢材价格，也要使用自己国家钢材的一个解释。

6.3.3　垂直网络组织

1. 垂直网络组织的形成

产业链上经济活动组织有这样一种形式：在整个生产活动的组织中，有一个核心企业扮演集成者的角色，沿着最终产品或服务生产所需的资源流，去组织、协调、集成和激励法律上相互独立的企业。这个集成者通常是产业链上拥有关键资源的企业，如惠普、戴尔、苹果、IBM、耐克、ZARA、ARM等。把握经济活动组织的这种新形式的行动逻辑，对一个地区的产业引资发展具有事半功倍的效果。这种行动逻辑不同于单个企业和市场，它是产业链上企业与企业之间的一种新的合作行动逻辑。这种经济活动的组织形式在汽车、航空、消费电子设备和纺织服装等产业都有涌现。我们把这种在法律上独立的企业群体，在一定联结规则下，围绕产业链上的集成者所形成的生产结构，称为垂直网络组织（Vertical Network Organization，VNO）（杨锐等，2011）。

交易费用经济学（Coase，1937；Williamson，1979，1985，1991）和GHM理论所倡导的治理机制（Grossman and Hart，1986；Hart and Moore，1990）均强调权力源于法律上界定的产权及其对治理绩效和企业边界的解释。但就核心企业对其他主体拥有的关键资源占有某种程度的使用权这一现象，这两个理论解释力都不足。Rajan and Zingales（2001）基于关键资源使用权理论，解释了企业内部异质性人力资本与企业性质的关系，较好地弥补了权力源泉仅仅源于产权而对现实解释力不足的窘境。不过，一方面，该理论对产业链上不同法人企业之间的异质性资源的依赖关系及其治理机制并未有所拓展；另一方面，随着产业链上生产过程中关键投入品的技术变化，经济活动交易位置及其活动组织的治理结构也会相应变化（Baldwin，2009）。尽管Baudry and Chassagnon（2010）

提出,垂直网络组织是作为与企业和市场不同的一种特定的治理结构,但是,他们并没有从产业链的整体视角来分析垂直网络组织的形成条件及其治理机制的层次性。

从可转移性角度出发,马歇尔(1920)把资源分为可转移的物质资源和不可转移的非物质资源。可转移的物质资源是指在技术层面上所有权和使用权可分离、可转移的那些资源,如机械、工具、股票及契约等。不可转移的非物质资源包括个体的特性、能力以及关系——直接作为使他能够获得物质财货手段的那些非物质财货的关系。尽管马歇尔把此关系作为非物质资源列入个人财富,但是他认为"这一点没有多大的实际重要性"。资源价值实现的基本前提是,资源有可转移的特征及有利于该特征交易的市场存在。根据上述对资源属性的分析,并不是所有可创造价值的资源都具有可转移特征。资源的价值只有在交换过程中才能得到体现。于是,在马歇尔可转移性和不可转移性的资源观视角下,随着有利于经济活动组织的实践形式的不断演变,人们对这些演变的理性认知也在不断深化。

在以实物资本为主要投入的产品批量规模化生产时期,Coase(1937)开创性提出,利用市场进行交易是有费用的。不同生产要素拥有者通过市场进行个体交易的费用较高,而企业是作为通过市场交易来组织生产的替代物而出现的,相对于个体使用市场而言,费用较低。在交易费用不为零的条件下,要选择相应的社会安排,在增加社会总产出的基础上降低社会成本(Coase,1960)。这个观点进一步强化了市场、企业或其他制度均是可选择的变量,可以降低交易费用。此后,Williamson(1979)从交易的性质出发,认为交易关系投资的专用程度会影响对规制交易行为的契约及治理结构的选择。在高度异质性交易关系下,交易一方容易因资产专用性被诱发机会主义行为,而有吞噬可占用租金的动机(Klein et al.,1978)。纵向一体化是此类交易的治理结构,而这一观点从产业链视角进一步佐证了 Coase 的企业存在观(Williamson,1971)。Grossman and Hart(1986)基于契约的不完全性,认为不完全契约的存在必然会导致交易双方未来的"讨价还价",而讨价还价的能力取决于对关键资源的控制力,即资源的所有权结构会影响高层经理的决策与行为。组织安排可降低交易费用、提高资源配置效率,学界对此已达成基本共识。随着企业组织所配置的资源由物质资源向无形资源转变,便于这些资源转移或交易的组织安排也需要相应调整和发展。

之后,网络组织作为无形资源配置的一种制度安排而开始涌现。从 20 世纪80年代开始，为了应对竞争激烈和易变的商业环境，以做出快速系统响应，企业组织日渐从功能全、集中协调、多层次的科层组织向网络组织转变(Powell,1990)。这种组织形式因具有良好的响应环境变化所需要的调适性和弹性，在许多行业出现。网络组织不同于简单的交换网络，它是通过市场机制和关系规范，而不是层级命令链来协调的(Miles and Snow,1992)。交换关系不是网络组织的最显著特征，区分和界定一个网络组织的边界是基于关系的性质和共享的价值系统(Achrol,1997)，这些关系具有非层级性、许诺、责任、互惠性、依附感情等特征。一个交换越是关系性的，它就越会呈现这样的属性——一个充满大量规范的微型社会，这些规范超越了交换本身(Macneil,1978)。在市场和企业也有主体间的关系存在，不同的是，在纯市场，一旦交易活动结束，关系也就自动终止。交易双方的身份和属性对交易没有影响。在科层，关系是持续的，且有一个可清晰识别的、合法的职权去解决成员间的争端和利益分配，劳资冲突也可以求助于仲裁等第三方权威机构。

新制度经济学认为，混合形式整合了市场和科层的要素，是对市场和科层的一个可替代选择，不过还提出在市场—科层的连续体中，组织呈"厚尾"分布，市场和科层有取代混合形式的倾向(Williamson,1985,1991)。与此不同，经济社会学家认为，不能把网络组织视为市场与科层的混合，它有其自身独特的运行逻辑。网络组织有许多市场或科层不具有的显著效率优势，正因为这些效率优势，网络组织相当盛行。这种效率优势源于对组织间关系的重视。

对于基于关键资源的垂直网络组织的形成，Rajan and Zingales(2001)将企业界定为创造企业价值的关键资源的集合。关键资源是指对企业价值创造起重要作用的资源，这些资源包括有形和无形资源，如创意、设备、品牌、关系、标准、客户等。无形资源尤其是基于能力的关键资源，很大程度上是企业在生产和经营过程中，其产品或服务竞争优势的来源(方润生、李垣,2001)。这些资源和能力的可转移性是企业获得持续竞争优势的关键要素(Barney,1986)。关键资源中的一些是可转移的，另一些是不具有转移特征的。对此，可以确定有限的市场范围，来促进这些原本不具有良好转移特征的关键资源实现转移。在这个市场范围内，既可以满足有限范围内的需求，同时也能对这些资源进行识别和分级。

这个市场需要专属关系投资。给定主营产品或服务范围，进入网络的企业的资源是异质性的、专用的和定制的。这些异质性的关键资源、能力及直接有利于经济活动的关系，都需要成员企业围绕核心企业做专属关系投资。核心企业通过多层次治理机制,把拥有专业化资产的各个企业联结到一个既定的产业链上。这些专业化企业也同时服务于产业链上其他企业群体,这不仅有助于维持专业化企业与核心企业的关系弹性,而且随着网络有效规模的增大,可分摊专属关系投资的成本。例如,在电子设备产业链上,代工厂拥有笔记本电脑生产的成套产品的使用权,其可以把这些关键资源用于其他品牌代工。如清华同方 S20、新蓝 S21 以及戴尔 1200,三款笔记本电脑外观结构设计、技术参数和生产流程几乎一样,均出自代工厂仁宝(昆山)的模具。

网络组织中的专属关系投资及信息、知识、能力的共享,需要总结、综合和传播这些知识信息的机制,以有效地配置资源和分配价值。与企业的组织结构随环境不断演变一样,网络组织的结构也同样在不断发展,以搜索新的、更加有效率的治理结构去协调分散于全球产业(价值)链上的关键资源及专业生产活动,应对竞争环境的不确定性。Williamson(1979)从交易的特征出发,分析了不同性质的交易所对应的契约及治理结构。他的分析是在中间投入品特征既定的假定下进行的。正如他所说的:"中间投入品的特征被认为是给定的,我主要集中在生产和交易费用的节约上;一个更加一般化的范式应包括产品特征。"

在产业活动中,尤其是对受市场变化影响很大且产品生命周期日益缩短的电子设备产业来说,例如 IC 芯片,其产品技术参数修正、设计更改等产品特征的变化,在企业中是常态。按照 Williamson 的治理逻辑,在中间投入品的特征变化更快,生产活动的进行又需要不同程度的专属关系投资的情况下,产业链的经济活动组织形式应该是垂直一体化。然而,实际的电子设备产业链是垂直专业化。不过,垂直专业化也并没有使企业"看得见的手"消失;相反,在知识创新过程中,形成了一个复杂的、相互依赖的任务网络。在这个网络中,一些企业通过多层次的治理机制充当网络"集成者"的角色。我们也把这个治理结构称为垂直网络组织。

垂直网络组织是由产业链上服务于既定任务的企业群体所形成的一个组织集。其中,有一个企业在网络结构中扮演"集成者"。它通过关系权力对与它有关的直接和间接的关系进行配置,以控制和处理技术或市场变化对网络成员带来的冲击和影响。同时,把网络中的节点和联结关系有目的地传导给特定的创新、生产和服务活动。另外,通过关系租金来激励成员进行专属关系投资,提升产业链效率、降低交易费用、增强产业链竞争力。这个集成者依所属行业或产业链结构不同,可以是制造企业、营销企业、技术研发企业、流通企业、贸易企业等。

2. 垂直网络组织的运行逻辑

根据上述分析，当产品生产所需关键资源需要专属关系投资且这些资源的可转移性是有限的，同时中间投入品具有高度不确定性等特征时，产业链上的核心企业会选择新的治理结构。根据 VNO 的概念，对专属关系的投资、维护和调适是 VNO 不同于其他治理结构的一个显著特征。这里的关系是马歇尔所定义的"直接作为使他能够获得物质财货的手段的那些非物质财货的关系"，专属交易关系投资内容表现为区位、实物、人力、品牌和特定投入五个方面(Williamson，1991)，该关系具有社会意义上的权力属性和经济意义上的资本属性。本书认为，VNO 的运行逻辑是立足于专属性投资的关系权力来协调和控制产业链上的关系企业及其关键资源；同时，通过合作行动创造的关系租金来激励和规范产业链上企业群体的经济社会行动。

从网络的基本内涵可知，关系存在是整个网络开展实践活动的前提，结构是主体之间多重关系在某一空间背景下的时间表现，其形态在一定时期内保持相对稳定。网络治理包括关系治理和结构治理。在结构保持稳定的时期，网络治理就是通过网络中的关系权力和租金，对不同质和量的关系进行选择、组合或淘汰，以最大化网络中的交易理性和关系理性的总收益。

关系权力有助于垂直网络组织的协调和控制活动。权力不是个人或群体的特征，而是社会行动者之间的实际存在或者潜在的互动模式(Knoke，1990)。一个人或组织之所以拥有权力，是因为与其他个人或组织之间存在关系，可以控制、影响他人。在 VNO 中，交易反映的是主体之间的资源依赖关系，VNO 中的权力正是源于这种经济依赖性(Thorelli，1986)以及成员所做的专属关系投资。这种权力主要表现在核心企业对 VNO 成员的关键资源拥有使用权上，这在外包关系的发展中扮演了重要的角色，而且基于使用权的权力界定和主体行为意义，是通过核心企业对关系的组合和多层次的治理机制来实现的。

关系投资可以获得关系租金(Dyer and Singh，1998)或合作专有准租金(Khanna，1998)。在持续互惠的交易关系中，组织间的关键资源嵌入了各自的组织惯例，并影响和改变了经营管理过程及绩效。因此，对它们的获得和维持需要网络嵌入和网络嵌入关系的调适(易法敏，2009)。本文基于 Head et al.(2004)的模型，引入了网络联结规模，刻画其对关系租金的影响。

抽象的垂直网络组织结构包括两个层次，即产业链下游的系统设备厂商群体和产业链上游的零组件企业群体。以电子设备产业链为例，包括下游的系统设备厂商，上游的 ODM/EMS(电子制造服务商)/CDM(合同设计制造商)、关键零组件及软件服务商，以及分销商等。这些参与者会因所提供的产品或服务价值的不同而有不同的专属关系投资，其所产生的关系租金可表示为：

$$r_i=\rho_i\sqrt{2v_i/n(n-1)} \tag{1}$$

其中，$n\in[2,N]$，为网络组织中的企业个数(假设一个零组件/服务由一个企业来提供)；$\rho_i=\rho(i)>0,\rho'(i)>0,i\in[0,N]$；$v_i$ 是成员企业为了提供零组件 i 而做的专属关系投资，以进入核心企业的 AVL 名单。这是合作企业取得 ODM/EMS/CDM 身份所需要的额外投资。这个投资并不能保证该企业获得预期收益，核心企业会通过“筛选程序”为潜在企业设置进入网络的流程和标准。在此阶段，市场进入是竞争性的，每个潜在企业都有机会进入核心企业的网络以获得一部分租金，这提供了一个具有竞争市场特征的高能激励。

假设垂直网络组织之外的非成员企业，在供给 i 零组件上具有成本优势：$\delta=(c_i-p_i^*)>0$，c_i 为成员企业 i 提供零组件的成本，p_i^* 为外部竞争市场上非成员企业的价格(等于 MC_i)。然而，由于成员企业进行专属关系投资，因此垂直网络组织的核心企业具有产品生产或组装的总成本优势，即 $p_i-r_i<p_i^*$，p_i 为核心企业向成员企业购买零组件 i 的价格。双方的合作收益为：

$$[p_i^*-(p_i-r_i)+(p_i-c_i)]\beta_i y=(r_i-\delta)\beta_i y \tag{2}$$

在进行 v_i 专属关系投资后，成员企业 i 的利润为：

$$\pi_i=(1-\alpha)(r_i-\delta)\beta_i y-v_i \tag{3}$$

其中，α 代表网络组织中核心企业的权力或议价力，$\alpha\in[0,1]$。α 随时间而变化，核心企业根据自身和成员企业之间关系的依赖程度，来构建和规制权力关系。与过去产业链上权力主要集中在产业链下游的系统厂商的情况不同，当前产业链上的权力中心已经发生转移。设备厂商已经有意或无意地把部分权力让渡给产业链中的其他参与者，较过去而言，产业链上的权力变得分散。再加上笔记本电脑产业链上代工厂商与品牌厂商之间双寡头市场的形成，也制约了设备厂商的权力集中程度。权力关系的变化及关系租金的分配是通过“份额配置”机制来调节和实现的。

把(1)式代入(2)式，并通过$\dfrac{\partial\pi_i}{\partial v_i}=0$ 和$\dfrac{\partial\pi_i}{\partial r_i}=0$，得：

$$v_i=\frac{1}{2}\Theta(1-\alpha)\beta_i y\rho_i^2 \tag{4}$$

$$r_i=\Theta(1-\alpha)\rho_i^2$$

其中，$\Theta=\dfrac{\beta_i y}{n(n-1)}$为成员的网络平均联结市场或产量规模。由(3)式可知，专属关系投资(v_i)和关系租金(r_i)随着网络平均联结产量规模(Θ)的扩大及专属关系投资效率(ρ_i)的提升会显著增加。因为Θ的增大，即市场规模扩大，AVL中的成员企业会更愿意追加v_i以期占有更多的市场机会，获得更多的r_i。这同时也需满足几个条件，以确保关系租金的持续获得：核心企业与网络成员之间是重复性交易、网络成员的专用性资产可得到保护、核心企业具有良好的信誉。尤其是品牌声誉成为凝聚众多网络成员的关键性资源，给予网络成员很强的激励投资于专用性资源。

在(3)式中，当$\mathrm{Lim}(v_i)|_{i=n\to\infty}\to 0$时，企业进入纯市场交易模式，任何成员都不需要做专属关系投资，也没有关系租金，$\mathrm{Lim}(r_i)|_{i=n\to\infty}\to 0$。反之，当产业链上的核心企业选择垂直一体化模式时，$\mathrm{Lim}(v_i)|_{i=n\to 1\cap\alpha=1}\to 0$，$\mathrm{Lim}(r_i)|_{i=n\to 1\cap\alpha=1}\to 0$。把(3)式代入(2)式，得：

$$\pi_i=\beta_i y\left[\Theta\frac{1}{2}(1-\alpha)^2\rho_i^2-(1-\alpha)\delta\right] \tag{5}$$

$$\frac{\pi_i}{\beta_i y}=\frac{1}{2}\Theta(1-\alpha)^2\rho_i^2-(1-\alpha)\delta \qquad \frac{\partial\left(\dfrac{\pi_i}{\beta_i y}\right)}{\partial_i}=\Theta(1-\alpha)^2\rho_i\rho'_i>0$$

网络组织内的利润随着成员规模扩大有递增的趋势。然而，由于市场或产量规模在短期变化不大，当网络成员增加时，Θ会减小，使得关系租金迅速下降。因此，根据(4)式，令$\pi_i=0$，解出：

$$\rho_E|_{\pi_i=0}=\sqrt{\frac{2\delta}{\Theta(1-\alpha)}} \tag{6}$$

见图6—3中的E点，当$N\in[n_1,n_E]$时企业的收益不能弥补专属关系投资成本。只有当$N\in[n_E,N]$，专属关系投资的效率高于E点时，企业才能因专属关系投资获益。

如上述分析，垂直网络组织也存在权力和激励机制来控制和协调由独立企业进行的相互依赖的经济活动。但是，这里的权力和激励机制不同于市场和企业(Baudry and Chassagnon，2010)。Knoke(1990)根据权力的两个维度——影响和支配的有无——把权力分为四种。其中，有“支配”无“影响”的权力称为强制性权力；有“支配”有“影响”的权力称为权威性权力；无“支配”有“影响”的权力称为诱导性权力。VNO与企业、市场在权力、激励和企业边界上的差异见表6—5。

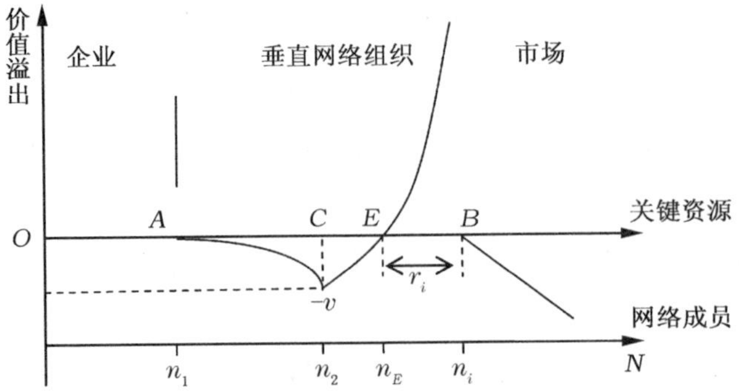

资料来源:修改自 Langlois(1995);Head,Ries and Spencer(2003)

图 6—3 关键资源获得的价值溢出与治理结构关系

表 6—5 三种不同治理结构的差异

变量	市场	企业	垂直网络组织
权力	无	对非人力资本有所有权而对人力资本有法律上的强制性权力	经济依赖产生的权力 权威性权力/诱导性权力
——影响	无	无影响或影响甚微	有较强的影响
——支配	无	有法律契约的支配	有(无)非法律上的支配
激励	无特定激励 价格机制	低强度激励 基于产权的激励制度	高强度特定激励:关系租金 多层次治理机制
企业边界	高度竞争 绩效测度	交易费用与企业收益 垂直整合的成本收益	核心企业设置游戏规则的能力 垂直网络组织的激励和协调成本

资料来源:根据 Baudry and Chassagnon(2010)整理

垂直网络组织的权力机制不同于企业和市场,它是基于产业链上企业间的经济依赖性而产生的,而且核心企业对成员企业具有较强的影响力和不同程度的支配力,进而形成权威性和诱导性的权力关系。在激励机制上,专属关系投资所产生的关系租金为成员提供了可预期的利益激励,同时又辅以多层次的治理机制来保持成员间的竞争性、效率性和关系弹性。在企业边界上,垂直网络组织是基于经济意义上的边界,其结构特征在于跨越组织正式边界的高度集成。按照使用权的逻辑,垂直网络组织中的企业边界可定义为每个企业所控制的关键资源并通过它分享价值剩余的界限,以及核心企业设置游戏规则的能力。

垂直网络组织可以获得高于企业或市场的额外价值溢出。图 6—3 表达了企业关键资源/能力的价值溢出与相应治理结构的关系。线段 OA 代表的是生产所需的关键资源不能从竞争性市场中获得,企业选择通过整合内部不同业务

单元来获得或创造关键资源。为实现这些资源的最大价值，企业需要拥有与之互补的管理协调能力，价值溢出表现为图中 A 点上方的垂直线段。另外，关键资源也可从垂直网络组织中获得（AB 段内的曲线）。在网络中，企业因彼此之间独特的关系资源和合作创造能力带来的合作效率提升和交易费用降低，使得垂直网络组织为成员带来高于企业或市场的价值溢出，表现为合作"关系租金"（r_i）。然而，关系租金只有在 $r_i>\delta$ 且 $\rho>\rho_E|_{\pi_i=0}=\sqrt{\frac{2\delta}{\Theta(1-\alpha)}}$ 时才能获得，也即图 6－3 中的 EB 段内的曲线。当成员企业并没有因为专属关系投资而取得优于非成员企业的优势（即当 $r_i=\delta$ 时），或企业做了前期专属关系投资（v_i），但是后续并未获得核心企业订单时，则该企业损失 $\pi_i=-v$。核心企业会内部化或转向外部一般市场购买资源。在市场上，由于这些资源并非专为特定企业发展出来的，因而与企业原有的核心能力的互补性及价值创造能力相比，其价值大为降低（B 点右侧）。

从核心企业角度看，核心企业沿着产业链对关键资源的整合既要实现"资源的价值创造"（或交易的价值创造），又要努力实现"交易的费用节约"。这就需要根据交易特性、交易内容和特定空间上的产业链结构，选择最有利于费用节约和价值创造的治理结构，交易位置转移到企业内部、外部市场或垂直网络组织。

3. 基于产业链的多层次治理机制

基于电子设备产业链的特点，系统厂商在产业链上的角色也在调整。2000 年以后，随着产业链全球化布局的深入，许多消费电子设备厂商的角色不再是产品设计和制造，而是对满足市场需求的产品进行定义和对经济活动组织的治理机制的设计。具体来说，系统厂商通过交易关系、关系内容和空间区位三个层次的机制设置，对产业链上的交易结构进行调适、控制和保护（见图 6－4）。

系统厂商借助两个治理工具来实施关系内容治理机制。一是交易关系治理：①网络关系的建立。确定谁可以加入进来，具体的治理机制包括筛选、质量体系、原材料治理、标准制定、共同开发等。②网络关系的调适。适时调整成员结构，具体的治理机制包括配额制、竞价、资本控股、金融借贷和排他性生产合同等。二是空间区位治理。基于全球产业链各环节的价值与区位属性的匹配性，以及全球战略意图，系统厂商会要求或劝导代工厂及其相关零组件厂商在相应的区位布局，如美国→我国台湾→深圳、东莞→苏州、昆山→重庆等地的 IT 产业集聚区。

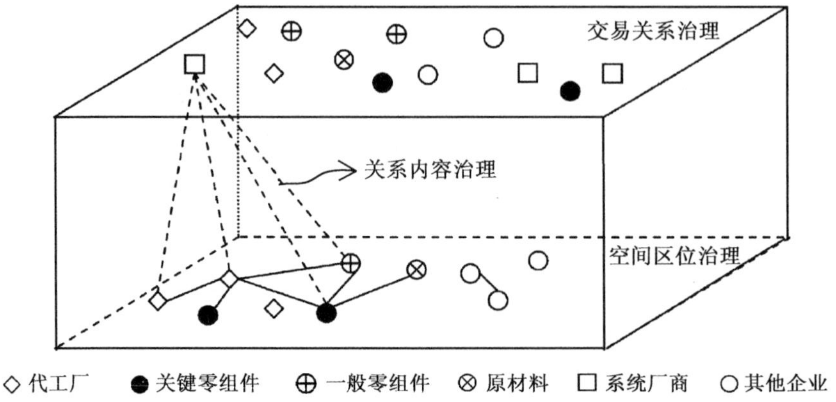

图 6—4 电子设备产业链的多层次治理结构

对于关系内容治理机制,交易内容主要包括零组件、软件、技术和标准以及代工服务等。围绕这些交易内容,治理机制主要包括两个方面:

(1)对原材料或零组件等内容进行治理

在面向代工厂时,系统厂商会根据元器件的重要程度进行分类:Ⅰ类为系统厂商控制器件,如 CPU、LCD、HDD 等,这些元器件的明细、采购完全由系统厂商决定。Ⅱ类为 ODM 推荐器件。系统厂商负责监管规格、质量和价格,ODM 负责自行采购,比如无线网卡。Ⅲ类为 ODM 控制器件。完全由 ODM 自主控制,主要集中在塑料或五金结构件、电子器件等标准零组件。

在面向关键零组件或服务供应商时,系统厂商又采取两种治理方式:①排他性生产合同。与器件分类的关键零组件企业建立“排他性生产合同”,要求供应商在生产全过程中对系统厂商技术公开、BOM 开放和全程物料监管。②超关系治理。这是与关键零组件企业的上一层供应商(原材料供应商)建立某种性质的关系,共同治理关键零组件供应商。例如,与生产 LCD 的上游关键原材料——玻璃基板——生产商一起制定原材料标准或合作研发特定功能的原材料。在软件服务领域,系统厂商则通过与英特尔建立诸如 Intel-Dell/HP 等工作组,制定 CPU 和关系器件标准,共同治理如内存、显卡等与 CPU 有关联的“关系器件”的厂商。

(2)对代工厂企业群体提供的代工服务关系进行治理

①筛选程序。包括五个阶段:开发→选定→试运行→评估(从这里起,正式进入系统厂商的 AVL 目录)→维护,即进入项目开发阶段。②资本控制和借贷。例如,系统厂商借助资本和金融手段,对上市的代工厂或关键供应商进行

控制。例如，戴尔持有其代工厂和硕 5%的股份。③培养潜在代工厂，帮助有潜力的代工厂扩张生产能力。④订单配额制＋项目议价＋排他性生产合同。系统厂商每年根据市场预期需求，在代工厂中配置订单份额并与代工厂签订排他性生产合同。一方面，通过各代工厂之间的相互竞争，降低代工费用；另一方面，在既定的市场份额下，系统厂商与代工厂进行项目议价，以占有因学习曲线给代工厂带来的总成本下降而增加的部分利润。⑤信息集成。系统厂商建立产品销售数据库，与供货商共享更新的库存、销售数据以及采购预报。这种信息集成可为供应商提供预警，以避免潜在的原料短缺或生产过剩，从而实现精确的生产安排并有效控制成本。⑥弹性合同。系统厂商可要求与上游供应商签订应随市场变动进行适时价格修正的弹性合同。

6.4　大企业主导产业链治理变化的空间模式:空间协同集聚

6.4.1　产业集聚经济的实现条件

产业空间集聚是从空间分工视角分析产业链治理，这个视角源于马歇尔的研究。马歇尔强调组织改进对报酬递增的作用:“任何产品生产总量的增加，一般将增加企业规模(劳动和资本投入的增加)，因此，会增加这个行业里代表性企业所拥有的内部经济;同时也总是会增加该企业所能获得的外部经济，因此，将使得该企业以更低比例的劳动成本和牺牲进行生产。”这里的组织改进表现在两个层面:一是对企业内部分工的组织;二是对企业间分工的组织，即产业集聚。

集聚所产生的外部经济是主体在空间上集中所产生的好处。不同主体在空间上的集聚行为和状态，是单个企业持续从事经济活动的一个产业环境。这些好处最终要通过微观企业的生产与交易活动来实现，这就与产业空间集聚经济的实现条件有关:①专业技能和专业机器的效率(有效性);②有充足的需求，可持续使用专业技能和专业机器(充分性)。具体如图 6—5 所示。

1. 外部经济的充分实现与产业结构有关

外部经济是有赖于工业的一般发达经济，源于地方性工业的集中。工业的地区分布有两个主要影响因素:自然条件和特别的市场需求，如马歇尔所说的“宫廷的奖掖”。地方性工业的集中会产生外部经济利益:①知识溢出所导致的

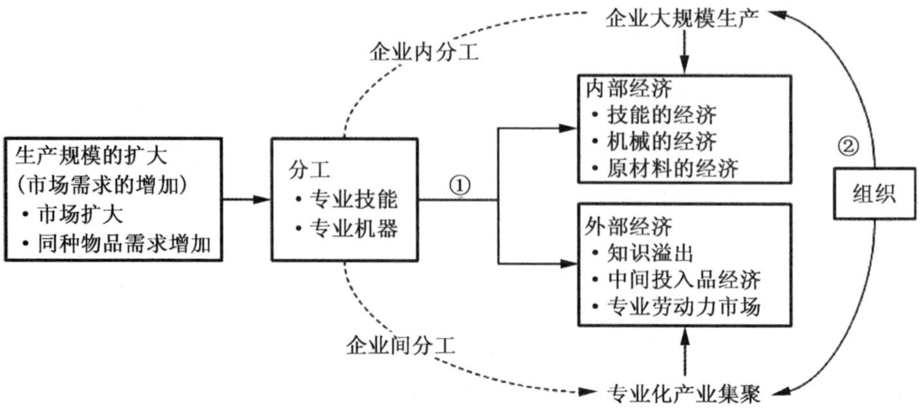

图 6—5 产业集聚经济的实现条件

创新。不同经济主体在地理上的邻近,可以带来信息共享、技术传播等。②中间投入品在生产上的经济,“在同一种类产品的生产总量很大的区域里,即使用于这个行业的个别资本量不是很大,但高价机械的经济使用,有时也能达到很高的程度”。③专业劳动力市场。

上述地方工业集聚所产生的外部经济与该空间上的产业结构有关。一种观点认为,专业化产业集聚所产生的“MAR 外部性”,即知识溢出源自相似产业在地理上的集中,强调知识的行业内溢出,又称为“专业化外部性”;另一种观点认为,多样化产业集聚会产生“Jacobs 外部性”,即知识溢出源自不同产业在地理上的集中,强调知识的行业间溢出,又称为“多样化外部性”。国内外学者通过大量的案例,实证产业集聚的专业化外部性和多样化外部性与经济绩效之间的关系,然而,有关这两类外部性对企业/产业绩效的影响,学术界存在不同的实证结论。Beaudry et al.(2009)对 67 篇经验研究论文进行分析,其中有 70%的研究发现“MAR 外部性”对经济增长或创新产出有积极作用,有 75%的研究证实了“Jacobs 外部性”的积极作用。尽管马歇尔强调地方工业的专业化集聚所带来的好处,但是,实际上马歇尔也很重视产业结构多样性对地区经济发展的影响,“主要依靠一种工业的区域,如果对这种工业的生产品的需求减少,或是它所用的原料的供应减少,则它就易于遭到极度的萧条。有几种不同工业高度发展的大城市或大工业区,在很大程度上就可避免这种害处”。

2. 外部经济的有效利用与企业规模有关

生产规模的扩大会带来分工经济,包括企业内部经济和产业层面的外部经济。内部经济有赖于工业的个别企业的资源、组织和经营效率的经济。虽然外部经济的重要性有利于小企业获得行业方面的知识，但是外部经济中的知识溢出不会直接转化为企业的竞争优势，溢出的知识能否被企业所吸收、利用，并让企业占有创新租金，依赖于企业的吸收能力和知识溢出机制的相互关系（朱秀梅，2008），并与企业规模有一定关系。景芝英和徐雪梅（1998）认为，企业内部规模经济与外部规模经济之间存在着某种相互作用关系，在一定条件下，两者还会发生相互转化。Van Beers and Van der Panne（2011）研究了外部规模经济和内部规模经济对创新型企业作出出口决策以及出口水平的影响。他们对荷兰的实证研究得出了两个结论：①坐落于以技术生产活动为主的马歇尔式产业区的企业，似乎很少有倾向成为出口商。因为仅有技术知识的可获得性并不能帮助降低与出口决策相关的进入成本，以及为了达到高出口绩效所需要的营销和销售成本。②在产业区里，由于存在"猎头"，那些在占有创新租金上有困难的企业，似乎较少有倾向成为出口商。在对上海、江苏和浙江制造业行业的经验研究中，刘艳萍（2010）认为，在对 TFP 增长的作用上，产业集聚的作用大于企业规模的作用。

生产总量增加所带来的经济增长，不直接依赖于单个企业规模，最重要的部分来自于相互关联的各产业部门的成长，它们彼此相互支持。这些产业或许集聚在同一个区位，但是无论如何，它们都通过现代交通通信设施以发展自己。这样的外部经济是任何产业部门都可以获得的，不完全依赖于企业自身的成长，这些外部经济的获得会随着企业的成长而快速稳步增长，但如果企业衰退，所获得的外部经济，即使不是全部，至少其中的一部分也会减少。这就是马歇尔所强调的企业规模和产业集聚规模的协同问题。

6.4.2　产业链上产业空间集聚的垂直相关多样化

1. 相关多样性

Frenken et al.（2007）把地区产业结构的多样性分为相关多样性和无关多样性两种。我们假设一个地区的产业结构由向量 $S=[S_1, S_2, \cdots, S_g]$ 构成，则：

$$S=[S_1, S_2, \cdots, S_g] \Rightarrow \begin{cases} \underset{i\neq j}{\mathrm{Cov}}(S_i, S_j)=0, \text{无关多样性} \\ \underset{i\neq j}{\mathrm{Cov}}(S_i, S_j)\neq 0, \text{相关多样性} \end{cases} \tag{7}$$

Frenken et al.（2007）区分了上述两种结构特征，认为多样性既可以作为区域知识溢出的一个源泉，即所谓的"Jacobs 外部性"，也可以作为一个结构组合，以保护区域免受外部冲击；并用行业内的相关多样性来测量"Jacobs 外部性"，用行业间的无关多样性来测量后者。结果表明,“Jacobs 外部性”可以促进就业增长,而无关多样性可以抑制失业增长。同样,Boschma and Iammarino(2009)的研究发现,相关多样性有助于经济增长,并且与本地产业相关的对外贸易能促进地区的经济增长。对不同地区的分析结果显示,相关多样性对创新以及经济增长有促进作用,而无关多样性是通过投资组合效应来维持就业的稳定。

对于相关多样性在经济中的重要作用,Nooteboom(2000)从认知距离和认知接近性两个角度,说明相关多样性能促进企业的相互学习与创新。Frenken et al.(2007)借鉴投资组合理论,认为在产业结构的组成成分上,需要多样性与专业性保持合理平衡的结构,这样才能有利于地方经济的长期发展。他们认为,只有具有相关多样性的产业结构才能体现多样性对经济的促进作用;无关产业的多样性由于认知距离过大,会导致失去共同的知识基础而无法相互学习,因而并不会对经济发展起到促进作用。胡树光等(2011)对中国的实证研究也指出,单纯强调专业化或多样性,都不利于区域竞争力的增强,而且相关多样性和无关多样性对产业经济都有非线性的影响,较低的非相关多样性和高度的相关多样性都有利于经济增长。

2. 垂直相关多样性

相关多样性强调一个地区的产业结构需要在多样性与专业化上保持合理的结构平衡(Frenken et al.,2007;孙晓华、柴玲玲,2012)。虽然如此,在实践上,如王缉慈(2011)对我国东莞鞋业的研究表明,“尽管相关企业共栖有利于获取外部经济,使区域内规模报酬递增,但中国的鞋业集群并没有像管理学和经济学大师们分析的那样获得国家竞争力,而是处于全球价值链的低端。”在理论上,“然而,集群中相互学习和促进创新的效应可能产生,也可能不产生”。尽管国内外学者证实了具有相关多样性的产业结构有助于知识的行业间溢出,但是在界定产业结构的“相关”或“无关”时,他们是依据国民经济行业分类,例如,在同一地区的纺织业、服饰业,即使它们之间存在投入产出技术联系,但是由于分属于不同的行业大类,根据相关多样性的度量方式,它们在统计上仍被视为“无关”行业。因此,本书认为,从行业技术特征角度来界定产业之间的相关性会更加契合现实。

(1)行业技术异质性对集聚外部性及创新绩效的影响有差异

由于行业可视为特定市场区域里的技术体系,根据技术学习过程的性质和技术知识来源的不同,可把行业技术体系分为五大类:基于科学知识的体系、基本工艺体系、复杂知识体系、产品工程体系和连续工艺体系(Marsili and Verspagen,2002)。每一类行业都有自身的技术体系特征。一方面,基于行业技术异质性,行业有其自身的技术体系进而空间集聚性质。例如,Iammarino and McCann(2006)的研究指出,当产业具有隐性的、复杂的和系统的技术知识时,这些知识转移通常凭借非正式人员接触和企业在地理上集聚的交易活动来促进;相反,当产业知识基础是简单的、易编码的、低专用性和低累积性时,地理集聚的重要性程度则大为降低。另一方面,行业技术特征会影响产业集聚外部性。对于成熟的低技术产业,专业化外部性有助于培育创新活动(Beaudry et al.,2009);而对于高技术产业,创新主要受多样化的影响,受专业化影响较小(Greunz,2004)。张昕和李廉水(2007)对中国医药、电子及通信设备制造业两个高技术产业的实证分析结果表明:知识的专业化溢出对两类制造业的区域创新有积极影响,多样化溢出对医药制造业区域创新绩效的影响为正,对电子及通信设备制造业的影响为负。Feldman and Audretsch(1999)则发现,以科学为基础的行业多样性有助于创新;而 Paci and Usai(1999)以欧洲和意大利为例的研究表明,以科学为基础的行业多样性和专业化对区域创新并没有显著影响。上述观点表明,行业技术体系的异质性会影响行业在特定地区的集聚倾向,进而使得集聚外部性在影响行业创新绩效的性质上存在差异。

(2)行业技术异质性下的集聚专业化外部性和垂直相关多样性

从行业技术异质性角度,产业集聚的专业化外部性强调的是那些技术相似行业的空间集聚所产生的专业化知识溢出。在发展初期,专业化外部性可积蓄地方在某领域的专业化知识存量,为企业彼此模仿、学习、交流等活动提供条件,有利于企业改善现有产品、工艺等,促进企业的增进性创新;在发展转型期,多数企业拥有相似的资源、知识和能力,由于技术与企业常规演变的路径依赖,以及认知锁定,先前有利于企业发展的专业化外部性反而不利于企业响应市场需求和产业技术的变革,会让企业深陷危机。同时,对于主要依靠专业化产业集聚发展的区域,也会由于对这种产品需求的减少或是所用原材料的供应减少,使得此类区域的经济增长变得缺乏弹性。相反,过度的多样性也不利于知识在行业间的溢出,因为每个行业有自身的技术体系,来自不同行业的企业,彼此之间存在认知距离,不利于企业之间发生有效的互动学习(Nooteboom et al.,2007)。即使多个产业被布局在同一个园区,但是如果完全不相干,企业之间的联系也就形成了所谓的“老死不相往来”。相关多样性虽然从概念上避免了“老死不相往来”的尴尬现象,但是学者在使用时却是依据行业分类系统来对行业之间的相关或无关进行区分,如此,会忽视一个事实:即使两个行业分属于完全不同的行业类别,但是当它们在产品或知识基础、技术或技能上存在一定相关性时,技术溢出可能会更好地在这两个行业间发生(Bishop and Gripaios,2010)。

为了更好地理解集聚外部性对创新绩效的影响,需要更加详细地研究行业间的投入产出联结构成及技术溢出的机制(Rigby and Essletzbichler,2002)。因此,本书依据产业间是否存在共享或互补的资源或知识,提出“垂直相关多样性”概念,该概念一方面刻画了产业的集聚优势,同时也刻画了某一产业与其他产业之间的投入产出联结程度。从行业技术异质性角度,产业集聚的垂直相关多样性强调的是,具有投入产出技术联系的多个行业的空间集聚所产生的相关多样性知识溢出。垂直相关多样性能便利本地企业识别有多样性的且在技术上有关联的潜在生产机会,也有利于本地企业通过本地搜索获得其创新所需的投入要素,还有利于通过市场交易等其他知识溢出机制促进知识在相关行业间的转移,进而有利于激发企业创新和创业活动。彭向和蒋传海(2011)的实证研究表明,“Jacobs 外部性”中的产业互补对创新的推动作用最大。

6.4.3 大企业主导产业链治理的空间协同集聚模式

1. 大企业主导的空间协同集聚模式

任何一个产品或服务的生产都与企业之间的分工合作网络有关(Álvarez et al.,2009;Lakhal et al.,1999)。在经济活动空间集聚的背景下,分工合作网络的结构会发生变化。依据企业的权力大小,可以把分工网络分为两类:一类是中小企业协作网络,另一类是大企业主导的分工网络,如表 6—6 所示。当核心生产、核心产品的技术发生变化时,企业之间的交易位置也会相应发生改变,这会引起分工网络结构变迁,产业结构也会相应改变(Baldwin,2009)。

表 6—6　中小企业协作网络与大企业主导的分工网络

维度	中小企业协作网络	大企业主导的分工网络
网络机制	本地的一对一关系和个人直接的信任	专业服务和组织可靠性
主要活动	制造	制造、物流
竞争优势	速度	设计
战略焦点	最小化成本	独特性和唯一性
管理	家庭业主	家庭业主和职业经理人

续表

维度	中小企业协作网络	大企业主导的分工网络
企业成长模式	自然成长	合并
市场机制	市场交易	关系
供应商	本地	全球
产业结构	高度片断	日益集中
关键客户	批发商和零售商	最终消费者
消费者声誉	无	品牌
空间组织	区域集中	分散的工厂和单位

资料来源:Ring et al.(2008)

(1)中小企业协作的分工网络

从事相似制造业活动的小企业构成的产业区,可以通过专业化的外包制度进行分工(Brusco,1982),快速调适产品和工艺,提供差异化和个性化的产品,以满足消费者日益变化的需求。而且产业区通过高度稳定的社会网络来集成,在网络中充满了邻里关系、相似宗教和政治倾向以及社区制度,这样都可降低机会主义行为和冲突(Piore and Sabel,1984; Becattini,1989;Becattini and Bellandi,2006)。产业区内的规范、信任等使得社会一致性与组织一致性相匹配,彼此之间的关系可相互替换。这些显著的相似性构成了Piore and Sabel(1984)所说的弹性专精——独特的竞争优势,使得小企业可以通过快速调整和开发定制化产品,迅速对易变的消费需求进行响应。其本质是,通过广泛的外包关系整合不同的小企业,因为它们有专业的技术工人、多种用途的设备机器。所有这些做法都与福特的制造系统完全不同。专业化分工网络是竞争优势的源泉,然而,并不是越专业化越好,有三个因素会影响特定交易投资的效率,并可作为竞争优势的源泉:①制度或契约环境;②产业不确定性或易变性;③产品或任务的相互依赖性(Dyer,1996)。

(2)大企业主导的分工网络

Lorenzoni and Ornati (1988)是第一个强调领导型企业在意大利产业区中组织小企业的关键角色作用的。这些企业间存在无数的外包关系,领导企业不仅依赖于外包商生产其所设计的最终产品,而且还把这些企业纳入领导企业的长期发展规划和战略中。领导企业会用更加动态和创造性的方式,并应用与长期专业化外包商所形成的密集外包契约关系,这种契约关系与弹性组织的网络有关。随着全球产业链的发展,领导企业开始在全球寻求合适的区位,布局产业链的各个环节。在异质性的全球整合网络、复杂的生产和物流网络中,领导企业处于核心地位。这种模式对先前居于主导地位的产业区网络范式(Piore and Sabel,1984)构成了挑战,该范式由高度对称的和同质的企业构成,其中,没有一个企业拥有实质性的权力、资源以影响其他企业。领导企业网络与产业区的组织结构是不同的(Ring et al., 2008)。前者是用领导企业的关系能力去集成多层次、分散的网络作为显著的竞争优势(Capaldo,2007);后者是通过产业区内的社会网络来集成。领导企业现在要跨地区、跨链来协调异质性的多重网络。之前企业层级单一地集中在制造业,现在已经扩大到包括无形商品,如商标、专利,以在国际市场竞争。Vale(2007)的研究也表明,地理邻近在知识创造和扩散上的角色发生了一些改变。即使在传统行业,如制鞋业,本地网络旨在生产成本的降低,而远距离网络旨在寻求与那些能更好地平衡公司间权力关系的企业,在战略和附加值活动上建立伙伴关系;隐性知识在本地网络和远距离网络中都有包含。远距离网络的建立通常是由领导企业发起,以寻求在本地不能获得的关键资源和能力。

上述两种分工网络实际上都是基于价值链活动的空间分工网络,在此基础上,本书从产业链角度,提出了大企业主导的空间协同集聚模式。同时,本书提出如下假说:大企业主导产业链治理的空间协同集聚模式有助于促进产业创新发展,进而推进产业结构调整。

2. 模型设定

为了验证企业规模与产业集聚规模之间的关系,本书拓展了现有的知识生产函数。知识生产函数常被用来分析一个地区创新活动的投入产出关系,包括两部分:一部分表示该地区特定产业知识的直接生产;另一部分表示吸收外部知识溢出的效果。依据知识生产函数,创新产出受产业自身的知识生产投入和外部知识溢出两方面的共同影响。

$$Y_{it}=A_{it}L_{it}^{\beta_l}K_{it}^{\beta_k},i=1,\cdots,N;t=1,\cdots,T \tag{8}$$

两边取对数后有模型1:

$$y_{it}=a_{it}+\beta_l l_{it}+\beta_k k_{it} \tag{9}$$

其中,y_{it}表示行业创新产出的对数值,l_{it}和k_{it}分别为研发人力投入和研发资金投入的对数值,a_{it}表示产业所在地区的知识溢出效果。a_{it}受两个条件约束:一个是集聚产业结构,即源于地区集聚产业的产业结构特征,表现为由专业化产业集聚而产生的专业化外部性和由具有投入产出技术联系的多样性产业集聚而产生的垂直相关多样性;另一个是产业集聚的主体条件,本书考察的是企业规模。企业规模不仅影响企业面向产业集聚的创新搜索方式和有效性，而且还会通过影响企业吸收能力而对吸收的外部知识的消化、利用产生影响。同时，由于产业集聚收益的周期性变化，还要对企业规模进行动态调适，以增强吸收能力，最大化集聚收益。因此，知识溢出效果 a_{it} 可表达为模型 2：

$$a_{it}=\alpha^{*}+\eta_{i}^{*}+\lambda_{t}^{*}+\varepsilon_{it}^{*}+\beta_{se}se_{it}+\beta_{vde}vde_{it}+\beta_{fs}fs_{it}+\phi_{1}fs_{it}\cdot se_{it}+\phi_{2}fs_{it}\cdot vde_{it} \tag{10}$$

其中，η_{i}^{*} 表示影响地区知识溢出的区域—行业异质性，包括人口密度、公共研究强度以及便于知识扩散的通信基础设施、行业技术异质性等；λ_{t}^{*} 为知识溢出的时间效应；ε_{it}^{*} 为影响知识溢出的其他不可观测的异质性因素；se_{it} 为产业集聚的专业化外部性；vde_{it} 为产业集聚的垂直相关多样性；fs_{it} 为企业规模；$fs_{it}\cdot se_{it}$ 和 $fs_{it}\cdot vde_{it}$ 分别为企业规模对两种外部性的调节作用，以刻画企业规模对外部溢出知识的吸收和消化的调节作用。

把(10)式带入(9)式，有模型 3：

$$y_{it}=\beta'x_{it}+\phi'z_{it}+\alpha^{*}+\eta_{i}^{*}+\lambda_{t}^{*}+\varepsilon_{it}^{*} \tag{11}$$

其中，$\beta=(\beta_{1},\beta_{k},\beta_{se},\beta_{vde},\beta_{fs})'$，$x_{it}=(l_{it},k_{it},se_{it},vde_{it},fs_{it})'$，$\phi=(\phi_{1},\phi_{2})'$，$z_{it}=(fs_{it}\cdot se_{it},fs_{it}\cdot vde_{it})'$。

由于存在技术滞后反应或累积性对创新绩效的影响，当期的创新绩效通常会受到前期创新绩效的影响，需要在模型 3 中引入创新绩效的滞后项。因此，本书采取如下动态面板模型来体现理论观点(模型 4)：

$$y_{it}=\gamma y_{i,t-1}+\beta'x_{it}+\phi'z_{it}+\alpha^{*}+\eta_{i}^{*}+\lambda_{t}^{*}+\varepsilon_{it}^{*} \tag{12}$$

(12)式是含有个体异质性因素的动态面板数据模型，本书将运用 Arellano and Bond 提出的广义系统矩估计方法(GMM)，而且由于样本数据存在异方差，用 GMM 估计比工具变量估计有效。与一步估计相比，二步估计是渐近有效的，但汇报的二步估计标准差有向下的偏误，为此，利用 Windmeijer 对二步估计的标准差进行修正，使得二步稳健估计比一步稳健估计更有效。

3. 指标说明

(1)产业创新绩效

Hagedoorn and Cloodt(2003)指出，研发支出、专利数、专利引用量和新产品产出均可用来衡量企业或行业的创新绩效，尤其是在高技术行业的创新绩效测量上，这四个指标没有系统差异。在实践中，新产品产值常作为衡量工业企业创新能力的一个重要指标。本书借鉴 Mairesse and Mohnen(2002)的经验，使用新产品产值作为产业创新绩效的测量标准，并用全部工业品出厂价格指数剔除价格因素。

（2）企业规模

本书借鉴 Rosenthal and Strange（2011）的经验，采用企业平均规模来测度企业规模在行业间的结构分布差异，即 $FS_{i,j,t}=EMP_{i,j,t}/FNum_{i,j,t}$。其中，$EMP_{i,j,t}$ 为 j 地区 t 时期产业 i 的平均从业人员数量，$FNum_{i,j,t}$ 为 j 地区 t 时期产业 i 的企业数量。

（3）专业化外部性

采用反映地区产业专业化程度的专业化指数：$SPE_{i,k}=\frac{l_{i,k}}{l_k}\Big/\frac{l_{i,China}}{l_{China}}$。其中，$l_{i,k}$ 表示产业 i 在地区 k 的从业人员数量；l_k 表示地区 k 的全部从业人员数量；$l_{i,China}$ 表示产业 i 在中国的全部从业人员数量；l_{China} 表示中国制造业的全部从业人员数量。

（4）垂直相关多样性

依据 Frenken et al.（2007）的相关多样性概念，本书采用“垂直相关多样性”来刻画基于地区行业间投入产出技术关系的集聚产业的结构多样性状态。假定 $k=1,\cdots,m$，表示 m 个地区（省市）；$i=j=1,\cdots,n$，表示两位数产业；s_i 和 s_j 分别表示产业 i 和 j 的从业人员；$v_{ij}\in[0,1]$ 表示行业之间的投入产出系数。垂直相关多样性的大小受两个因素影响：一是地区产业集聚度；二是这种集聚行业之间的投入产出联系。其中，v_{ij} 指标根据 2007 年的《中国地区投入产出表》进行计算。因此，地区 k 的垂直相关多样性指标为：

$$VRAV_k=\frac{\sum_i^n\sum_j^n s_{ik}s_{jk}v_{ij}}{\sum_i^n\sum_j^n s_{ik}s_{jk}},\ 1/n<VRAV<1 \tag{13}$$

（5）控制变量

本书重点分析企业规模在联结内部知识创新和吸收源于产业集聚的外部知识溢出过程中，对产业创新绩效影响的调节作用，因此，在（12）式中除了要控制行业内部研发投入之外，还需要控制影响集聚外部性作用的其他变量。根据已有的文献分析，本书选取如下 3 个地区控制变量：①地区人口密度。在人口密度高的区域，Jacobs 外部性比 MAR 外部性对创新更加有影响（Greunz，2004），需控制此变量对产业创新绩效的影响，地区人口密度＝常住人口/行政区面积。②便于知识扩散的通信基础设施。通信基础设施对一国或地区的企业和行业发展很重要(马淑琴、谢杰,2013),它会影响每个企业的交易费用和投资边际回报,以及一个国家的企业接触先进产品或技术信息的机会。本书用国际互联网用户数量来替代该地区的通信基础设施情况。③地方公共研究强度。一个地区的公共研究强度会影响知识溢出和企业获得知识溢出的便利性,进而影响产业创新绩效,其中科学论文和著作是影响地区知识溢出的一个重要机制(Bekkers and Freitas,2008)。由于《中国高技术产业统计年鉴》缺乏该指标的连续数据,本书用各地区研究课题项目数替代。

4. 样本选择与数据来源

(1)行业选择

第一,通信设备、计算机及其他电子设备制造业(简称“电子产业”)和仪器仪表及文化办公用机械制造业(简称“仪器仪表业”)已成为我国多数地区的主导产业,同时也是中国创新驱动发展战略下重点发展的高技术产业。根据 2012 年数据,仪器仪表业占中国高技术产业总产值的比重为 8%左右,而电子产业为 50%左右。这两个产业在各地区的发展存在一个相似现象:产业集聚度高,但是产出水平低。例如,电子产业高度集聚的上海、江苏和广东,2012 年电子产业产值占中国电子产业产值比重达 10%以上,产业集聚度分别达到 1.91、1.90、2.55。但是,相应的人均利润和人均专利占有量较低,上海、江苏和广东的电子产业从业人员人均利润(万元/人)分别为 2.60、3.52、2.45,仅江苏高于中国电子产业平均水平(3.45 万元/人);上海、江苏和广东电子产业发明专利从业人员人均占有量(件/人)仅分别为 0.09、0.02、0.03。

第二,两个产业具有不同的行业技术特征。电子产业是基于科学技术知识体系的行业,产业创新发展主要依赖于物理、电子等科学知识的发展,具有高层次的技术机会、丰富的技术、高技术进入壁垒、高创新累积性等特征。这些行业致力于产品创新,而创新活动受科学技术进步的直接影响。行业里的企业在创新速率、方向上保持一致,它们都会紧密聚焦于行业前沿技术。仪器仪表业是立足于产品工程体系的行业,产业创新发展主要依赖于机械工程技术,具有中高层次的技术机会、低技术进入壁垒,创新的持续性不高。这些行业的创新主要侧重于产品创新,但创新活动受用户需求的影响较大,而且行业企业在技术轨道上表现出高度多样性。

鉴于上述考虑,本书以中国高技术产业中的电子产业和仪器仪表业为对象,分析产业集聚的专业化外部性和垂直相关多样性在影响产业创新绩效上的差异。

(2)样本选择

本书采取的是面板数据，观测主体是中国 31 个省、市、自治区，由于西藏、内蒙古、海南、青海地区在这两个行业上的统计数据缺失非常严重，因此被剔除。电子产业涵盖除西藏、内蒙古、海南、青海之外的 27 个省、市、自治区；仪器仪表业涵盖除内蒙古、海南、西藏、新疆、宁夏、青海、甘肃之外的 24 个省、市、自治区。观测时间为 2006～2013 年，共 8 年。由于在每一个五年规划时期，我国各地区产业发展都会经历变化，因此，本书选择 2006～2013 年时间段，2006～2010 年是我国第十一个五年规划时期，2011～2013 年为我国第十二个五年规划的前三年。

(3)数据来源

指标计算的原始数据来自《中国高技术产业统计年鉴》(2006～2013 年)、各地区统计年鉴(2006～2013 年)、《中国统计年鉴》(2006～2013 年)、《中国城市统计年鉴》(2006～2013 年)。

5. 估计结果

本书对电子产业和仪器仪表业的面板数据分别进行了系统 GMM 估计，并对模型设定的合理性和工具变量的有效性进行了检验：二阶序列相关[AR(2)]检验结果显示，系统 GMM 模型的随机误差项均不存在二阶序列相关，表明我们所建立的模型是合理的；Sargan 过度识别检验的结果表明，回归中我们使用的工具变量是合适的。电子产业的估计结果如表 6—7 所示，仪器仪表业的估计结果如表 6—8 所示。

表 6—7　　　　电子产业的估计结果

变量	新产品产值			
	模型 1	模型 2	模型 3	模型 4
新产品产值滞后一阶	0.305*** (0.007 96)	0.257*** (0.015 4)	0.247** (0.124)	0.160*** (0.031 2)
人口密度	3.523*** (0.522)	2.923*** (0.412)	−1.621** (0.826)	0.028 4 (0.640)
公共研究强度	0.541*** (0.058 5)	0.514*** (0.048 3)	0.257* (0.133)	0.071 3 (0.157)
便于知识扩散的通信基础设施	0.705*** (0.104)	0.566*** (0.089 9)	0.345** (0.157)	0.563*** (0.166)
研发人员		0.176* (0.102)	0.344* (0.191)	0.446*** (0.161)
新产品开发经费		0.175*** (0.040 8)	0.319*** (0.111)	0.384*** (0.116)
专业化外部性			0.983** (0.536)	10.19*** (3.059)

续表

变量	新产品产值			
	模型 1	模型 2	模型 3	模型 4
垂直相关多样性			−1.908 (1.409)	−23.23*** (5.325)
企业规模				15.34** (6.194)
企业规模平方项				−0.147 (0.379)
企业规模×专业化外部性				−1.754*** (0.584)
企业规模×垂直相关多样性				3.972*** (0.979)
常数项	−26.04*** (2.664)	−22.76*** (2.697)	−2.379 (8.546)	−85.12*** (23.35)
年份	included	included	included	included
AR(2)	0.262 6	0.262 2	0.261	0.216 4
Sargan Test	0.292 9	0.360 5	0.375	0.997 8
Wald Test	7 158.8	3 937.22	181.8	1 826.25
观测值	216	216	216	216

注：* 表示在 10%的水平上显著，** 表示在 5%的水平上显著，*** 表示在 1%的水平上显著。括号内为标准误差。

表 6—8　　仪器仪表业的估计结果

变量	新产品产值			
	模型 1	模型 2	模型 3	模型 4
新产品产值滞后一阶	0.450*** (0.067 6)	0.278*** (0.055 2)	0.184*** (0.019 3)	0.266** (0.130)
人口密度	1.545** (0.785)	−1.626 (1.317)	−1.443 (1.218)	−1.685 (1.077)
公共研究强度	0.313** (0.126)	0.123** (0.059 5)	0.117 (0.086 1)	0.084 5 (0.064 2)
便于知识扩散的通信基础设施	0.540*** (0.120)	0.117 (0.077 4)	0.338*** (0.117)	0.195* (0.117)
研发人员		0.480*** (0.081 6)	0.530*** (0.086 0)	0.532*** (0.091 3)
新产品开发经费		0.312*** (0.054 2)	0.345*** (0.057 8)	0.235** (0.092 1)
专业化外部性			0.677** (0.312)	11.19** (5.382)

续表

变量	新产品产值			
	模型 1	模型 2	模型 3	模型 4
垂直相关多样性			−0.767* (0.419)	−7.180** (3.375)
企业规模				8.770* (5.428)
企业规模平方项				−0.448 (0.485)
企业规模×专业化外部性				−2.032** (1.066)
企业规模×垂直相关多样性				1.477** (0.708)
常数项	−13.45** (5.432)	8.953 (6.997)	3.132 (6.880)	−21.69 (18.22)
年份	included	included	included	included
AR(2)	0.308	0.555	0.790	0.413
Sargan Test	0.689	0.918	0.806	0.358
Wald Test	3 109.4	2 321.67	11 428	2 894.24
观测值	192	192	192	192

注:* 表示在10%的水平上显著,** 表示在5%的水平上显著,*** 表示在1%的水平上显著。括号内为标准误差。

模型1是检验控制变量对创新绩效的影响。表6—7和表6—8中,模型1仅仅考察地区层面的控制变量——人口密度、公共研究强度和便于知识扩散的通信基础设施,至少在5%显著性水平上,对电子产业和仪器仪表业的新产品产值均有显著积极影响。模型2则把产业层面的研发人员和新产品开发经费两个控制变量纳入模型,这两个变量对两个高技术产业新产品产值也都有显著影响,尤其是新产品开发经费的显著性更强(均在1%显著性水平上)。模型3引入专业化外部性和垂直相关多样性两个关键的解释变量,这两个变量在电子产业和仪器仪表业的估计结果中具有一致性。在5%显著性水平上,产业集聚的专业化外部性对电子产业和仪器仪表业的新产品产值均具有积极显著影响;垂直相关多样性的影响系数都是负的,但是显著性不同,仅仅在仪器仪表业的估计结果里在10%显著性水平上具有显著性。模型4是引入企业规模调节变量后的全变量模型。专业化外部性和垂直相关多样性对电子产业和仪器仪表业新产品产值的影响性质是一致的:专业化外部性对高技术产业新产品产值有显著积极影响(至少在5%显著性水平上),垂直相关多样性对高技术产业新产品产值有显著负面影响(至少在 5%显著性水平上)。企业规模的调节效应在两个高技术产业中的估计结果也是一致的:企业规模对专业化外部性具有负面调节作用(至少在 5%显著性水平上),对垂直相关多样性具有正面调节作用(至少在 5%显著性水平上)。

6. 结果分析

(1)不考虑企业规模的调节效应

专业化外部性和垂直相关多样性对高技术产业创新绩效的影响,即$\partial y/\partial vde$和$\partial y/\partial se$,由参数β_{vde}和β_{se}的符号决定。根据模型 3,专业化外部性对两类产业创新绩效都有显著积极影响($\beta_{se}>0$);而垂直相关多样性对仪器仪表业有显著负面影响($\beta_{vde}<0$),对电子产业的影响系数是负的,但是统计上不显著。这个结论与张昕和李廉水(2007)对电子产业的实证研究结论相吻合。

(2)考虑企业规模的调节效应

专业化外部性和垂直相关多样性对高技术产业创新绩效的影响性质由$\beta_{vde/se}$和ϕ_i共同决定。对于两个高技术产业来说(如图 6—6 所示),专业化外部性对产业创新绩效的影响是显著积极的,但是企业规模的调节效应是显著负面的,即企业规模的扩大会削弱专业化外部性的积极影响;垂直相关多样性对产业创新绩效的影响是显著负面的,但是企业规模的调节效应是显著积极的,即企业规模的扩大会改变垂直相关多样性的影响性质,并且朝有利于产业创新的方向发展。此结论表明,产业集聚外部性所产生的知识溢出对产业创新绩效的影响,最终是由企业主体来吸收进而产生作用,而企业规模的变化会影响集聚外部性对产业创新绩效的影响性质。

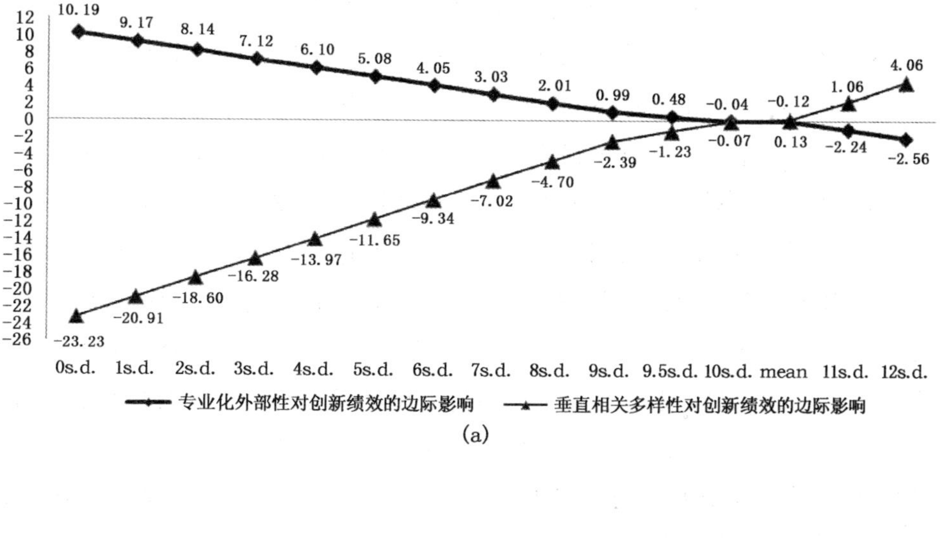

(a)

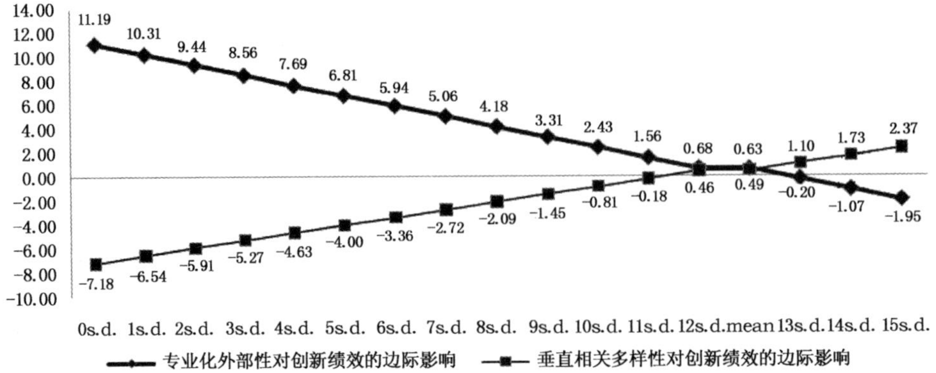

(b)

注:纵轴是产业创新绩效的边际影响,横轴是企业规模标准差(s.d.)的倍数;mean 是企业规模均值。图(a)是电子产业,图(b)是仪器仪表业。

图 6—6 专业化外部性和垂直相关多样性对产业创新绩效的边际调节效应

(3)企业规模的调节效应因行业技术性质的不同而有所差异

这种差异表现在 ϕ_1 和 ϕ_2 的比较上。对于电子产业,企业规模在两种集聚外部性中的边际调节系数比较为 $\phi_2 > \phi_1$,即企业规模的调节效应对于垂直相关多样性更加敏感。电子产业在当前企业规模下,尽管产业集聚的垂直相关多样性对电子产业的创新绩效是负面的,但由于企业规模具有正向调节效应,随着企业规模的扩大,会有 $f(\Delta y/\Delta vde) > 0 > f(\Delta y/\Delta se)$。因此,电子产业可以通过扩大企业规模,获得垂直相关多样性所产生的知识溢出,进而提升产业创新绩效。这个结论与电子产业的行业技术体系特征直接相关。电子产业的技术进步主要源于科学技术,其技术体系具有技术机会多且层次高、技术种类丰富、技术进入壁垒高、技术累积要求高等特征。在这些技术体系特征下,此类产业中的企业要持续推出新产品,需要具备较大的规模。

对于仪器仪表业,企业规模在两种集聚外部性中的边际调节系数比较为 $\phi_2 < \phi_1$,即企业规模的调节效应对专业化外部性更加敏感。仪器仪表业在当前企业规模下,集聚专业化外部性对仪器仪表业创新绩效有积极作用。但是由于企业规模对集聚专业化外部性具有负面调节效应,随着企业规模的扩大,会有 $f(\Delta y/\Delta vde) < |f(\Delta y/\Delta se)|$,最终会使得仪器仪表企业不能从产业集聚外部性中获益。因此,仪器仪表业需要保持适度的企业规模,以获得垂直相关多样性的好处,同时又能获得专业化外部性的好处。这个结论与仪器仪表业的行业技术体系特征直接相关。仪器仪表业是立足于产品工程技术体系的行业,其技

术体系具有技术机会较多、技术进入壁垒低、创新的积累性不高等特征。此类产业中的企业创新侧重于产品创新，而且需要与用户保持紧密的互动，为此，企业需要保持适度规模，以灵活响应客户需求的变化和技术更替。

企业规模调节效应比较见表 6—9。

表 6—9　　企业规模调节效应比较

高技术产业	考虑企业规模调节效应		不考虑企业规模调节效应	
	专业化外部性	垂直相关多样性	专业化外部性	垂直相关多样性
电子产业	正面影响*［负面调节效应*］	负面影响*［正面调节效应*］	正面影响*	负面影响
仪器仪表业	正面影响*［负面调节效应*］	负面影响*［正面调节效应*］	正面影响*	负面影响*

注：* 表示在 1%或 5%水平上显著。

(4)稳健性分析

本书进一步从以下几个方面检验研究结论的稳健性：①在采用"新产品产值/工业总产值"，即新产品产值率衡量产业创新绩效后发现，本书的基本结论并未发生实质性变化，而且企业规模的调节作用得到进一步加强。②考虑到地区的出口活动会对产业创新绩效产生影响，在模型 4 中，我们增加地区高技术产业出口占销售收入比重这一变量，但各变量的符号并未改变，只是系数有所变化。③由于本书重点是分析企业规模的调节效应，为了防止企业规模变量选择的偏差对本书结论产生影响，本书再次以产业从业人员绝对数量的对数值代入模型，发现各关键解释变量的符号和显著性没发生实质性改变，不过企业规模平方项系数变得非常显著。由于本书是以产业作为分析对象，因此产业的平均企业规模指标能够消除各个产业企业数量差异的影响，能更好地刻画每个产业的企业规模结构。

6.5　结论

第一，垂直网络组织是大企业主导产业链治理变化的一种组织模式，有助于大企业及其关联企业降低交易费用和占有创新租金，实现大企业产品创新，进而推进产业结构调整。

基于战略管理领域的资源基础观，企业是由一系列异质性的资源束组成的，每种资源都有多种不同的用途，企业的竞争优势源自企业所拥有的异质性资源。因此，它强调企业构建独特资源和能力集对竞争绩效的战略作用，进而确保产生具有竞争优势的资源及其异质性。产业组织领域的产业活动组织观，强调产业活动的组织形式和组织形式变迁对经济系统动态效率的重要性。本书把资源基础观的理论拓展到产业链竞争的框架下,讨论了产业链治理的组织模式存在多样性。本书认为,产业链竞争优势的源泉除了企业的资源、能力异质性外,还有产业链治理组织模式的多样性。在有限理性和保护参与方避免契约危害的基础上,市场主体仍然会自发寻求可选择的治理结构来组织交易活动,在利用分工增加效率的同时实现费用节约。产业链上的企业为响应产业链竞争环境变化,会设计不同的组织模式来协调、保护和控制多主体共同参与的交易行动,以确保企业在市场中获得优越的经济绩效。垂直网络组织就是在产业链竞争背景下,在企业之间生产所需关键资源可转移性较差和中间投入品的不确定性增加等条件下,应运而生的一种新组织模式。它有助于大企业及其关联企业降低交易费用和占有创新租金,实现大企业产品创新,进而推进产业结构内生性调整。

第二,空间协同集聚是大企业主导产业链治理变化的一种空间模式,有助于促进产业的新产品开发,进而推进产业结构调整。

就集聚外部性对创新绩效的影响性质而言,在经验研究方面的结论还不一致,而这种不一致是源于当前的实证研究对集聚产业的技术异质性以及与企业规模相关的调节效应缺乏考虑。本书从行业技术异质性角度,区分了两类产业集聚外部性——专业化外部性和垂直相关多样性,以进一步考察企业规模在集聚外部性影响产业创新绩效中的调节效应。与当前的产业集聚相关多样性概念不同,垂直相关多样性一方面刻画了产业的集聚优势,另一方面也刻画了该产业与其他产业之间的投入产出联结程度,该指标能很好地反映集聚产业的结构特征所产生的知识溢出对产业创新绩效的影响。

本书通过以高技术产业为对象分析发现,由于高技术产业的行业技术体系不同,企业规模的调节效应在专业化外部性和垂直相关多样性影响产业创新绩效中呈现显著差异。对基于科学技术体系的电子产业,企业规模的调节效应对于垂直相关多样性更敏感,尽管当前垂直相关多样性对电子产业的创新绩效是负面的,但是通过扩大企业规模,可获得垂直相关多样性对产业创新绩效的积极作用;对基于产品工程技术体系的仪器仪表业,企业规模的调节效应对专业化外部性更敏感,由于企业规模对集聚专业化外部性具有负面调节效应,仪器仪表业需要保持适度企业规模,以获得垂直相关多样性带来的好处,同时又能保持专业化外部性带来的好处。

上述结论表明,在产业链竞争背景下,产业结构调整应该是基于产业链上企业共同创新的内生变化过程。为了实现产业链共同创新，产业链上的大企业主导产业链治理变化的空间模式，即基于垂直相关多样性的大企业主导的空间协同集聚模式，有助于促进产业，尤其是高技术产业的新产品开发，进而促进产业结构内生调整。

第 7 章

大企业主导产业链构成变化对产业结构调整的影响

7.1 大企业主导产业链构成变化推进产业结构调整的实现过程

在产业链竞争背景下，产业结构调整是基于产业链共同创新的内生变化过程。除了进行产业链治理变化之外，在技术变迁下，大企业还基于能力—成本比实现产业链构成变化：主导大企业通过现有的合作网络把新技术知识传递给产业链上关联企业，促进产业链的共同创新，以实现主导大企业的创新目标和产业链重组；主导大企业通过更新或重建合作网络，以实现其自身的创新目标，同时促进产业链上其他企业的创新，进而促进产业结构调整。具体如图 7－1 所示。

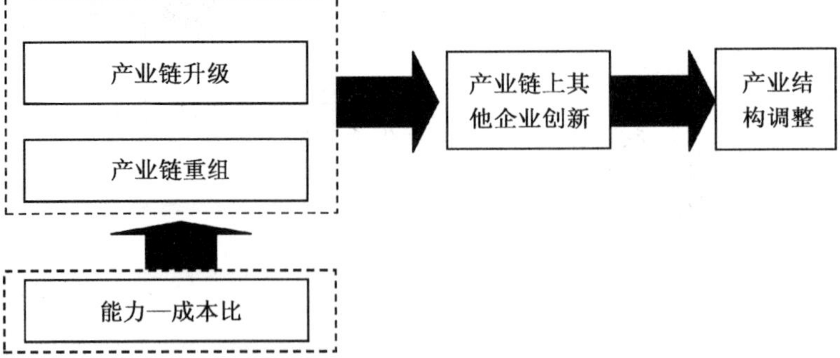

图 7—1　大企业主导产业链构成变化推进产业结构调整的实现过程

本章将论证:①价值链能力分布对大企业主导产业链构成变化的影响;②技术变迁下能力—成本比演化对大企业主导产业链构成变化的影响;③大企业主导产业链重构对产业链上其他企业创新绩效的影响。为此,本章将以我国手机产业为例,论证上述问题。之所以选择手机产业,是因为我国手机产业的发展非常具有代表性。一方面,全球产业转移为我国手机产业发展提供了机会。20 世纪 90 年代初,随着手机生产技术的稳定和手机制造业逐步向我国转移,我国本土企业获得了嵌入全球手机生产价值链的机会,并在跨国公司的主导下,逐步建立起了我国完整的手机产业链。另一方面,通信技术和芯片技术的演变趋势,为我国本土企业实现产业链构成变化创造了条件。

7.2　能力—成本比分析

7.2.1　技术特征与产品效用

产品可以根据其表现出来的特征集来描述,该特征集既可映射产品的内部结构,又可反映产品的外部属性(Saviotti and Metcalfe,1984)。具体特征包括:①产品特征。如手机外观特征,包括颜色、重量等。②技术特征。用来刻画产品的技术性能,如手机 CPU、GPU、内存、触摸屏、摄像像素、待机时间等。③生产过程特征。如产品的生产方法、使用原材料的方式、产品设计过程、营销过程等。另外,产品(服务)可视为一组技术和产品(服务)特征的集合(Gallouj and Weinstein,1997)。产品的供给是在一定技术条件下,产品生产企业的能力和成本共同作用的结果,产品供给函数可表示为:

$$S=F[(C_p),(C'_q),(T_n),(Y_m)]$$

其中,(C_p)为生产企业能力向量;(C'_q)为生产企业成本向量;(T_n)为生产企业所面临的产业技术特征;(Y_m)为最终产品的表现特征。具体如图7—2所示。

人类所能生产和消费的只是效用,而不是物质本身(Marshall,1920)。企业生产的目的是为了帮助消费者实现效用。产品特征、技术特征和过程特征决定了产品的效用,并且通过这些特征的变化可以满足效用变化,其中技术特征是核心。

7.2.2　价值链能力分布

产业链构成变化是指主导大企业通过产业链升级和产业链重组,改变产业

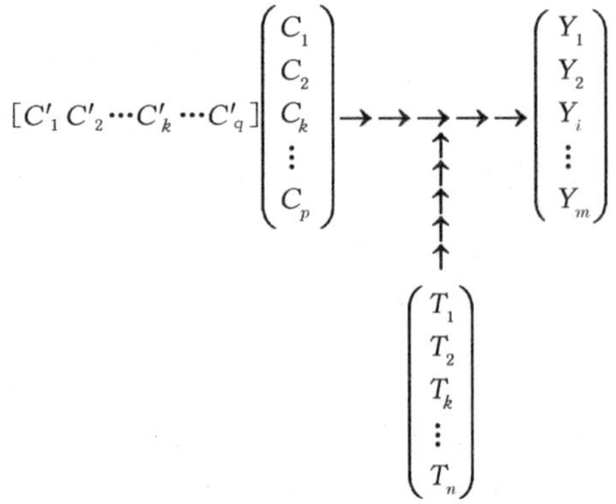

图 7—2　产品供给函数图解

链分工状态和结构、扩大市场规模(包括现有市场和开拓新市场)的行为。无论是产业链升级还是产业链重组,本质上都是影响企业对生产制度结构的选择。对此,已有不少学者从技术变化、交易费用和能力等角度展开了研究。

1. 产业生命周期下技术变化对生产组织方式的影响

马歇尔很早就论述了,在一个技术已经成熟的产业发展阶段,无论是小规模企业,还是刚进入的企业,很容易从资本设备市场上获得能满足企业要求的机器或中间投入品;当一个产业处于技术变革或产业发展初期,大企业更容易从产业技术变化中获得优势。后续学者进一步指出,即使技术处于成熟期,如果交易所涉及的知识隐性程度较高,也会影响企业对生产组织方式的调整,这种情况下,通过企业内部组织进行调整比通过市场进行调整更加有效(Conner and Prahalad,1996;Masten et al.,1991)。

从技术变化类型看,对于能力摧毁型的技术变化,企业以垂直整合的形式进入新技术体系将比那些没有以垂直整合形式进入的企业有更好的表现。从技术变化速率角度,一种观点认为,当企业所在行业的技术变化速率比较快时,企业最好不要选择垂直一体化(Harrigan,1984,1985;Bartel et al.,2005);另一种观点认为,技术变化较快时,垂直一体化更适合(Monteverde,1995;Forbes and Lederman,2009)。Afuah(2001)从技术变化程度展开研究,认为在技术激进变化时,集成企业比分解企业可更好地集成新技术。Wolter and Veloso(2008)从创新类型角度提出,增进创新对整合激励没有影响,模块化创新会降低整合激励。结构创新和激进创新会增进整合激励。最新研究表明,垂直一体化和技术变化是非单调关系,一开始垂直一体化很有吸引力,但随着技术发生变化,垂直一体化的吸引力趋于下降(Claussen et al., 2010)。

2. 交易费用

从交易费用角度，Williamson(1975)认为垂直一体化是替代市场失灵的一种制度安排。一些学者借助能力和交易费用理论，解释了企业边界和如何选择经济活动组织形式，能力观和交易费用观是相互补充和相互影响的(Madhok，1996)。这为讨论企业生产活动组织方式变革提供了很好的视角，但是也存在欠缺，比如交易费用并不是企业在生产活动组织方式选择上唯一考虑的成本，还包括其他成本，比如直接成本、间接成本等。

3. 能力基础观

企业能力观源于 Penrose(1959)的资源观，后经一系列学者如 Barney(1991)发展到企业知识基础观，再受 Nelson and Winter(1982)等的演化思想洗礼，Teece 等(1997)提出了动态能力观；Jacobieds(2005)进一步把能力和交易费用结合起来，分析它们的共同演化机制对企业边界的影响。现有的资源/能力基础观，不能解释网络环境中的企业竞争优势问题，对企业竞争优势源泉的探索出现了理论上的空缺。为此，有学者把 Gulati(1999)的网络资源概念引入资源基础理论中，认为网络资源对相互联结企业的竞争优势有积极影响(Lavie，2006)。

在产业链竞争背景下，上述对企业生产制度的选择的研究观点仍存在欠缺。例如，从技术变化视角，很难解释在技术变化快的集成电路领域，垂直一体化企业(三星、英特尔等)和非垂直一体化企业都存在的现象，这表明技术变化和企业的生产活动组织方式之间应该是一个动态演化过程。另外，依据交易费用和能力/资源基础观，企业之间的交易活动和企业的资源基础应该植入产业链系统内。

对于手机产业来说，企业要保持竞争优势，需要注意三个要点：①新产品及时上市(Time to market)；②低成本(Low cost)；③满足消费者效用(Function to consumer)。为此，企业要最大化产品的性价比。产品是构成产业链的基本单位，而且是产品特征、技术特征和过程特征的集合。这些特征都需要通过价值链来实现，包括研发设计、原材料/零组件采购、生产制造、物流配送、销售服务等。对于具体企业而言，产业链和价值链的关系是动态变化的，企业价值链上的某一个环节既可以脱离该企业而成为企业产品生产的上游投入产业，也可以被纳入该企业内部成为一个价值活动环节。如图7－3所示，IC设计原本是企业内部的一个价值环节，后来则衍生为一个独立的产业——“IC设计业”。

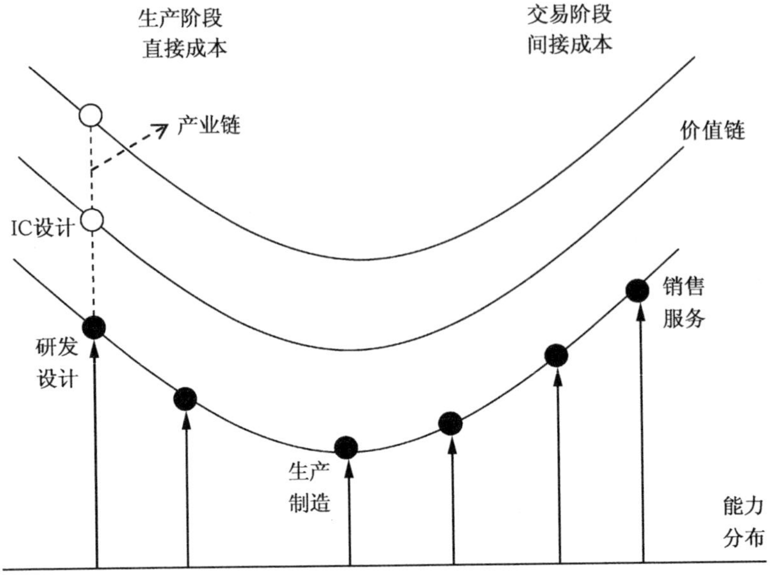

图 7—3　价值链能力分布(IC 设计)

产品生产需要通过价值链来实现，这离不开企业在价值链上的能力分布。如产品特征，强调产品的外观设计、研发设计，对于手机产品来说，即手机设计(包括结构设计、硬件设计和软件设计)，相应地要求企业具备研发设计能力；技术特征主要体现产品的技术性能，如手机芯片 CPU、GPU、电池、分辨率等，这些技术性能需要企业的技术能力在产品上得到体现；过程特征包括产品生产过程和产品市场化过程，如生产工艺、流程、销售等，这就需要企业具有生产(销售)或组织生产(销售)的能力。如图 7—3 所示，价值链可以分为两个阶段：①生产阶段，主要实现产品的生产过程；②交易阶段，主要实现产品的交易过程。这两个过程的实现分别对应直接成本和间接成本、生产能力和交易能力。

价值链能力分布具有以下两个特征：第一，同一个行业内，企业在价值链活动上的能力分布存在差异。能力是一个企业经过组织内部长期学习、长期积累的结果，它实际上是一个能力集合：一部分是企业的基础技能，指企业长期积累的核心技能基础，是企业立足的根基；另一部分是在基础技能之上发展和扩展的能力。即使同属一个行业，企业在核心技能基础和扩展能力上也存在差异，一些企业可能侧重于研发设计，另一些企业则可能侧重于生产制造，还有一些则可能侧重于销售等。例如，中国目前有几十家智能手机企业，但它们的能力却不尽相同。第二,企业的价值链能力会随着产品效用的变化而变化。根据企业能力理论,企业被视为能力装置,其强调企业对不同资源进行组合、再组合以提供优质低价的产品和服务的能力。能力发展需要以满足消费效用的变化为前提,而能力的发展需要以效用创造的方向为指引。一种是效用更新:企业会在现有产品架构下进行局部性能更新,如内存由 2G 变为 4G、CPU 主频由 1.7GHz变为 2.1GHz、手机屏幕由塑料变为玻璃再变为蓝宝石、像素由 800W 变为1 300W 等。另一种是效用创造:企业通过向消费者提供全新或革新的产品,满足了消费者一种全新的效用,如从功能手机到智能手机、从传统汽车到新能源汽车、可穿戴的智能设备等。上述两种效用变化都需要企业对价值链的能力分布进行相应的配置和调整。

7.2.3　能力—成本比

在价值链能力分布的概念下,本书借鉴 Henry(2014)的能力—成本比概念,并把它引入价值链维度,来分析企业如何通过权衡能力—成本比,实现产品效用生产。

效用的生产,即产品的供给,包含两个条件:企业愿意且有能力提供产品。首先,"愿意"。即企业所提供的单位产品的价格至少要等于边际成本。从产品实现的价值链角度,生产成本包括直接生产成本和间接生产成本。其中,间接生产成本包括两种性质的交易成本:面向消费者的交易费用和面向企业的交易费用,可以统称为产品(中间投入品和最终产品)的流动费用。这些成本之和决定了一个企业所生产产品的价格(定价)高低。比如,中低端手机品牌商的手机定价通常采取的是在生产成本之上再加 30%左右,如果一个企业能有相对于竞争对手更低的生产成本,要么相同价格可以获得更多利润,要么通过更低价格占据更大市场份额。因此,一个企业要以更低的成本完成效用的创造过程。其次,"能力"。由于企业的产品生产需要通过价值链来实现,因此,企业能否实现产品生产,取决于企业在价值链上的能力分布。显然,价值链上的能力分布是有差异的。

能力—成本比是企业在产品供给领域竞争的关键,表达式为 $\rho^i = \dfrac{[C]_i}{[CAP]_i}$。

ρ^i 为企业 i 的能力—成本比,对一个企业来说,成本$[C]$包括两部分:直接成本,包括 BOM 成本、人力成本和固定投资等;间接成本,包括专利授权费、物流费、仓储成本、物流成本、渠道费用、营销成本、运营商费用等。企业价值链能力分布集合$[CAP]=[C_1,C_2,KC_p]$。

效用的实现,即产品的需求,包含两个条件:消费者有购买欲望且有支付能力。产品的性能既要优,同时价格又要低。性能会刺激潜在消费者的购买欲望,价格决定了消费者的相对支付能力。"性价比"$\sigma^i=\dfrac{U_H^i+U_S^i}{P_H^i}$,是企业在产品需求领域竞争的关键。对于消费者来说,是在众多产品集合中选择性价比最高的产品,即 $\mathrm{Max}\{\sigma^i, i\subseteq N\}$,$N$ 为产品品牌厂商数目。为此,企业需要 $\mathrm{Min}\{p^i\}$。由于在长期,产品价格 P_H^i 由企业生产产品的成本决定,因此,最优的"性价比"即最优的"能力—成本比":

$$\mathrm{Max}\{\sigma^i,i\subseteq N\}\Rightarrow\begin{cases}\mathrm{Max}(U_H^i)+\mathrm{Max}(U_S^i)\\ \mathrm{Min}(P_H^i)\end{cases}\Leftrightarrow\mathrm{Min}\{\rho^i,i\subseteq N\}\Rightarrow\begin{cases}\mathrm{Max}([CAP]_i)\\ \mathrm{Min}([C]_i)\end{cases}$$

7.3 产业层面实证:手机产业技术变迁与效用变化

7.3.1 手机产业技术变迁

技术变化会改变企业之间的交易位置(Baldwin,2009),进而影响企业生产活动的组织方式。有两种技术变化:一种是破坏性的或能力摧毁型的技术变化(Henderson and Clark,1990;Tushman and Anderson,1986),这种技术变化会影响产业链分工结构,通常会引致产业链重组;另一种是能力提高或成本降低型技术变化,这种技术变化会影响产业链当下的分工合作关系,并通常会引致产业链升级。针对手机产业来说,通信技术和芯片技术变迁影响着产业链构成变化的方式。

1. 通信技术变迁

从 20 世纪 80 年代至今,全球通信技术已经进入第四代(4G)。每一代技术更新,通信数据传输速率(数据传输速率在数值上等于每秒钟传输构成数据代码的比特数)都有很大提高。其中有两个阶段发生了革新性变化:①从 2G 转变到 3G。数据传输速率提升了 13 倍左右,直接改变了手机的功能,由仅仅局限于短信、彩信,转向移动互联网多媒体。②从 3G 转变到 4G。数据传输速率提升了 50 倍左右,手机多媒体功能变得更加强大,手机的多媒体应用范围得到极大拓展,手机应用步入移动互联网时代。全球通信技术发展历程见表 7—1。

表 7—1 全球通信技术发展历程

通信技术	1G	2G	2.5G	3G	4G
成熟时间	20 世纪 80 年代	1991 年	2003 年	2007 年	2014 年
信号	模拟	数字	数字	数字	数字
通信标准	—	GSM/CDMA	GPRS	WCDMA/CDMA2000/TD-SCDMA	TD-LTE
数据传输速率	—	9.6～14.4Kbps	64～155Kbps	2Mbps	100Mbps
主要功能	语音	数据	窄带	宽带	广带
典型应用	较差的语音服务	短信/彩信	简单的数据服务	多媒体	移动互联网的各类智能化应用

2. 芯片技术变迁

手机的核心功能基本上是由芯片技术决定的。手机芯片通常是指应用于手机通信功能的芯片，包括基带、处理器、协处理器、RF、触摸屏控制器芯片、Memory、处理器、无线 IC 和电源管理 IC 等。在功能手机时代，手机芯片主要包括基带芯片和协同处理器；到智能手机时代，手机芯片包括基带芯片和应用处理器（如图 7—4 所示）。

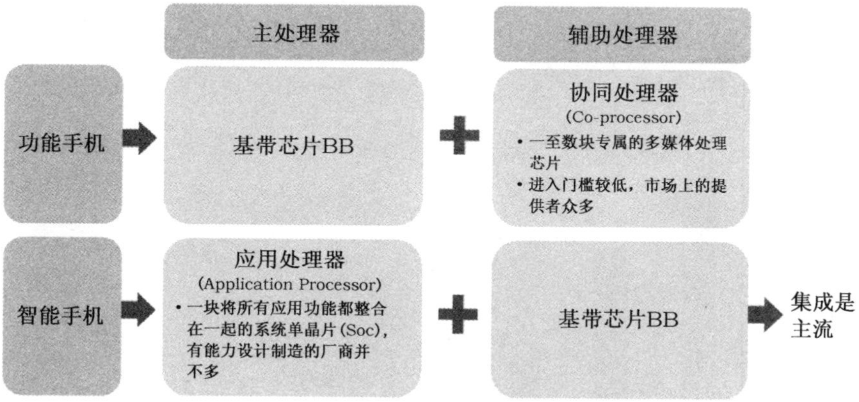

图 7—4 功能手机和智能手机的芯片结构比较

基带芯片，也称为通信处理器，负责所有通信软件的执行，并用于强化对应用程序的支持。它是手机中最核心的部分，也是技术含量最高的部分，包括五个子块：CPU 处理器、信道编码器、数字信号处理器、调制解调器和接口模块。目前，基带芯片技术演变有三个基本特征：①速度更快、处理能力更强、功耗更低；②形成了 DSP＋ARM 这一较为固定的芯片架构；③系统芯片集成（SoC）成为手机基带芯片大趋势，无论是数字基带与模拟基带的集成，还是基带芯片与射频芯片的集成，抑或是基带芯片与应用处理器的集成，虽然集成的方向有所不同,但是集成一直在推动着手机基带芯片的前行。

应用程序处理器负责大部分应用程序的执行,其基本就决定了手机的主要功能和性能档次。智能手机的应用处理器有两种:①包含了 Modem 的高度集成的芯片,例如,高通的 SNAPDRAGON、飞思卡尔的 MXC300-30 和 Marvell 的 PXA930;②德州仪器和三星单独的计算型 IC,其不包含 Modem。目前,主要手机芯片平台有 MTK、ADI、TI、AGERE、ST-NXP Wireless、INFINEON、SKYWORKS、SPREADTRUM、Qualcomm 等。各芯片品牌 2013 年在国内智能手机市场上的占有率如图 7—5 所示。高通仍然是国内智能手机使用的主要芯片品牌,本土芯片品牌海思占比 2.7%。2004 年,上海展讯通信有限公司开发了我国第一块拥有自主知识产权的基带处理芯片;2014 年,华为技术有限公司成功研发出了全球最快的 4G 智能手机芯片,填补了我国高端手机芯片技术的空白,该芯片是全球第一块实现 300 兆下载速度的手机芯片,支持五种通信制式及全球所有的主流通信频段。虽然我国在手机芯片生产上有所突破,但是我国自产的手机芯片占全球比重不到 3%。

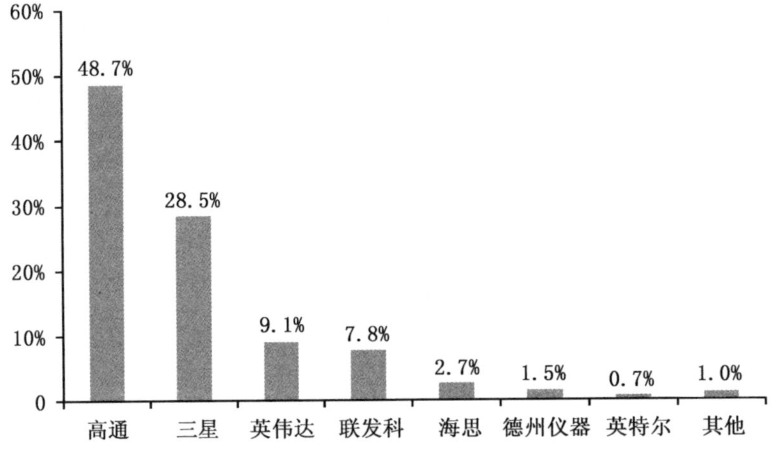

图 7—5 各芯片品牌 2013 年在国内智能手机市场上的占有率

7.3.2 手机产品效用变化

对于消费者来说,手机的效用会随着产业技术的变化而变化。任何一部手机产品都是由硬件和系统构成,因此,产品的总效用 $TU=U_H+U_S$。其中,U_H 是由硬件决定的效用,U_S 是由系统决定的服务效用。

1. 硬件驱动阶段,效用由硬件决定

虽然在 2004 年前后智能手机已经进入市场,但是正式全面进入是在 2007 年以后,因此业界习惯把 2007 年以前的手机称为功能机(Feature Phone),该手机的功能或效用主要是满足消费者对语音通话、短信、彩信的需求。这些需求的实现完全依赖于产品本身的物理性能,而且需求实现过程是在消费者与手机厂商之间的交易完成之后独立实现,消费者与厂商之间几乎没有互动反馈的需要。这个阶段,消费者的效用完全由 U(硬件)$=U_H$ 决定,因此,手机生产企业关注的焦点在于产品的技术性能特征和产品特征。

2. 服务驱动阶段,效用由硬件和系统共同决定

2007 年以后,苹果公司 iPhone 手机第一代的发布,正式标志着 3G 时代或移动互联网时代的到来,手机由功能机转向智能机(Smart Phone)。所谓智能机,是指具备通话、个人信息管理、电子邮件、基于无线数据通信的浏览器等先进功能,并配有操作系统的手机。手机的主要效用在于多媒体等功能,效用的实现不仅依赖于产品本身,而且产品本身变成了效用实现的一个物理介质。效用的优化越来越依赖于产品所搭载的系统及其应用程序(APP),效用的实现离不开厂商与消费者的互动反馈。这个阶段,消费者的效用由 $TU=U_H+U_S$ 决定,而且越来越取决于 U_S。企业发展的重点需要由产品特征拓展到产品的服务供给特征。

7.4 产业实证观察:中国手机产业发展阶段与产业链结构

7.4.1 中国手机产业发展阶段

中国手机产业经历了四个阶段:外资手机生产企业主导中国手机产业链构建阶段;本土手机生产企业参与产业链升级、重组阶段;多主体参与产业链升级、重组阶段;本土手机企业主导产业链升级、重组阶段。具体如表 7—2 所示。

表 7—2 中国手机产业发展的四个阶段

时间	1998 年以前	1998～2003 年	2004～2007 年	2007～2013 年
阶段	外资手机生产企业主导中国手机产业链构建阶段	本土手机生产企业参与产业链升级、重组阶段	多主体参与产业链升级、重组阶段	本土手机企业主导产业链升级、重组阶段
通信技术	1G/2G	2G	2G/2.5G	3G
芯片设计	ASIC 设计	以 ASIC 设计为主	SoC 设计	SoC 设计
制度设置	无	生产牌照审批	生产牌照审核	取消
本土企业	仅少数企业参与代工	手机生产企业	手机设计公司、代工厂、渠道商	IC 设计企业、手机企业

1. 1998 年以前——外资手机生产企业主导中国手机产业链构建阶段

1998 年以前，世界通信技术仍是基于模拟系统，我国处于外资手机生产企业主导中国手机产业链构建阶段。该阶段有以下特征：

第一，我国于 1987 年在广东运营第一代无线通信系统(模拟系统，简称“1G”)。1G 的数据传输速率比较低，手机的功能仅限于低质的语音通话。这一时期的手机价格昂贵，1994 年的平均价格高达26 785元。手机由两大系统构成：①硬件系统，包括射频、中频与基频三大部分，以及机壳、按键、PCB、电池等相关零组件。②软件系统，包括物理层、通信协议和应用层软件，软件系统固化在硬件系统之中。此时期的手机产业链结构主要包括上游零组件、手机生产和下游销售三大环节。手机生产企业完全承担手机设计、制造和品牌经营等环节。1998 年以前的中国手机产业链结构如图 7—6 所示。

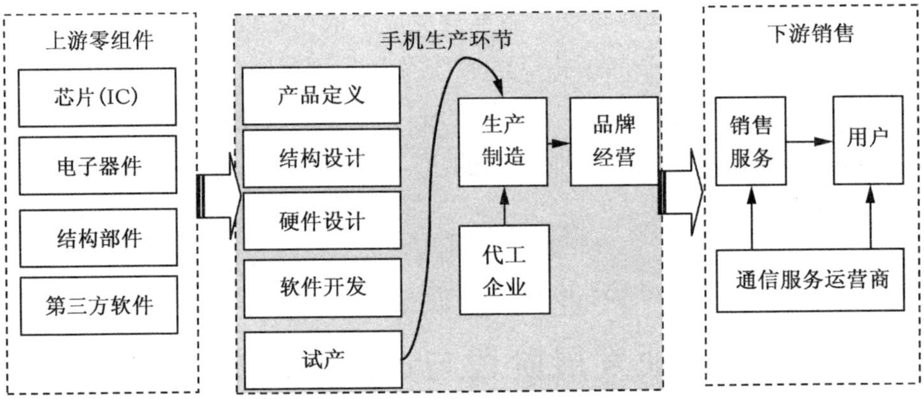

图 7—6　1998 年以前的中国手机产业链结构

第二，在这一阶段的中国手机产业链中，外资手机企业主导了整个中国手机市场和生产过程，本土企业仅仅通过 SKD(Semi-Knocked Down)和 CKD(Completed-Knocked Down)的方式为外资企业负责简单的组装加工。例如，1990 年原邮电部杭州通信设备厂以 SKD 的方式为摩托罗拉组装手机。此阶段的机卡不分离，手机由运营商(中国移动和中国联通)采购，再与电信服务一起卖给消费者，手机的营销渠道与运营商的营销渠道重合。

第三，外资企业通过独资、合资、代工等本地化生产方式，在中国初步构建了手机产业链的雏形，包括通信系统、生产系统和销售系统。在 1992～1997 年间，摩托罗拉、爱立信和诺基亚等国外手机品牌厂商陆续在中国设立独资、合资企业，以进行本地化生产，如表 7—3 所示。在整个 20 世纪 90 年代，中国手机市场主要由摩托罗拉、爱立信和诺基亚三家跨国公司占有，其中摩托罗拉公司的市场份额最大。

表 7—3　　1997 年以前国内手机生产企业一览表

品　牌	企业名称	组建方式	时　间
摩托罗拉	东方通信股份有限公司	技术引进	1996
	摩托罗拉(中国)天津电子有限公司	独资	1992
	摩托罗拉(中国)苏州电子有限公司	独资	1997
爱立信	北京爱立信移动通信有限公司	合资	1995
诺基亚	北京诺基亚移动通信有限公司	合资	1995
松下	北京松下通信设备有限公司	合资	1992
NEC	武汉 NEC 中原移动通信有限公司	合资	1994
西门子	上海西门子移动通信有限公司	合资	1993
阿尔卡特	上海阿尔卡特移动通信有限公司	合资	1994
飞利浦	深圳桑达电子有限公司	合资	—
MTC	上海爱姆梯希(MTC)通信设备有限公司	合资	1993
IPC	广州南方汉佳诺电信科技有限公司	合资	1997

2. 1998～2003 年——本土手机生产企业参与产业链升级、重组阶段

1998～2003 年是我国本土手机生产企业参与产业链升级、重组阶段。该阶段具有以下特征：

第一，通信技术逐渐由模拟系统转向数字系统，由 1G 过渡到 2G 时代，数据传输频率明显提升，达到 9.6～14.4Kbps，手机的语音通话质量得到极大改善，手机功能中增加了短信功能；芯片设计仍以 ASIC 为核心，IC 也开始由“模块化”组件向“硬件平台化”方案发展。

第二，设立了手机“生产牌照”制度。1998 年 12 月底，为扶持国产手机制造业的发展，国务院下发了原信息产业部和原国家计委联合制定的《关于加快移动通信产业发展的若干意见》[①]。这为中国本土企业进入手机产业提供了机会，同时限制了国外厂商进入。从 1999 年初到 2003 年底，全国共颁发手机牌照 49 张(GSM 30 张和 CDMA 19 张)，如图 7—7 所示。

---

① 对手机制造业的准入实行生产许可证制度；外资或合资企业必须取得生产许可证并保证一定比例的出口，若国产化率提高，出口比例可以有一定程度下降；外资或合资企业未取得生产许可证的，其产品必须全部出口。

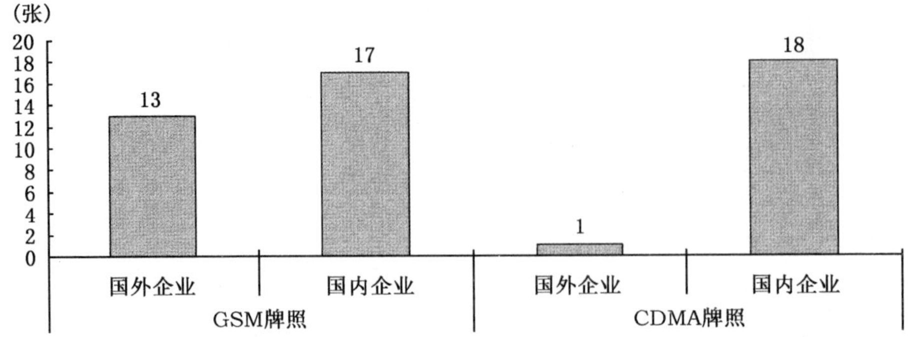

注:其中12家厂商同时具有GSM和CDMA牌照。

图7—7 1999～2003年获得牌照的手机企业数量

3.2004～2007年——多主体参与产业链升级、重组阶段

2004～2007年,是多主体参与产业链升级、重组阶段。该阶段具有以下特征:

第一,通信技术由2G过渡到2.5G,并且在国家扶持下启动了3G战略,通信技术变革带来了手机功能变化:①功能日趋多样化和复杂化。例如,拍照(30万～130万像素)、高像素摄像、内置游戏、MP3、内置移动QQ等在线聊天工具、和弦铃声、彩屏机。②手机个性化。商务手机,女性手机,防水防汗运动型手机,操作简单、字体硕大的老人手机等,满足了不同群体消费者的个性化需求。③智能手机兴起。具有内置个人信息管理、无线登录互联网浏览器和收发电子邮件等基本功能的智能手机开始兴起(如摩托罗拉A760、诺基亚7610等)。④手机增值业务。游戏、图铃、音乐等增值业务数量持续增长。

第二,手机由"硬件平台化"转向"SoC芯片"。手机市场对产品上市时间、成本和功能的要求迅速提升,把各个具有独立系统功能的IP核集成到一个芯片上的系统级芯片设计(System on a Chip,SoC)成了IC设计的主流趋势。产品技术创新主要由核心IC和软件实现,芯片设计企业成为产业链上的重要主体,例如,德州仪器、ADI、飞利浦、英飞凌、Skyworks等国外IC设计企业,以及华为、中兴、MTK、上海展讯、联发科、重邮信科等中国IC设计企业。

第三,生产牌照审批制改为审核制。自2005年起,1998～2004年实施的生产牌照审批制改为审核制,由国家发改委核实手机制造企业资质,并给合格企业颁发手机生产牌照。[①] 只有手机质量达到检测标准,才能拿到手机入网证;

① 三个门槛:一是注册资金2亿元以上,二是连续经营2年以上,三是有研发能力、环保等相关规定的认证。

同时，用户投诉率应在规定范围内。截至 2007 年，拥有手机牌照的厂商有 82 家(新增手机企业 41 家，其中外商投资企业 11 家、中国企业 30 家)，长虹、奥克斯、金立、创维、华为、天语等近 10 家企业成为审核制下首批获得牌照的企业。

4. 2007～2013 年——本土手机企业主导产业链升级、重组阶段

2007～2013 年，是我国本土手机企业主导产业链升级、重组阶段。该阶段具有以下特征：

第一，通信技术由 2G/2.5G 转换到了 3G。2007 年 5 月，TD-SCDMA、CDMA2000、WCDMA 成为我国 3G 的三大标准，数据传输速率达到 2Mbps。手机除了语音通话、短信等基本功能之外，还能处理图像、音乐、视频等多媒体形式，提供包括网页浏览、电话会议、电子商务等多种信息服务。消费者对手机功能的需求发生了根本性转变。

第二，手机由“功能机”进入“智能机”时代。手机的功能不仅由硬件系统支撑，更重要的是由操作系统来实现。即智能手机包括手机系统和硬件系统，如 CPU、GPU、ROM、RAM、外部存储器、手机屏幕、触摸屏、话筒、听筒、摄像头、重力感应、蓝牙、无线连接(Wi-Fi)等。在所有硬件部件中，芯片或集成电路(IC)成本占的比重最大，约为 70%。

第三，2007 年手机产业发生了革命性变化：一是 Google 发布 Android 开源代码和苹果公司发布 iPhone 智能手机，引发产业革命；二是芯片设计结构发生变化，智能手机的硬件结构分为应用处理器 AP 和基带处理器 BP 两个部分；三是手机审核制取消，手机市场完全放开。2007 年 10 月国家采取手机牌照审核制，只要企业产品获得入网证①，且消费者对手机产品的投诉在监管部门要求的范围之内，任何企业都可以在中国生产和销售手机。

7.4.2 手机产业链结构

总的来说，手机产业链包括三大环节：上游零组件、研发设计和手机生产/销售(如图 7—8 所示)。实际上，产业链结构是动态变化的，涉及产业链分工，比如，研发设计环节是从手机生产环节衍生出来的。集成电路(IC)又包括 IC 设计、制造、封装和测试等几个环节，其中，IC 设计对整个手机产业链的影响日趋重要，IC 设计业也是手机产业链的一个重要环节。通过分析手机产业链的结构变迁过程，即可看到中国手机产业结构调整过程。

---

① 通过泰尔实验室的手机入网质量检测就可以获得入网证。

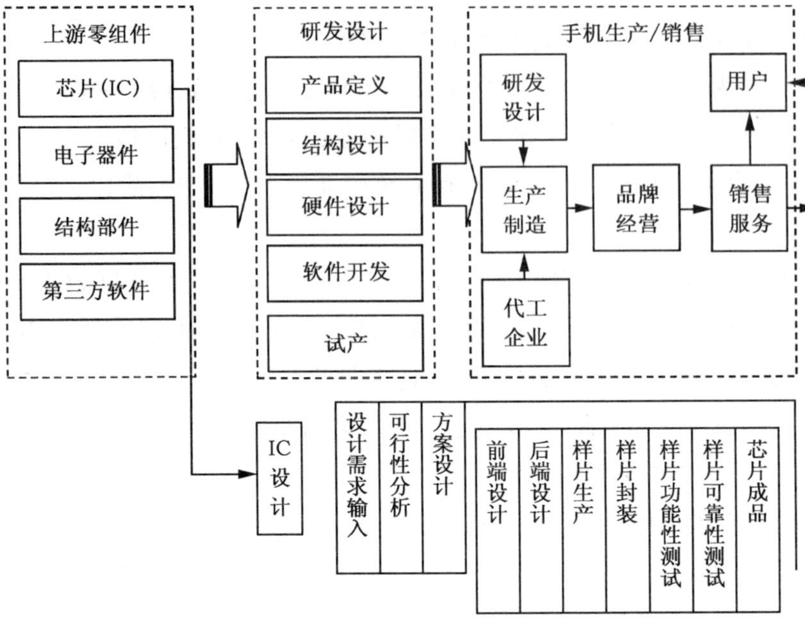

图 7—8 手机产业链结构

7.5 实证分析:价值链能力分布对大企业主导产业链构成变化的影响

在价值链能力分布存在差异的条件下,企业要通过低成本的价值链来创造持续变化的效用,必然会引起产业链构成的变化,进而实现产品最高的“性价比”。一种是改变现有产业链的分工状态,即产业链升级;另一种是改变现有产业链的分工结构,即产业链重组。本书提出如下假说:企业的价值链能力分布差异越大,越会诱导企业选择产业链升级或产业链重组。价值链能力分布对产业链构成变化的影响见图 7—9。

(1)无技术变革:成本下降会激励企业选择产业链升级,成本上升会刺激产业链重组;

(2)有技术变革:成本下降会刺激企业选择产业链重组,成本上升会激励产业链升级。

中国手机产业结构的调整,是通过企业主导产业链升级和产业链重组的交替过程实现的。主导企业有国外品牌企业、本土品牌企业、手机设计企业、IC

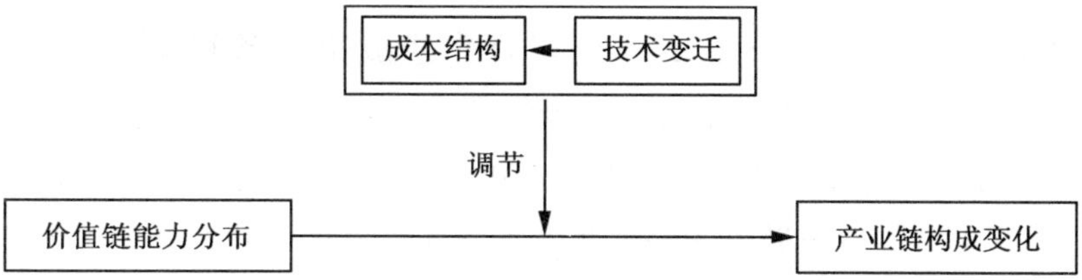

图 7—9　价值链能力分布对产业链构成变化的影响

设计企业等。本土企业进入手机行业，起初是源于“生产牌照”制度，但是由于本土手机企业在手机产品的整个价值链活动（研发设计、零组件采购、生产制造、销售服务等）的能力分布上存在很大差异，或者说面临“能力限制”这一客观现实。在此条件下，为了完成手机产品的生产过程，本土企业在不同技术条件和成本约束下选择产业链升级或产业链重组，最终推动了整个中国手机产业的结构调整。本部分将通过中国手机产业的发展历程，论证企业的价值链能力分布差异会诱导企业选择产业链升级或产业链重组。

7.5.1　无技术变迁下价值链能力分布对大企业主导产业链构成变化的影响

在 2G/2.5G 通信技术背景下，1998～2003 年，手机的核心功能是语音通话和短信。由于制度设置而进入手机行业的中国本土企业，除少数企业（如东方通信、熊猫电子）有一些相关的组装生产经验之外，绝大部分国内企业缺乏手机设计能力和生产能力。在能力限制和“生产牌照”制度约束下，本土企业需要依靠国外企业的设计和生产能力来实现手机生产。

1. 第一阶段

国产手机企业（1998～2002 年）与韩国、我国台湾等地的企业合作或购买设计方案①，同时，与我国台湾、韩国、日本等地的制造厂商合作进行“贴牌”生产。通过上述方式改变了产业链的分工合作状态，即产业链升级，主要表现在两个方面：

(1)生产关系改变

本土手机企业与产业链上的两个关键主体展开合作：一是与国外手机设计企业合作（1999～2000 年）。国外研发设计企业（主要来自韩国）提供零组件，

① 2002 年，在中国能够输出手机研发方案的研发公司仅仅有中电赛龙（CECW）和德信无线。

国内企业以 SKD 或 CKD 方式进行生产,并负责品牌营运和销售。例如 1999 年,波导有限公司与法国 SAGEM 公司合作建成第一条移动电话 SKD 生产线。[①] 此后,波导又开始和韩国企业合作,包括 Sewon、Pantech、TELSON 等。另外,夏新 A8 也是由韩国企业 BELLWAVE 设计,并由夏新委托 BELLWAVE 生产。二是与上游的 IC 模块企业合作(2000～2002 年)。"IC 模块"是将手机的三大块——基频、中频、射频——整合到一起,并用铝合金外壳封装,基于此,手机生产企业只要加上少量外围元件、LCD、外壳和 MMI 人机界面,就基本完成了手机设计。本土手机企业的生产方式主要以 CKD 和模块生产方式为主,例如,TCL 与 Wavecom 的合作。

(2)销售关系改变

由于机卡分离的实现,销售功能由运营商转向手机生产企业,而且企业开始自建销售渠道。此时手机产业链分工合作关系如图 7—10 所示。

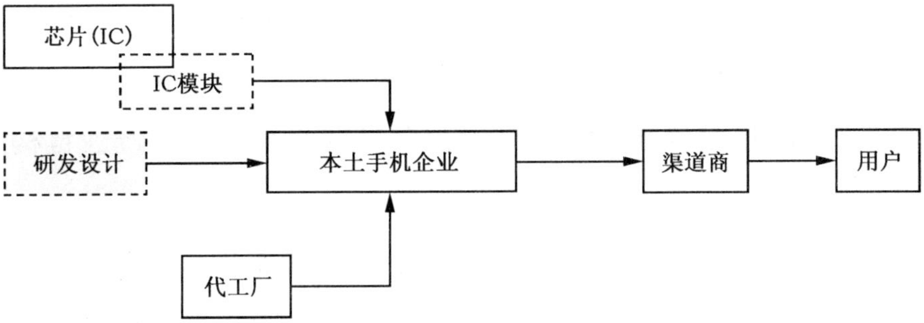

图 7—10 无技术变迁下手机产业链分工合作关系

在本土手机企业缺乏手机设计、生产能力的条件下,企业可以通过改变产业链上的分工合作关系来获得这些能力,并且把能力重心放在销售环节。这种方式有助于降低企业完成手机产品生产的直接成本,也有助于加快企业手机产品的市场化速度。因此,在能力有限和总成本降低预期下,企业可以选择产业链升级来实现手机产品生产。

2. 第二阶段

随着手机功能的逐渐多样化[②],手机设计日趋复杂,产品生命周期缩短等带

① 2000 年波导成为国产手机销量第一名。

② 如显示屏从单色到彩色,手机铃声从单一到和弦,照相功能从无到有、从 3 万像素一直发展到 300 万像素,都给手机提供了新的机会。还有 TFT 彩屏、64 和弦、摄像镜头、MP3/MP4 播放、手写输入(触摸屏)、蓝牙等。

来了市场竞争加剧，手机厂商为赢得更大市场份额，开始在手机外观设计、功能模块等方面进行差异化。这个需求特征的变化，加剧了本土手机企业和国外手机设计企业之间合作所存在的问题：一是国外设计方案本地量产化速度慢。韩国等企业提供的手机设计方案“量产化”难度增加，导致本土手机企业不能及时更新产品。二是协调成本上升。由于本土手机厂商与国外设计企业在研发设计能力上的差距，导致产业链上下游沟通困难，协调成本增加。在这样的背景下，中国原有的手机产业链发生了重组，原有产业链分工结构发生了改变，“手机设计”成为一个独立的分工环节。无技术变迁下手机产业链分工合作结构如图 7—11 所示。

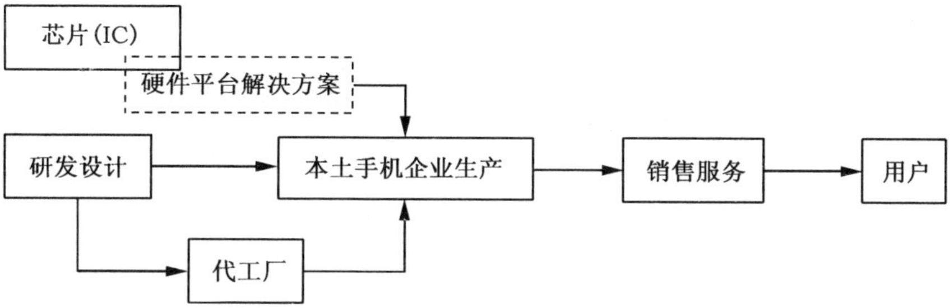

图 7—11　无技术变迁下手机产业链分工合作结构

(1)生产关系重组

一是硬件平台化提供商替代了模块化提供商。随着手机功能的扩展，芯片从“模块化”转向“硬件平台化”方案[①]，硬件平台整体解决方案为手机设计提供了更大的空间，尤其是在外观和内部结构上，它可以允许折叠、滑盖、旋转、双屏等多种方式。在软件上，它的发挥空间更大；在功能上，它允许任意添加新功能。德州仪器的 OMAP、摩托罗拉的 I250、爱立信移动平台的 GX00 系列、Agere 的 Sceptre 系列、飞利浦的 Nexperia、Infineon 的黄金系列、英特尔的 Manitoba、意法半导体的 Nomadik、ADI 的 SoftFone、Skyworks 是这一阶段主流的硬件平台解决方案。

二是本土手机设计企业升级为产业链上的关键主体。从 2002 年开始，本土手机设计公司开始迅速发展。[②] 一方面，越来越多的国外品牌厂商为降低研

① 手机“硬件平台化”方案，是指厂家提供基频中的 DSP、MCU、ADC、DAC 等关键芯片组和设计方案，软件方面通常只提供底层的物理层软件。

② 在 MTK 一站式解决方案(Turn-Key)模式出现之前，手机设计开发流程大约可以分成以下 6 步：第 1 步，Design House 从芯片厂商那里拿到设计参考。第 2 步，确定配件、元器件。第 3 步，开发调试驱动程序。第 4 步，产品级主板设计。第 5 步，进一步调试软硬件，使之达到产品级。第 6 步，Design House 设计一些参考外壳，然后把从里到外的整套设计演示给制造厂商看。

发成本和应对产品更新需求，将部分产品设计外包，这为本土手机设计企业提升研发设计能力创造了机会；另一方面，手机设计环节也形成了内部分工，例如，南京龙软等公司只设计 MMI 界面、络达科技等公司只设计射频部分、AXLE 等公司只设计外观，还有公司只设计嵌入式浏览器。这一阶段，为满足用户个性化和产品时尚化的需求，手机外形设计是产品畅销，提升品牌、销量和利润的重要因素。在手机设计企业的参与下[①]，如表 7－4 所示，2003 年，在中国手机市场上，本土品牌市场占有率达到 55.82%。手机设计企业的出现，改变了原有的产业链结构，对产业链原有的分工合作关系进行了结构上的重组。在本土手机企业能力有限和总成本上升的条件下，产业链发生了重组，改变了原先国内手机产业链上的分工结构。

表 7—4　　中国主要手机设计企业与主要客户

主要设计企业	主要客户
中电赛龙(CECW)	飞利浦、西门子、华宝(康佳)、海尔、波导、CECT、迪比特
中电奥盛	CECT
深圳万众通讯	天时达、中兴通讯，一部分手机渠道的区域经销商，如天音通讯等
嘉胜联侨	南方高科、CECT
上海禹华	CECT
浙江华立	CECT、科建、南方高科、首信
经纬科技	天时达、桑达、金立
启迪世纪	紫光通讯
上海毅仁	CEC、联想
南京移软	摩托罗拉、CEC、上海贝尔、南方高科、厦门中桥、北京首信
凯思昊鹏	联想、熊猫、CECT 紫光、NEC
上海龙旗	托普、大显、南方高科
中天华通	托普
AXLE	西门子、摩托罗拉、三星、NEC、明基、南方高科、LG、CECW

(2)销售关系重组

此时出现了大型跨平台家电连锁企业和专业手机连锁企业两个主体。从 2003 年开始，手机营销渠道发生了变化，销售开始以“连锁零售终端”为主：一

① 手机设计公司通过三种方式为手机品牌企业提供产品：第一种是为用户提供交钥匙方案，用户自己生产；第二种是提供完全的 SKD，包括 PCAB、LCM 和 ID/MD 设计，并提供技术支持；第三种即 ODM 业务。

类是以国美、苏宁、三联为代表的大型跨平台家电连锁企业；另一类是以中域、中复、迪信通等为代表的专业手机连锁企业。在本土企业形成的渠道竞争压力之下，跨国公司开始缩短代理链条、减少中间环节、加强对终端销售的支配。例如，摩托罗拉内部的分销战略小组，不仅直接监督管理产品分销活动计划、配合产品的宣传，还指导和推动零售店的销售。诺基亚不仅在国内主要城市设立专卖店，直接与国内手机公司的直销方式竞争，而且在全国各地的代表处、系统用户服务中心和特约维修中心直接支持终端的销售和服务。

根据上述分析，验证了假说：无技术变革，成本下降会激励企业选择产业链升级，成本上升会刺激产业链重组。

7.5.2 有技术变迁下价值链能力分布对大企业主导产业链构成变化的影响

中国手机产业发生了两次明显的技术变革：一是通信技术发生了变革。2004～2007年，手机通信技术由2G转向2.5G，3G也开始起步；2007～2013年，中国正式进入第三代移动通信(3G)时代(2009年被称为3G元年)。随着进入3G时代，迎来了移动互联网时代，消费者对手机有了更高层次的潜在需求，除原有的电话和短信功能以外，消费者更希望随时随地能使用互联网来实现娱乐、搜索、交流等功能。二是由手机硬件平台化转向SoC芯片，IC设计企业在产业链中扮演重要角色。① 手机产业链分工合作关系如图7—12所示。

产品市场竞争的加剧，使国内外手机企业都面临价格下降和成本上升压力，为了降低原材料采购成本、研发设计成本和销售成本，企业选择了产业链升级。

1. 生产关系升级

研发设计企业与手机生产商之间的关系发生转型。2010年手机主板供应商转型为代工厂。联发科平台的出现，降低了手机设计方案的技术门槛，这迫使国内的手机设计公司纷纷转型为手机主板供应商，如龙旗、华勤、闻泰。此外，由于供应链外包厂家的竞争，手机主板供应商单单提供主板或整机已无法

---

① 所谓的IC设计，既是将系统、逻辑与性能的设计要求转化为具体的物理版图的过程，也是把产品从抽象一步步具体化，直至最终物理实现的过程。简单地说，就是硬件电路设计。设计者根据设计要求，提出设计构思，并将这个构思逐步细化，直到具体代码实现；再由代码综合出网表，生成版图，最终制成产品。IC设计方法主要包括正向设计和逆向设计，正向设计又以层次化和结构化设计方法为主。整个过程主要集中在图纸与计算机上完成，它给人的整体感觉就是纸上谈兵式的创意性劳动，但这恰恰是整个IC产业链最重要的一步和最具创新性的一步。层次化的设计方法能使复杂的系统简化，并能在不同的设计层次上及时发现错误并加以纠正；结构化的设计方法是把复杂抽象的系统划分成一些可操作的模块，允许多个设计者同时设计，而且某些子模块的资源可以共享。

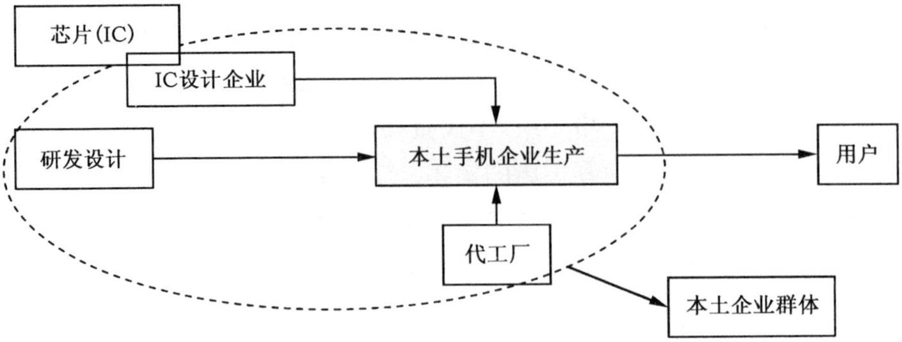

图 7—12 有技术变迁下手机产业链分工合作关系

满足客户的需求。于是,手机设计公司再次转型,开始生产完整的手机,并直接出口到客户指定的国家。手机主板供应商转型为代工厂的例子有:龙旗成立龙康电子生产整机,基地在深圳和惠州;华勤成立华贝科技,基地在珠海和东莞;ZOBEE成立统庆通信,基地在深圳。

2. 本土供应商崛起

对于竞争加剧带来的总成本上升,国外品牌商为降低 BOM 成本,培育了一批本土零组件供应商(见表 7—5),包括上游的芯片、结构件、电池、制造环节和品牌。1998~2013 年,中国本土企业已经构建了完整的手机产业链,从整体上促进了手机产业链升级。

表 7—5　产业链上本土零组件供应商

产业链环节	本土代表性企业
上游的芯片	深圳海思、展讯、大唐、锐迪科、南瑞智芯微电子、格科微电子、瑞芯微电子、士兰微电子、华大、珠海全志科技等
结构件	劲胜股份、胜利精密、长盈精密、安洁科技、金龙机电等
电池	天宇、欣旺达、德赛电池等
制造环节	委托设计和生产:闻泰、华勤通讯、赛龙、龙旗、晨讯科技等 EMS/OEM:比亚迪、长城科技、东莞汇兴电子、卓翼科技、深圳中天信实业等
品牌	联想、华为、中兴、天语、酷派、小米、TCL 等

3. 供应链关系升级

一方面,供应链外包厂商除了帮助接包厂商完成原材料采购和出口通关之外,还协助接包厂商完成产品制造;另一方面,供应链新模式的出现正改变传统供应链关系,例如,科通芯城通过电商模式把电子元器件产品供给需求方(手机生产企业)，极大降低了手机生产企业采购、协调、物流等成本。另外，本土供应商已成为本土手机生产企业和国外手机生产企业的共同供应商，形成了共生关系，有利于技术交叉学习，促进了本土供应商技术能力的提升。以智能手机的关键零组件触摸屏为例，超声电子和莱宝高科既是苹果手机的供应商，也是小米、华为等国内手机品牌企业的供应商，如表 7—6 所示。

表 7—6　　触摸屏供应企业和部分客户关系

	苹果	小米	华为	联想	中兴	酷派	计数
超声电子	1	1	1	1	1		5
华东科技		1					1
介面光电		1					1
莱宝高科	1	1	1	1		1	5
欧菲光		1	1	1	1	1	5
深天马 A		1	1	1			3
星星科技				1	1		2
宇顺电子				1		1	2

4. 销售关系升级

2003 年，由于对市场占有率的渴望，国内手机企业在广告营销方面投入了巨额费用，但效果不甚明显——其用于广告宣传的费用远比用于技术研发的费用高，甚至超过国外品牌企业。随着市场上"国外品牌、山寨机、本土品牌"之间竞争的加剧，企业的销售成本直线攀升；而企业在生产能力、研发设计能力上受到的限制，使得企业总成本上升、盈利下降，这就要求手机企业对销售环节进行升级，压缩销售代理层级，降低销售成本。

2004 年，SoC 芯片的出现，极大降低了芯片成本，引发了产业链重组。我国台湾的联发科(MTK)公司是此次重组的始作俑者。MTK 以两种方式向手机企业提供产品：一种是 Turn-Key 模式①。MTK 为手机制造厂商提供装配了主要元器件的主板实物(PCBA)，以及供参考的 BOM List。手机制造厂商只需采购与主板兼容的 LCD、麦克风、扬声器以及外壳，然后组装到主板上，贴牌打包，即可上市销售。另一种是整机解决方案(Whole-Set)。MTK 提供完整的裸机，而手机制造厂商只需采购并组装外壳，就可以贴牌打包、上市销售。基于 SoC 的系统解决方案或者说全面解决方案的出现，降低了手机生产企业的研发

① MTK 的一站式解决方案(Turn-Key)，实质上是把芯片厂商与 Design House 两家的工作由 MTK 一家包揽了。

成本、缩短了开发周期并降低了设计的复杂度,使得国内手机企业开始注重手机 UI 设计。2004～2007 年间,由于手机行业技术门槛的降低和生产牌照制度的约束,引发了中国手机产业链重组,"手机设计公司"、"代工厂"、"渠道商"成了产业链上的关键主体。例如,借助联发科低廉的解决方案,大量的"山寨手机"流入产品市场。有技术变迁下手机产业链分工合作结构如图7—13所示。

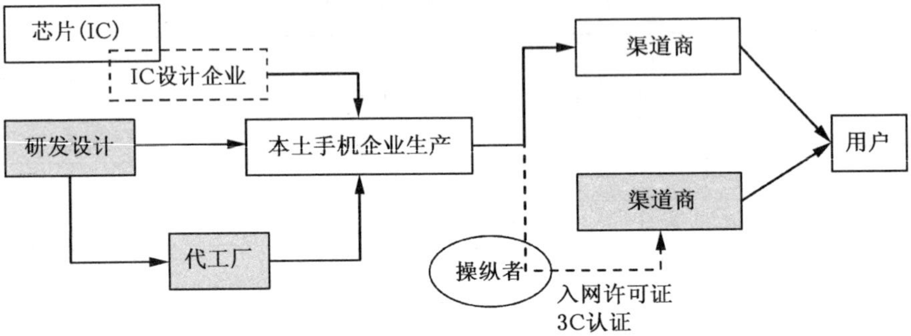

图 7—13 有技术变迁下手机产业链分工合作结构

2007 年以后,以苹果公司的 iPhone 智能手机为标志,手机产品与移动互联网进入产业融合发展阶段,再加上 2007 年以后手机生产审核制的全面取消,一些国内互联网企业开始进入手机市场。这些企业通过基于互联网的商业模式创新,再一次重组了中国的手机产业链。不过这一次的重组核心在于手机研发设计和销售环节,具体表现在两个方面:一方面,通过电商模式进行直销,降低了传统手机企业的诸多交易成本,能以较低的价格为消费者提供有竞争力的产品;另一方面,通过基于开放社区平台,把用户纳入企业内部价值链环节,参与手机产品设计和系统更新,最大化消费者效用。

根据上述分析,验证了假说:技术变革,成本下降会刺激企业选择产业链重组,成本上升会激励产业链升级。

7.6 产业实证结果:技术变迁下能力—成本共同演化影响大企业主导产业链构成变化的实现机制

7.6.1 国内手机市场的新现象

1. 本土手机品牌厂商的崛起

在 3G 时代,中国本土手机品牌厂商的全球市场占有率稳步上升,出现了中兴、华为、联想、酷派、小米、魅族等品牌。例如，2014 年第一季度，全球手机市场占有率前 5 位的品牌中，中国占据 3 席，华为 6.8%，联想 5.4%，小米5.1%（如表 7—7 所示）。

表 7—7　　主要手机品牌全球市场占有率

品牌	2007 年	2008 年	2009 年	2010 年	2011 年	2012 年	2013 年	2014 年*
苹果	0.30%	0.90%	2.10%	2.90%	5.00%	19.4%	15.5%	11.9%
三星	13.40%	16.30%	19.50%	17.60%	17.70%	30.4%	32.3%	25.2%
HTC	0.20%	0.50%	0.90%	1.50%	2.40%	—	—	—
中兴	1.00%	1.20%	1.30%	1.90%	3.20%	—	—	—
华为	0.90%	1.30%	1.10%	1.50%	2.30%	4.3%	5.1%	6.8%
联想	—	—	—	—	—	3.4%	4.6%	5.4%
小米	—	—	—	—	—	—	—	5.1%
LG	—	—	—	—	—	3.8%	4.8%	4.9%
RIM	1.00%	1.90%	1.80%	1.70%	1.60%	—	—	—
诺基亚	38.00%	38.60%	36.00%	28.90%	23.00%	—	—	—
摩托罗拉	14.30%	8.70%	4.80%	2.40%	2.30%	—	—	—
索爱	8.80%	7.60%	4.50%	2.60%	1.80%	—	—	—

注：* 为 2014 年第一季度数据。

2. 本土手机品牌厂商的成长路径呈现出差异性

自 1998 年以来，先后进入手机市场的中国本土企业，可以分为五类：第一类是家电企业，如 TCL 等；第二类是贴牌代工企业，如普天东芝等；第三类是 IT 厂商，如联想等；第四类是通信制造商，如中兴通讯、华为等；第五类是互联网企业，这主要源于 2007 年以后，一方面手机市场进入移动互联网时代，另一方面国家取消了手机生产的审核制，手机市场全面放开，如小米等是典型代表。具体如表 7—8 所示。

表 7—8　　中国本土手机企业类型

类型	企业代表
家电企业	TCL、海尔、海信、康佳、厦华、夏新、乐华、创维等 10 余家企业
贴牌代工企业	普天东芝、南方高科、首信、中科健、东方通信、熊猫、波导、酷派等
IT 厂商	联想、浪潮、托普等国内 IT 巨头
通信制造商	中兴通讯、大唐以及华为
互联网企业	小米、一加等

注：上表是自 1998 年以来进入手机市场的企业的分类，其中一些已经破产或退出市场。

以“华为”为代表的具有芯片技术的通信企业,以“联想”为代表的IT大企业,以“小米”为代表的互联网企业,以“魅族”为代表的传统手机厂商,它们各自的成长路径不同,其背后反映的是企业成长能力的差异性。尽管存在这些差异性,但大多数本土手机品牌厂商仍面临一个共同的困境,那就是产业链上游的关键芯片受制于高通等国外芯片企业。

3. 国内手机“价格战”仍在持续

2014年8月16日,小米发售红米1S 4G版,售价为699元;同时,华为以799元发售荣耀3C 4G版。4G刚启动8个多月,一场围绕4G智能手机的“价格战”就拉开序幕。业内人士对此次价格战,多数认为小米是不堪一击的,或对价格战这种做法嗤之以鼻,比如OnePlus的CEO刘作虎就发微博表达了这样的观点。也有一些知名人士认为在4G时代,价格已不是问题,做好的产品更重要。浏览上百条评论后,可以发现,多数人的观点也呈现向华为一边倒态势。综观这些言论,小米在圈内显然成了不受欢迎的对象,按照马歇尔的理论:它破坏了市场秩序,会招致同行的报复。不过,国内智能手机市场的“价格战”引出了两个值得深思的问题:一是价格由什么决定?一般来说,在短期,价格主要由需求决定,需求取决于消费者购买意愿和支付能力;在长期,价格主要由生产成本决定。二是为什么会有价格战?在产品同质或近似同质条件下,在既定的市场容量下,价格战是必然的结果。价格战,实质上拼杀的是能力—成本比。

7.6.2 能力—成本共同演化影响产业链构成变化的实现机制

1. 实现机制逻辑

在价值链能力分布差异下,在成本结构和技术变迁调节下,通过四种机制可以实现企业的能力—成本演化:竞争和选择、能力—成本动机、动态竞争、内生机制。具体如图7—14所示。

2. 竞争和选择

如果在企业价值链上的能力分布差异过大,甚至企业不具有价值链能力,为了生存,企业会通过竞争和选择(购买设计方案、技术合作),进行产业链升级和产业链重组,来弥补企业自身能力的不足,以获得潜在收益(如市场占有率、新产品上市时间、更低的成本、更高的性价比等)和实现直接成本(包括BOM成本、人力成本和固定投资等)的下降,并尽力降低间接成本(包括专利授权费、物流费、仓储成本、物流成本、渠道费用、营销成本、运营商费用等)。

自1998年以来,中国本土企业在制度设置下得以进入跨国公司主导的手

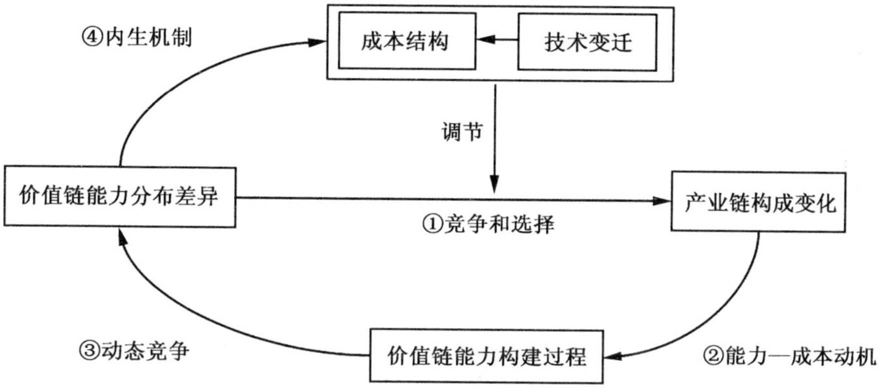

图 7—14　能力—成本共同演化影响产业链构成变化的实现机制

机产业链，由于本土企业除了拥有对其他产品的销售能力之外，几乎没有任何与手机生产、设计等相关的能力，这极大限制了刚进入企业的成长。为了生存，为了在市场竞争中占据一席之地，本土企业理性地选择了与国外手机设计公司、生产企业进行合作，在控制总成本的前提下，获得收益。企业在价值链上的能力分布差异较大的状态下，会通过竞争和选择来改变产业链上的分工合作状态，实现产业链升级，或通过合作或购买的方式来弥补自身能力的不足。表 7—9给出了我国本土手机企业在发展初期的芯片技术来源、设计能力和生产能力。

表 7—9　　中国本土手机厂商的能力分布

公司名称	芯片技术来源	设计能力	生产能力
夏新	Agere Systems		华冠
首信集团	Agere Systems、高通、TI	北京美博	奇美通讯、迪比特
中国电子	高通	中电赛龙、中电奥盛、北京嘉胜联侨、上海华禹	明基、神达、英华达
大连大显	高通、TTPcom	上海龙旗	
大唐电信	高通		仁宝电子
迪比特	摩托罗拉		
东信	摩托罗拉、Agere Systems、高通		
海尔	飞利浦、摩托罗拉、高通、Sendo	中电赛龙、中电奥盛	明基、仁宝电子、英业达、光宝
海信	高通		
中国科健	三星、Wavecom、CommQuest、中科院、TTPcom	浙江华立	
康佳	Agere Systems、高通	中电赛龙	华宝、仁宝电子

续表

公司名称	芯片技术来源	设计能力	生产能力
浪潮	高通		
联想	高通、Wavecom	凯思昊鹏	华冠通讯、英华达、纬创
宁波波导	西门子、高通		明基/广达
熊猫电子	爱立信		华冠/富士康
普天东方	摩托罗拉		明基、仁宝电子
深圳桑非	飞利浦		英华达
南方高科	摩托罗拉、高通、Wavecom	上海华禹、浙江华立	
TCL	高通、Wavecom、ADI、TTPcom		仁宝电子、富士康
天时达	所罗门	深圳万众通讯	所罗门
中兴通讯	高通、三星、CommQuest、TTPcom	深圳万众通讯、Future Tel	启基

3. 能力—成本动机

产业链构成变化对企业价值链能力构建的影响,取决于在产业链升级或产业链重组过程中企业对能力—成本比的权衡。一些企业可能专注于直接成本或间接成本的降低,另一些企业可能更侧重于提升价值链上的某方面能力,还有一些企业则既考虑成本降低,同时又重视企业价值链能力的提升。

(1)能力—成本动机是影响企业价值链能力构建的核心机制

当企业选择产业链升级或产业链重组后,这两种方式会如何影响企业的价值链能力构建,与企业的能力—成本动机有关。"能力—成本比"是企业在产品供给领域竞争的关键,即 $\rho^i=\frac{[C]_i}{[CAP]_i}$。产业链重构方式通过对能力—成本比的权衡,影响企业对价值链能力构建的过程。一些企业侧重于能力的构建,另一些企业侧重于成本,还有一些企业则会权衡能力—成本比。

(2)在1998～2004年间,中国本土手机厂商普遍侧重于对"成本"的考量

本土手机厂商基于产业链升级和产业链重构,外购手机研发设计方案,提升生产能力。随着技术变迁和市场竞争的加剧,企业能力不能再应对市场竞争压力,国内手机生产商在国内的手机市场占有率从2003年的56%下降到2004年的48%,再到2006年的35%(如图7—15所示)。多数本土手机厂商为赚取每部10～20元人民币不等的租牌费,不惜将其牌照出租给"黑手机"渠道商,每部2 000元以下的中低端产品成为中国手机主流产品,占手机市场份额的67.17%,并成为中国本土品牌及黑手机、国际品牌竞争的焦点。在这一时期,

国外品牌的市场占有率在 54%左右，而国内品牌在 23%左右，黑手机在 23%左右。到 2005 年，熊猫、南方高科、科健等黯然退市，波导、夏新、康佳、TCL 等一线厂商大幅亏损。

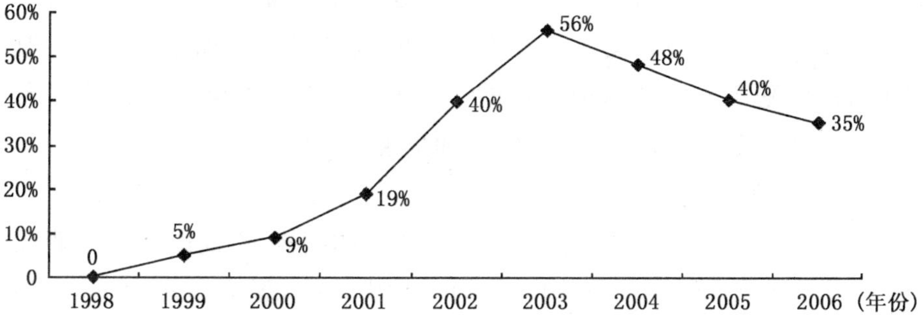

图 7—15　1998～2006 年中国本土手机生产企业市场占有率

(3)2004 年以后，本土企业开始在产业链升级和产业链重构背景下，进行能力发展

第一，产业链上手机设计公司开始由只重视研发设计能力向重视研发设计和整机生产能力发展。2004 年以联发科为代表的芯片全面解决方案的出现，使得"芯片厂商—手机设计厂商—手机品牌厂商"产业链上的手机设计公司的工作"越来越没有技术含量"。这为我国本土手机设计公司带来了能力发展的机会。2002～2004 年，中国手机设计行业快速发展，涌现出 15～20 家专业手机设计厂商。2006～2008 年，我国手机设计企业转向 PCBA(手机主板)和 ODM 供应商。一方面，现有手机厂商为了降低风险和现金周转压力，希望手机研发企业直接提供整机；另一方面，新进入手机领域的厂商，没有研发能力、没有工厂，更希望手机研发企业直接提供整机，尤其海外新兴市场的客户(如印度、俄罗斯、巴西、非洲、中东等)更是如此。

第二，本土手机厂商开始重视研发能力。在手机硬件平台化和 SoC 芯片技术驱动下，在产业链重组过程中，本土手机厂商的能力得到了发展。手机硬件平台化及其向芯片级(SoC)集成，降低了手机研发的技术门槛，同时缓解了低利润带来的压力。在 1998～2004 年间，我国本土手机企业刚进入手机产业时几乎没有研发能力，完全是依靠市场营销网络和销售贴牌手机。但是在 2004 年以后，整机厂商开始向技术研发转型，这些厂商一方面希望通过基础设计技术在新款手机设计上占据优势，另一方面也希望进入手机研发领域以占有利润较高的环节，从而有效应对手机市场上日益激烈的价格战。例如，TCL 在

2004 年将手机工程师数量由之前的 500 人增加至1 000人，其手机设计由基于模块的解决方案转向基于芯片的解决方案。康佳、波导、厦华、南京熊猫等当时都在加快技术研发队伍的建设，以期在手机基础技术上把握先机。国际厂商也开始在中国加强研发队伍的建设，以更好地针对中国市场推出相应的手机产品。诺基亚北京设计中心的工程技术人员的数量当时增加了 20%，该中心设计的手机占诺基亚手机全球销售量的 40%以上；西门子也将工程技术人员数量由 180 人增加至 400 人，后在 2005 年底之前增加至1 600人。

4. 动态竞争

能力构建差异影响了产业链上参与者的主体结构，进而影响了企业在价值链上的能力分布差异。在企业构建能力过程中，在市场竞争压力下，一些在位企业会退出，一些新企业会进入，结果是行业里的参与者成分发生变化，这动态地改变了行业里企业在价值链上的能力分布差异。

在 2G 时代，手机生产即意味着硬件的比拼，手机企业的创新或能力构建在于硬件本身。在此阶段，摩托罗拉、诺基亚等巨头主导着手机市场的发展。1995～2004 年，摩托罗拉的市场份额由起初的 60%左右下降到 20%左右，但还处于诺基亚之上。在 2004 年之后，诺基亚的市场份额超过了摩托罗拉。2008 年，诺基亚不再以传统手机终端厂商的身份出现，而是一家真正融合互联网和移动性的公司。诺基亚把原来三大手机业务重组为三部分运营，包括：负责手机生产的“设备”部门；向客户提供互联网服务和向企业市场提供产品的“服务和软件”部门；负责管理供应链、销售渠道和营销的“市场”部门。2007 年以后，诺基亚市场占有率远远超过了摩托罗拉，手机市场格局发生了突变。

在 3G 时代，随着移动互联网时代的到来，消费者对手机有了更高层次的潜在需求，除原有的电话和短信功能以外，消费者更希望能随时随地使用互联网来实现娱乐、搜索、交流等功能。此时的手机由硬件和系统构成，而消费者更多的效用是由系统部分来实现。苹果公司推出的 iPhone 手机迎合了消费者需求，苹果手机市场占有率从 2007 年开始逐步上升，而诺基亚、摩托罗拉、RIM、索爱等传统手机厂商的市场占有率均在快速下降。

经过十几年的发展，中国本土手机厂商也经历了生死沉浮，一些老牌手机品牌已经消失于市场，而一些新兴品牌逐渐崛起。在企业成长过程中，每个品牌企业的价值链能力构建进而分布也存在差异。如表 7—10 所示，能力分布差异主要体现在芯片技术和生产制造环节。国内品牌厂商中除了华为拥有自己的芯片技术之外，其他品牌厂商都依赖于国外的芯片设计企业。另外，在生产制造环节，中兴和联想拥有自己的工厂：中兴在深圳拥有自己的工厂——兴飞科技，在巴西、委内瑞拉等地也有自己的工厂；联想在武汉拥有自己的手机工厂。像华为和小米等手机品牌厂商则是与我国台湾或大陆的代工厂合作进行代工生产。华为手机制造基本上采取委托 EMS 方式，合作伙伴包括 Flextronics、BYD、长城科技等；产品全数委托 IDH/ODM 及 OEM 生产，合作伙伴包括闻泰（嘉兴）、龙旗（惠州）、Inventec（南京）、FIH（廊坊）等。

表 7—10　　国内部分手机企业价值链能力分布

国内部分手机企业	研发设计		价值链能力分布		
	高端	低端			
华为	自主	IDH	芯片技术	代工	销售
中兴	自主	—	—	生产＋代工	销售
联想	自主	—	—	生产＋代工	销售
小米	自主	IDH	—	代工	销售

注：IDH 表示独立设计公司。例如，华为 600 元以下的产品主要由闻泰、赛龙和华勤等 IDH 公司设计。

5. 内生机制

新形成的价值链能力分布内在决定了整个行业里企业成本下降和技术进步程度，这进一步调节了企业对产业链构成变化的选择。自 1998 年我国本土手机厂商进入手机产业以来，在手机产业链升级和重组的过程中，一些原有的手机品牌消失了，一些新的手机厂商成长起来了。在成长起来的这一批手机企业中，又形成了能力上的差异。小米公司成立于 2010 年，2011 年小米智能手机销售数量为 30 万部，到 2013 年为1 870万部，2014 年第二季度在国内市场占有率为13.5%，居第二（如图 7—16 所示）。目前小米拥有联网激活用户6 300万户。

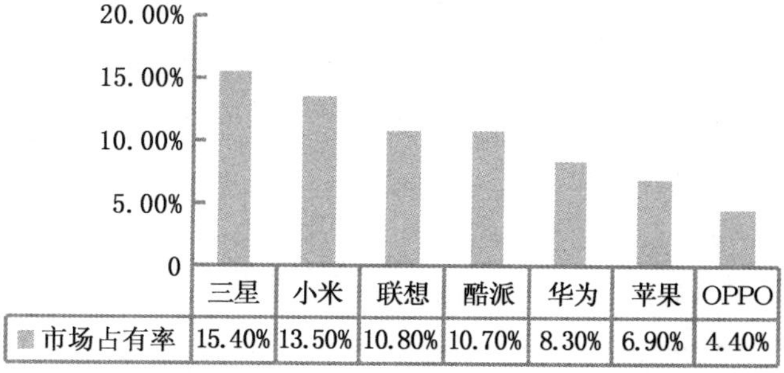

(a)

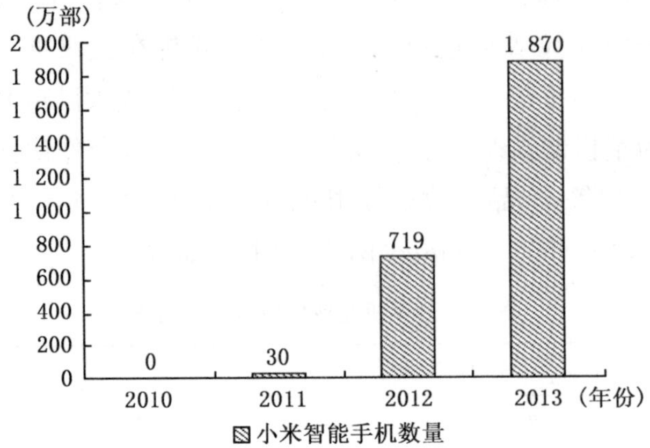

(b)

图 7—16　2014 年第二季度主要品牌厂商国内智能手机市场占有率和历年小米手机销售量

从产品角度,小米公司有两大特点:

第一,通过产品性能升级延长产品生命周期。对于手机来说,平均生命周期在 3~6 个月,在产品生命周期日趋缩短的情况下,若能延长产品的生命周期,企业可获得的累计利润就多。以小米 2 为例,2012 年 8 月 16 日,小米公司发布小米 2,售价1 999元;2013 年 4 月 9 日,小米 2 升级为小米 2S,售价仍然是1 999元,但是 CPU 性能和相机像素提升;2013 年 7 月,在保持硬件参数不变的情况下,小米 2S 降价为1 699元;2013 年 9 月 5 日,小米将小米 2S 的内存升级到 32G,价格提升到1 799元。根据小米官方网站数据,小米 2 系列共销售1 740 万部。小米 2 的生命周期见表 7—11。

表 7—11　　小米 2 的生命周期(1 年)

时间	2012 年 8 月	2013 年 4 月	2013 年 7 月	2013 年 9 月
型号	小米 2	小米 2S	小米 2S	小米 2S
价格	1 999 元	1 999 元	1 699 元	1 799 元
参数				
系统	MIUI V5	—	—	—
内存	16G	—	—	32G
屏幕	4.5 英寸	—	—	—
像素	800 万	1 300 万	1 300 万	1 300 万
CPU 主频	1.536Ghz	1.7Ghz	1.7Ghz	1.7Ghz

第二，最大化产品性价比。小米手机的核心竞争力在于性价比。表 7—12 列出了最新 4G 手机品牌参数，除了华为的荣耀 6 是使用自己的海思芯片之外，其他品牌的芯片都是使用高通 801 四核 2.5GHz；屏幕尺寸都是 5 英寸左右，系统是基于 Android 4.4.2 平台，机身内存都是 3G。根据“安兔兔”软件对每款手机的性能测试分值和售价，计算每款手机的性价比（性价比＝安兔兔跑分性能分值/售价）。小米手机性价比最高，而索尼 Xperia Z2 性价比最低。

表 7—12　　主要 4G 手机品牌的参数比较

参数	小米 4	荣耀 6	努比亚 Z7 Max	三星 S5	索尼 Xperia Z2	HTC One M8
CPU	高通 801 四核 2.5GHz	海思 Kirin 920 八核	高通 801 四核 2.5GHz	高通 801 四核 2.5GHz	高通 801 四核 2.5GHz	高通 801 四核 2.5GHz
网络制式	4G	4G	4G	4G	4G	4G
屏幕	5 英寸	5 英寸	5 英寸	5.1 英寸	5.2 英寸	5 英寸
系统 *	Android 4.4.2	Android 4.4.2	Android 4.4.2	Android 4.4.2	Android 4.4.2	Android 4.4.2
机身内存	3G	3G	3G	3G	3G	3G
电池	3 080mAh	3 100mAh	3 100mAh	2 800mAh	3 200mAh	2 600mAh
安兔兔跑分 **	43 915	41 581	29 801	44 107	33 838	45 138
建议售价	1 999 元	1 999 元	1 999 元	4 999 元	3 999 元	3 999 元

注：* 基于 Android 平台，小米开发了 MIUI 系统，华为开发了 EIUI，联想开发了乐 UI；** 安兔兔跑分数据来源于安兔兔官方网站 http://www.antutu.com/index.shtml。

性价比背后反映的是企业的“能力—成本比”。手机企业的价值链能力分布如图 7—17 所示，整个价值链可分为生产阶段和交易阶段。生产阶段主要是手机企业组织生产，需要企业具备组织生产能力以完成产品生产，其对应着组织生产成本，包括材料成本、研发成本、人力成本、固定资产等；交易阶段则是把产品推向市场，需要企业具备市场销售能力，其对应着市场销售成本，包括营销成本、渠道成本、物流成本等。企业在价值链上的能力分布差异决定了企业成本下降的差异。根据前面的分析，最高的性价比，即最小的能力—成本比：$\rho^i=\frac{\mathrm{Min}[C]_i}{\mathrm{Max}[CAP]_i}$。对于企业 i 来说，即实现：$\rho^i=\frac{\mathrm{Min}C_1}{\mathrm{Max}CAP_1}+\frac{\mathrm{Min}C_2}{\mathrm{Max}CAP_2}$。

（1）市场销售能力—成本比（ρ^s）

为了获得最小的能力—成本比，小米企业通过基于互联网的商业模式，一方面，借助电商销售模式降低市场销售成本（C_2）（见表 7—13）；另一方面，通过开放社区平台把用户纳入企业内部价值链，参与手机研发设计，尤其是手机系统的优化更新，增强企业与用户之间的互动深度，在增强用户黏度的同时，也提升了企业的研发设计能力，最大化消费者效用。目前，国内其他手机品牌商也在转变过去依赖于运营商的销售渠道模式，日趋转向公开渠道和电商平台，例

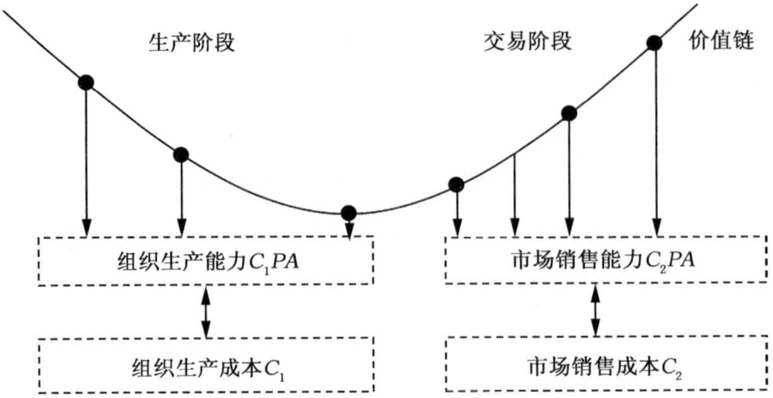

图 7—17 手机企业的价值链能力分布

如,华为对“荣耀”手机品牌全力推动电商平台建设,同时也大幅提升社会公开渠道销售和电商平台销售占比;中兴也在向互联网转型;联想手机从完全依赖运营商向借助公开市场渠道转型;酷派投资 10 亿元,联合渠道和经销商来建立合资公司,与经销商进行股份和利益共享,全面推动向公开市场渠道的转型。

表 7—13 小米与传统手机企业的成本比较

成本结构	小米(互联网企业)	传统手机企业
材料成本	—	—
研发成本	—	—
开模成本	—	—
渠道成本	0	高②
仓储成本	低	高
物流成本	快递成本①	—
营销成本	很低④	高③
运营商费用	—	—

注:①每单商品寄到本市的价格是 8 元,到省内为 10～12 元,最远到新疆、西藏,运费是 20 元;②对于传统手机制造业,手机厂商的渠道费用通常占到手机售价的 20%～30%;③传统手机厂商通常还有一笔约为售价 10%～20%的营销成本;④小米手机通过电商模式销售。

(2)组织生产能力—成本比(ρ^m)

组织生产能力—成本比是小米等国内智能手机厂商面临的难题。在手机市场容量既定的条件下,品牌厂商是否有能力组织起供应链,以较低成本及时推出新品上市,是手机企业赢得市场先机的重要条件。在“硬件”的生产上,大多数国内手机厂商从芯片、屏幕到摄像头、面板几乎都要完全依靠国外企业主导的供应链。因此,手机品牌厂商组织生产的能力,就直接表现为供应链控制能力。供应链控制能力体现了企业在供应链中的地位,其决定了该企业能否有效组织产品生产。

供应链控制能力主要在两种情况下产生作用:①货源紧张时能否获得供应商鼎力支持。货源紧张可能源于两个方面:一方面,新产品未进入量产阶段,货源供给紧张;另一方面,市场需求预测出现偏差,产能不足导致货源供给紧张。②供应商能否对客户的新技术、新工艺等要求鼎力配合。在其他情况下,比如任何处于批量生产阶段的产品(关键零组件),都可以通过正常的市场交易来完成组织生产活动。

关于如何提升供应链控制能力还有待深入研究,不过,从现有的企业实践中,可以总结出如下方式:①成为上游零组件供应商的优先战略客户,深度参与技术学习。在新技术开发时期,争取向芯片厂商进行技术研发、参数设计等技术学习,增强彼此的信任和提升自身技术能力。例如,在生产小米2时,小米派了6名工程师,在高通发布骁龙APQ8064芯片前的6个月在高通总部圣地亚哥的研发中心,与高通的工程师一起调试芯片。小米2后来成为高通骁龙APQ8064芯片的首发机型。① 在与NVIDIA(英伟达)合作的过程中,小米参与了Tegra4芯片的参考设计。②与其他标准化零组件供应商订立战略性供货协议。相对于非标准化电子元器件,它们的价格相对透明,规模越大,采购价格可能就越低。当供应商的产能发生变化时,“优先战略客户”的资格对保证供货尤为重要。例如,宇顺电子在2013年与中兴通讯的上游采购公司——中兴康讯——签订了涉及23亿元产品供应的框架协议。

7.7　企业层面实证:大企业主导产业链构成的变化对产业链上其他企业创新绩效的影响

前面论述了价值链能力分布对大企业主导产业链构成变化的影响,以及技术变迁下能力—成本演化对大企业主导产业链构成变化的影响,本节将从企业层面论证,大企业主导产业链构成变化对产业链上其他企业创新绩效的影响。研究的对象是上海市手机行业的各类企业,数据是通过问卷调查方式收集到

① “芯片首发意味着性能稳定到可以开始量产,但从发布到真正量产,中间需要3～4个月的产能爬坡。与小米不同,多数厂家会选择在芯片实现量产后再发布新手机,这样对供应链的压力更小,承担的风险也更小,但需要付出的代价是,这些厂商的用户使用新技术的时间也要推迟6个月。”——林斌

的。通过网络问卷平台、E-mail 等多种方式,共发放问卷 300 份,收回有效的 150 份,问卷回收率为 50%,其中有 20 份是大企业问卷。

问卷发放采取两步策略:第一步,先对手机产业里的供应商型企业发放问卷,通过供应商来确认在产业链中的大企业;第二步,对被供应商确认的大企业进行问卷发放(面向大企业的问卷),以确认大企业在面临产品更新、产品革新和技术标准创新时,是否存在对产业链升级、重组行为。

7.7.1 大企业主导产业链升级和产业链重组的选择行为

根据 130 家供应商的有效问卷反馈信息,其中有 20 家是在产业链中扮演主导作用的大企业,对 20 份大企业问卷进行统计分析(见表 7—14)后发现:在近 3 年,有 75%的大企业进行了产品更新,68%的大企业进行了产品革新,只有 54%的企业进行了技术标准创新。有少数企业同时进行了两种以上创新。面对产品更新时,有 81%的大企业认为产业链升级非常重要,有 57%的大企业认为产业链重组非常重要。面对产品革新时,有 39%的大企业认为产业链升级非常重要,有 50%的大企业认为产业链重组非常重要。面对技术标准创新时,有 39%的大企业认为产业链升级非常重要,有 50%的大企业认为产业链重组非常重要。

表 7—14　　在不同创新导向下大企业重构产业链的行为

大企业创新导向	比重*	产业链升级**	产业链重组**
产品更新	75%	81%	57%
产品革新	68%	39%	50%
技术标准创新	54%	39%	50%

注:* 表示选择其中某种创新的企业比重;** 表示大企业在进行某种创新时,其认为选择产业链升级、产业链重组实现创新的重要性,表中的比重为“非常重要”的比重。

根据上述统计分析,可以初步确认一个事实:在面对产品更新时,大企业有更大倾向选择产业链升级;在面对产品革新和技术标准创新时,大企业有更大倾向选择产业链重组。

7.7.2 产业链升级和产业链重组对产业链上其他企业创新绩效的影响

1. 样本结构

在 130 份供应商的有效问卷中,民营企业占 72%;50%以上的企业销售额在5 000万元以上；就业人数在 500 人以下的企业占总样本的 75%。具体见表 7—15。

表 7—15 企业样本结构

指标		频率	占比(%)
企业性质			
	国企	13	10
	民企	93	71.54
	中外合资	7	5.38
	外商独资	9	6.92
	港澳台企业	8	6.15
销售额(万元)			
	500 以下	7	5.38
	500～1 000	14	10.77
	1 000～3 000	17	13.08
	3 000～5 000	4	3.08
	5 000～10 000	18	13.85
	10 000～50 000	40	30.77
	50 000 以上	30	23.08
就业人数(人)			
	0～100	61	46.92
	101～500	37	28.46
	501～1 000	14	10.76
	>1 000	18	13.84

2. 计量模型

为了论证大企业的产业链重构行为对关联配套企业创新绩效的影响，本书构建如下模型：

$$y_{i,j,k}=\beta\sum X_{i,j,k}+\gamma\sum Z_{i,j,k}$$

其中，i 为企业，j 为创新类型($j=1$ 为产品更新；$j=2$ 为产品革新；$j=3$ 为技术标准创新)，k 为产业链重构方式($k=1$ 为产业链升级；$k=2$ 为产业链重组)；y 为产业链升级和产业链重组对不同创新类型的绩效影响；X 为解释变量，包括产业链升级和产业链重组对不同创新的重要性；Z 为企业控制变量，包括企业规模、研发强度、企业性质、创新政策和其他政策。

在130家问卷企业中,有70家企业在近3年里同时经历了产业链升级和产业链重组。由于问卷是针对供应商企业,而每一家供应商都可能面对多家客户,因此为了准确刻画产业链升级和产业链重组对配套企业不同创新类型的绩效影响,需要对基本模型进行约束。为此,一是引入向量 A,代表企业最近3年的主要创新类型——产品更新、产品革新和技术标准创新,以此来约束被解释变量 y;二是引入向量 D,代表企业与客户近3年的关系——持续合作关系和新建立的合作关系,以此来约束解释变量 X。因此,实证模型以下列矩阵方程给出:

$$Ay = DX + Z$$

其中,向量 $A=(a_1,a_2,a_3)'$,$D=(d_1,d_2)'$。

本模型中的被解释变量为问卷企业的产业链升级和产业链重组分别对企业的产品更新、产品革新、技术标准创新的影响程度,因为数值是有序变量(Ordered Variables),所以模型采用 Ordered Logistic Regression 模型。

3. 变量定义

(1)被解释变量:创新绩效

产业链升级对企业产品更新的影响(*upd_u*);产业链升级对企业产品革新的影响(*npd_u*);产业链升级对企业技术标准创新的影响(*tec_u*)。产业链重组对企业产品更新的影响(*upd_c*);产业链重组对企业产品革新的影响(*npd_c*);产业链重组对企业技术标准创新的影响(*tec_c*)。上述变量均采用李克特5点度量(1表示完全无影响,……,5表示影响非常大)。

产业链升级和产业链重组对配套企业创新的重要性:产业链升级对企业产品更新的重要性(*p_upd_u*);产业链升级对企业产品革新的重要性(*p_new_u*);产业链升级对企业技术标准创新的重要性(*tec_in_u*)。产业链重组对企业产品更新的重要性(*p_upd_c*);产业链重组对企业产品革新的重要性(*p_new_c*);产业链重组对企业技术标准创新的重要性(*tec_in_c*)。上述变量均采用李克特5点度量(1表示非常不重要,……,5表示非常重要)。

(2)控制变量

企业规模(*firmsize*)用企业就业人数的对数表示。企业性质表示为 *ownership*。本书把企业性质区分为两类:1为本土企业(包括国企和民企);0为(含)外资企业(包括中外合资、外商独资、我国港澳台企业)。研发强度(*rdintensify*)用企业的研发投入占企业销售额的比重表示,1表示2%以下、2表示2%~5%、3表示5%~10%、4表示10%~20%、5表示20%以上。创新政策

(*poly_inno*)刻画企业所获得的各级政府的创新支持政策,用虚拟变量度量,1 为有获得创新政策支持,0 为没有获得。其他政策(*poly*)主要用来刻画企业获得的在财税、土地等方面的其他政策支持,设置为虚拟变量,1 为获得政策支持,0 为没有获得。近 3 年公司的创新活动(a_i)用来刻画企业 3 年中所从事的创新活动:a_1 为产品更新;a_2 为产品革新;a_3 为技术标准创新。近 3 年公司与大企业之间的关系(d_i):用 d_1 刻画持续合作关系;用 d_2 刻画新合作关系。

4. 变量描述统计

各变量描述统计如表 7—16 所示,近 3 年中,81%的企业实施了产品更新,74%的企业进行了产品革新,40%的企业进行了技术标准创新;92%的企业与大企业有持续合作关系,65%的企业是新加入大企业供应链体系;37%的企业接受过各级政府的创新政策,样本企业平均研发强度在 1%～5%。

表 7—16　　变量描述统计

变量	变量定义	Ob.	Mean	S.D.	Min	Max
firmsize	企业规模	130	5.12	1.63	1.1	9.21
ownership	企业性质	130	0.82	0.39	0	1
rdintensify	研发强度	130	2.62	1.37	1	5
poly_inno	创新政策	130	0.37	0.48	0	1
poly	其他政策	130	0.4	0.49	0	1
a_1	产品更新	130	0.81	0.4	0	1
a_2	产品革新	130	0.74	0.44	0	1
a_3	技术标准创新	130	0.4	0.49	0	1
d_1	持续合作关系	130	0.92	0.27	0	1
d_2	新合作关系	130	0.65	0.48	0	1
upd_u	产业链升级对企业产品更新的影响	130	4.48	0.96	1	5
npd_u	产业链升级对企业产品革新的影响	130	4.16	0.99	1	5
tec_u	产业链升级对企业技术标准创新的影响	130	3.72	1.39	1	5
upd_c	产业链重组对企业产品更新的影响	130	4.38	1.06	1	5
npd_c	产业链重组对企业产品革新的影响	130	4.27	1.19	1	5
tec_c	产业链重组对企业技术标准创新的影响	130	4.28	1.13	1	5

续表

变量	变量定义	Ob.	Mean	S.D.	Min	Max
p_upd_u	产业链升级对企业产品更新的重要性	130	4.5	0.99	1	5
p_new_u	产业链升级对企业产品革新的重要性	130	3.85	1.27	1	5
tec_in_u	产业链升级对企业技术标准创新的重要性	130	3.6	1.46	1	5
p_upd_c	产业链重组对企业产品更新的重要性	130	4.3	1.1	1	5
p_new_c	产业链重组对企业产品革新的重要性	130	4.28	1.19	1	5
tec_in_c	产业链重组对企业技术标准创新的重要性	130	4.28	1.13	1	5

对各变量的置信度和效度进行检验,得到 KMO 值为 0.827,Cronbach's Alpha 值为 0.87,这表明各问题项能准确刻画各个变量。对各变量进行非参数的 Spearman 检验,初步发现解释变量与被解释变量之间存在显著相关性(如表 7—17 所示)。

表 7—17　　各变量 Spearman 相关性检验

	1	2	3	4	5	6	7	8	9	10	11	12
npd_u	1											
upd_u	0.425***	1										
tec_u	0.664***	0.162*	1									
npd_c	0.242***	0.543***	0.058	1								
upd_c	0.219**	0.498***	0.083	0.745***	1							
tec_c	0.166*	0.400***	0.077	0.660***	0.686*	1						
p_upd_u	0.331***	0.643***	0.095	0.519***	0.455*	0.321*	1					
p_new_u	0.642***	0.287***	0.536***	0.220*	0.083	0.033	0.448*	1				
tec_in_u	0.621***	0.115	0.740***	0.023	0.019	0.015	0.172	0.685*	1			
p_upd_c	0.337*	0.448***	0.192*	0.558***	0.578*	0.503*	0.349*	0.206*	0.226*	1		
p_new_c	0.207**	0.533***	0.06	0.648***	0.648*	0.546*	0.499*	0.266*	0.093	0.689*	1	
tec_in_c	0.240***	0.491***	0.14	0.578***	0.600*	0.636*	0.520*	0.175*	0.175*	0.645*	0.739*	1

注:* 表示 10%水平上显著,** 表示 5%水平上显著,*** 表示 1%水平上显著。

关于模型拟合效果,每个模型的调整 R^2 都不大,但是每个模型都至少在<0.05水平上显著,模型都通过了似然比检验,可以对结果进行解释。同时,对模型采用了稳健估计,以确保估计系数的可靠性。

5. 实证结果

依据上述计量模型,分别对配套企业的产品更新、产品革新和技术标准创新三种创新绩效进行有序逻辑回归。产业链升级和产业链重组对产业链上配套企业创新绩效影响的分析结果,分别如表 7—18 和表 7—19 所示。

表 7—18　　　　产业链升级对产业链上配套企业创新绩效的影响

VARIABLES	变量	模型Ⅰ（产品更新）	模型Ⅱ（产品革新）	模型Ⅲ（技术标准创新）
firmsize	企业规模	−0.069 2 −0.093 5	−0.216 −0.149	−0.175 −1.39
ownership	企业性质	0.273 −0.519	0.096 7 −0.423	0.290 0.60
rdintensify	研发强度	−0.001 18 −0.155	0.196 −0.175	0.482*** 2.750
poly_inno	创新政策	−0.908* −0.514	1.294*** −0.429	−0.01 −0.02
poly	其他政策	0.507 −0.541	0.912** −0.433	0.013 0.03
X	产业链升级	0.478*** −0.117	0.236* −0.122	0.236 1.50
	产业链重组	0.224*** −0.080 5	0.191** −0.091 8	−0.007 −0.08
Observations		130	130	130
LR chi2(7)		23.01***	35.49***	15.23**
Log pseudolikelihood		−144.218 25	−169.523 93	−138.235 49
Pseudo R^2		0.08	0.109 5	0.076 8

注：Robust standard errors in parentheses：*** $p<0.01$，** $p<0.05$，* $p<0.1$。

表 7—18 是在控制了企业规模、企业性质、研发强度和产业链重组变量之后，分析产业链上核心大企业采取的产业链升级对产业链上配套企业创新绩效的影响。结果表明，产业链升级对配套企业的产品更新在 1%水平上具有显著积极影响（0.478***），对产品革新在 10%水平上具有显著积极影响（0.236*），而对技术标准创新没有表现出显著性。产业链上核心大企业采取的产业链重组对产业链上配套企业的产品更新在 1%水平上具有显著积极影响（0.224***），对产品革新在 5%水平上具有显著积极影响（0.191**），而对技术标准创新没有表现出显著性。创新政策对配套企业产品革新具有显著积极作用（1.294***），但是对于配套企业的产品更新在 10%水平上具有显著负面影响。

可以初步得出如下结论：产业链升级和产业链重组均能积极促进配套企业产品更新和产品革新。对于产品革新而言，产业链重组比产业链升级的作用更加明显。产业链升级和产业链重组对配套企业的技术标准创新没有显著影响，但是受企业研发强度的显著积极影响。创新政策和其他政策对配套企业产品革新有显著积极作用。

表 7—19　　产业链重组对产业链上配套企业创新绩效的影响

VARIABLES	变量	模型Ⅰ（产品更新）	模型Ⅱ（产品革新）	模型Ⅲ（技术标准创新）
firmsize	企业规模	0.017 3 −0.107	−0.074 8 −0.113	−0.174 −0.125
ownership	企业性质	0.602 −0.453	0.544 −0.464	0.483 −0.473
rdintensify	研发强度	0.054 6 −0.149	0.502*** −0.147	0.677*** −0.187
poly_inno	创新政策	−0.577 −0.508	0.848* −0.462	−0.097 9 −0.549
poly	其他政策	0.219 −0.499	0.922* −0.476	0.281 −0.463
X	产业链升级	0.295*** −0.105	0.050 5 −0.133	0.072 7 −0.135
	产业链重组	0.188** −0.076 7	0.410*** −0.091 4	0.049 7 −0.097 2
Observations		130	130	130
LR chi2(7)		13.51**	47.56***	16.23**
Log pseudolikelihood		−160.776 93	−148.124 24	−128.235 49
Pseudo R^2		0.044 4	0.154	0.076 8

注：Robust standard errors in parentheses：*** $p<0.01$，** $p<0.05$，* $p<0.1$。

表 7—19 是在控制了企业规模、企业性质、研发强度和产业链升级变量之后，分析产业链上核心大企业采取的产业链重组对产业链上配套企业创新绩效的影响。结果表明，产业链升级对配套企业的产品更新在 1%水平上具有显著积极影响(0.295***)，对产品革新、技术标准创新没有表现出显著性。产业链上核心大企业采取的产业链重组对产业链上配套企业的产品更新在 5%水平上具有显著积极影响(0.188**)，对产品革新在 1%水平上具有显著积极影响(0.410***)，而对技术标准创新没有表现出显著性。创新政策对配套企业产品革新具有显著积极作用(0.848*)，对于配套企业的产品更新的影响系数是负的，但是没有体现出显著性。

可以初步得出如下结论：产业链升级能积极促进配套企业产品更新；产业链重组对配套企业的产品更新和产品革新均有显著积极作用；产业链升级和产业链重组对配套企业的技术标准创新没有显著影响；研发强度对产品革新和技术标准创新有显著积极影响；创新政策和其他政策会显著积极影响产品革新。

7.8　研究结论

第一，企业价值链能力分布差异越大，越会诱导大企业主导产业链构成变化。

价值链能力分布会对大企业主导产业链构成变化产生影响。在无技术变革下，成本下降会激励企业选择产业链升级，成本上升会刺激产业链重组；在有技术变革下，成本下降会刺激企业选择产业链重组，成本上升会激励产业链升级。

能力—成本共同演化会影响产业链构成变化的实现机制。一是企业在价值链上的能力分布差异较大，甚至有些不具有价值链能力。为了生存，企业会通过竞争和选择，选择产业链升级和产业链重组来弥补企业自身能力上的不足，以获得潜在收益和实现直接成本的下降，激励企业尽力降低企业间接成本。二是产业链构成变化对企业价值链能力构建的影响，取决于在产业链升级或产业链重组过程中企业对能力—成本比的权衡。一些企业可能专注于直接成本或间接成本的降低，另一些企业可能侧重于提升价值链上的某方面能力，还有一些企业则既考虑成本降低，同时又重视企业价值链能力的提升。三是能力构建差异影响了产业链上参与者主体的结构，进而影响企业价值链能力分布差异。在企业构建能力过程中，在市场竞争压力下，一些在位企业会退出，一些新企业会进入，结果是行业里的参与者成分发生变化，这会动态地改变行业里企业在价值链上的能力分布差异。四是新形成的价值链能力分布内在决定了整个行业里企业成本下降和技术进步程度，这进一步调节了企业对产业链构成变化的选择。

第二，大企业主导产业链构成的变化，对产业链上其他企业创新有积极影响。

在面对产品更新时，大企业有更大倾向选择产业链升级；在面对产品革新和技术标准创新时，有更大倾向选择产业链重组。产业链升级和产业链重组均能积极促进产业链上其他企业的产品更新和产品革新。对于产品革新而言，产业链重组比产业链升级的作用更加明显。产业链升级和产业链重组对产业链上其他企业的技术标准创新没有显著影响，但是受企业研发强度的显著积极影响。创新政策和其他政策对产业链上其他企业的产品革新有显著积极作用。

第 8 章

我国产业结构调整的新模式、新路径

8.1 影响我国产业体系与产业结构变化的中长期要素

近几年来，随着第三次工业革命与“工业 4.0”的设想，全球产业体系与产业结构正在发生变革与演进。发达国家借助新技术、新业态、新模式，正在谋求自身产业结构不断升级、新型产业的快速发展，进而能够在未来全球经济与产业分工体系中获得更好的经济位置、产业链位置和竞争优势。“工业 4.0”所代表的新产业革命实际上并不如一般所认为的那样仅仅是制造业的革命，而是供给端在众多新技术支撑下，对消费需求与消费变化的新认识、新把握；通过对新交易方式变化的响应，对新生产方式、新生产组织方式以及社会组织方式变革的创新把握，将导致全新产业体系与产业结构的形成。在这样的态势下，我国产业结构转型升级，必须把握上述趋势以及影响产业结构演进与变化的中长期变量，进行“弯道超车”，采取全新的战略思路、战略路径与战略对策，即大企业主导产业链重构的市场机制以调整产业结构的战略新模式。

8.1.1 中长期消费需求与产业供给结构变化趋势

供给与需求是产业体系与经济增长互动的基础，产业结构实际上就是供给结构，产业结构失衡从根本上看就是供给结构与需求结构的不匹配。所以，一方面，供给结构与需求结构的匹配和均衡是产业结构动态均衡的关键，当消费需求发生中长期变化时，产业供给结构也必须进行中长期相应变化；另一方面，由于技术进步与创新往往出乎人们预料，供给变化也会导致需求变化。新型产业体系的演进、消费者需求的变化趋势已经较为明显，而供给体系的变化也伴随着3D打印机与“工业4.0”在多种路径上逐步展开。我们接下去将概括需求与供给的变化趋势，进而分析影响产业体系的中长期变化因素的现状与趋势。

1. 中长期消费需求的变化趋势

我们认为，未来产业体系与产业结构变化是随着人类知识的增加、人均收入的提高，人类对新生活方式、幸福生活的追求，以及人类的消费需求、消费理念、消费习惯正在发生的巨大变化而出现的。这些变化有三个重要的方面：个性化、集成化与便利化。

首先，个性化是指消费者按照自己的需求与消费偏好，追求仅仅为自己个人定制的产品与服务，是对消费质量的追求。个性化消费是人们最高的追求，也是幸福与满意的最高级阶段。迄今为止的人类生产方式与技术仅仅是尽可能满足大众化的一般需求，至于个性化是非常奢侈的。在大规模生产的前提下，产品的成本才能够下降，进而满足普适大众的需求。这是供给端的限制，也是个人追求的约束。

由于互联网与智能系统的发展，在互联网既是信息平台、娱乐平台和社交平台，又是交易平台和生产控制平台的情况下，海量消费者的不同需求能够被快速地收集与处理，进而由智能化的生产系统完成快速的个性化生产。符合个性化需要的个性化产品的大规模定制化生产在技术上已经成为可能，部分已经成为现实。

一个典型的例子是从Web1.0到Web2.0的变化。Web2.0是相对于Web1.0的概念，指的是一个利用Web的平台，由用户主导而生成内容的互联网产品模式，并区别于传统的由网站雇员主导生成内容的Web平台。Web2.0概念的典型应用有博客、维基百科，相较于其过去的应用来说，主要的特性是利用了用户的主导，也就是每个用户的个性化想法，从而满足每个用户的个性化需求。Web2.0所提出的“以人为本”的创新以及之后的火热发展，事实上就是对个性化需求的最好反应。

其次，集成化是指对产品与服务需求的集成，使消费者的需求能够一揽子得到满足，是对消费效率的追求。产业体系演进至当下，生产与服务的细化分工日益深化，各类企业提供专业化的产品与服务，的确使效率提高了，但由于分工过于细化，对应某一需求的产品或服务环节也相对增多。对消费者的需求而言，在单个需求上提供的选择环节过多会造成缺乏选择的精力与能力。

为应对消费者需求的变化，企业可能需要一次性、多方面地提供消费者单个需求的全方位服务。伴随着信息技术、数据分析技术的发展,产品服务的横向与纵向趋向融合,并越来越倾向于集成。对于消费者而言,这样单个的服务更有效率,更有利于消费者体验。对于企业而言,这就要求某一需求对应的环节上的企业中,出现有信息整合能力与组织整合能力的企业。

对消费者集成化的典型响应在很多方面都有所体现,比如房地产业、金融业。在房地产业中,地产商开始尝试对房屋提供一站式服务,在消费者购买房屋后,由地产商协调相应的装修服务、搬家服务与管理保障服务。在金融业中,期货、股票、保险与理财产品大量融合,服务整体化提供。

最后,便利化是指消费者追求有效率且方便的消费方式,是对消费过程的追求。传统的消费过程目前仍然体现集市的概念,产品仍然是集中生产、相对分销的。在这样的背景下,消费者就必须面对获取商品信息、选择合适自己商品的挑战,以及成功购买商品的挑战。

在传统消费方式的基础上,由于信息技术与智能互联网服务系统等技术的进步,消费者在消费步骤上花费的精力可以大为减少。通过网站的广告与介绍以及相应的产品评论,消费者能够便捷地获取想要的商品信息,了解自己的需求并做出选择。或是更进一步,消费者可以快速直接地定制商品。购买商品不再像过去那样,必须要到某一特定的地点,而是可以通过互联网等工具在自己家方便地完成。若是为了消费体验,选择出行消费,那么信息系统也能根据消费者的需求,准确推荐最适合的地点与商品。消费者能够在智能城市中生活,最有效率地获取自己想要的商品。

使消费者需求实现便利化目前已经得到很多企业的重视,网购方式的兴起是最直接的佐证。作为传统消费方式的补充与替代,以淘宝网为代表的网站提供给消费者更完整的商品信息,并通过对消费习惯的分析,向消费者推荐合适的商品,进而通过物流完成消费。这远远领先于传统消费方式,其成功也不难理解。

2. 中长期产业供给的变化趋势

从"再工业化"、第三次工业革命的提出与讨论,到最近德国提出的"工业4.0"与美国的CPS概念,从表面上看,这些概念是针对实体经济发展、重塑制造业,并解决当前的经济与就业问题,但仔细分析后不难发现,这一系列概念是对以互联网为支撑的智能化大规模定制下的生产与制造模式的布局,是针对产业供给层面,对新的需求方式变革的适应,体现了产业体系的供给结构的中长期变化趋势。

2009年，以美国为代表的发达国家开始正式执行“再工业化”战略。这一次的“再工业化”不是简单的制造业回归，而是以新型生产方式为核心，致力于抢占下一轮制造业中最高端、附加值最大的领域，实现制造业由传统、常规技术向广泛使用以数控、低耗和洁净生产为重点的先进制造技术转变。他们也更强调在这一轮的“再工业化”中，用新的信息技术、互联网，对传统的劳动密集型制造业重新定义、整合发展，以此来提高传统制造业的劳动效率，降低劳动成本，满足消费者个性化、集成化、便利化需求，提高国际竞争力。

从现在的观点来看，新工业化事实上是发达国家对于新工业革命的布局和开始，反映了供给端现在的升级方向。2012年，随着《经济学人》在其4月刊上发表《第三次工业革命：制造业与创新》的专题报道，“第三次工业革命”概念真正进入大众视野。在这篇专题报道中，描述了当时正在发生的技术引领制造业的变化，认为3D打印技术将与其他数字化生产模式一起形成“增材制造技术”，相比于传统的“减材制造技术”，其具有制造成本低、生产周期短等明显优势，被誉为“第三次工业革命标志性的生产工具”。事实上，3D打印技术所代表的制造技术与模式变革正是这次革命的一部分，再生型能源、互联网信息技术与制造模式革命一起构成其基本要素，将引领一批新兴产业的诞生与发展，导致制造业生产方式、制造模式甚至交易方式等方面的重大变革。变革的本质是新的生产组织方式诞生以替代线性大规模、大批量、标准化生产组织方式，是再生能源替代化石能源作为人类生存发展的能源基础，而互联网信息技术对上述转变保证了实现的可能，最终将使得产业体系进一步演进。

随着时间的推移，智能化大规模定制下的生产与制造模式的“叩门声”正越来越清晰。2011年，在汉诺威工业博览会开幕式致辞中，德国人工智能研究中心负责人和执行总裁 Wolfgang Wahlster 教授首次提出“工业4.0”这一词。2013年，德国成立了“工业4.0”工作组，并于同年4月在汉诺威工业博览会上发布了最终报告《保障德国制造业的未来：关于实施“工业4.0”战略的建议》(*Securing the Future of German Manufacturing Industry*: *Recommendations for Implementing the Strategic Initiative Industrie* 4.0)。这份报告认为，“工业4.0”的核心就是下一代工业革命，是信息物联网和服务互联网与制造业的融合创新。报告指出，“工业4.0”会将智能技术和网络投入工业应用中，从而进一步巩固德国作为生产地以及制造设备供应国和IT业务解决方案供应国的领先地位。相比于第三次工业革命，“工业4.0”概念从生产角度添加了一步划分，将IT技术与互联网技术进行区别，但两者的本质是接近的。

美国于2005年末、2006年初曾对信息物联网和服务互联网与制造业的融合作出综合性的概括,称之为虚拟网络—实体物理系统(Cyber-Physical System,CPS)。美国与德国面对制造业未来,选择了一个必要的方面——软件——作为突破口。相比于德国关注的硬件生产设备与互联网基础设备建设,美国则在设计通用的生产软件。两者的实质都是针对消费者个性化消费需求,提供新一代智能制造生产方式,这一新的生产方式响应了第三次工业革命的潮流,代表了未来工业或者制造业发展的方向,也象征着新工业革命迈出的坚实一步。

综上所述,供给的变化趋势是以互联网为支撑的智能化大规模定制下的生产与制造模式,而具体的实施路径有三条:

第一,模块化的生产方式。这是响应需求、对传统的生产方式改良的一种模式,是美国再工业化的改革实质。通过产品生产的模块化分工,将数控技术、互联网技术等相互融合,做到对产品模块按照个性化要求进行集成组合,进而提供消费者足够多的选择,满足个性化、集成化、便利化的消费需求。

第二,3D打印的生产方式。3D打印一旦普及,工厂承担的就只有设计与原材料发放的工作,甚至工厂不再需要存在。个人在自己的家中或3D打印店中就能一步完成个性化生产,进而实现需求的满足。3D打印机代表的数字化叠加式制造是快速成型、一次成型制造,可以将产品“打印”出来。制造模式变革不仅涉及制造母机,还涉及材料等方面的重大革命。这样的制造模式可以大大节约材料、能源,使得仓储与物流运输节约成本,降低污染。

第三,定制流水线的生产方式。这是德国“工业4.0”及美国CPS系统所提出的生产方式概念。在这一概念下,工厂的流水线能够智能变化,自动分析消费者需求的变化,进而完成个性化产品的生产。这种制造模式将对整个产业体系造成革命性的影响。

8.1.2 影响产业结构的内生性因素的变化趋势

影响产业结构的内生性因素提供了产业体系与产业结构动态演化与进步的内在动力,其中最为关键的是知识与技术的不断进步,而知识与技术的进步又与掌握和对这些知识与技术进行创新的人才密切相关。从产业创新的理论与实践来看,科学家、科研人员与企业家是创新的主体,科技创新是基础,产品创新是开始,工艺创新是过程,产业创新即形成新兴产业是结果,如此新型产业体系就形成并不断演化了,新型产业结构就形成了,而只有创新才能导致后续不断创新。

1. 中长期知识与技术因素的变化趋势

知识与技术是实现产业体系与结构发展、生产满足需求变化的产品与服务的基本因素。按照德国对“工业 4.0”的说法，人类社会即将面临的恰恰是以信息物联系统为代表的新技术新工业革命，信息物联技术是目前与未来众多技术变革引导下的产物。这些技术又可归为两大类：基础产业类新技术与智能制造类新技术。这些技术变革及其将来的发展趋势将决定新工业革命的走向，也将决定未来产业体系的演化方向。

（1）基础产业类新技术构成了新工业革命制造设备的技术与产品基础

①互联网与物联网信息技术。

在传统的认识中，互联网信息技术仅仅是人与人沟通的工具。随着互联网、数字化、智能化的融合，智能工厂将孕育而出，成为新工业革命的发展方向，而其核心正是互联网信息技术。互联网信息技术下的物联网、Wi-Fi 技术、云计算技术打破了人指挥机器的传统模式，让机器学会学习、学会交流、学会自主变化，人只要提要求，机器就能自己完成制造。

②信息、大数据分析技术及其影响。

工业上的大数据技术提供了工业大数据，它是由一个产品制造流程或者一个工业体系带出的数据。工业大数据使得产品有更高的价值，每一个产品最后都能反馈信息至生产者手中，从而反过来影响之后的生产者决策与行为，也能提前为生产者应对突发情况做出提示，使得生产过程中不再存在不确定的信息。工业大数据的信息系统对制造设备的要求越来越高，将逐步成为新一代智能制造装备或工厂。

③新能源技术及其影响。

我们目前的经济与社会发展模式、人们的生产方式与生活消费方式，基本依赖于化石能源的生产与使用，然而目前化石能源已经逐步进入枯竭期。以太阳能技术、风能技术、海洋能技术、核能技术为代表的新能源技术正逐渐发挥作用，替代原有的产业结构与产品。除新能源发电之外，还有新能源汽车、新能源住房等正成为主流的消费品。

④新材料技术及其影响。

新一代的产品材料将选用诸如碳纳米管、陶瓷基纳米复合材料和新型碳纤维等，而其生产方式将会是添加式的，一次定型。这样的材料生产方式的实现关键就是新型材料技术。新型材料会使未来的产品比现有制成品更硬、更轻、更节能、更耐用,如分子材料与制造技术将可以在原子精确度的条件下操控分子。物质可以轻易地被准确操作,进而连接起来,由此带来成本的大幅度降低与利润的上升。

基础产业技术的革新改变了制造的方式,由人指挥机器向人提出要求、机器自行智能生产转变,使得产品的制造更简单、更高效(芮明杰,2014)。

(2)构成新型生产服务系统核心的智能制造类新技术

①智能制造装备技术。

智能制造装备是实现定制化生产的基础"工人"。目前,智能制造装备的前沿技术是3D打印技术以及高端机器人技术。以3D打印技术为例,零部件是通过三维模型中融化材料的连续层制成的——叠加材料而不是减去材料。用于生产这些零部件的"3D打印"技术使用的是动力金属、塑料液滴和其他材料——类似于激光打印机的色粉盒。通过这一技术可实现在不使用任何工具或固定装置的情况下制造物品,制造过程不会产生任何废料,也不会因为产品复杂而产生额外费用。

②嵌入式电子、智能系统与软件控制。

智能化生产系统及实现过程,以及网络分布式生产设施的实现需要嵌入式电子、智能系统与软件控制的帮助,它们是智能制造装备的"指挥"。未来,各个工厂将具备统一的机械、电器和通信标准。以物联网和服务互联网为基础,配备有感测器、无线装置和RFID通信技术的智能制造设备可以对生产过程进行智能化监控。由此,智能工厂能够自行运转,且工厂间零件与机器可以相互交流。结合大数据技术,智能工厂还能对生产与修理做出一定的提示。

③智能定制生产与在线控制体系。

智能定制生产与在线控制体系是通过基础设施,如互联网技术、大数据技术等综合而成的软件控制系统,是智能制造设备的质量"监控者"。每一个产品将承载其整个供应链和生命周期中所需的各种信息。设备将由整个生产价值链继承,可实现自组织。产品本身将成为信息的载体,能够自动记录其生产过程中的一切信息;同时,它还能够辅助操作步骤与监测周围环境。工厂可以实现全产业链的智能生产、生产的自我调整、透明化生产、预测性制造。

④资源与产品、服务配送技术与系统。

未来,配送系统将与定位技术结合得更加紧密,实现对资源与产品、服务的运转监管,进而实现零库存以及实时响应的送货系统。这一系统是物联网的进一步运用,可以帮助监控实物的具体数据、运输的具体位置,实现实时生产、快速送达的目标。与之对应，交通系统也会受其影响，产生相应的革新，与智能城市的发展目标呼应。

这些新技术、新方式目前的发展变化以及未来的发展变化所可能带来的未来产业与产业体系的变化，是我们必须关注与深刻研究的（芮明杰，2014）。

2. 中长期技术进步必然导致人才需求与生产方式变革

在技术进步的推动下，人才结构、生产方式与市场组织方式也呈现相应的变化趋势。具体表现为：

（1）人才需求的变革

在新的产业体系与产业结构状况下，劳动力要素的含义将发生改变。在生产领域，对低端劳动力的需求将越来越少，对高端人才的需求会不断增加，人们从事的工作更加偏向于研发设计与软件管理。现行产业体系与结构中的人才需求结构是金字塔型的，无论是调查统计还是机器操作，甚至是精密组织，都需要依靠大量基本劳动力来完成，然后在这之上辅以一定的管理及支援人才，最顶端的才是高端管理与经营类人才。

随着产业体系的变革，人才的需求结构可能变为沙漏型。尽管任何工作都需要相应的知识与技能，但根据工作性质与要求，工作可以分为相对简单的工作与相对复杂的工作。然而，未来无论是在生产领域还是在服务领域，相对简单的工作甚至比较复杂的工作都将由智能机器完成，人们一定会从简单的体力甚至脑力劳动中解放出来，智能机器人将替代许多人类的工作与劳动。由此大量的从简单体力与脑力劳动解放出来的人，要进入复杂的以脑力创新为主的工作之中，例如，从事对消费者个性化需求的大数据分析，进行产品与服务、商业模式的创新工作，对新型生产系统进行软件开发与运行管理等。在未来新型产业体系与结构中，对高端人才需求的数量将进一步增加。因此，如何加快培养有创新意愿、创新精神、创新能力的人才，提高全体公民的科学与文化素养，是打造未来产业竞争力的关键之一。

（2）生产方式的变革

生产方式是指产业的供给方式，直接面对人类消费需求。技术进步对人本身的要求的变化，会影响人们的消费需求与消费习惯，而这反过来又会影响产业供给结构的形成与变化。在19世纪末、20世纪初形成的大规模、大批量、标准化生产方式，与在当时形成的产业体系以及人类生活水平改善所产生的大规模初级需求是分不开的，而当人们收入水平不断提高，已经不再满足于标准化的初级产品与服务时，人们需要个性化、集成化的高级产品与服务。技术在进步、产业创新在开展,而其背后的实质是生产方式的根本变化。这一生产方式,我们认为可以称之为以互联网为支撑的智能化大规模定制生产方式。具体来说,今天的互联网既是信息平台,又是交易平台和生产控制平台,可以对海量信息进行加工处理,使之符合生产需要;智能化意味着智慧型计算机嵌入制造设备后,能够使生产设备更快地感知、自我反应、计算判断、分析决策、操作。定制过去是少量的,但在数字化、智能化制造条件下,符合个性化需要的个性化产品的大规模定制生产在技术上已经成为可能,部分已经成为现实。很显然,相比于目前大规模、大批量、标准化生产方式,该生产方式有诸多优势。第一,资源节约,表现在原材料使用仅为传统生产方式的 1/10,能源消耗也远低于化石能源消耗。第二,生产成本低,表现在利用互联网信息的成本低和自己动手生产,使得产品生产成本低。第三,交易费用低,通过网络平台直接定制、进行交易,交易费用几乎为零。第四,流通费用低,分散生产、就地销售可以节约大量的流通费用,节能减排。第五,真正提高了消费者的满意度(芮明杰,2012)。

(3)生产组织方式的变革

现行产业发展遵循了规模经济的法则,生产方式为大规模、大批量、标准化生产方式,其生产组织方式为"集中生产,全球分销"。比如,产品生产是先圈一块地盖厂房,然后把全世界原料送进来,生产完成后运到全世界销售,结果是来往运输成本、搜寻信息成本与交易成本都很大,而且浪费不少资源。在新的技术以及新生产方式条件下,新的生产组织方式则是"分散生产,就地销售",它不需要目前这样的工厂,只需要 3D 打印机这样的与互联网关联的分散生产点,就可以真正做到"就地销售"。产品的物流方式也不再是集中的、大批量的运送,而是"分散取送,网格配置"。另外,未来的生产与服务工作者也不需要集中办公,只需要有相应的设备,通过互联网平台就可以在家中完成工作。未来新型生产方式的形成,预示着新科技会带来全球产业体系与产业结构的全面变化,这对于我国现行产业体系与产业结构来说是巨大的冲击,我们必须要有相应战略与对策(芮明杰,2012)。

8.1.3 外生性因素的变化趋势

产业体系中的外生性因素对供给与需求的发展造成了限制,因而有关外生性因素的分析必然需要结合中国本身的情况来进行。伴随着中国的市场化与开放进程,产业政策条件与国际贸易环境在中国经济新常态以及贸易全球化的影响下,有其自身的发展趋势,因而我们重点关注自然禀赋的约束和人口结构与数量的约束。

1. 环境、能源、空间对产业体系的约束

随着时代的发展，自然禀赋不再局限于过去的资源与能源，而有了更加丰富的含义。环境保护、能源消耗等因素成为世界范围内广泛讨论的话题。随着PM2.5 问题的大曝光，环境问题已经构成了中国自然禀赋的一种约束。

环境是一个重要因素，良好的生活环境是产业结构发展的重要保障，它决定了发展的质量，也决定了居民对发展的认可度。中国目前的环境质量情况不容乐观，需要通过产业转型提升环境质量。因此，环境保护就成了产业结构转型的重要约束。

（1）中国所面临的环境约束

①传统产业的污染排放——减排问题。

在以水泥、电力、钢铁行业为代表的传统行业中，煤炭燃烧带来的污染最严重。尽管污染物排放量在近年有所下降，但 2013 年底，全国化学需氧量和二氧化硫排放总量分别为2 352.7万吨和2 043.9万吨，空气污染构成中国的主要污染特征。

②发展新兴产业带来的新型污染问题。

新型污染物的影响不明，与常规污染物相比，具有作用对象广泛、作用方式复杂、危害具有潜伏性等特点，需要加以关注。最近较受重视的一个污染物类别是工业挥发性有机物 VOC，它被认为是形成 PM2.5 及有机污染物的重要来源，且不仅来自传统行业，也来自新兴产业。

③现阶段能源消费结构与环境挑战。

目前，中国的能源消费结构仍然是以煤为主，这导致了巨大的环境压力。清洁煤技术的脱硫脱硝能使排放得到一定程度的缓解，但由于发达国家技术保护、排放成本的原因，清洁煤技术在中国发展相对落后，且企业不愿意采用。如何实现清洁型能源消费与生产是一个重要问题。

在目前中国的经济和产业结构中，尽管第三产业占比已经超过第二产业，但第二产业的比重依然很高，而其中，重工业又占到很大的比重。根据 2013 年中国统计数据，第二产业的比重为 44%，其中，重工业约为 40%。这一比重远远高于美国、日本等国家（如图 8－1 所示）。

可见，加速产业结构升级，降低工业尤其是重工业在经济结构中的比重，是空气污染治理的必然要求，也是发展的重要前提。

能源结构约束往往在产业体系不同的发展阶段提出不同的要求。中国既

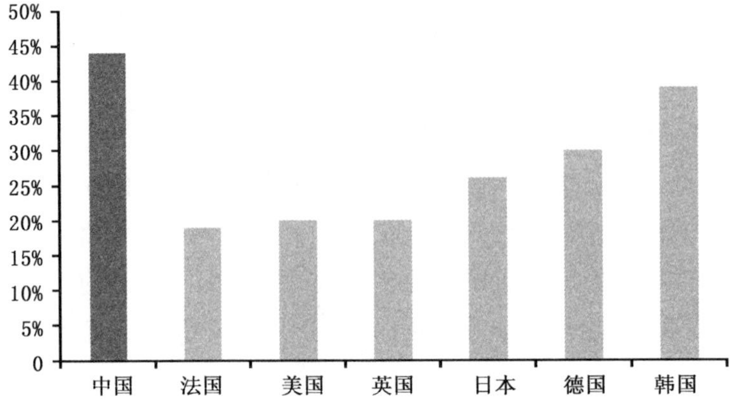

资料来源:中国国家统计局,世界银行

图 8—1　中国与部分国家 2013 年第二产业占 GDP 比重

面临能源消费的总量约束,也面临能源效率提升的压力。2012 年,全国工业重点耗能行业主要集中在黑色金属冶炼及压延加工业,石油加工、炼焦及核燃料加工业,化学原料及化学制品制造业,电力、热力的生产和供应业,非金属矿物制品。这五大行业用能量达到146 023.57万吨标准煤,占规模以上工业用能量的 71.7%,产值约占规模以上工业总产值的 24%,产值能耗是规模以上工业产值能耗的 3 倍。

(2)经过若干年产业结构调整的努力,中国相关产业已经处于较高的技术能级

这带来了一个更大的难题:在中国一些相对高能耗行业的节能已达到先进水平情况下,例如,钢铁和石化工业,还有多少节能空间?

另外,人类正在经历历史上首次以省资源、省空间、省劳力为基础开展的新工业革命,其实质是以数字制造技术、互联网技术和再生能源技术的重大创新与融合为代表的,能够导致工业、产业乃至社会发生重大变革的事件。如何提高科技创新和研发能力以顺应新工业革命,从而实现生态和谐、绿色低碳、可持续发展的经济发展模式,对中国而言也是一大挑战。

在新工业革命中,在未来的能源网络下也将是分散生产、分散消费。要应对未来的能源消费方式,能源网络的构建相当关键;而要构建能适应未来的能源网络,能源消费的改变是重要突破口。目前,中国的太阳能、风能等可再生能源的使用量还相对较低,如何改变能源消费结构是重要问题。

2010～2011 年,清洁能源(天然气、核能、风能、太阳能和水电)在中国只占

能源消费总量的 13%，而在 OECD 国家平均比例已达 42%。在法国，该比例甚至高达 62%。各国之间比例的差异，不仅在于自然资源的多寡，更反映了政策推动力度以及财政对清洁能源投入的差异。基于欧洲已经获得的成功，加上中国最近发现的大量页岩气、煤层气等非常规天然气资源，以及风电和太阳能稳定性的提高与成本的降低，中国清洁能源的比例提高是可行的。不同国家和地区清洁能源占一次能源消费的比例见图 8—2。

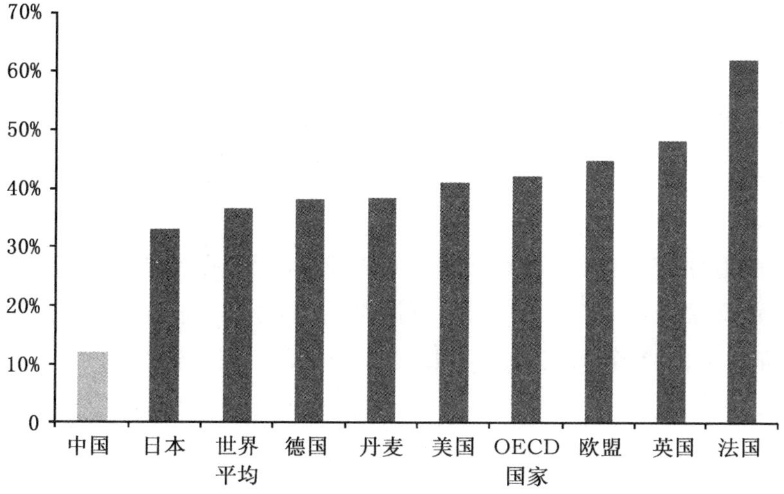

资料来源：《BP 世界能源统计年鉴》(2011)

图 8—2　不同国家和地区清洁能源占一次能源消费的比例

能源与环境约束还需要通过能源的生产与组织方式变革来实现。在新的理念、技术、资源配置、消费习惯等因素的影响下，能源需要满足分散生产、分散消费的需求(如图 8—3 所示)。如杰里米·里夫金所构想的，这个能源生产与使用模式可能具有几个显著的特点：①分散生产，首先自用；②基于能源智能网、互联网；③交易费用几乎为零；④知识、信息分享成本为零；⑤生产力真正成为社会性的，而非个人或企业的。目前，美国智能电网的发展，正是这一模式的实际应用雏形。

(3)伴随着城市化的不断推进，中国土地资源的禀赋限制开始突出，土地利用率有待提高

土地制度与政策是国民经济发展中的重要板块，经历了多年粗放式发展，土地利用率低的问题逐渐引起了人们的关注。2014 年末，国土资源部政策法规司原司长王守智在《节约集约利用土地规定》发布会上透露，目前我国城镇低

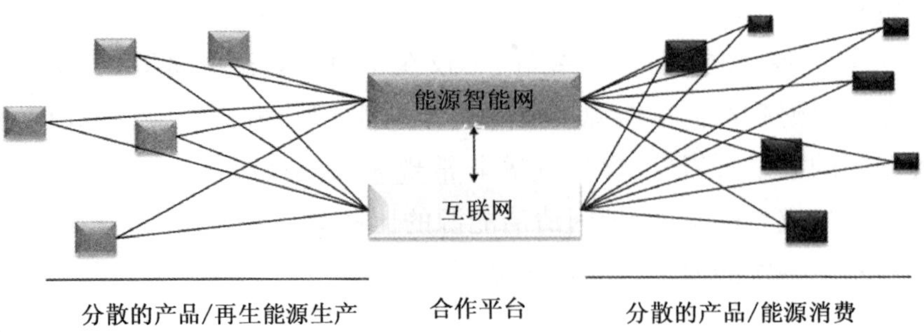

图 8—3 能源生产与使用模式

效用地占 40%以上。数据显示,我国工业用地面积平均占城市总用地面积的 40%～50%,高于发达国家 20%～30%的水平,这意味着我国工业用地面积已非常之大。

除了占地面积大,工业用地的利用率也比较低。据国土资源部土地整治中心副主任郧文聚介绍,2012 年,国土资源部曾对我国工业园区的产出强度做过调查,调查显示,341 个国家级工业开发区的平均产出强度为每公顷 1.3 亿元,最高是广东的沙头角保税区每公顷 24.9 亿元。省级开发区1 210个,平均产出强度是每公顷 0.5 亿元。这意味着,广东沙头角保税区每公顷产出是省级开发区平均产出强度的近 50 倍,无效用地问题较为严重。

2. 中国人口结构与数量对产业体系的约束

中国的人口变化情况对产业体系存在以下一些约束,将影响未来的产业体系建设:首先,中国要想进行产业体系升级与转型,就要具备大量从事服务业与生产性服务业的人才,因此人口素质的提高将会成为重要的趋势,需要做好引导。其次,以现有的情况看,人口的老龄化将不可避免,产业体系必须对此做好准备,而伴随着生育政策的改革,人口结构可能会出现沙漏型。

(1)中国人口的健康素质与教育素质仍需进一步提升,以适应产业体系的变化

从总体上讲,中国人口的健康素质仍然不高,每年新生儿出生缺陷发生率仍然在 4%～6%,每年约有 100 万例,在西部偏远地区与不发达地区的发生率更高。数以千万计的病患者和残疾人给家庭和社会带来沉重的负担,为本就脆弱的人口结构带来更大的挑战。另外,中国从 20 世纪末至今一直被冠以“世界工厂”的名称,从事产业链低端加工的一个重要原因是人口教育素质不高、人才不足,从而无法满足产业链高端生产的要求。根据第六次人口普查数据(见图 8—4),中国大学以上人口比重为 8.93%,初中及以上人口比重为 61.75%。

尽管较第五次人口普查，大学以上人口比重上升约 7 个百分点，但相比高收入国家约 24%的大学以上人口比重，仍有较大的差距。要想实现产业体系转型，整体教育素质需进一步提升。

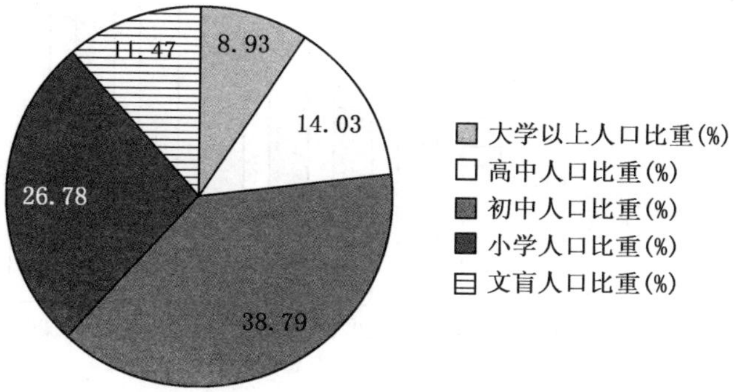

资料来源：第六次人口普查数据

图 8—4　人口受教育程度

(2)我国人口老龄化的速度正在加快

从国际比较情况来看，根据世界银行统计数据显示，1980 年，我国 65 岁及以上人口总量为4 980.6万人，占全部人口比重为 5.1%，低于世界 0.9 个百分点，老年人口总量相当于美国、日本和俄罗斯三个国家之和；2012 年，我国老年人口总量为 1.17 亿人，占全部人口比重为 8.7%，高于世界 0.9 个百分点，老年人口总量超过美国、日本和俄罗斯三个国家之和的近 30%。我国老年人口规模不断扩大的同时，老龄化速度有所加快。1982～2002 年，我国 65 岁及以上人口年均增长 219.3 万人，而在 2002～2012 年年均增长 333.7 万人，该十年年均增量较之前二十年多增 114.4 万人；从占比来看，1982～2002 年，我国 65 岁及以上人口占总人口比重年均增长 0.12 个百分点，而 2002～2012 年占比年均增长 0.21 个百分点，该十年年均增长较之前二十年多增 0.09 个百分点。

上述数据显示，我国老年人口规模呈现总量扩张、增量提速的发展态势，人口抚养负担正逐步加强。中国人口结构变化预期见图 8—5。

(3)我国老年人口分布不均，老龄化呈现转移趋势

我国各地区的经济社会发展水平差异较大，与此同时，人口老龄化发展形势也表现出明显的区域不平衡性。从地区分布来看，东部和中部地区的人口老龄化形势相对严峻，西部地区的人口老龄化压力相对较小。从时间趋势来看，东部地区人口老龄化正逐渐向中部和西部地区转移。数据显示，2002 年，我国 31 个省市区中，有北京、天津、上海和浙江 4 个省市的 65 岁及以上人口占比超

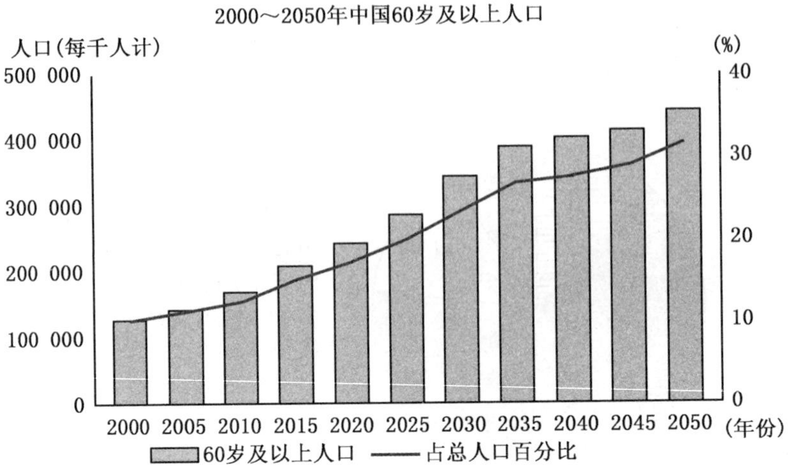

资料来源:联合国相关统计数据

图 8—5　中国人口结构变化预期

过 10%,这些省市全部属于东部地区。2012 年,有天津、江苏、安徽、山东、湖北、湖南、重庆和四川 8 个省市的 65 岁及以上人口占比超过 10%,其中属于东部地区和中部地区的各有 3 个,属于西部地区的有 2 个。老年人口占比高的地区增多,一方面显示我国人口老龄化形势越发严峻,另一方面也显示人口老龄化呈现转移趋势。西部人口教育素质的提高需求与老龄化挑战同时到来,压力较大。

(4)我国未富先老迹象显现,经济发展压力增大

从国际上发达国家的经济发展和人口结构变化来看,大部分国家都是在物质财富积累达到一定程度后,才开始进入人口老龄化阶段,相应地,这些国家有足够的财力来解决老年人的养老问题。而 21 世纪初我国面临人口老龄化社会时,物质财富积累则相对不足。2001 年,我国 65 岁及以上老年人口占比达到 7.1%,按照联合国标准正式进入老龄化社会,而当年人均 GDP 仅为1 041.6美元,不及德国、英国和加拿大的 1/20,仅为美国和日本的 3%左右,与发达国家存在较大差距。2012 年,我国人均 GDP 虽然大幅增长至6 188.2美元,但与美国、日本、德国、英国等多数发达国家仍然存在较大差距,经济发展压力依然较大。

近年来,伴随着"单独二孩"政策的推出,我国人口净增长又有上升的趋势(见图 8—6),这意味着未来在人口老龄化的同时,我国还可能出现"两头大、中间小"的沙漏型人口结构。为应对人口结构的变化,我国的产业体系升级迫在

眉睫。

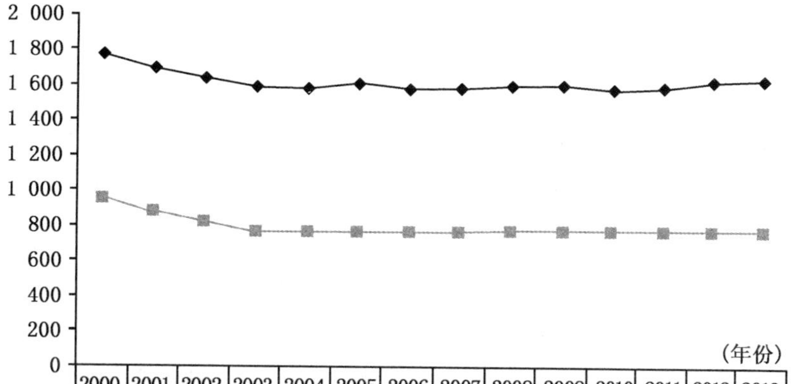

	2000	2001	2002	2003	2004	2005	2006	2007	2008	2009	2010	2011	2012	2013
新生人口(万人)	1 778	1 702	1 647	1 599	1 593	1 617	1 584	1 594	1 608	1 615	1 588	1 604	1 635	1 640
净增人口(万人)	961	884	826	774	775	776	777	778	779	780	781	782	783	784

资料来源:中国国家统计局

图 8—6 中国人口自然增长变化

8.2 我国产业结构转型升级的机遇与目标模式

8.2.1 新工业革命时代构建中国新型产业体系与结构的机遇

技术进步与创新已经将今天的经济带入了新工业革命时代,新工业革命时代不仅仅是一个时间概念,也是一个结构概念(里夫金,2012)。2008 年世界金融危机的根源是不平衡的国际分工引起的结构性问题,新工业革命的新能源、新制造模式以及互联网信息技术等革命与发展,必然导致国际分工格局的重塑。新工业革命时代在给我国产业体系、结构转型与产业发展带来重大挑战的同时,也创造了历史性机遇,主要表现在:

第一,新工业革命将对全球产业体系与结构造成重大冲击,主要发展中国家的产业主导性将得到增强。2008 年的国际金融危机爆发在很短时间内就导致美、日、欧等世界主要发达经济体都陷入经济衰退,世界经济危机爆发。而主要发展中国家(如中国、印度等)由于外汇储备的充足与金融体系的非完全开放性,在此次国际金融危机中受损失程度相对有限,并且这些国家都抓住了危机中的机遇,加快了对再生能源、互联网信息技术、数字制造等新兴产业的直接投资。可以预计:世界产业体系的格局在本次国际金融危机之后无可避免将产生重大调整,外汇储备充裕的主要发展中国家将获得更多的话语权;重要的新兴产业(如新型能源)将获得历史性发展机遇,而重要的支柱型产业(如汽车)将面临重组升级的巨大挑战。

第二,新工业革命客观上促使我国重视内需,逐步降低我国产业体系的出口依存度,提升经济的自主性。2008 年国际金融危机及贸易保护主义的抬头,对我国经济的影响最直接的表现是出口增速的下降和出口环境的恶化,并直接影响我国进出口企业的生存和导致大量的就业岗位流失。2013～2014 年,我国经济增长进入所谓"新常态",即经济增长速度放缓,投资拉动经济增长正在转变为消费拉动经济增长。在此条件下,我国推出了经济刺激方案和重点行业振兴规划,致力于扩大内需、调整优化产业结构,逐步强化内需对于产业经济发展的引导能力。可以预计,随着这些计划的逐步落实及后续效用的不断显现,我国产业体系对于出口的依赖性将很可能在长期呈现下降趋势,经济的自主性将得到加强。而新工业革命将形成新的生产方式,这就是互联网支撑的大规模、智能化定制生产方式,这样一种生产方式首先是针对国内消费者的个性化需要,可以预计这一生产方式的推行将在很大程度上激发内需。

第三,新工业革命要求加大科技创新与产业创新,在创新方面加大投入,从而导致我国知识创新型产业的地位相对提升,有利于产业结构转型。自 2008 年国际金融危机以来,我国依靠自然资源或劳动力资源禀赋的行业受冲击最为严重,行业绩效下降;而依赖于知识创新与转移的高新技术产业受冲击程度相对较小。新工业革命推动再生能源、互联网信息技术、数字制造等新兴产业发展的同时,对知识和技术的依赖程度很大,需要更强大的创新能力。所以随着新工业革命的推进,知识密集型产业在我国产业体系中的地位将得到提升,将开启我国产业从以资源禀赋作为比较优势向以知识创新作为比较优势的结构性转型时代。

第四,国际金融危机后世界经济格局发生了重大变化,人民币升值、发达国家经济状况不佳、资产价格低迷,为我国企业实施"走出去"战略、有针对性加大对外直接投资、争取全球产业链的主导权提供了历史性机遇。过去 30 多年,我国承接世界产业转移、发展为"世界工厂"的重要途径就是大量引进外资,成立三资企业。国际金融危机后,发达国家的"再工业化"推进,将帮助它们自己重振本土制造业,并出现贸易保护主义。我国依赖外资引进承接国际产业转移,以推动产业体系建设与升级这一途径的作用将逐步被削弱。与此同时,国际金融危机削弱了发达国家企业竞争力,而中国外汇储备位列全球第一,有足够的资金与动力支持我国在发达国家经济低谷时期实施“抄底战略”，加强自主创新将成为未来我国推动产业结构转型升级的主要途径。

第五，国际金融危机为我国吸引国际高级技术与管理人才、提升我国人力资源水平、提升国家人才“软实力”，创造了历史性机遇。2008 年金融危机爆发后，世界大多数重要经济体都陷入经济衰退，失业率大幅攀升，高级技术与管理人才失去岗位。而我国要承接更为高端的产业，顺利实现产业升级，就必须要有大量高级技术与管理人才的支撑。在此时机，大量吸引海外高级技术与管理人才成本较低、成功率高，我国各省市纷纷出台引进海外高层次人才的优惠政策，甚至组织专门招聘团赴海外招聘，以期在世界经济低谷期抢占人才资源高地，为我国建立新型产业体系和先进科技体系、发展新型产业结构储备高端优秀人才。

第六，中国的产业结构优化调整在新工业革命浪潮下面临三大难题：①中国产业结构性难题仍然存在，并且在国际金融危机的影响下加剧；②金融危机下，发达国家的贸易保护主义对发展中国家的产业结构优化调整造成了影响；③宏观调控的短期效应对产业结构优化调整造成不利影响。我们应清醒地认识到，在全球资源价格上升、人民币升值、贸易保护主义抬头和新技术革命快速推进的今天，中国现行产业体系与结构在全球分工中的劣势及弊端已经日益显现，我们迫切需要进行产业体系与产业结构的整体转型，需要构建面向未来的新型产业体系与产业结构，并对此进行认真科学的研究。

随着我国资源、环境、劳动力成本的上升，而其他成本更低的新兴国家进入国际分工体系中，最终将导致发展中国家原来以自然资源、劳动力为比较优势基础的竞争力逐步弱化。一旦发展中国家向前不能继续产业升级，后退也无法保有原来的竞争优势，工业化的进程被打断，就容易陷入“中等收入”陷阱。中国现行产业体系正处于这种“低端难留，高端遇阻，夹在当中”的状态，所以如何抓住新工业革命来临的历史机遇，尽快突破“瓶颈”，构建新型产业体系与结构，掌握结构调整的主动权非常重要。

8.2.2　中国未来新型产业体系与结构的目标模式

由美国金融危机引发的全球经济危机也波及中国，一方面，高度依赖出口的中国产业体系与结构受到了前所未有的冲击，出口衰减、投资下降，进而失业增加、需求减少，需要经济作出调整；另一方面，中国产业体系基本处于价值链低端，竞争力主要源于劳动力的低成本与资源的低价格，在全球资源价格变化和我国劳动力成本上升的今天,这一竞争力优势已经开始逐步丧失。对于新工业革命与中国经济发展的未来,中国现行产业体系与结构向新型产业体系与结构转型已经成为一个非常紧迫的重大问题。

1. 中国新型产业体系与结构的目标模式

(1)新型产业体系与结构的资源禀赋

产业是具有生产运营或工艺技术或产品或服务等方面共同特征的企业的集合,分类标准不同,产业的具体内涵也就不同。产业体系则是在某一分类标准下所有产业及其之间的联系。必须区分现行的产业体系与结构和新型产业体系与结构。现行的产业体系与结构是指当前一国产业的结构及其运行的状态。新型产业体系与结构是一个动态的、与时俱进的概念,所以新型产业体系与结构是指当代领先的、具有竞争优势的,又面向未来发展趋势的产业体系与构成关系。这样的产业体系与结构既涉及本国先天的要素禀赋带来的路径依赖,也涉及后天要素禀赋升级和专业化分工产生的动态比较优势。

要素禀赋的差异会影响不同生产部门的贸易,而专业化分工会影响相同生产部门的不同产品之间的贸易,发达国家与发展中国家的贸易主要由要素禀赋的差异所决定,而发达国家之间的贸易主要由不同产品的专业化分工所决定(Helpman and Krugman,1985)。鞠建东、林毅夫和王勇(2004)更进一步的研究表明,当国家之间存在要素禀赋差异时,如果国家之间存在完全的专业化分工,那么这种完全的专业化分工方式就完全地被各个国家的要素禀赋所决定。

国际分工格局形成了两类贸易:一类是发达国家与发展中国家的垂直贸易(或产业间贸易),另一类是发达国家与发达国家之间的水平贸易(或产业内贸易)。新贸易理论认为,在“规模经济”和“垄断竞争”的条件下,任何一国都不可能囊括某一行业的全部产品,从而使国际分工和贸易成为必然,规模经济成为发达国家之间工业产品“双向贸易”的基础。由于发展中国家依赖初级的资源禀赋,其市场进入门槛低,初级产品接近于完全竞争,没有产品的定价权;发达国家依赖高级的资源禀赋,其市场进入门槛高,高附加值产品的市场结构一般是垄断竞争或者寡头垄断。这造成了发达国家与发展中国家之间的贸易价格存在“剪刀差”,贸易的比较利益更多地被发达国家占有。随着国际贸易中初级产品和工业制成品交换的贸易条件越来越恶化,发展中国家最终会掉入“后发优势陷阱”(洪银兴,1997)。另外,在这种分工格局下,发展中国家的出口依赖发达国家的经济增长速度,造成了发展中国家对发达国家的依附性。“如果增长的引擎是较发达国家的工业产品和欠发达国家的初级产品出口,那么,较发

达国家的引擎就比欠发达国家的引擎转动得略快一些。”(刘易斯:《增长引擎的减慢》)

不过,初级的要素禀赋并不必然决定该国的竞争优势,因为要素是动态的,因而可以被升级。迈克尔·波特(1990)把生产要素分为基本要素(Basic Factors)和高级要素(Advanced Factors)两类:基本要素包括自然资源、气候、地理位置、非熟练劳动力、债务资本等一国先天拥有或不需太大代价便能得到的要素;高级要素包括现代化电信网络、高科技人才、高精尖技术等需要通过长期投资和后天开发才能创造出来的要素。既然基本要素禀赋的劣势可以通过战略和技术发明予以改变,产业分工格局就不是完全被动的。

(2)新型产业体系的目标模式

中国现行产业体系与结构在发达国家主导的全球分工格局中,处于价值链的低端,中国正在承受着普莱维什所说的“外围国家的成长烦恼”——有规模扩大、无收益增长的情况。因此,亟须改变中国在全球分工格局中的地位,目标模式就是将与发达国家的垂直分工改为水平分工,即由外生比较优势决定的产业间分工,转变为规模经济主导下的产业内分工。这个过程包括两个环节:一是通过知识和经验的积累,实现禀赋的升级,这是改变国际分工格局的关键;二是与发达国家的专业化分工,基于分工造成的生产率差异的内生比较优势,能够随着分工的逐步发展而不断演进,形成竞争优势。最终,建立一个体系开放、结构合理、布局优化,具有内生创新动力,不断动态演化的中国新型产业体系与结构,如图 8—7 所示。

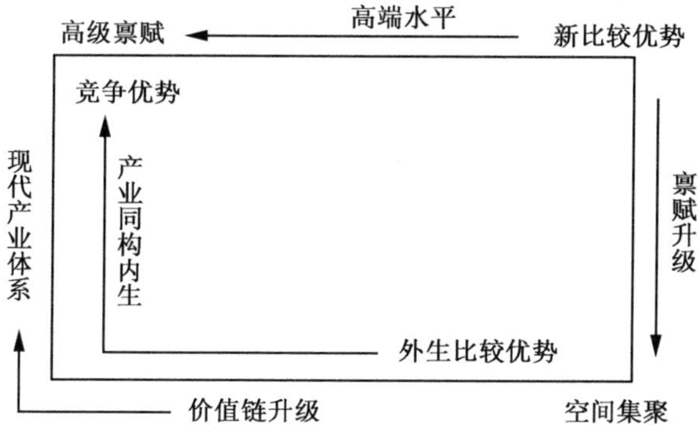

图 8—7　全球分工格局下构建新型产业体系的目标模式

2. 未来新型产业体系的可能构成

未来新型产业体系动态演进,首先是面临需求变化的巨大影响,消费者个性化时代将要到来。消费者个性化如果成功,一方面需要供应商能够生产提供符合消费者个性偏好的产品或服务,另一方面需要社会提供消费者个性化消费的空间与过程。由于消费者众多,每个人的需求不同会导致与需求相关的具体信息也不同,加上需求的不断变化,就构成了供应商的大数据。对这些数据进行处理,进而传递给智能设备,进行运算,然后通过设备调整、材料准备与自动加工等步骤,才能生产出符合个性化需求的产品(芮明杰,2014)。

随着消费者个性化的发展,新工业革命将可能导致社会组织方式发生变化,消费的同时就是生产。消费者可以安装太阳能发电板,生活方式实现能源自给自足;消费者可以买一台家用3D打印机,生活用具可以自己设计。工作方式可以是通过互联网与云计算在家里办公,分散工作,互联互通。社会交流也更加自由,根据兴趣导向,组建虚拟社团。在这种生产方式下,交通运输成本、能源消耗都得到了节约,城市潮汐式生活模式将发生根本变化,这一改变可以称作"反城市化"。

在技术发展引领消费者个性化、集成化、便利化的背景下,消费与生产同步将使得产业之间的边界消失,虚拟与现实相互连接,内生性因素发生重大转变。这些转变可能导致三次产业划分困难,产生新消费导向下的大功能集成产业与智能互联生产服务体系。

过去的产业体系分类标准,如三次产业分类法及其细分等,其依据是代表经济活动发展阶段的工艺技术的相似程度,并偏向于供给,整体的分类方式是纵向的。在现有产业体系分类标准中(见图8—8),基于使用的生产要素、产品的使用对象等,可以观察到产业之间的关联性;纵向类似、横向区分,产业之间存在明显边界。

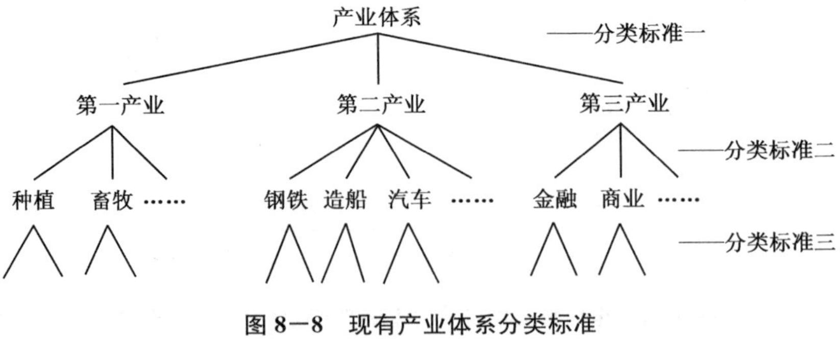

图8—8 现有产业体系分类标准

基于上述技术与产业体系动态演进的规律、需求与生产变化的趋势,生产服务体系也可从工艺技术分类的角度转为消费者产品需求与服务需求满足的角度考虑。具体而言，未来生产体系能够按照当前需求的发展趋势动态演化，逐步做到：①当前需求的满足以及下一轮需求的满足。②当前与未来需求的满足以及相应的准备。③对未来需求变化的满足与相应的准备。伴随着需求以及生产体系的演化，产业之间的边界越发模糊，生产、服务不能分割，过去的分类标准也越来越不适用，即三次产业分类法中，第一、第二产业与第三产业之间的区分比较困难。三次产业分类法可能不再适用，或仅能提供一定参考。

由于生产与消费的划分困难，加上新产业体系的演进与需求变化关系紧密，新的产业体系应当考虑以消费需求为导向的大功能性集成产业。需求可按功能性分为公共产品与服务、私人产品与服务。反过来，产业体系可分为生产资料产业、消费资料产业。区别于传统的生产与服务划分，这里的每一个产业均同时存在于生产与制造领域。生产资料产业又可分为基础型设施与生产设备设施。基础型设施包括原料、交通、能源、电信、互联网等领域；而生产设备设施则是基础设施的组合，能够进一步提供更为丰富的产品与服务。消费资料产业负责生产资料的进一步加工，可直接由基础产业产生，也可来源于由生产设备设施制造的产品。消费资料产业最终可直接满足消费者的需求。未来新型产业体系构成如图 8—9 所示。

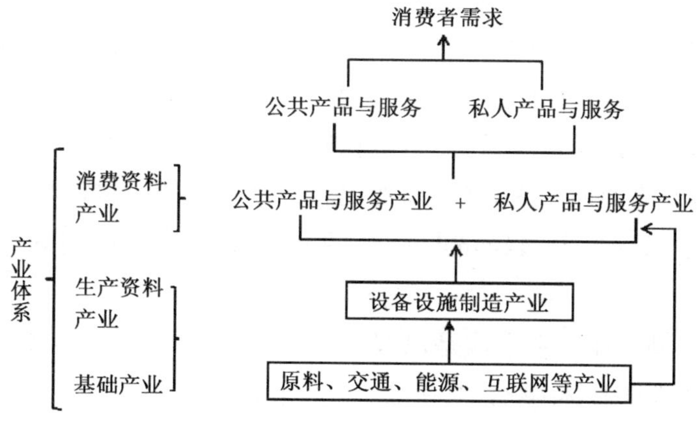

图 8—9　未来新型产业体系构成

未来，在这一大功能性集成产业体系下，将形成新型产业体系的运行逻辑，见图 8—10。消费者需求个性化、集成化、便利化的趋势在行为过程中会产生相应的数据，这些数据又通过互联网进行收集，由云计算处理，反馈给智能生产系统。智能生产系统一方面反馈工业大数据给云计算处理，完善自身生产系统，另一方面智能分析数据与控制服务，并经由智能工厂提供的互联生产服务设计产品并改变生产线；服务系统进而引领智能服务，完成个性化的产品生产与服务提供，满足消费者需求(芮明杰，2014)。

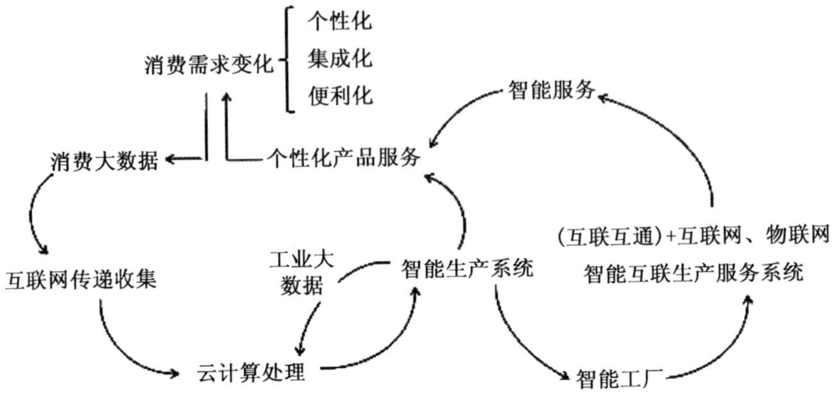

图 8—10　未来新型产业体系的运行逻辑

3. 新型产业体系的产业结构表现

中国的新型产业体系应该是面向未来的，带有中国社会制度文化、自然资源禀赋、人力资源、消费需求倾向、技术发展路径、生态环境等特色的，基于新的比较优势基础的、可持续科学发展的、先进的、具有国际竞争力的现代产业体系，其具有资源节约、环境友好、自我发展、信息技术复合、价值链优化、内外向结合、开放先进等特征。从目前主要依赖自然资源禀赋、劳动力成本低廉、自然环境损害、人民币汇率低等条件，在国际市场上创造产品竞争优势的现行产业体系，转变为面向未来，基于新的比较优势基础的、可持续科学发展的、先进的新产业体系，为中国经济与社会的和谐发展奠定长期的、可靠的产业基础。

这样的新型产业体系应该是以服务经济为导向，以再生能源为支撑，数字制造、互联网信息技术融合，“三二一”产业融合发展的新型产业体系(见图 8—11)，形成以服务经济为主的新型产业结构。其表现为：

(1)外在表现——服务产出、服务业就业、服务贸易、服务消费、服务业投资比重高，生态环境好，能源清洁，生产制造无污染。

(2)内在实质——再生能源已经成为最主要能源；服务经济在经济中已发挥主导作用；以互联网为支撑的大规模智能化定制生产方式将成为产业供给的主导方式；互联网信息化程度高；在产业高度融合、去边界化和高端化发展过程中，通过产业创新、产业融合、产业分化促进经济社会可持续发展。

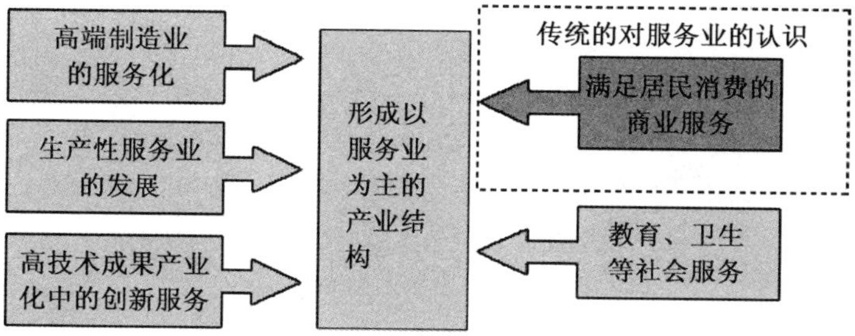

图 8—11　我国“三二一”产业融合发展的新型产业体系

8.3　建立中国新型产业体系与结构的战略路径

8.3.1　现行产业体系与结构的运行逻辑

在全球价值链(GVC)上，以跨国公司为代表的主导企业，一方面，通过对工序的分解将低附加值的环节转移到有比较优势的国家和地区生产，以降低成本；另一方面，通过专利池、战略隔绝、品牌强化和零售市场并购等多种手段来提高设计、研发和营销等高附加值环节的进入壁垒，阻碍发展中国家企业进行功能升级和产业链的升级，这正是发展中国家企业融入全球分工体系后陷入“悲惨增长”的根源(卓越、张珉，2008)。并且，随着中国经济发展水平的提高，工资成本、环境成本等必将上升，在劳动密集型产业，中国不得不面对来自低收入国家的挑战，而在产业升级过程中又会遭遇发达国家的“阻击”。如果我们无法成功应对这些挑战，我国的发展就会陷入比较优势的“断档”期，引发经济衰退(张其仔，2008)。现行产业体系与结构运行的系统动力学模型如图 8—12 所示，资源、环境、劳动力成本的上升，最终会使得原来的正向增强的反馈环无法进行下去，中国必须向新型产业体系与结构升级转型。

8.3.2　未来新型产业体系与结构的运行逻辑

新型产业体系是基于内生比较优势与发达国家进行产业内的专业化分工，通过自主创新实现功能升级，占据价值链的高端，获得对全球价值链的治理能力，实现收益的增长；而收益的增长会促进人力资本的进一步积累和新比较优势的形成，我国可在此基础上依据新的动态比较优势参与国际分工，形成一个正反馈循环，如图 8—13 所示。

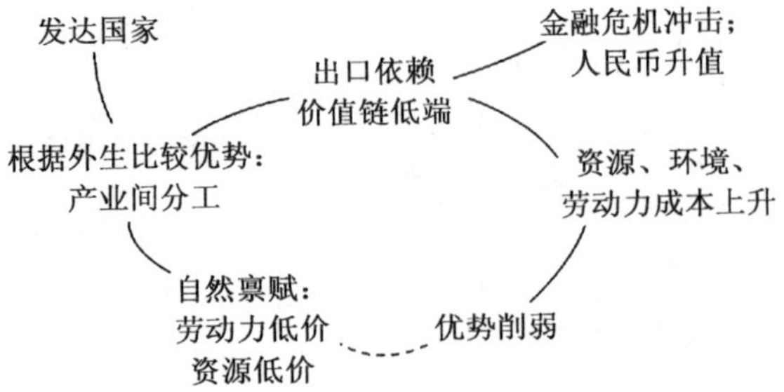

图 8—12　现行产业体系与结构运行的系统动力学模型

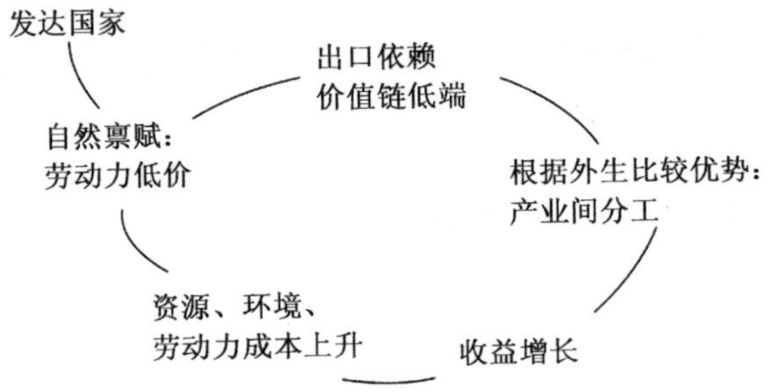

图 8—13　新型产业体系与结构运行的系统动力学模型

由现行产业体系与结构向新型产业体系与结构发展的关键是形成新比较优势。杨小凯等(Yang and Borland,1991)在批评新古典主流理论的基础上,从专业化和分工的角度拓展了对内生比较优势的分析。他们认为,即使对于一个没有先天的或者说外生比较优势的个人而言,通过参与分工,提高自己的专业化水平、加速个人人力资本的积累,也能获得内生比较优势。但是,一国出口产品的结构变化与该国产品的空间结构(Product Space)有关,一国产品空间的初始结构对该国产品的结构有着重要影响,会影响该国的发展路径(Hidalgo and Klinger et al.,2007)。新比较优势源于专业化分工的内生比较优势,但是它也受到该国初始结构的影响,更关键的是,为了实现产业的升级转型,专业化必须选择一定的方向。

8.3.3　建立新型产业体系与结构的战略思路

根据以上分析,中国建立新型产业体系与结构必须遵循科学的发展路径,必须在禀赋升级、价值链升级和空间结构优化三个方面取得协调,才可能实现由现行产业体系与结构向新型产业体系与结构的转化,具体如图 8—14 所示。

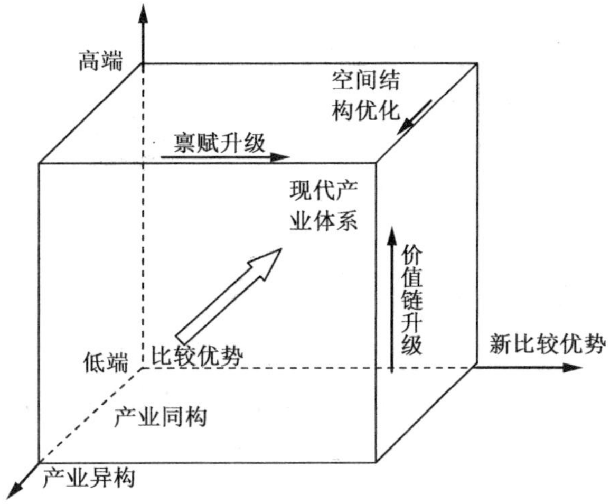

图 8—14　建立新型产业体系与结构的战略思路

战略思路包括三个方面：

1. 升级要素禀赋，改变比较优势的基础

转型升级的基础是比较优势的动态变化，因此，如何建立一个能充分发挥比较优势的产业分工体系，同时又不陷入"比较优势陷阱"，实现知识的积累，提升要素禀赋等级，积极开展技术创新、产业创新，是发展新型产业体系与结构的关键之一。

2. 在全球价值链中获得"治理权"

在开放格局下，中国很多产业没有价值链的治理权，而国外的跨国公司充当了"系统的整合者"，甚至通过价值链的区域分割和等级制度安排，限制发展中国家的产业升级。因此，如何通过知识积累和能力培育，使我国更多的大企业获得主导产业链升级的"话语权"，是转型的关键之二。

3. 通过区域一体化，构建形成新型产业体系与结构的市场基础

目前中国区域间产业同构的现象导致了资源分散和市场分割，难以形成对产业结构转型升级有利的环境。区域一体化通过要素流动和市场的统一，为产业结构转型升级提供了良好的资源支持和市场支持，而这是以区域间产业分工的科学性为基础的。

8.4　我国产业结构转型升级的路径与突破

改革开放 30 多年来，我国产业体系与结构的发展路径基本是由"轻"入

"重",就是从发展轻工业到逐渐放弃和淘汰轻工业,不断增加和发展重工业的路径。这样的发展路径过分重视制造业,带来了严重的社会和环境问题,环境污染不断加剧,产业与城市矛盾逐渐凸显。

未来,我国新型产业体系与结构应实现产业由"重"入"轻"的转型。这里的"重"和"轻"不再是指传统的重工业和轻工业,而是指以化工、金属冶炼、大型设备为代表的资金密集型"重资产"行业,向技术密集型、知识密集型生产服务经济与功能性产业相配合的"轻资产"行业发展。技术密集型和知识密集型生产服务性产业具有占地少、能耗低、运输量小、污染小和高附加值等特点,其核心要素禀赋为高素质的人力资源,这正好与我国未来需要建立的新型比较优势相符合。

8.4.1 我国产业结构转型升级路径可以概括为"加、减、除、乘"四种模式

1."加"模式:提高科技能级

"加"模式主要针对传统产业,其核心是推动管理和技术升级,用新的组织生产方式和先进实用技术改造传统产业,从而提高产品竞争力,提高产业附加值,最终实现产业升级。

如图 8—15 所示,实现传统产业的升级可以从两个途径努力:一个途径是管理升级,在现有产业技术条件下,通过生产组织的重新安排、质量标准的严格控制,推动产品和服务的精品化,提高产品、服务附加值;另一个途径是技术升级,用新技术、新材料改造传统产品,用新一代信息技术改造传统服务,提高产品和服务的科技含量,提升产品、服务竞争力。

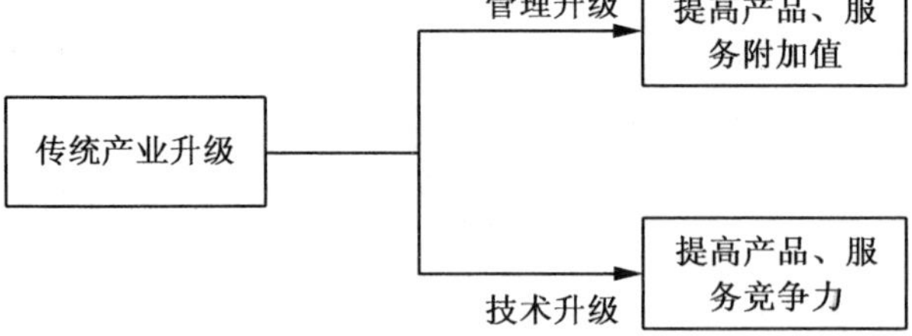

图 8—15 产业结构转型升级的"加"模式

2."减"模式:去低端化

去低端化的实质是把握价值链上我国有比较优势的高端高效环节,放弃技术含量低,同时又能耗高、污染大的加工组装环节。

我国能源耗费相对集中于一些传统的高载能行业，如钢铁、石油化工等。从价值链来看，能源耗费和污染主要集中在加工组装和围绕生产进行的运输环节。一些成熟产业的制造环节已经实现标准化，不需要很高的技术，比拼的是劳动力成本以及资金密集度，对这一类制造业我国已经失去优势。

即便在战略性新兴产业，并非所有环节都是高端环节。一般来说，加工组装环节技术含量低，是价值链的低端环节；研发设计、品牌营销等生产性服务环节科技含量高、技术门槛高，是价值链的高端环节。以属于新能源的光伏产业为例，我国缺乏核心技术。但由于电池片和组件生产的技术门槛较低，各地区在产业更替思维的主导下，都一窝蜂地上马光伏生产项目。这使得该行业迅速产能过剩，进入比拼成本的阶段。对于技术门槛低的低端环节，不管是传统产业还是新兴产业，我国都应该逐步放弃一般加工组装环节，转而做产业链的上游或者下游环节。以光伏产业为例，在放弃低端制造的同时，应该以发展能源服务为重点，切入价值链的高端环节。另外，生产性服务环节也并非全都是高端环节，物流运输、低端批发零售等竞争门槛低、价值含量低，也属于服务业的低端环节，应当适时退出。因此，去低端化的实质是把握价值链上我国有比较优势的高端、高效生产性服务环节，放弃缺乏技术含量的高能耗、高污染的加工组装等环节，如图 8—16 所示。

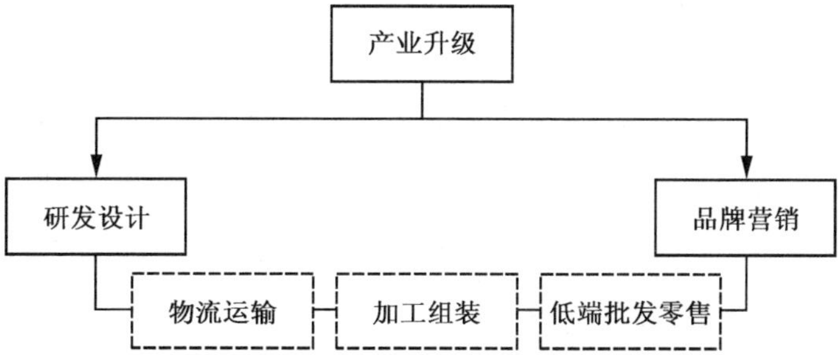

图 8—16　产业结构转型升级的“减”模式

3.“除”模式：用战略性新兴产业替代

通过新能源、新材料等新兴产业的发展，替代传统能源、材料，从而解决旧产业体系下产业发展遇到的能源和环境“瓶颈”，以此从根本上实现产业与城市的协调发展。

如图 8—17 所示，在过去使用碳氢能源和传统生产方式的情况下，能源和环境是城市发展的最大约束，生产过程和使用后的废弃物处理都是开放的，直接投放于环境造成了污染的外部性，因而造成了产业发展目标与国家发展目标的不一致。在利用再生能源、建立循环经济体系后,形成了闭环结构,生产和使用过程中的热能和废弃物会作为能源和可再利用的原材料,重新进入生产体系。在这个过程中,“静脉产业”不再仅仅是进行产品回收的下游产业,而是为第一、二、三产业提供能源和材料的上游产业。新兴产业的发展使得产业发展目标与城市发展目标再次统一,对我国生态环境改善与再建意义重大。

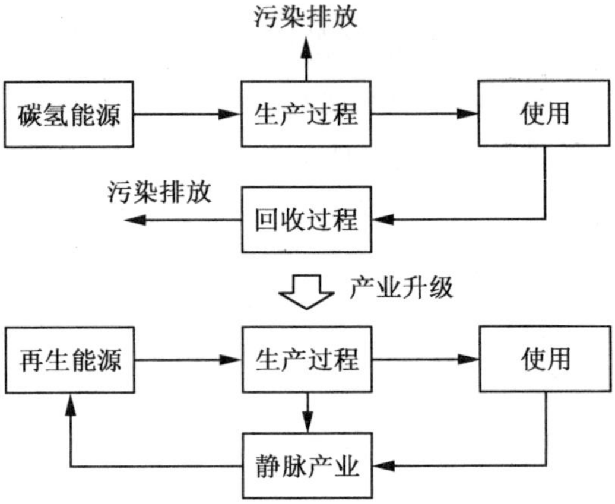

图 8—17 产业结构转型升级的“除”模式

4.“乘”模式:构建新型产业体系

即将到来的新工业革命带来了生产方式的根本性变化,主要包括三个方面:第一,能源由集中生产转变为分散生产;第二,制造方式由切削式生产转变为添加式生产;第三,这些分散的能源和分散的生产,依靠信息网络连接起来。

我国未来还是要通过新能源替代、新生产组织方式及下一代信息技术的应用,建立新型产业体系与结构,完全跳出传统发展模式,率先在“新工业革命”过程中做布局和投入。构建基于“新工业革命”的新一代生产体系,是我国在未来国际竞争中保持竞争优势的基础和保障。具体产业结构转型升级的“乘”模式如图 8—18 所示。

8.4.2 我国产业结构转型升级的重点突破

1. 借助互联网推动智能互联生产系统的发展

随着新一轮工业革命的推进和深入,以下一代通信网络、物联网、云计算等为代表的新一代信息技术正在改变着传统的生产模式,推动产业链的重构。首先,由于物联网、云计算和大数据技术的应用实现了实时采集、实时监控,并能感知生产过程中产生的大量数据,使得信息获取更加便捷;其次,由于生产数据

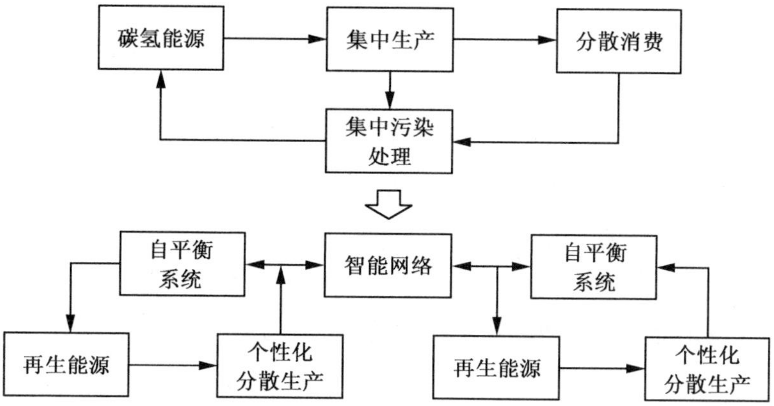

图 8—18　产业结构转型升级的"乘"模式

可以高速、广泛地传输，促进了生产过程的无缝衔接和企业间的协同制造，使得信息传输速度成倍加快；再次，信息处理技术发展实现了海量、多样化生产数据的快速处理，以及生产系统的智能分析与决策优化。新一代信息技术的广泛应用使得柔性制造、网络制造、绿色制造、智能制造成为生产方式变革的方向；同时也带来了工业互联网、工业 4.0 等一大批新的生产理念不断涌现。新一代信息技术正在不断地向制造业的各环节渗透，并扩散到整个产业链，引领了一系列新的产品、服务、生产体系和产业，并颠覆了过去的技术经济范式，开创了新的发展模式。

因此，对于我国来说，发展新一代信息技术是支持未来制造模式改变的核心，是构建新型产业体系的重中之重。应当积极布局通信网络、物联网、云计算等新一代信息产业，通过新一代信息产业的发展推动新一代信息技术在农业、制造业和服务业的应用，促进信息在不同产业领域的快速传递和共享，促进产业间的分工协作和融合创新。在新一代信息技术的推动下，现代服务业将更加紧密地嵌入农业、制造业的各个环节中，从而进一步促进产业间的深度融合和互联互通，促进个性化、网络化、智能化的新兴网络状产业体系与结构的建立。

2. 培育以企业为产业发展与结构调整主体的市场经济制度

未来经济的发展必须具备成熟的市场经济体制，这也是建立新型产业体系与结构的关键。一方面，成熟的市场经济可以为企业营造公平的竞争环境，督促企业完善内部制度环境，帮助具有核心竞争优势的优质企业发展壮大，淘汰效率低下的劣质企业。另一方面，通过市场的实际需求引导企业的生产模式转变，以及促进企业的自主创新，培育具备创新活力的大型企业；或通过国有企业改革激发国有企业的发展活力，充分发挥其市场带头作用，通过产业链上主导企业的产业关联性带动上下游中小企业的发展,相互促进、共同发展,形成产业链企业群体的良性互动,优化相关产业结构,最终实现整个产业体系与结构的转型升级。

3. 以高端人才为核心的“四轮驱动”发展方式

未来我国应该具备良好的支持产业创新发展的环境和公共服务以及优质的城市环境与生活品质,我国未来的新型产业体系与结构应该是以服务经济为主,注重“综合性生产服务、模块化分工、互联互通”的新型网络状产业体系,而这个体系应该是能够环环相扣、正向促进、良性互动,即“四轮驱动”发展方式,如图 8—19 所示。“四轮”是指先进生产性服务业、智能先进制造业、高端人才集聚和新生活服务业,其中,“高端人才集聚”是核心。高端人才的集聚将带来技术的提升和生产附加值的提高,从而推动先进生产性服务业和智能先进制造业的快速发展,并进一步促进我国产业创新发展和公共服务的完善。与此同时,高端人才也为人们的生活带来了多样化的需求和新的创意,人们日益丰富多彩的交往活动会为新生活服务业带来巨大的发展空间,也会间接推动城市环境与生活品质的提升。

总体上,“四轮驱动”以高端人才集聚为核心,通过产业体系中的先进生产性服务业、智能先进制造业和新生活服务业三大主要产业的带动,会促进产业创新发展和公共服务的完善以及城市环境与生活品质的提升,从整体上形成良性的循环互动,实现顺畅、迅速、高效的发展模式。

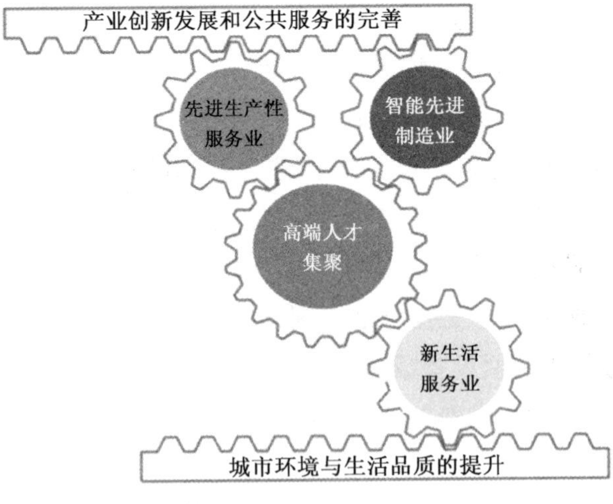

图 8—19 新型产业体系与结构的“四轮驱动”发展方式

第 9 章

我国产业结构转型升级的战略新对策

近年来,我国政府陆续出台政策以调整产业结构,并通过大量政府投资行为带动经济增长,促进产业结构转型升级。但总体上看,产业结构调整与升级的效果并不理想。产业结构的问题日趋严重,尤其是金融危机爆发后,出口不振,长三角、珠三角、东北地区等局部地区经济下滑严重,部分产业产能过剩的现象逐年加剧。这些经济现象,均与我国产业结构的宏观问题具有深层次的联系。例如,珠三角、长三角等地区均以简单加工及出口为经济基础,在来料加工、简单制造的过程中,并没有形成自主品牌和创新动力,缺乏核心技术和研发能力,始终处于全球价值链的低端。

事实上,依赖政府宏观调控政策以解决产业结构问题,不仅没有达到优化产业结构的目的,还使产能过剩等问题愈加严重。例如,光伏产业曾作为新兴产业得到政府的大力支持,政府给予光伏企业的各类优惠政策使各地光伏企业得到大量投入,纷纷扩大规模。但产能的迅速扩张导致短期内就出现大量的产能过剩。而我国的光伏产业集中于产业链的中游,上游受制于国外原材料价格,下游受制于欧洲市场。产业链本身的不完整,再加上企业在产业链上缺乏主导地位,使得我国光伏产业在飞速发展了数年之后,产能过剩日趋严重,由投资者追逐的明星而变得陷入了举步维艰的境地。

我们的理论与实证已经表明:产业结构调整优化的主体不应该由政府来承担。产业结构的调整可以通过两种机制进行,即政府行政调整机制和市场协调机制。但政府行政调整机制不仅没有解决产业结构中存在的问题,反而使部分问题更加突出;而市场协调机制则是通过市场的力量,以竞争和需求推动产业结构的调整优化,市场协调机制是在顺应市场自身规律基础上的动态调整。

市场作为资源配置的主体,能够提升资源配置的效率、降低成本,并通过市场竞争提升企业的活力和创新欲望,促进企业开展创新。市场协调机制也能避免政府行政调整中产业政策调整幅度过大的问题,从而降低经济的波动幅度,以及经济波动带来的成本。另外,市场协调机制还能避免政策的滞后性,使市场能够及时对产业结构不合理的地方发出信号,并进行内生的动态调整。这些调整是随时的、在产业结构的各个部位同步进行的。因此,市场协调机制是产业结构自发的、动态的、柔性的调整方式,政府只需要通过政策进行引导和规范即可。产业结构调整的主导力量来自产业链上的大企业。

所以,应该对我国现行产业结构调整的方式与政策进行改革,应该从政府行政调控产业结构的方式转变为由市场机制通过产业链上主导企业的经济行为,带动产业链上相关企业与产业创新变化,带动新型产业体系的建立与新型产业结构的形成和演化。而其中的关键是政府角色的重新定位,产业政策的重新设计,以及对产业链上主导大企业的培育发展。

9.1 产业结构转型升级中的政府角色定位

大企业主导产业链重组会使得产业结构的微观部分发生调整与变化,并最终促使产业结构转型升级。这样一种市场调整方式能够成功的关键,首先是政府在产业体系与结构转型升级中正确的角色定位。

9.1.1 市场竞争环境的维护者

在市场经济中,政府在产业发展与结构调整中正确的角色,应当是对公平、公正的市场竞争环境进行维护,降低企业采取机会主义行为的可能性,促进市场的良性发展。政府应该做好对经济发展及产业结构调整的公共服务,让市场在产业结构优化中发挥更大的作用。政府还应以全球化产业发展与市场竞争为背景,提供全球化背景下的经济政策与产业政策,但不是靠行政力量去"催熟"产业与企业。因为在当前经济一体化的大环境下,由于产业链、价值链在全球分布,使得我国产业与企业不仅面临一个地区或在一个国家内的竞争,而且面临全球产业与企业的竞争,要获得国际竞争优势就必须在全球化市场的竞争中,获得对产业链、价值链的控制地位,这就必须有在全球复杂市场中实现高效率和创新的能力。而由于我国的地方保护主义,以行政手段"催熟"的国内大企业,即便能在我国局部市场中获得一定市场地位,也无法在全球化市场竞争环境中获得优势地位，无法在产业链与价值链上取得主导权，这最终不利于产业链的重组和我国产业结构的转型优化。

政府应该是良好市场环境的维护者，应该为营造有利于产业链竞争与企业竞争的市场环境，设计产业规制体系、产业政策体系，应该通过市场机制来推动产业发展与产业结构转型升级，而不是直接投资推动产业的发展和替代企业进行决策与发展。只有在一个健康有序的市场、一个通过市场机制配置资源的经济体系中，才能够实现优胜劣汰，才能够有利于企业获得公平的市场机会，发挥其优势能力进行创新，提高效率、发展能力，从而带动整个产业链的提升，达到产业结构优化的目的。

9.1.2 科学的产业规制的执行者

政府是公平市场的维护者，应尊重市场在产业体系演化与产业结构转型升级上的选择，尊重产业链上主导企业的协同创新选择以及对产业链上企业协同关系的治理。但并不是说政府完全退出经济发展与产业发展，因为市场也有失败的时候，尤其是由于企业追求垄断，会导致垄断产业、垄断技术，使市场无法开展公平有效的竞争，最终不利于创新发展而导致资源配置效率下降。我国的产业体系与结构是失衡的体系与结构，垄断市场与过度竞争的市场并存，一些产业已经被过度垄断，如石化能源、电力、电信等，而还有一些产业恰恰是过度竞争的产业，价格竞争激烈，产能急剧过剩。两种状况都是我国资源配置效率低下的表现，而这与我们政府用行政方式推动地方 GDP 与产业发展的做法密切相关，也与我国没有很好地设计产业规制、政府没有很好地执行《反垄断法》密切相关。

经过 30 多年的改革与发展，我国产业体系与结构已经面临转型的关键时期，人口红利、土地红利逐渐消失，环境压力日益增大，全球经济一体化，使价值链的分布更加不均匀，政府比较粗放的管理方式已不再适合当前的实际情况，迫切需要设计科学有效的产业规制体系，以规范新型产业体系与结构的健康演化，迫切需要设计适应成熟市场经济的法律法规体系。而政府应该学习成熟市场的经济管理方式方法，其中就有要成为产业规制与法律的优秀执行者，唯有如此，才能防患于未然。应优先发展高科技、高产出、低消耗、低排放的产业与企业，实现资源最大限度的市场优化配置，保持产业生态平衡，促进人与自然的和谐发展，实现经济发展与人口、资源、环境的统一。

9.1.3 产业链控制者的培育者

大企业作为产业链的主导者,通过产业关联性与相关企业及产业协同创新,进而推动产业结构调整优化,其成功的关键是需要有这样的产业链、价值链主导企业,或我们所称的产业链上的控制者、产业链上的系统集成商。然而,我国目前严重缺乏这类对于产业链和价值链具有控制力的大型系统集成商。我们也有一些大企业,但基本上是别人产业链或价值链上的配合者,没有对产业链和价值链的控制力。为此,如何培育一大批能够在不同产业链、价值链甚至供应链上有主导控制力或集成能力的企业就十分重要。更何况,一个产业在国际上的竞争力如何,实际上也就是看这个产业有无在国际市场上具有影响力和产业链控制力的优秀大企业,如美国的波音公司、IBM公司、GE公司、微软公司、苹果公司等,它们的全球竞争力已经表现了美国在大飞机制造产业、计算机软件产业、手机制造产业等方面的国际竞争力。

因此,作为一个发展中国家、一个在全球产业竞争中正在发展的国家,政府培育大企业使之成为未来产业链与价值链的控制者,实际上也是在培育我国产业的国际竞争力。在培育产业链、价值链主导企业或集成商的过程中,政府应该扮演的是"引导者"的角色而不是拔苗助长的"保姆"角色。在培育大企业成为对产业链或价值链有控制力的集成商的"引导"过程中,政府需要避免以下几个方面:首先,要避免片面推动企业追求做大规模,或通过"拉郎配"等行政手段,强制拼凑企业集团,这样表面上好像扩大了企业规模,实质上对产业链没有真正起到整合重组的作用;其次,要避免在大企业发展成长的过程中拔苗助长,要靠市场的竞争实现优胜劣汰;最后,要避免盲目支持技术工艺落后、环境生态保护落后、高耗低效、仅有产能规模优势的大企业,而是要培育有创新能力、有竞争优势的企业,鼓励这些企业沿产业链、价值链提升控制力,成为产业链和价值链的控制者、主导者。

9.1.4 市场消费需求的引导者

一方面,消费者需求结构的变化能够最终传导到制造业,从而带动制造业的创新,进而调整产业结构;另一方面,科技创新也孕育着新产品、新服务的突破,技术革命在创造新的消费需求的同时,提升了消费需求的结构,催生出新的市场需求空间。所以,关注消费需求结构的变化,甚至引导消费需求结构的转型升级,使之引致技术创新和产业结构发生相应的变化,也是市场经济条件下政府应该有的责任与应该扮演的角色，这是一个市场化的过程。但在这一过程中，政府可以对市场需求根据经济发展和产业结构调整的需要，通过政策进行有效的引导。

政府应该成为居民健康合理消费观念的引导者，因为受有限资源的约束、受环境恶化和气候变化的影响，无论是从国内还是从国际看，政府都应该在需求层面引导消费者消费观念的转变。政府可以通过媒体宣传、消费补贴、税收政策等，将居民不太良好的消费习惯和消费行为引导向节能、环保、低碳、健康方向发展。

政府可以对符合国家产业结构调整方向的创新产品，在市场培育过程中给予政策支持。例如，对于新能源汽车的消费补贴、对于节能家电的以旧换新补贴、政府采购等，提升消费者对于这些新产品的知晓度和认可度。政府在消费观念上的引导和对消费市场的培育，都是为了促进具有创新技术的产品的市场推广，并通过对这类产品的推广，以增加生产，从而带动整条产业链的生产。市场需求的变化本身就可以引导企业的转型，如果政府能在转型过程中给予政策导向的配合，就能在市场导向下起到事半功倍的效果，有利于推进产业体系的结构性变化，最终起到优化产业结构的作用。

政府通过消费政策中对创新的支持和优惠，能积极影响产业链的创新绩效，而对一些消费品采取限制、提高税收等政策手段，也可以约束这些消费品产业的发展，最终间接引导产业结构的转型升级。另外，政府可以通过高新技术补贴、专利补贴、税收减免、人才政策等创新激励政策在竞争中鼓励企业创新，鼓励企业整合产业链、价值链，优化产品与产业结构，提升产业竞争力。

9.2　产业结构转型升级的宏观对策

新工业革命的三大基本革命，即再生能源、数字制造与互联网信息技术革命，实际上已成为我国建立新型产业体系与产业结构不可能绕开的命题，是我国建立新型产业体系、优化产业结构的关键内容，也是欧美发达国家近来一直努力投入、加大政策支持的产业发展方面。对此我们需要高度重视，设计我们国家新一轮宏观产业结构转型升级的对策。具体有以下几个方面：

1. 激发市场活力

我国现有的产业政策对市场的规制过多，而对市场本身的保护太少。一个缺乏充分竞争的市场是难以培育在全球竞争中具有竞争实力的大企业的。近年来,在一些政府管制较少的新兴产业中,我国已经有部分企业在国际竞争中具备了与跨国公司竞争的能力,如电子商务产业。我国的电子商务产业起步至今逾十年,充分的市场竞争赋予了企业竞争的活力。电子商务的龙头企业全都是特性鲜明的民营企业。京东商城在国内的市场份额远超亚马逊,并在与传统企业如国美、苏宁的竞争中逐渐取得优势。阿里巴巴上市后市值远超 eBay,甚至超过 Facebook,成为美国股票市场上第七大市值的上市公司。这些电子商务企业同时进行上下游的整合,带动了生产、物流、仓储等一系列产业的发展。在我国,充分竞争的产业更容易涌现出具有产业链整合能力的大企业。因此,政府应在如何建立健全市场机制、如何保护市场的充分竞争、如何规范市场并营造公平的市场竞争环境上下功夫。

2. 以再生能源、数字制造与互联网信息技术创新以及产业发展为重点突破口

瞄准上述三大领域的国际领先水平,组织全社会科研力量,用新机制形成一些类似德国的产学研战略联盟,如"光伏发电的第四代技术研发联盟"、"电动汽车与充配电系统联盟"、"智能制造系统联盟"、"大数据收集与分析应用联盟"、"互联网技术联盟"等。同时,政府给予必要支持,进行新产品政府采购等,并直接出新技术、新产品、高级人才。

3. 以战略性新兴产业发展为抓手,实现技术跨越和产业链、价值链升级

创新必须有一定的战略方向,才能实现知识的积累,促进产业链、价值链的升级。发展战略性新兴产业,关键是实现技术的突破,提高企业自主创新能力,实现产业链、价值链的升级,获得产业链、价值链的治理权、控制权,而不是仅仅成为发达国家此类产业的组装加工新基地,像目前的光伏产业那样。应该通过战略性新兴产业的创新带来的知识溢出效应和产业关联效果,带动我国整个产业体系演进,实现产业结构的转型与高级化。

4. 改造提升我国传统产业

我国传统制造业规模很大,但目前生产的产品档次低、附加价值低、竞争力弱化,也不再适应生活水平提高了的居民的需要。例如,我国是纺织服装产业大国,这也是最大的全球代工产业,然而我们的面料做不过意大利,我们的服装没有全球著名品牌;又如,我们是传统陶瓷大国,历史悠久,然而我们的卫生洁具大量是使用美国、日本、西班牙的品牌。我国有巨大的市场,人民收入水平在不断提高,我国传统产业改造升级的市场空间是极大的。改造提升我国传统产业就是要提高传统产业价值创造和价值创新能力,推动传统产业向产业链与价

值链高端高效方向发展。这要求传统产业增加技术含量、提高工艺水平、提升企业设计能力、提高品牌和营销能力、增加产品附加值,并以节能减排为突破口,推动传统产业转型升级,实现低碳发展。

5. 以生产性服务业发展为突破口,推动制造业专业化升级

我国服务业中生产性服务业发展特别落后,生产性服务业是为制造业服务的,我国是制造业大国,生产性服务业落后与制造业相对不专业化有密切关系。生产性服务业的发展,是随着制造业部门内部服务职能的重要性、复杂性、多样性的发展变化,逐渐从"内部化"走向"外部化"的结果,并由此也促使制造业的升级。在产业升级过程中,生产性服务业与制造业之间呈现复杂的互动关系。一方面,制造业的升级产生对生产性服务业的需求,随着制造业部门的扩大,对生产性服务业的需求,如贸易、金融、交通、社会服务等,会迅速增加;另一方面,生产性服务业,特别是高端生产性服务业的发展,是形成具有较强竞争力的制造业部门的前提,如供应链服务有助于提高制造业生产率,研发设计则是提高产品附加值的重要手段。生产性服务业的发展可以提高社会分工程度、获得报酬递增效果、降低社会经济运行的交易成本,从而有助于制造业竞争力的提升,并推动产业结构优化升级。

6. 保持产业体系更大的开放性,在转型升级过程中优化产业空间配置

在全球化背景下,中国不可能在孤立、封闭的条件下,实现向新型产业体系与结构的转型。在建立新型产业体系的过程中,市场空间对产业转型升级的技术空间有着决定性作用。通过开放可以扩大市场空间,容纳更多的产品,有利于中国企业借助国际市场,实现由垂直分工到水平分工的转化。中国企业也需要通过开放的市场环境,利用价值网络学习技术知识和市场知识。同时,国内的企业也可以通过垂直分工,向成本更低的国家和地区外包或转移部分环节,提升在整个产业链、价值链上的竞争力。我国在向新型产业体系与结构的转型升级过程中,必须利用国内和国际两方面的资源,依托国内和国际两个市场。

7. 构建企业创新网络,培育动态比较优势,由垂直分工转变为水平分工

建立我国新型产业体系与产业结构的过程,就是由依托外生比较优势(低级的资源禀赋)确定产业国际分工格局、促进经济增长,到逐步培养内生比较优势(干中学、知识的积累),最终形成竞争优势(规模经济、绝对成本优势、高级资源禀赋)的过程。我国新兴产业的发展、传统产业的转型升级,都有赖于国家创新服务网络的建设。我国虽然一直在推动自主创新,科研投入也在不断增加,但在对创新服务网络、服务方式的研究提升上依然比较滞后,客观上这也是我

国创新效率不高的一个原因。但是通过企业自主创新、进行知识积累，实现禀赋的升级，形成新比较优势，是改变国际分工格局、建立我国新型产业体系的关键。为此需要进一步重视培育创新型企业，构建产业链创新网络，发展自主创新的公共服务，提供创新引导政策，以促进企业的产品创新和产业创新，推动新兴产业发展。

9.3 产业结构转型升级的中观对策

生产、流通和消费之间的结构性匹配是我国产业结构调整优化的重要方面。过去我们在生产、流通与消费方面的政策主要由主管部门制定，虽然这样做有其必要性与合理性，但缺乏整体性的考虑，相互之间摩擦矛盾不断也是这三者结构不匹配的关键所在。因此，本部分政策设计的出发点是从产业链、供应链组织角度，考虑产业生产、流通和消费之间的结构性匹配的政策。

9.3.1 打造生产、流通与消费共享的互联网平台

生产、流通与消费结构失衡首先在于相互之间信息不对称，虽然三者之间信息不可能绝对对称，但三者之间信息的对称程度越高，越能够降低三者结构之间的失衡程度，越是可以使三者结构比较匹配。其次是三者在市场上交易的便利性，以及商品与服务的及时有效的流动性和可获得性上的失衡。三者之间信息即便比较对称，但如果交易不方便、获得产品与服务不方便，那么三者之间结构的不匹配现象依然会存在。从现在与未来的角度来看，科学技术已经为此做了积极可靠的准备。前者可以通过一站式互联网信息与交易平台来解决三者之间信息不对称、交易不便利的问题，事实上今天的大量互联网电子商务平台已经给出了越来越好的解决方案；后者可以通过强大的供应链网络物流配送系统协同上述平台来解决产品与服务的有效快速获得的问题，其实，今天的供应链企业、物流企业已经为此做出了极大的贡献。但尽管如此，为什么我国的生产、流通、消费之间依然存在严重的结构性不匹配呢？主要的原因是上述两方面的努力虽然方向正确，但规模小未能覆盖全社会所有的生产、流通与消费，例如，2014 年我国网络购物交易规模已经达到 2.8 万亿元，比上年增长48.7%，但仍只占我国全社会消费品零售总额的 10.7%。而从事生产资料产品交易与信息交流的互联网电子商务平台企业发展也很快，但依然不能够全面覆盖生产资料产品生产、流通与消费。另外，我国地区市场的分割、流通体系与技术的不

发达、物流企业以及供应链管理的落后，导致了生产、流通与消费结构之间的失衡还是很严重。

产业体系的生产、流通与消费者的消费之间的结构性匹配需要有效的信息交互与便利交易平台，以此来实现信息的共享、传递和有效利用，实现快速、有效、便利的产品与服务的交易，实现良好的物流配送；否则，信息的非对称以及交易的不便利、送达的不快捷都会降低生产企业与流通企业的效率，降低消费者的福利水平。这样的平台发展自然应该由类似阿里巴巴、京东、复星等这样的企业承担，只是在这些互联网企业发展的过程中，政府应该充分重视电子商务平台在产业结构平衡与调整中的重要作用，引导它们在生产、交换、流通与消费结构匹配方面发挥更大的作用，推动它们更好更快地发展。设计比较有效的支持政策，这是一方面，另一方面，政府也可以搭建相关的生产、流通、交换与消费方面的信息服务公共平台，其中包括依托行业中的大型企业，建立各类产业生产、流通、消费需要的公共信息子平台。这些公共信息子平台将提供生产信息、需求信息、技术信息、物流信息、标准认证、流程制度、政府服务等，让全社会进行共享，提高全社会信息的透明度和信息的对称性，从而使生产企业、科研机构、社会组织都能够分享新需求、新产出、新知识成果，并获取其需要的信息。流通企业也可以从平台上获取各类交易信息，从而为产业链提供更为有效的物流手段、降低流通成本，并减少流通过程中的损耗。

9.3.2　推动制造业与生产性服务业的融合发展

生产性服务业是一种中间需求性服务业，在产业投入产出链条上，生产性服务业提供中间投入服务而非最终消费服务。生产性服务业也有高端与低端之分，高端的生产性服务业也称为高技术生产性服务业，这些生产性服务业往往表现出知识密集和技术密集的特征，知识资本和人力资本是这些生产性服务业重要的竞争优势来源。我国生产性服务业基本还处在比较低端水平，高端生产性服务业刚刚起步，大部分还是由外资企业主导。因此，在我国要实现生产性服务业和制造业的互动发展，实现产业链与价值链融合，实现两者之间的结构均衡，需要打破三个循环：一是打破外资生产性服务业与外资制造业的封闭循环，鼓励外资生产性服务业融入本土制造业价值链，促进制造业提高效率、提升产业能级；二是打破本土生产性服务业与本土制造业的封闭循环，鼓励生产性服务业融入外资企业的价值链，获得外商投资企业的知识溢出，提升生产性服务业的竞争力；三是打破国有企业大而全的一体化格局，鼓励生产性服务业从制造业中分离,实现专业化、规模化发展。

1. 促进本土企业融入全球价值链,获得知识溢出

鼓励外资生产性服务企业与中资生产性服务企业或制造企业成立合资或合作的联合研发中心,鼓励中资企业通过“借力”实现产业转型。在鼓励境外投资者并购中资企业的过程中,要积极鼓励中资企业不丧失自主技术、不丢掉自主品牌、不中断研发能力。对中外合资企业开发自主技术、发展自主品牌卓有成效,并形成一定销售额的,研究制定综合性鼓励政策,给予一定奖励。

简化及降低中外合资、合作研发项目的审批和准入门槛,对于新建立的中外合资生产性服务企业在注册资金要求上可以适当放宽,并在房屋租金、土地使用费等方面给予扶持。对合作研发项目成为企业自主品牌或专利成果的,给予奖励和施行免除部分营业税的政策。积极推动有条件的生产性服务企业承接信息管理、数据处理、财会核算、技术研发、工业设计等国际服务外包业务,形成有竞争力的外包产业基地;建立支持生产性服务企业“走出去”的服务平台,扶持出口导向型服务企业发展,扩大具有比较优势的服务贸易规模;鼓励生产性服务企业开展国际认证,参加境内外展销活动。

利用本地机构对国内市场认知度的优势,与国外企业合作,并可由人才交流等方式进行互动,使本地的机构能进一步“引进来,走出去”。鼓励本土企业与跨国企业开展业务合作,建议对重大“联盟式”生产性服务业外贸项目,给予外贸专项资金扶持。支持本土企业开展跨国经营,鼓励企业在海外设立分支机构;对在境外提供生产性服务取得的境外收入给予一定的税收优惠;对中资企业收购外资生产性服务企业、研发中心、营销渠道、品牌等战略性境外投资项目,给予政策倾斜。

2. 支持二、三产业分离,促进生产性服务业的发展和制造业竞争力提升

生产性服务企业通过向制造业企业提供研究开发、信息技术及网站、财务结算和数据分析、辅助工作等专业化服务,可以大大降低制造业企业的生产经营成本。国际经验表明,商务流程外包可使企业平均节省成本 9%。同时,制造业企业竞争力的提高也有赖于把更多的非核心业务外包。将自己不擅长的业务外包给专门的生产性服务企业,有利于集中企业的人力、财力、物力于主业,是增强制造业企业核心能力的有效选择。据测算,外包可使企业的能力和质量提升 15%。

按照选择试点、先易后难、逐步推广的原则,多渠道鼓励基本具备生产性服务剥离条件的制造业企业先行先试,在调整重组、改革改制中,剥离企业原来的

内部服务功能。在税收、统计、土地、行政审批等方面予以重点支持。根据企业的实际能力，发展已粗具规模的服务剥离，并给予绿色通道，在市场准入、登记注册、资质认证等方面，简化审批手续，降低相关费用，提高办事效率。分离后的税负如高于原税额，由政府财政视情况对该企业予以适当扶持补助，鼓励分离后的服务业企业为社会服务。其所购的固定资产符合技术进步要求、产品更新换代较快的，经税务部门审核，可以加速折旧。推动实施制造业企业主辅分离，鼓励制造业企业加快产业链从生产环节向自主研发、品牌营销等服务环节延伸，推进工业企业剥离内部服务功能、组建生产性服务企业工作。工业企业剥离内部服务功能、组建生产性服务企业后，经济指标基数应同时剥离；在统计上按二、三次产业分开核算；进行企业业绩考核时，按资产关系将新组建的服务业企业营业收入、利润、利税等合并入母公司进行统计和考核，并将剥离后产生的利润适当返还，进一步鼓励发展。

3. 鼓励本土生产性服务业做大做强，成为产业链上控制者

鼓励有一定竞争优势的本土企业，通过兼并、联合、重组、上市等方式进行资本运作，做大做强。鼓励生产性服务业领域的本土企业不断进行管理创新、服务创新、产品创新，增强企业自主创新能力和专业服务水平。鼓励生产性服务企业争创服务品牌，培育本土生产性服务业龙头企业和高端服务品牌。通过财政补贴、政府奖励、项目扶持等多种方式，培育一批生产性服务业的本土旗舰企业，促进其规模化、品牌化经营，形成一批拥有自主知识产权和知名品牌、具有较强竞争力的大型生产性服务企业集团。

拓宽生产性服务业投融资渠道，鼓励符合条件的生产性服务企业进入境内外资本市场融资，积极拓宽筹资渠道。鼓励生产性服务企业以商标、专利等知识产权为纽带，通过知识产权质押融资，进行跨地区、跨行业兼并和重组。引导和鼓励金融机构对符合国家产业政策的生产性服务企业予以信贷支持。财政对生产性服务业逐年适当增加、引导资金投入，重点引导支持生产性服务企业技术创新、品牌培育、项目示范以及开展重大活动等。

9.4 产业结构转型升级的微观对策

9.4.1 我国大企业主导产业链重组的现实障碍

大企业发挥其自身优势，通过技术创新进行产业链重组，带动价值链向高

端转移,调整并优化产业结构,是我国采取市场化、推动产业结构调整的重要方式。但就目前来看,我国大企业主导产业链重组存在诸多现实障碍。

1. 我国大企业自身创新能力较低

进入21世纪,随着经济全球化的实现,国际分工的关键要素已从自然要素资源禀赋转移到人力资本与创新能力方面。今天,产业链上主导企业作为产业链系统集成商,控制着全球产业网络的演进和价值链上利润的分配,无论是沿着产业链向微笑曲线的两端攀升,还是从一条产业链升级到更高级的产业链,都需要企业有强大的自主创新能力和对价值链的整合能力。我国大企业在过去的发展过程中,大多采取低成本生产、大规模销售扩张的战略。大企业自身对创新活动和技术能力提高的重视程度不高,技术的提高更多依赖"技术引进"、"市场换技术",但在市场上换来的往往只是设备和生产线,企业没有形成自主开发能力,更缺乏核心技术。这些大企业的发展不是主要靠创新技术与产品,而是进行生产上的低成本战略。自己不创新但又出于降低成本的需要,往往对产业链上配套企业的成本控制非常严苛,要求产业链上的配套企业能够配合大企业降低成本,而不做创新投入。实际上这些企业由于微薄的利润,也无法将有限的资源投入新产品研发和技术创新上,所以大家都没有能力进行自主创新,只能被锁定在产业链、价值链的低端环节。

实际上,我国大企业即便有些创新,也基本上是以模仿创新为主,缺乏全局性、前瞻性和开创性的技术革命以及平台组织的创新,缺乏另辟蹊径的颠覆性产品与技术的创新。还有一些企业即便自身具备一定技术创新能力,但又缺乏对产业链和价值链的控制力,不能有效整合整个产业链上的相关企业与产业,更难以对既有产业链和价值链的治理标准产生冲击和革新,无法争夺到产业链、价值链标准制定的话语权。我国的多数大企业虽然有较大的企业规模和较强的生产能力,但由于缺乏领先的核心技术,在国际分工中仍处于产业链、价值链的低端环节,尚未成为产业链的主导核心企业,在产业链上处于配角地位,导致对国内产业链重组的主导权并不完全掌握在中国企业手里。

2. 以大企业为主导的产业结构调整功能缺乏

政府多年来依然把企业看作税收来源,把产业结构调整的责任与功能全部揽在自己身上,并不认为企业有什么产业结构转型升级的功能。这样的现象不仅仅是因为政府过多地对产业结构进行直接的干预调整,养成了习惯,也与我国现有的大企业还存在创新能力、组织控制能力上的差距以及大企业数量有限有关。作为产业链重组的主体,我国大企业不应该仅仅是在规模上具有优势,更需要拥有产业链上的核心技术，并具备集成和协调产业链的能力。

目前，以央企为代表的我国国有大企业大多依靠规模优势和垄断地位获取超额利润，但在学习能力、知识共享和创新能力上还明显不足，虽然有持续的技术进步，但缺乏开展颠覆性创新的能力。国有的性质决定了这些企业没有长期发展的考虑，研发投入不足，企业家谨慎有余、开拓不足，只注重短期效益，缺乏长期的战略规划。这些国有大企业有市场垄断地位，但无全球竞争力，所以一旦参与全球竞争就难以在产业链上占据主导地位，还难以推动我国产业链重组、推进产业结构转型升级。

我国的大多数民营企业还比较弱小，在市场竞争中很难能够与跨国公司、国有垄断企业进行平等竞争，目前真正能够成为产业链上主导大企业的还不多。虽然有华为、清华紫光等企业正在按照市场方式对我国电信制造业、集成电路产业开展产业链重组，以促进这些产业以及相关产业的创新与发展，进而推动部分产业结构的调整和优化，但还不能从宏观层面带动产业结构的整体调整优化。因此，要达到产业结构的调整优化，不仅要有能够整合产业链的大企业，而且要有大量的这类大企业，这样才能通过它们的创新带动产业链重组，由微观产业结构改进达到宏观产业结构的调整。

3. 跨区域产业链整合的现实困难

我国东、中、西部地区经济发展不均衡，以及城乡发展不均衡的现象较为严重。东部地区因天时、地利、人和占据了改革开放的有利位置，这些年发展速度远远快于中部地区和西部地区。结果就是地区间经济发展的不平衡、产业发展的不平衡、产业结构存在梯度性雷同，大多数核心企业集中于东部经济发达地区，并在周边区域产生了产业集聚。而西部地区和中部地区凭借其丰富的自然资源，成为产业资源要素的提供者，处于产业链的最低端。因此，主导企业的产业链重组必然涉及如何跨地区整合，而地区产业市场的分割成为其最大的障碍。

我国的经济与产业发展向来是以地区性 GDP 为导向以及在此导向下的地方经济与产业发展的竞争，由此产生了各个地区政府出台各自的优惠扶植政策，同时也存在一定的地方市场与企业的保护主义现象。西部地区虽然自然资源丰富，但严重缺乏科技、教育、研发等创新资源，更缺少高端的优秀人才，如果没有产业链上大企业的带动，很难充分发挥其优势。所以经济相对落后的地区，更要把握自身发展的独特条件和后发优势，推动本地产业与企业更多地与发达地区的产业链、价值链有效对接，与发达地区的那些产业链、价值链、供应链上有主导能力的大企业有效对接,而不是为地方短期利益进行产业封锁、市场封闭。另外,应设计有效的产业政策,推动产业链、价值链、供应链上的主导性大企业向中西部欠发达地区进行产业链延伸、产业链重组,通过产业关联带动中西部地区企业与产业的发展,进而逐步改变我国地区产业结构不均衡、产业发展不均衡的现象。

我国地域辽阔,区位特征差别显著,不同地区经济发展程度不同,产业发展所处阶段也不同。主导性大企业在这样的产业链延伸与产业链重组的过程中,主要是利用产业链上产业关联的扩散效应,将核心技术和创新动力扩散到整个产业链的上下游,引起整个产业链条的升级。这样的扩散,不仅要带动周边地区的企业与产业的发展,还要能够提升大企业跨地区产业整合的能力。这就要求主导性大企业除了考量自身的资源和能力外,还要客观分析各个地区的资源禀赋、所处的发展阶段和综合能力,并对未来产业的发展方向进行科学预测,以带动产业链上各个地区、各个节点的发展,提升产业链的竞争力。

4. 争夺产业链、价值链控制权的困难

产业链、价值链全球分布以及全球产业分工的深化,深刻影响着我国产业结构转型升级的进程。理论上,加入国际分工系统既可促进本国产业结构转变,也有可能陷入比较优势陷阱,阻碍结构变迁(Matsuyama, 1992)。Humphrey(2001)认为,制造业价值链的治理结构决定着市场准入程度以及利润分配情况;Lall(2001)认为,市场失灵、路径依赖等问题会使企业在制造环节上的学习和升级过程延长且充满风险;同时,国际分工通过收入效应、关联效应和替代效应影响着一国产业结构变化(张捷、周雷,2012)。Bair et al.(2006)也指出,参与国际分工并不能保证制造业升级,除非出口导向活动能根植于某一区域并促进内生增长。

随着产业分工、产业链分布的国际化,发达国家和跨国公司,特别是一些垄断企业发现,技术标准、产品标准、管理标准、产业规制标准是企业在产业链与价值链上有话语权也就是有控制力的重要标志,通过树立产业链、价值链标准,有利于维护自己制定的秩序,有利于强化自身的垄断地位,有利于控制产业链与价值链。因此,西方许多产业在发展过程中,会制定所谓的产业标准,而这成为企业竞争力的关键。事实上,今天绝大多数产业中的各类产业标准基本上都是由跨国公司所制定、掌握,也正是如此,导致发展中国家在全球产业竞争中从一开始就处在不利的、被控制的地位,没有什么竞争力可言(赵果庆,2006)。发展中国家要突破跨国公司的技术封锁及其制定的产业标准限制,就必须通过自主创新，推出受大家欢迎的新产业标准，重构产业价值链。我国主导性大企业和跨国公司之间的竞争，不仅是产品竞争、资源竞争，更是核心技术的竞争、创新能力的竞争和产业标准制定权的竞争。在这一竞争过程中，发达国家会利用其专利战略和标准战略对我们发展中国家进行遏制，通过国际组织和规则、市场势力、政府谈判和知识霸权等手段，打击标准秩序中的竞争者，强化自身的全球垄断地位。作为挑战者，我国大企业处于外国核心技术和标准的层层包围之中，要从中突围十分困难，但也不是不可能，这方面华为、海尔就是典范。在此背景下，我国主导性大企业的自主创新，不能仅仅立足于局部的、工艺的、技术上的创新，更需要着眼于整个产业链，进行全局的、具有前瞻性和颠覆性的创新，必须以更为宏观的视野，着力于产业标准、技术标准、产品标准等的制定，产业发展创新平台的整合，以及产业链、价值链的重组。

5. 企业学习能力、专有知识管理能力提升是关键

我国的产能过剩，实为产业专用资产的闲置与过剩，这些闲置的专用资产形成了我国巨大的沉没成本。低端产业资产与资源过度集中，而高端产业资产不足，使我国产业资本配置的效率比较低。如果不对大规模的存量资产进行盘活与有效调整，这些已经固化的产业资产就会固化现有的产业结构。大企业进行产业链重组不是一蹴而就的，需要比较长的时间，更何况大企业也有一个转型升级、创新发展的问题。

大企业的专有知识是企业的隐形资产，专用知识能否随产业链、价值链的重组有效扩散，或有效溢出到其他企业，从而推动它们相应地创新与提高，这是大企业主导产业链重组，进而推动产业结构转型升级的关键。专有知识的转移较之有形资产的转移更为困难，专有知识的转移是高成本的，当所转让的技术代表了目前的最高水平、尚未被稳定下来和正式化时（David Teece，1982），企业间知识的受让和转移都存在比较高的交易成本，当企业缺乏学习能力、专有知识管理能力的时候尤其如此。因此，如何提高我国企业的学习能力、专有知识管理能力、信息管理能力是非常重要的。当前，我国的大、中、小企业，无论是国有企业还是民营企业，都要提高学习能力、提高知识创新能力，这是不争的事实。

9.4.2　培育大企业成为产业链重组的主导者

培育一大批全球产业链、价值链上主导大企业，不仅仅是产业结构转型升级的需要，也是我国产业有国际竞争力的关键所在。为此，我们需要有使这样

的企业成长壮大的土壤与环境,也需要有使这样的企业成长壮大的阳光与雨露。从现实来看,应关注如下几点:

1. 建立公平竞争的市场体系与产业生态系统

企业成长壮大的土壤与环境包括两个方面:一是成熟、公平、有效、竞争的市场;二是良好的产业生态系统。改革开放30多年来,我国一直致力于社会主义特色市场体系的建设,应该说取得了比较大的成就,就是在这个过程中,我国的国有企业进行了改革深化,我们的民营企业不断发展壮大。但总体上看,我们的市场体系还不成熟,西方国家还不承认我国是市场经济国家,十八届三中全会也曾强调要让市场成为我国资源配置的绝对主体。事实上我国的市场体系并不成熟,不该垄断的垄断,应该竞争的过度竞争,存在地区市场保护,政府行政干预市场状况经常发生,以至于企业的成长壮大不是靠在市场上的公平竞争,而是主要靠与政府关系的深浅。

在产业生态系统方面:一是产业的自然生态环境;二是产业的组织生态环境。近年来,我国企业与产业发展的自然生态系统遭到了过度的破坏,环境污染、空气恶化、资源过度开采,使得可持续发展很难进行。而企业与产业的配合体系、服务体系不完善、不协调,物流不到位、服务不到位,有时企业一个投资项目要获得批准,需要上百个政府部门的公章,需要等上一年半载,甚至根本就不可能,使企业与产业间合作效率大打折扣,影响了企业的生产效率和经济效益。在这样的生态环境下,企业成长壮大十分困难。

然而,我国的企业还是在成长壮大,只是尚未成长壮大到能够挑战跨国公司在全球产业链与价值链上的主导地位,尚未成长壮大到能够使自己成为全球产业链与价值链上的控制者,能够协同产业链上其他企业与产业共同创新发展。我们的大企业一部分是国有企业,这些企业凭借政府享有垄断地位,它们依赖垄断地位而缺乏竞争活力,普遍存在效率较低、积极性不高、创新欲望不强的问题。对这些企业进行混合所有制改革,实际上是希望通过股权变化,解决国有企业在治理结构和激励上的问题;激励改制后的混合所有制企业大胆创新发展、更灵活地适应市场竞争,提高企业生产效率,激发企业活力。另外,我们的民营企业虽然产权关系比较明确,但它们眼界、前瞻能力、竞争与创新意识、管理水平都有待进一步提高。政府应该支持与鼓励民营企业通过市场机制在竞争中不断发展壮大,并带动产业链上其他企业的发展。

2. 引导大企业不断进行内生性变革,培养核心竞争力

今天的企业面临着动态复杂的、更具挑战性的全球性竞争环境,这使企业

变革成为常态。全面质量管理、企业流程再造、组织结构扁平化、规模缩编、多元化、企业文化重整、战略联盟、企业并购等许许多多的变革,意在改变企业的经营运作方式,适应环境的快速变化。企业的战略、经营目标、业务、核心能力、文化、经营假设都需要变化,变化已成为现代企业发展的主题,是企业能够成为产业链主导企业并长期保持竞争优势的关键。如果企业不能与目前的产业市场环境、生态环境变化保持一致,将可能被环境所淘汰。但企业追求变化仅仅是企业成功的必要条件,并不是企业成功的充要条件。企业变革浪潮的一个糟糕的结果就是,在员工中造成了一种令人恐惧和不确定的氛围,降低了企业组织成员的组织认同和组织信任这一成功变革的前提条件,影响了企业的运行效率。企业在追求变化性的同时,必须保持关键要素的稳定性,给企业组织成员提供一种明确的稳定感和连续感,知道企业代表什么以及企业存在的意义是什么。如果企业缺乏关键要素的稳定性,过度地追求企业对环境变化的适应,会导致企业内部的混乱,企业在变革的过程中就会失去前进方向或摇摆不定。Fiol(2001)指出,如果企业不能根据市场变化改变业务、战略、核心能力,就将形成刚性的组织文化,不能获得竞争优势;如果在变革中不能保持较强的对核心要素的组织认同,组织成员就不能形成一种意义感,会缺乏对企业的忠诚,这样就失去了企业变革的稳定基础,组织成员不能对企业变革形成一致性的反应,造成企业变革的失败。因此,稳定性与变化性成为产业链主导企业进行适应和发展的内在张力的一种表现。

我国企业在现实与未来不确定性经营环境下进行企业内生性变革,就是企业发展的战略转型,而其成功的关键取决于获取或培育以下两个方面的关键知识的能力:

第一是企业对外部环境的准确把握能力。美国哈佛商学院教授安德鲁斯(K. Andrews)认为,战略是一种决策模式,这种决策模式把企业的目的、方针、政策和经营活动有机地结合起来,使企业形成自己独特的战略属性和竞争优势,将不确定的环境具体化,以便较容易地着手解决一些问题。战略的一个主要目标是降低环境的不确定性,因此,外部环境分析长期以来都是企业制定总体发展战略的前提与重要内容之一。分析内容包括总体环境、行业环境和竞争环境,分析的主要目的是对国家宏观政策、产业发展趋势、竞争对手、供应商、顾客需求以及合作者等有清楚的认识。

此外,随着信息技术等高新技术的迅速发展,企业所面临的外部经营环境变化速度开始加快,企业正经历着从规模竞争时代向速度竞争时代转变。因此,企业在变革自己、实现战略转型过程中,除对其外部环境要有清楚的认识外,还需要增强其在认识速度上的能力,即对环境的变化有即时预警能力,并有能根据环境的变化迅速做出反应的能力。

第二是这些企业内部要有与外部环境匹配的关键资源(特异性知识)。企业外部环境的变化是企业战略转型的诱因,企业能否对环境的变化做出全面的把握与迅速的反应,或者说获取核心竞争优势,主要取决于企业所具有的特异性知识。因此,构建企业内部特异性知识是企业确保战略转型成功的另一个重要因素。对于企业特异性知识的具体内容,目前还没有一致的认识。由于知识基础观是在企业资源和能力基础观上发展起来的,因此,这里先从资源和能力的角度来分析,最后进行概括,以对特异性知识有个清晰的认识。

企业成长的资源基础观认为,任何一个组织都是资源与能力的独特组合,这些资源和能力是组织战略的基础。所谓资源,是指公司生产过程中的投入部分,它分为有形资源和无形资源两种。其中,有形资源包括财务资源、组织资源、实物资源和技术资源,无形资源包括人力资源、创新能力和声誉等。所谓能力,是指将众多资源结合运用来完成一项任务或活动的才能。然而,并非所有公司的资源与能力都可以转化为竞争优势。Barney(2003)认为,只有当企业的资源和能力是有价值的、稀缺的、难以模仿的、无法替代的或能避免威胁时,这种资源或能力才是有价值的,才能成为企业的核心竞争力,企业才有可能成为产业链与价值链上的控制者、组织者。

3. 支持大企业开展兼并收购,积极进行创新投入

产业结构调整的一种重要方式就是产业存量资产的调整,而存量资产调整的市场方式除了所谓优胜劣汰外,就是由优势企业对产业中同类企业或产业链上下游企业资产的购买与整合,通过并购使低效率资产得到提升,使更多的资产得到良好的配置,同时还有利于发挥协同效应;通过整合资源可以达到更好的规模效应和范围效应,缩短新产品上市时间,达到产业链或价值链的优化。因此,在目前我国产业结构问题很大、结构性失衡严重的情况下,政府应该支持优势企业对其他产业存量资产兼并重组,应在并购制度规范、并购融资方式等方面,以市场机制为基础,充分发挥政府引导作用,采取多方合作的方式,建立多层次的金融市场体系,切实增强金融对优势企业兼并收购的支撑能力。通过金融创新、监管创新、制度创新,为优势企业兼并收购从源头上建立起符合产业和投资发展规律的政策性保障体系,支持优势企业向产业链主导企业方向发展壮大、做大做强。

大企业之所以可以成为产业链、价值链的控制者与组织者或集成者，离不开企业的自身创新能力，而创新能力又离不开对创新的投入。大企业资源实力相对雄厚，有可能进行大规模的资源投入、技术与产品的研发、专利的申请、设备的引进以及创新产品的产业化，通过自身创新活动与知识积累，逐步成为产业链上创新活动的组织者和引领者。这方面政府应该在保护知识产权上下功夫，要建立健全知识产权保护方面的法律法规与政策措施，营造保护创新成果的公平竞争的市场。通过知识产权法律法规的建立健全，减少抄袭和“搭便车”式的模仿。也只有当知识产权得到有效保护，使创新成果带来的收益还是回归创新企业本身时，才能真正激励大企业投入更多资源发展新型核心技术，制定新产品、新产业标准，形成大企业的创新能力，发挥其在产业链、价值链重组中的主导者与治理者的核心作用。

对于企业研发与创新投入实施财税优惠，是国外鼓励企业加大研发投入最常用的政策工具，我国政府也应该可以试用。一般来说，鼓励企业加大研发投入的财税激励方式包括税前扣除或税收抵免、税收优惠的接转或追溯、加速折旧、提取技术准备金等。此外，政府还应通过提供资助等方式，大力扶持中小企业的技术创新，具体政策包括科研项目经费的投入、科技成果转化的奖励、科技型企业的补贴和税收优惠、科技型中小企业的融资支持等，千方百计鼓励中小企业围绕产业链主导企业，也成为技术创新和产品创新的主体。当然，政府对大企业创新与研发的扶持政策应随着我国经济发展状况而动态调整，要以产业发展为依托，按照节能环保、技术领先的原则，动态调整支持与激励的重点，从追求效益规模转向以提升创新能力为重点。

4. 加强知识管理，培养企业长期竞争优势

Barney(1991)从资源的角度，分析了企业持续竞争优势产生的条件：价值性、异质性、难以模仿性和难以替代性(Grant也提出了四个标准：可占用性、持久性、可转移性和可复制性)。Black and Boal(1994)将满足上述条件的资源称为“战略资源”，毫无疑问，这种战略资源是企业所特有的、对企业持续竞争优势的获得起关键作用的资源。将知识作为一种资源来看，其价值性和异质性是毋庸置疑的，主要的问题是什么样的知识是难以模仿和替代的，也就是说，难以模仿和转移的知识具备什么样的特征。

默会性知识就是一种其他企业难以模仿和转移的知识，它是指那些无法清楚和直接用正式或规范的语言表达的知识。默会性知识难以编码，只能在实践中获得和积累，并且只能在其应用过程中才能被观察到和发生作用。可见，过

程性或经验性知识也具有难以模仿的特征。此外,不可观察性也是原因之一。例如,时钟的生产相对比较容易模仿,因为它可以被拆开,其工作原理容易观察得到。而对披萨饼生产的模仿要困难得多,因为披萨饼质量的决定因素除配方外,还有披萨饼及配料的制造过程,只有通过直接观察才能知道。因此,产品或流程的可观察性差,模仿成本相应就会增加。另一个原因是复杂性,即企业生产过程中个体和团体的知识和经验会相互作用,"在高度复杂和相互依存的人力资源或生产技术系统中,难以确认某一行动成败的具体原因……因为缺乏清楚而直接的因果对应关系"(Reed R. and Defilippi R. J., 1990)。这种复杂性实际上是知识分工和事物普遍联系的体现,与关联性密切相关。

知识具有路径依赖性,企业的增量知识严格依赖于原有的存量知识,如果企业的存量知识为企业创造了竞争优势,那么这种优势在较为稳定的环境中会随着增量知识的产生得以保持,体现为竞争优势的持续性或自增强性。路径依赖性与历史依存性和积累性学习密切相关。知识之所以能成为企业持续竞争优势的源泉,一方面是由企业具有的知识存量的类型和特性决定的,即具有意会性、过程性的知识与复杂性、相互关联性特点共同作用产生"原因模糊",使其难以观察和模仿;另一方面在于路径依赖性和历史依存性使竞争优势得以保持和扩大。

因此,在市场有效的情况下,企业的竞争优势来源于企业拥有的特异性知识,知识不仅为企业赚取李嘉图租金和张伯伦租金,而且通过组织学习不断进行知识创新,为企业创造出"熊彼特租金"。此外,企业持续竞争优势还必须依赖于企业这种知识保护的制度,即企业提供了一种"隔离机制"以保护企业的知识创新不被竞争对手盗用或模仿。

所以,今天在产业链上能够成为主导的,并通过增强自己的创新能力来带动其他相关企业创新的企业,实则是在产业链上有知识优势和创新能力强的企业,就像我们前文分析的日本丰田公司在其主导的汽车产业链上进行创新那样,丰田公司具有相当大的知识优势与创新能力和资源,而且它非常关注产业链上下游企业相互间的学习、知识流动与交换。而对这些活动仔细分析,其就是知识管理、组织学习,就是我们目前的有些大企业所缺乏的。因此,我国目前的大企业要真正成为全球产业链或价值链上的主导企业,成为控制者、引领者,还有许多路要走,还需要加强自身的修炼与提升。

参考文献

[1]Achrol, R. S. Changes in the Theory of Interorganizational Relations in Marketing: Toward a Network Paradigm[J]. *Journal of the Academy of Marketing Science*, 1997, 25(1).

[2]Adams J. D., Chiang E. P., Starkey K. Industry-University Cooperative Research Centers[J]. *Journal of Technology Transfer*, 2001, 26(1—2): 73—86.

[3]Amsden, Alice H. *The Rise of "The Rest": Challenges to the West from Late-Industrializing Economies*[M]. New York and Oxford: Oxford University Press, 2001.

[4]Andrew Atkeson, Patrick J. Kehoe. The Transition to a New Economy after the Second Industrial Revolution[W]. NBER Working Paper 8676+ Cambridge, Mass: National Bureau of Economic Research, 2001.

[5]Antonelli C. Models of Knowledge and Systems of Governance [J]. *Journal of Institutional Economics*, 2005, 1(1): 51—73.

[6]Audretsch D. B., Feldman M. P. Innovative Clusters and the Industry Life Cycle[J]. *Review of Industrial Organization*, 1996, (11): 253—273.

[7]Autant-Bernard C. and Massard N. Underlying Mechanisms of Knowledge Diffusion[W]. IAREG Working Paper 4. 7, 2009.

[8]Agrawal A., Cockburn I. The Anchor Tenant Hypothesis: Exploring the Role of Large, Local, R&D-Intensive Firms in Regional Innovation Systems[J]. *International Journal of Industrial Organization*, 2003, 21(9): 1227—1253.

[9]Autant-Bernard C., Billand P., Frachisse D., Massard N. Social Distance Versus Spatial Distance in R&D Cooperation: Empirical Evidence from European Collaborations Choices in Micro and Nanotechnologies[J]. *Papers in Regional Science*, 2007, 86(3): 495—519.

[10]Barney J. B. Strategic Factor Markets: Expectations, Luck, and Business Strategy[J]. *Management Science*, 1986, 32(10): 1231—1241.

[11]Barney J. B. Firm Resources and Sustained Competitive Advantage[J]. *Journal of Management*, 1991, 17(1): 99—120.

[12]Black J. A., Boal K. B. Strategic Resources: Trait, Configurations and Paths to Sustainable Competitive Advantage [J]. *Strategic Management Journal*, 1994, 15: 131—148.

[13]Belderbos R., Carree M., Diederen B., et al. Heterogeneity in R&D Cooperation Strat-

egies[J]. *International Journal of Industrial Organization*. 2004，22(8—9)：1237—1263.

[14]Baldwin，C. Y. Where do Transactions Come From? Modularity，Transactions，and the Boundaries of Firms [J].*Industrial and Corporate Change*,2009,17(1):155—195.

[15]Baudry B.，Chassagnon V. The Vertical Network Organization as a Specific Governance Structure [J]. *Journal of Management & Governance*,2012,16(2):285—303.

[16]Beaudry C.，Schiffauerova A. Who's Right，Marshall or Jacobs? The Localization Versus Urbanization Debate [J]. *Research Policy*,2009,(38):318—337.

[17]Bekkers R.，Freitas I.M. Analysing Knowledge Transfer Channels Between Universities and Industry：To What Degree do Sectors Also Matter? [J]. *Research Policy*,2008,(37):1837—1853.

[18]Boschma R.，Iammarino S. Related Variety，Trade Linkages，and Regional Growth in Italy [J]. *Economic Geography*,2009,83(3):289—311.

[19]Bullock，Charles J. The Variation of Productive Forces [J].*The Quarterly Journal of Economics*,1902,16(4):473—513.

[20]Cramer C. Can Africa Industrialize by Processing Primary Commodities? The Case of Mozambican Cashew Nuts[J]. *World Development*，1999,27(7):1247—1266.

[21]Castells M. *The Rise of The Network Society*[M]. Blackwell Publishers Ltd.，2000.

[22]Hidalgo C.A.,Klinger B.,Barabási A.L.,and Hausmann R. The Product Space Conditions the Development of Nations[J]. *Science* 2007,317(5837):482—487.

[23]Cainelli G. Spatial Agglomeration，Technological Innovations，and Firm Productivity：Evidence from Italian Industrial Districts [J]. *Growth and Change*,2008,39(3):414—435.

[24]César Camisón，Ana Villar-López. On How Firms Located in An Industrial District Profit from Knowledge Spillovers：Adoption of an Organic Structure and Innovation Capabilities [J]. *British Journal of Management*,2012,23(3):361—382.

[25]Coase R. H. The Problem of Social Cost [J]. *Journal of Law and Economics*,1960,3(10):1—44.

[26]Coase R. H. The Nature of the Firm [J]. *Economica*,1937,4(16):386—405.

[27]Devine Warren D. From Shafts to Wires：Historical Perspective on Electrification [J]. *Journal of Economic History*,1983,(43):347—372.

[28]Dyer J. H.，Nobeoka K. Creating and Managing a High-performance Knowledge-sharing Network：The Toyota Case[J]. *Strategic Management Journal*,2000，21(3)：345—367.

[29]Dyer J. H.，Hatch N. W. Using Supplier Networks to Learn Faster[J]. *MIT Sloan Management Review*,Spring，2004，45(3)：57—63.

[30]Dosi G.，Lechevalier S.，and Secchi A. Introduction：Interfirm Heterogeneity-Nature，Sources and Consequences for Industrial Dynamics [J]. *Industrial and Corporate Change*,2010,19(6):1867—1890.

[31]David, Paul A. The Dynamics and the Computer: An Historical Perspective on the Modern Productivity Paradox [J]. *American Economic Review*, 1990, 80(5): 355—361.

[32]David, Paul A. Computer and Dynamo: The Modern Productivity Paradox in a Not-toodistant Mirror. In *Technology and Productivity: The Challenge for Economic Policy*, pp. 315—345. Paris: Organisation for Economic Co-operation and Development. 1991.

[33]Drejer I. and Lund Vinding A. Searching Near and Far: Determinants of Innovative Firms Propensity to Collaborate across Geographical Distance [J]. *Industry and Innovation*, 2007, 14(3): 259—275.

[34]Drucker J. Regional Industrial Structure Concentration in the United States: Trends and Implications [J]. *Economic Geography*, 2011, 87(4): 421—452.

[35]Drucker J. and Feser E. Regional Industrial Structure and Agglomeration Economies: An Analysis of Productivity in Three Manufacturing Industries [J]. *Regional Science and Urban Economics*, 2012, 42(1—2): 1—14.

[36]Dyer J. H. and Singh H. The Relational View: Cooperative Strategy and Sources of Inter-organizational Competitive Advantage [J]. *Academy of Management Journal*, 1998, 23(4): 660—679.

[37]Edward S. Steinfeld. China's Shallow Integration: Networked Production and the New Challenges for Late Industrialization[J]. *World Development*, 2004, 32(11): 1971—1987.

[38]Ebersberger B., Herstad S. J. Product Innovation and the Complementarities of External Interfaces[J]. *European Management Review*, 2011, 8(3): 117—135.

[39]Frank, Andre Gunder. *Capitalism and Underdevelopment in Latin America: Historical Studies of Chile and Brazil*[M]. New York: Monthly Review Press, 1967.

[40]Fernando H. C., Enzo F., and Marjory M. U. *Dependency and Development in Latin America* [M]. University of California Press, 1979.

[41]Frobel F., Heiriches J., and Kreye O. *The New International Division of Labor: Structural Unemployment in Industrialized Countries and Industrialization in Developing Countries* [M]. Cambridge: Cambridge University Press, 1980.

[42]Feldman M. P. and Audretsch D. B. Innovation in Cities: Science-based Diversity, Specialization and Localized Competition [J]. *European Economic Review*, 1999, 43(2): 409—429.

[43]Freeman C. and Louçã F. *As Time Goes By—From the Industrial Revolution to the Information Revolution*[M]. Oxford: Oxford University Press, 2001.

[44]Feldman M. P. The Locational Dynamics of the U. S. Biotech Industry: Knowledge Externalities and the Anchor Hypothesis [J]. *Industry and Innovation*, 2003, 10(3): 311—328.

[45]Fleming L. and Sorenson O. Technology as a Complex Adaptive System: Evidence from Patent Data [J]. *Research Policy*, 2001, 30(7): 1019—1039.

[46]Frenken K. and Boschma Ron A. A Theoretical Framework for Evolutionary Economic

Geography: Industrial Dynamics and Urban Growth as a Branching Process [J]. *Journal of Economic Geography*,2007,7(5):635—649.

[47]Frenken K., Van Oort F.,and Verburg T. Related Variety, Unrelated Variety and Regional Economic Growth[J]. *Regional Studies*,2007,41(5):685—697.

[48]Fiona Tregenna: Manufacturing Productivity,Deindustrialization, and Reindustrialization,2011. UNU-WIDER.

[49]Granovetter M.S. The Strength of Weak Ties[J]. *American Journal of Sociology*, 1973, 78(6): 1360—1380.

[50]Gerchenkon A. Economic Backwardness in Historical Perspective[M]. Harvard University Press,1962.

[51]Grant R. M. Prospering in Dynamically-competitive Environments:Organizational Capability as Knowledge Integration[J]. *Organization Science*, 1996,7(4):375—387.

[52]George C. S. Lin, Cassandra Wang.Technological Innovation in China's High-Tech Sector: Insights from a 2008 Survey of the Integrated Circuit Design Industry in Shanghai [J]. *Journal Eurasian Geography and Economics*,2009,50(4):402—424.

[53]Gereffi G. Development Models and Industrial Upgrading in China and Mexico [J]. *European Sociological Review*,2009,25(1):37—51.

[54]Glaeser E. L., Kerr W. R., Ponzetto G. A. M. Clusters of Entrepreneurship [J]. *Journal of Urban Economics*,2010,67(1):150—168.

[55]Grant R. M. Toward a Knowledge-Based Theory of the Firm [J]. *Strategic Management Journal*,1996,17(52):109—122.

[56]Hagedoorn J. and Cloodt M. Measuring Innovation Performance: Is There an Advantage in Using Multiple Indicators? [J]. *Research Policy*,2003,32(8):1365—1379.

[57]Harrigan K. R. Formulating Vertical Integration Strategies[J]. *The Academy of Management Review*, 1984,9(4):638—652.

[58]Helpman E. and Paul Krugman. *Market Structure and Foreign Trade* [M]. Cambridge:MIT Press,1985.

[59]Helfgott R. B. America's Third Industrial Revolution [J]. *Challenge*,1986,29(5): 41—46.

[60]Hart O. and Moore J. Property Rights and the Nature of the Firm [J]. *Journal of Political Economy*,1990,98(6):1119—1158.

[61]Humphrey J., Schmitz H. Governance and Upgrading: Linking Industrial Cluster and Global Value Chains Research [R]. IDS Working Paper, No.12, Institute of Development Studies, University of Sussex, 2000.

[62]Head K., Ries J., and Spencer B. J. Vertical Networks and U.S. Auto Parts Exports:Is Japan Different? [J]. *Journal of Economics & Management Strategy*,2004,13(1):37—67.

[63]Hobday, Michael, Andrew Davies, and Andrea Prencipe.Systems Integration: A Core Capability of the Modern Corporation [J]. *Industrial and Corporate Change*, 2005, 14(6): 1109—1143.

[64]Henning M. S., Neffke F., Boschma R., and Lundquist K. J. Varying Agglomeration Externalities over the Course of the Industry Life Cycle [W]. Paper to be presented at the 25th Celebration Conference 2008.

[65]Iammarino S. and McCann P. The Structure and Evolution of Industrial Clusters: Transactions, Technology and Knowledge Spillovers [J].*Research Policy*, 2006, 35(7): 1018—1036.

[66]Jeremy Greenwood. The Third Industrial Revolution [J]. *Economic Review*, Federal Reserve Bank of Cleveland, issue QII, 1999, pages 2—12.

[67]Kelley Maryellen R., Susan Helper. Firm Sizeand Capabilities, Regional Agglomeration, and the Adoption of New Technology [J]. *Economics of Innovation and New Technology*, 1999, 8(1): 79—103.

[68]Kim, Jand Mahoney J. T. Appropriating Economic Rents from Resources: An Integrative Property Rights and Resource-based Approach [J]. In Learning and Intellectual Capital, 2007, 4(1/2): 11—28.

[69]Klein B., Crawford R.G., and Alchian A. A. Vertical Integration, Appropriable Rents, and the Competitive Contracting Process [J]. *Journal of Law and Economics*, 1978, 21(2): 297—326.

[70]Knoben J. and Oerlemans L. A. G. Configurations of Inter-organizational Knowledge Links: Does Spatial Embeddedness Still Matter? [J]. *Regional Studies*, 2012, 46(8): 1005—1021.

[71]Knobenoben J. and Oerlemans L. A. G. Proximity and Inter-organizational Collaboration: A Literature Review [J]. *International Journal of Management Reviews*, 2006, 8(2): 71—89.

[72]Kuittinen H., Kyläheiko K. Sandström J., and Jantunen A. Cooperation Governance Mode: An Extended Transaction Cost Approach [J]. *Journal & Management & Governance*, 2009, 13(4): 303—323.

[73]Leibenstein, Harvey. *Economic Backwardness and Economic Growth* [M]. New York: Wiley, 1957.

[74]Lippman S., Rumelt R. P. Uncertain Imitability: An Analysis of Interfirm Differences in Efficiency under Competition [J]. *The Bell Journal of Economics*, 1982, 13(2): 418—438.

[75]Lucas Robert E., Jr. Industrial Revolution: Past and Future, the Region [R]. Annual Report, Federal Reserve Bank of Minneapolis, 2003.

[76]Lenox and King. Prospects for Developing Absorptive Capacity through Internal Infor-

mation Provision [J]. *Strategic Management Journal*,2004,25(4):331—345.

[77]Laursen K. and Salter A. Open for Innovation: The Role of Openness in Explaining Innovation Performance among U.K. Manufacturing Firms [J]. *Strategic Management Journal*, 2006,27(2):131—150.

[78]Lesage J., Fisher M., and Scherngell T. Knowledge Spillovers across Europe. Evidence from a Poisson Spatial Interaction Model with Spatial Effects [J]. *Papers in Regional Science*, 2007,86(3):393—421.

[79]Lee Chang-Yang. Do Firms in Clusters Invest in R&D More Intensively? Theory and Evidence from Multi-country Data [J]. *Research Policy*,2009,38(7):1159—1171.

[80]Laursen K. Keep Searching and You'll Find: What do We Know About Variety Creation through Firms' Search Activities for Innovation? [J]. *Industrial and Corporate Change*, 2012,21(5):1181—1220.

[81]Moore B. *Social Origins of Dictatorship and Democracy* [M]. Boston: Beacon Press, 1966.

[82]Mokyr J. The Second Industrial Revolution, 1870—1914 [M]. In The Lever of Riches (1990).

[83]Martin P. and Ottaviano G. Growing Location: Industry Location in a Model of Endogenous Growth [J]. *European Economic Review*,1999,43(2):281—302.

[84]Marsili O. and Verspagen B. Technology and the Dynamics of Industrial Structures: An Empirical Mapping of Dutch Manufacturing [J]. *Industrial and Corporate Change*,2002,11(4): 791—815.

[85]Maddison A. *The World Economy: A Millennial Perspective*[M]. OECD,Paris, 2001.

[86]Mahoney J. T. and Qian Lihong. Market Frictions, Governance and Economic Rents: Taking Stock and Looking Ahead [W]. 2009,http://www.business.uiuc.edu/Working_Papers/papers/09? 0104.pdf.

[87]Malerba F., Nelson R., Orsenigo L., and Winter S. Vertical Integration and Disintegration of Computer Firms: A History-friendly Model of the Co-evolution of the Computer and Semiconductor Industries [J]. *Industrial and Corporate Change*,2008,17(2):197—231.

[88]McCann B. T., and Foltab T. B. Performance Differentials within Geographic Clusters [J]. *Journal of Business Venturing*,2011,26(1):104—123.

[89]Menard C. and Shirley M. M. *Handbook of New Institutional Economics*[M]. Springer-Verlag Berlin Heidelberg,2008.

[90]Menzel M. P., and Fornahl D. Cluster Life Cycles—Dimensions and Rationales of Cluster Evolution [J]. *Industrial and Corporate Change*,2010,19(1):205—238.

[91]Metcalfe J. S., Ramlogan R., and Uyarra E. Economic Development and the Competitive Process [W]. Centre on Regulation and Competition, Paper No.36, 2002.

[92]Montobbio F. An Evolutionary Model of Industrial Growth and Structural Change [J]. *Structural Change and Economic Dynamics*,2002,13(4):387—414.

[93]Mowery D. C. Plus can Change: Industrial R&D in the "Third Industrial Revolution" [J]. *Industrial and Corporate Change*, 2009,18(1): 1—50.

[94]Nonaka I. A Dynamic Theory of Organizational Knowledge Creation[J]. *Organization Science*,1994, 5(1): 14—37.

[95]Neumann M. and Weigand J. *The International Handbook of Competition* [M]. Edward Elgar,2004.

[96]Nolan P., Jin Zhang, and Chunhang Liu. The Global Business Revolution, the Cascade Effect, and the Challenge for Firms from Developing Countries [J]. *Cambridge Journal of Economics*,2008,32(1):29—47.

[97]Niosi J., Zhegu M. Anchor Tenants and Regional Innovation Systems: The Aircraft Industry [J]. *International Journal of Technology Management*, 2010, 50(3): 263—284.

[98]Priebisch, Raul. *The Economic Development of Latin America and Its Principal Problems* [M]. New York: United Nations,1950.

[99]Paul R. Krugman. Increasing Returns, Monopolistic Competition, and International Trade [J]. *Journal of International Economics*,1979,9(4):469—479.

[100]Perez C. Structural Change and the Assimilation of New Technologies in the Economic and Social System [J]. *Futures*,1983,15(5): 357—375.

[101]Porter, Michael E. *The Competitive Advantage of Nations* [M]. The Free Press, 1990.

[102]Peteraf M. A. The Cornerstones of Competitive Advantage: A Resource-based View [J]. *Strategic Management Journal*, 1993,14(3):179—191.

[103]Paci R., Usai S. Externalities, Knowledge Spillovers and the Spatial Distribution of Innovation [J]. *Geo Journal*,1999,49(4):381—390.

[104]Parent O., Lesage J. P. Using the Variance Structure of the Conditional Autoregressive Specification to Model Knowledge Spillovers [J]. *Journal of Applied Econometrics*,2008, 23(2):235—256.

[105]Peneder M. Industrial Structure and Aggregate Growth [J]. *Structural Change and Economic Dynamics*,2003,14(4):427—448.

[106]Potter A., Watts H. D. Evolutionary Agglomeration Theory: Increasing Returns, Diminishing Returns, and the Industry Life Cycle [J]. *Journal of Economic Geography*,2011, 11(3):417—455.

[107]Powell W. W. Neither Market nor Hierarchy: Network Forms of Organization [J]. *Research in Organizational Behavior*,1990,12(11):295—336.

[108]Powell W. W., Giannella E. Collective Invention and Inventor Networks. In *Handbook*

of The Economics of Innovation, Hall B. H., Rosenberg N., 2010, 575—605.

[109]Powell W. W., Packalen K., Whittington K. Organizational and Institutional Genesis. In *The Emergence of Organizations and Markets*, Padget J.F., Powell W.W., Princeton: Princeton University Press, 2012, 434—465.

[110]Rosenstein-Rodan, Paul. Problems of Industrialization of Eastern and Southeastern Europe [J]. *Economic Journal*,1943,53(210/211): 202—211.

[111]Rostow W.W. *The Stages of Economic Growth: A Non-communist Manifesto*[M]. Cambridge: Cambridge University Press,1960.

[112]Rosenberg, Nathan. On Technological Expectations [J]. *Economic Journal*, 1976, 86(343):523—535.

[113]Rumelt R. P. Diversification Strategy and Profitability [J]. *Strategic Management Review*,1982,3(4):359—369.

[114]Reed R., Defilippi R. J. Causal Ambiguity, Barriers to Imitation, and Sustainable Competitive Advantage [J]. *Academy of Management Review*, 1990, 15(1):88—102.

[115]Rajan R. G. and Zingales L. The Firm as a Dedicated Hierarchy: A Theory of the Origins and Growth of Firms [J]. *Quarterly Journal of Economics*,2001,116(3):835—851.

[116]Rigby D. L., Essletzbichler J. Agglomeration Economies and Productivity Differences in U. S. Cities [J]. *Journal of Economic Geography*,2002,(2):407—432.

[117]Ring P. S., Huxham C., Ebers M., Cropper S,Lazerson M. H., and Lorenzoni G. Transforming Industrial Districts. In *The Oxford Handbook of Inter-Organizational Relations*, Oxford Handbooks Online, 2008.

[118]Romer, P. M. Increasing Returns and Long-Run Growth[J]. *Journal of Political Economy*,1986,94(5):1002—1037.

[119]Ricardo Hausmann, and Bailey Klinger. The Structure of the Product Space and the Evolution of Comparative Advantage [R]. CID Working Paper No.146,2007.

[120]Roodman D. A Note on the Theme of Too Many Instruments [J]. *Oxford Bulletin of Economics and Statistics*,2009,71(1):135—158.

[121]Rosenthal S. S., and Strange W. S. Geography, Industrial Organization, and Agglomeration [J]. *Review of Economics and Statistics*,2003,85(2):377—393.

[122]Schurr, Sam H. ,Netschert, Bruce C. , Eliasberg, Vera, Lerner, Joseph, and Landsberg, Hans H. *Energy in the American Economy, 1850 — 1975: An Economic Study of Its History and Prospects* [M]. Baltimore: Johns Hopkins Press,1960.

[123]Simmie J. and Martin R. The Economic Resilience of Regions: Towards an Evolutionary Approach [J]. *Cambridge Journal of Regions, Economy and Society*,2010,3(1):27—43.

[124]Schumpeter J. A. *Business Cycles: A Theoretical, Historical and Statistical Analysis of the Capitalist Process* [M]. New York: McGraw-Hill,2011.

[125]Special Report: Manufacturing and Innovation,(A Third Industrial Revolution)[J]. *The Economist*,Apr. 21st,2012.

[126]Tanriverdi H., Venkatramaw V. Knowledge Relatedness and Performance of Multi-business Firms[J]. *Strategic Management Journal*,2005,6(2):97—119.

[127]Teece D. J. Firm Organization, Industrial Structure, and Technological Innovation [J]. *Journal of Economic Behavior & Organization*,1996,31(2):193—224.

[128]Timmer M. P., Szirmai A. Productivity Growth in Asian Manufacturing:The Structural Bonus Hypothesis Examined [J]. *Structural Change and Economic Dynamics*, 2000, 11(4):371—392.

[129]Veugelers R., Cassiman B. R&D Cooperation between Firms and Universities: Some Empirical Evidence from Belgian Manufacturing [J]. *International Journal of Industrial Organization*,2005 23(5—6): 355—379.

[130]Van Beers C., and Van Der Panne G. Geography, Knowledge Spillovers and Small, Firms' Exports:An Empirical Examination for The Netherlands [J]. *Small Business Economics*, 2011,37(3):325—339.

[131]Watts D. J. *Small Worlds: The Dynamics of Networks between Order and Randomness* [M]. Princeton: Princeton University Press, 2002.

[132]Williamson O. E. *Markets and Hierarchies: Analysis and Antiturst Implications* [M]. New York: Free Press,1975.

[133]Williamson O. E. The Vertical Integration of Production: Market Failure Considerations [J]. *The American Economic Review*,1971,61(2):112—123.

[134]Williamson O. E. Transaction-cost Economics: The Governance of Contractual Relations [J]. *Journal of Law and Economics*,1979,22(2):223—261.

[135]Yamamura E. and Shin I. Dynamics of Agglomeration Economies and Regional Industrial Structure: The Case of the Assembly Industry of the Greater Tokyo Region, 1960—2000 [J]. *Structural Change and Economic Dynamics*,2007,18(4):483—499.

[136]Yang X., Borland J. A Microeconomic Mechanism for Economic Growth [J]. *Journal of Political Economy*, 1991,99(3):460—482.

[137]Zahra S. A., George G. Absorptive Capacity: A Review, Reconceptualization, and Extension [J]. *The Academy of Management Review*, 2002, 27(2): 185—203.

[138]白瑞雪,翟珊珊. 基于产业链视角的“十二五”时期产业结构优化升级研究[J]. 中国特色社会主义研究,2012,(4):94—98.

[139][美]安纳兹・V. 艾弗,谢里德哈尔・色沙德利,罗伊・瓦沙. 丰田供应链管理:透视丰田产业链制胜的秘密武器[M]. 高懿,李可雪,高婕译. 北京:机械工业出版社,2010.

[140]陈朝隆,陈烈. 金丹华区域产业链形成与演变的实证研究[J]. 经济地理,2007,27(1):64—67.

[141]成伟明. 从另一种视角透析英国工业革命——从纺织工业自身规律看英国工业革命[J]. 湖南科技大学学报(社会科学版),2007,10(5):105—108.

[142]程宏伟,冯茜颖,赵平飞. 资源控制权、和谐产业链与声誉危机治理[J]. 中国工业经济,2009,(4):127—136.

[143]杜传忠. 市场集中与空间集聚：现代产业组织演进的两条基本路径[J]. 中国工业经济,2009,(7):142—151.

[144]范剑勇,石灵云. 产业外部性、企业竞争环境与劳动生产率[J]. 管理世界,2009,(8):65—72.

[145]方润生,李垣. 企业关键资源及其形成与配置机制[J]. 南开管理评论,2001,(4):6—11.

[146]方堃. 日美金融危机和经济衰退的根源与规律探讨——基于产业革命周期理论[J]. 金融研究,2011,(8):72—78.

[147]付红艳,李长英. 技术创新、产业链与社会福利[J]. 商业经济与管理,2010,(5):49—54.

[148]付凌晖. 我国产业结构高级化与经济增长关系的实证分析[J]. 统计研究,2010,(8):79—81.

[149]龚三乐. 产业升级、全球价值链地位与企业竞争力[J]. 北方经济,2006,(5):67—68.

[150]干春晖,郑若谷,余典范. 中国产业结构变迁对经济增长和波动的影响[J]. 经济研究,2011,(5):4—18.

[151]干春晖,郑若谷. 改革开放以来产业结构演进与生产率增长研究[J]. 中国工业经济,2009,(2):55—65.

[152]高伟凯,徐力行,魏伟. 中国产业链集聚与产业竞争力[J]. 江苏社会科学,2010,(2):80—88.

[153]顾乃华. 1992～2002年我国服务业增长效率的实证分析[J]. 财贸经济,2005,(4):85—90.

[154]何德旭,姚战琪. 中国产业结构调整的效应、优化升级目标和政策措施[J]. 中国工业经济,2008,(5):46—57.

[155]何映昆,王钦,肖红军. “十二五”时期我国工业的结构调整与产业升级[J]. 经济学动态,2010,(12):43—48.

[156]黄茂兴,李军军. 技术选择、产业结构升级与经济增长[J]. 经济研究,2009,(7):143—152.

[157]姜红,陆晓芳. 基于产业技术创新视角的产业分类与选择模型研究[J]. 中国工业经济,2010,(9):47—57.

[158]蒋国俊,蒋明新. 产业链理论及其稳定机制研究[J]. 重庆大学学报(社会科学版),2004,10(1):36—41.

[159]鞠建东,林毅夫,王勇. 要素禀赋、专业化分工、贸易的理论与实证——与杨小凯、张永

生商榷[J]. 经济学季刊,2004,(4).

[160]金碚,吕铁,李晓华. 关于产业结构调整几个问题的探讨[J]. 经济学动态,2010,(8):14—20.

[161]金贤锋,董锁成,刘薇,李雪. 产业链延伸与资源型城市演化研究[J]. 经济地理,2010,30(3):403—409.

[162]景芝英,徐雪梅. 试论聚集经济的本质[J]. 财经问题研究,1998,(11):11—13.

[163] [美]杰弗瑞·莱克. 丰田模式:精益制造的14项管理原则[M]. 李芳龄译. 北京:机械工业出版社,2011.

[164][美]杰弗瑞·莱克,大卫·梅尔. 丰田模式,实践手册篇:实施丰田4P的实践指南[M]. 王世权,张丹,商国印译. 北京:机械工业出版社,2012.

[165][美]杰里米·里夫金. 第三次工业革命:新经济模式如何改变世界[M]. 北京:中信出版社,2012.

[166]李金滟,宋德勇. 专业化、多样化与城市集聚经济[J]. 管理世界,2008,(2):25—34.

[167]刘国光,李京文. 中国经济大转变:经济增长方式转变的综合研究[M]. 广州:广东人民出版社,2001.

[168]刘慧波. 产业链纵向整合研究——以浙江省制造业企业为例[D]. 浙江大学博士学位论文,2009.

[169]刘明宇,芮明杰,姚凯. 生产性服务价值链嵌入与制造业升级的协同演进关系研究[J]. 中国工业经济,2010,(8):66—75.

[170]刘明宇,芮明杰. 价值网络重构、分工演进与产业结构优化[J]. 中国工业经济,2012,(5):148—161.

[171]刘伟,李绍荣. 产业结构与经济增长[J]. 中国工业经济,2002,(5):14—21.

[172]刘伟,张辉. 中国经济增长中的产业结构变迁和技术进步[J]. 经济研究,2008,(11):4—16.

[173]刘元春. 经济制度变革还是产业结构升级[J]. 中国工业经济,2003,(9):5—14.

[174]刘志彪,安同亮. 中国产业结构演变与经济增长[J]. 南京社会科学,2002,(1):1—4.

[175]刘志彪. 我国产业结构调整升级的理论与政策取向[J]. 中国经济问题,2005,(1):3—11.

[176]刘志迎,李慧. 嵌入在产业链中的技术创新机理研究[J]. 科学管理研究,2009,27(6):12—15.

[177][美]马尔科·扬西蒂,罗伊·莱维恩. 共赢:商业生态系统对企业战略、创新和可持续性的影响[M]. 王凤彬,王保伦等译. 北京:商务印书馆,2006.

[178]马淑琴,谢杰. 网络基础设施与制造业出口产品技术含量[J]. 中国工业经济,2013,(2):70—82.

[179]毛丰付,潘加顺. 资本深化、产业结构与中国城市劳动生产率[J]. 中国工业经济,2012,(10):32—45.

[180]彭向,蒋传海. 产业集聚、知识溢出与地区创新[J]. 经济学季刊,2011,10(3):913—935.

[181]邱英汉. 全球生产体系下后发国家的产业结构知识化跃迁[J]. 世界经济与政治论坛,2004,(2).

[182]乔晓楠,王鹏程,王家远. 跨越“中等收入陷阱”:经验与对策[J]. 政治经济学评论,2012,(3):168—184.

[183]任艳玲,原鹏飞. 中国工业生产率水平与变迁[J]. 统计与观察,2006,(4):66—69.

[184]芮明杰. 21 世纪的选择: 新经济、新企业与新管理[J]. 学术月刊,2004,(2): 86—92.

[185]芮明杰,张琰. 产业创新战略——基于网络状产业链内知识创新平台的研究(“十一五”国家重点图书)[M]. 上海:上海财经大学出版社,2009.

[186]芮明杰. 上海制造业结构的控制性调整构想[J]. 科学发展,2010,(12): 85—98.

[187]芮明杰. 中国产业发展的战略选择[M]. 上海:格致出版社,上海人民出版社,2010.

[188]芮明杰,刘明宇. 上海产业高端高效的评价与升级路径研究[J]. 科学发展,2011,(8):72—79.

[189]芮明杰. 产业经济学(第二版)[M]. 上海:上海财经大学出版社,2012.

[190]芮明杰. 制造业变革蕴育重大突破[J]. 人民论坛,2012,(2).

[191]芮明杰,王子军等. 产业发展与结构转型研究(第一卷):后金融危机时代上海先进制造业发展战略与政策[M]. 上海:上海财经大学出版社,2012.

[192]芮明杰等. 再工业化浪潮涌动,中国制造如何重新定位[N]. 文汇报,2012—6.

[193]芮明杰,赵小芸等. 产业发展与结构转型研究(第二卷):基于价值链重构:上海先进制造业与生产性服务业动态匹配研究[M]. 上海:上海财经大学出版社,2012.

[194]芮明杰. 破解上海生产性服务业两个独立循环圈[N]. 东方早报(上海经济)专刊,2012—4—24.

[195]芮明杰. 发达国家“再工业化”的启示[J]. 时事报告,2012 年 8 月.

[196]芮明杰. 新一轮工业革命正在叩门,中国怎么办? [J]. 当代财经,2012,(8):5—12.

[197]芮明杰. 金融高利润导致制造业“空心化”吗[N]. 解放日报,2012—10—10.

[198]芮明杰. 第三次工业革命的起源、实质与启示[N]. 文汇报,2012—9—17;本文被《新华文摘》全文转载,2012,(22):120—122.

[199]芮明杰等. 第三次工业革命,明天的世界与中国[N]. 文汇报, 2012—10—28.

[200]芮明杰. 响应第三次工业革命的中国企业是谁[J]. 瞭望,东方周刊,2012,(42): 50—51.

[201]芮明杰等. 跨过低谷 中国经济寻路新通道[N]. 文汇报,2013—1—26.

[202]芮明杰. 能不能建中国的软件中心[N]. 东方早报,2013—1—29.

[203]芮明杰. 欧美“再工业化”对我国的挑战与启示[N]. 中国社会科学报,B07 版,2013—3—6.

[204]芮明杰. 第三次工业革命与中国的选择[M]. 上海:上海辞书出版社,2013.

[205]盛美娟，刘瑞. 范式之争：中美宏观调控比较研究——以金融危机的应对为例[J]. 政治经济学评论，2011，2(1)：143－159.

[206]孙晓华，柴玲玲. 相关多样化、无关多样化与地区经济发展[J]. 中国工业经济，2012，(6)：5－17.

[207]王洛林，江小涓，卢圣亮. 大型跨国公司投资对中国产业结构、技术进步和经济国际化的影响[J]. 中国工业经济，2000，(4)：5－12.

[208]王云霞，李国平. 产业链现状研究综述[J]. 工业技术经济，2006，25(10).

[209]王振寰，陈俊铭. 为什么台湾半导体和计算机产业的组织发展模式不同？[C]. 2006年台湾社会学年会.

[210]吴金明，邵昶.产业链形成机制研究[J]. 中国工业经济，2006，(4)：36－43.

[211]吴敬琏. 思考与回应：中国工业化道路的抉择(上)[J]. 学术月刊，2005，(12).

[212]吴敬琏. 中国增长模式抉择[M]. 上海：上海远东出版社，2005.

[213]吴敬琏. 什么是新型工业化道路[R]. 2005. http://wenku.baidu.com/view/6ef8f91.

[214]魏后凯. 大都市区新型产业分工与冲突管理——基于产业链分工的视角[J]. 中国工业经济，2007，(2)：28－34.

[215]温杰，张建华. 中国产业结构变迁的资源再配置效应[J]. 中国软科学，2010，(6)：57－67.

[216]汪延明，杜龙政. 基于关联偏差的产业链治理研究[J]. 中国软科学，2010，(7)：184－192.

[217]王缉慈. 超越集群——中国产业集群的理论探索[M]. 北京：科学出版社，2010.

[218]王缉慈. 让低端产业集群"飞"——东莞鞋业转型之路调查[J]. 北大商业评论，2011，(4)：22－29.

[219]王凤彬，李东红，张婷婷等. 产品开发组织超模块化及其对创新的影响——以丰田汽车为案例的研究[J]. 中国工业经济，2011，(2)：131－141.

[220]杨公朴，夏大慰. 产业经济学教程[M]. 上海：上海财经大学出版社，2002.

[221]杨蕙馨，纪玉俊，吕萍. 产业链纵向关系与分工制度安排的选择及整合[J]. 中国工业经济，2007，(9)：14－22.

[222]杨锐，李伟娜. 网络结构、关系互动对创新活动的影响——苏州 IT 产业集群实证分析[J]. 科学研究，2010，28(7)：1094－1103.

[223]杨锐，张时乐，芮明杰. 基于关键资源视角的垂直网络组织及治理机制[J]. 中国工业经济，2011，(7)：44－53.

[224]杨锐，张洁，芮明杰. 基于主体属性差异的生产性服务网络形成及双重结构[J]. 中国工业经济，2011，(3)：139－148.

[225]杨天宇，刘贺贺. 产业结构变迁与中印两国的劳动生产率增长差异[J]. 世界经济，2012，(5)：62－80.

[226]杨志荣. 美国再工业化本质：贴近市场再造服务[N]. 中国产经新闻报，2012－3－22.

[227]易法敏. 关系租金与组织调适：网络嵌入视角的诠释[J]. 经济理论与经济管理，2009，(8).

[228]余子鹏，刘勇. 我国产业结构调整与要素效率关系分析[J]. 经济学家，2011，(8)：19—26.

[229]郁义鸿，管锡展. 产业链纵向控制与经济规制[M]. 上海：复旦大学出版社，2006.

[230]郁义鸿. 产业链类型与产业链效率基准[J]. 中国工业经济，2005，(11)：35—45.

[231]原长弘，周林海. 竞争战略、产业链组织结构和产业吸收能力研究[J]. 科技进步与对策，2011，28(4)：53—58.

[232]赵煦. 英国城市化的核心动力：工业革命与工业化[J]. 兰州学刊，2008，(2)：138—142.

[233]张杰，刘志彪，郑江淮. 产业链定位、分工与集聚如何影响企业创新[J]. 中国工业经济，2007，(7)：47—55.

[234]张昕，李廉水. 制造业聚集、知识溢出与区域创新绩效[J]. 数量经济技术经济研究，2007，(8)：35—44.

[235]张昕，李廉水. 我国城市间制造业劳动生产率差异的解释[J]. 中国软科学，2006，(9)：105—112.

[236]张元智，马鸣萧. 企业规模、规模经济与产业集群[J]. 中国工业经济，2004，(6)：29—35.

[237]中国社会科学院工业经济研究所课题组. "十二五"时期工业结构调整和优化升级研究[J]. 中国工业经济，2010.

[238]中国社会科学院工业经济研究所课题组. 第三次工业革命与中国制造业的应对战略[J]. 学习与探索，2012，(9)：93—98.

[239]周勤，吴利华. 产业结构、产业竞争力和区域就业差异[J]. 世界经济，2008，(1)：78—89.

[240]周绍东. 新国际分工体系中的产业链治理模式选择[J]. 财经科学，2011，(1)：75—81.

[241]周叔莲，王伟光. 科技创新与产业结构优化升级[J]. 管理世界，2001，(5)：70—81.

[242]卓越，张珉. 全球价值链中的收益分配与"悲惨增长"——基于中国纺织服装业的分析[J]. 中国工业经济，2008，(7).

[243]张其仔. 比较优势的演化与中国产业升级路径的选择[J]. 中国工业经济，2008，(9).

[244]张洁，芮明杰. 现代服务业发展模式及其国际借鉴[J]. 改革，2010，(5)：142—144.

上海制造业结构转型与增长的实证分析与战略思考

目　录

1

上海制造业结构转型研究背景与国际经验

1.1 研究背景

1.1.1 “十二五”提出上海创新驱动、转型发展的总思路

根据“十二五”规划，上海市委、市政府明确提出了“创新驱动、转型发展”的总体思路，指出“创新驱动、转型发展，是上海在更高起点上推动科学发展的必由之路”。“十二五”期间是上海加快实现创新驱动、转型发展的关键时期，也是制造业结构转型升级的关键时期，上海市作为中国制造业基地和重镇，为中国制造业的发展立下了汗马功劳。新中国成立以来，上海市制造业凭借着良好的工业体系在全国一直处于领先地位，改革开放后，上海培养出了一大批享誉中国的制造业名牌产品，如凤凰牌和永久牌自行车、上海牌手表、蝴蝶牌缝纫机等。从 20 世纪 90 年代开始，上海市政府先后提出并确定了汽车、钢铁、石化、成套设备、通信电子设备、家用电器、生物医药等为支柱工业。经过十几年的培育发展，电子信息、汽车、成套设备、精品钢材和石化等的比重总和已经超过 60%。进入 21 世纪，上海市政府提出了第二产业和第三产业并举、联动发展先进制造业和现代服务业的战略，坚持超前规划、安全发展，坚持优化结构、清洁发展，坚持节能降耗、高效发展，坚持科技支撑、创新发展的原则。上海制造业的结构调整既关系到制造业产业高端化目标能否实现，又关系到上海创新驱动、转型发展的进程能否有效推进。研究上海市制造业结构变化与制造业增长的关系，有助于把握制造业的增长点并对其结构调整方向有更清晰的了解，同

时可供全国其他省份参考。

1.1.2 上海制造业结构转型面临巨大压力

制造业是国民经济的重要组成部分,是一个国家竞争力的主要指标之一,制造业的发展直接影响了一个国家的工业化进程,美、德、日等大多数发达国家的崛起都是建立在制造业飞速发展的基础上。经过多年的发展,中国制造业技术进步巨大,并且取得了较大的成果,我国已有220种工业品产量居世界第一,多数工业品在国际市场占有较大份额。2010年我国制造业产值占全球制造业总产值的比重为19.8%,而美国为19.4%,我国打破了美国连续110年占据世界制造业产值第一的历史,从而成功取代美国成为世界第一大制造业国家。如今在世界各地,我们都可以看到中国制造的身影,中国制造业为全世界人民提供了便利,为世界经济的发展做出了巨大贡献。

自金融危机发生以来,美国经济陷入困境,为了改善局面,美国总统奥巴马提出了再工业化(Re-industrialization)战略,强调了制造业的重要地位和回归实体经济的必要性。2011年伴随着欧债风波的持续发酵,世界经济有二次探底的趋势,外部需求严重萎缩。同时,欧美等发达国家开始抵制中国制造的产品,并且多次实施反倾销制裁,在外需萎缩和内需不振的冲击下,我国制造业面临前所未有的严峻形势。中国钢铁、水泥、铝冶炼等制造业行业开始出现产能过剩和结构不合理的现象;由于前些年投资增长过快,化工行业和有色金属行业等传统制造业同样面临着产能过剩的风险;光伏、新能源、新材料等新兴产业也已经出现产能过剩倾向。近年来,中国沿海地区出现了“民工荒”现象,中国人口红利正在逐渐消失,中国制造业的成本每年增长20%左右,阿迪达斯、耐克等一些外资制造企业正在向其他新兴国家转移。

在“内忧外患”的情况下,中国制造业产业升级和结构转型迫在眉睫,中央政府也出台了一系列的相关政策,中国制造业正处于结构转型的关键时期。

总的来说,上海制造业经历了“调整中发展”、“发展中调整”、“发展调整中提升”三个阶段,并形成了几大支柱产业,制造业结构进一步得以优化。但是由于土地、能源等资源要素和环境保护的硬性约束,部分行业和企业加快向外省市转移,上海制造业投资难有大的增长,这一系列不确定因素使得上海制造业在能级提升、结构调整和工业节能降耗等方面都面临着巨大的压力。

1.2 国外制造业结构转型模式研究

1.2.1 美国制造业的先进技术驱动转型模式

第二次世界大战后的美国制造业曾一度在全球市场中拥有绝对优势,占到全球制造业份额的40%左右。到20世纪80年代,随着日本在汽车、半导体等产业领域的赶超,美国制造业的霸主地位受到了日本的严重挑战。1985年,里根政府设立“产业竞争力委员会”,重新强调制造业对美国的重要性。

为了重振霸主雄风和确保国际竞争优势,美国政府推出了一系列旨在通过技术创新促进先进制造业发展的计划,先后于1990年、1993年和1997年分别实施了“先进技术计划”、“先进制造技术计划”和“下一代制造行动框架”。1998年,美国进一步制订了“集成制造技术路线图计划”;2004年5月,美国国会通过了《2004年制造技术竞争能力法》,强调要通过财政支持研发新的制造技术,提高美国的制造能力。在相关产业政策的支持下,美国制造业以信息技术的快速研发创新为契机,重新获得了优势。

2008年金融危机爆发之后,美国提出了“再工业化”战略,通过政府的帮助来实现旧工业部门的复兴和鼓励新兴工业部门的增长。在劳动密集型轻工制造业领域,美国在产业链的多数环节已经处于劣势,却占领着价值链的高端,从流通环节、品牌、营销渠道中获取巨大的利润。在原材料、重化工制造业领域,美国国内市场较为成熟,但增长空间受到较大制约,石油、化学等重化工企业向低原材料成本地区和高市场成长地区转移的趋势非常明显。在新兴的人工智能和数字化新技术与制造业有机结合的领域,这些技术的大量应用将重塑美国制造业优势,给制造业发展带来新的变革。新技术的大规模应用,会形成对高强度劳动投入的替代,从而节省人工生产与管理的费用,使制造产品的装配成本更低,具有更高的效率和精准度。此外,新技术在制造业领域的应用便于个性化产品的设计和生产,具有更加贴近客户需求的优势。目前,机器人等技术已经在部分制造业领域进行了应用,并且正向越来越多的领域进行扩展。

美国制造业的回归不是简单地回归传统制造业领域,而是致力于制造业中最高端、附加值最多的领域,实现制造业由传统的常规技术向广泛使用以数控、低耗和洁净生产为重点的先进制造技术转变,从制造业的现代化、高级化和清洁化中寻找“再工业化”的出路;大力发展生物科技、风力发电、纳米技术、空间技术、电动汽车技术等高新技术,并以此改造传统制造业,建立新产业部门,创造就业机会,创造新的经济增长点。美国制造业升级模式见图 1.1。

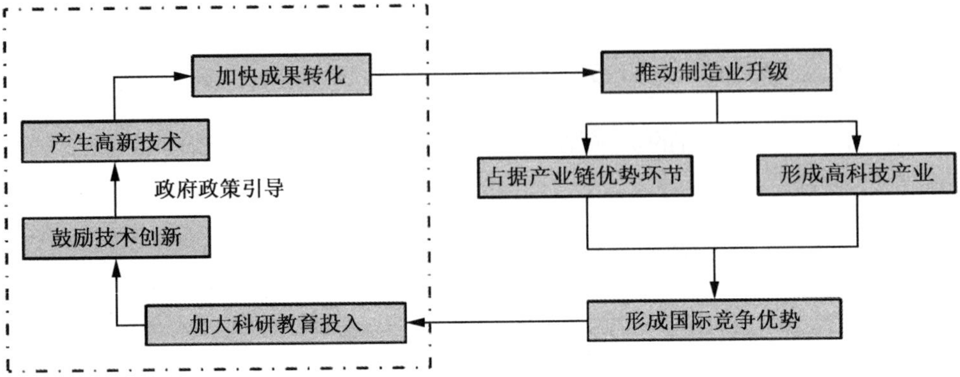

图 1.1 美国制造业升级模式

1.2.2 日本制造业的技术引进驱动模式

日本在第二次世界大战后 60 多年的经济发展过程中,制造业一直是其最重要的产业,并以制造业的恢复和发展为起点创造了经济奇迹。日本最先以煤炭、钢铁行业为重点实行"倾斜生产方式",发展重工业化实现了经济恢复,从第二次世界大战战败国的生产萎缩危机中走了出来。从产业附加值来看,1955～1979 年,制造业在日本国内生产中的比重最高曾达到 36%;1955～1973 年,重工业产品出口在总出口额中所占比重由 38%提高到了 72.9%。这一时期,日本企业没有核心技术和专利,当竞争对手有一个核心专利时,日本企业就会围绕该核心专利开发出一系列专利,每一个专利都有不同程度的改进。这些改进的专利覆盖了将该核心技术投入商业应用时可能采用的最佳产品结构。这样,大量外围专利给原技术的所有者对该技术的有效利用造成了障碍,迫使对方同意交叉许可,从而使日本获得对核心技术的使用权。

到 20 世纪 80 年代末,日本经济迅速增长,日本企业在机械电子、消费电子、超级计算机、汽车制造、化工、造船等多个产业领域击败欧洲和美国,成为世界领袖。从 80 年代末期开始,日本为继续保持经济强国地位和经济持续发展势头,决定通过发展本国尖端技术、开拓现有技术来开发新产品、新工艺,创造新市场和新产业,力争成为一个以创造性科学技术为基础的国家。对于先进的、将成为竞争热点的技术,以及能加强国家未来工业技术基础的计划,由政府统一规划、协调。日本相继出台了智能制造系统计划、未来计划、风险企业型实验室计划、促进创新性工业技术研究开发计划。这些计划的实施为日本创造出诸多紧密围绕制造业升级的高新技术,并通过这些高新技术的迅速产业化推动了先进制造业的发展。同时,日本的产业政策注重向有实力的大企业倾斜,政府通过资源配置支持大企业的形成,从而出现了以索尼、松下、丰田、本田、三菱等为代表的日本企业成为国际市场的新生力量和跨国经营的典范。围绕这些大企业形成了一系列中小企业的集群,从整体上带动了日本制造业的发展。

到20世纪90年代,经济泡沫化、产业空心化给日本经济发展带来了极大的挑战,随着经济泡沫破裂,在经济低迷的困境中,日本企业以精益制造开辟出了生存发展之路。日本企业在大力引进国外先进技术的基础上,对本国的生产方式进行突破性创新,形成了精益制造模式,即以及时响应(Just-in-Time, JIT)、每个员工都对质量负责、客户价值增值为基本原则的生产方式,注重减少生产的废弃物以及提倡不断改进生产过程。创新的技术与技艺融入生产流程的分析、设计与再造中,使企业的知识创新和技术优势蕴含在制造过程中。精益制造不仅是日本大企业的竞争武器,也是其中小企业生存发展的法宝。日本企业充分展示了其在恢复经济、推进重工业化和增强国际竞争力中的突出作用,完成了日本实现工业化的历史性任务。

2008年世界经济危机爆发后,各国纷纷采用了贸易保护主义的措施。由于进出口贸易在日本经济中有重要地位,在经济危机的背景下,日本制造业的生产也受到了很大的影响。通过艰苦的企业重组和技术重组,日本在许多方面保持了优势。其中,现场制作生产率现在仍然名列世界第一,综合竞争力仅次于美国居世界第二;全球最大的500家工业企业中,日本占29%;日本国民生产总值的49%来自制造业。日本的优势产业包括汽车与电器等,日本制造业以大企业发展为主导力量,以精益制造为生产模式,通过引进国外先进技术带动国内技术创新,实现了大规模、低成本的制造业发展道路。日本制造业升级模式见图1.2。

1.2.3 德国制造业的品质制胜驱动模式

第二次世界大战以后,西德在美国的帮助下,经济得到了迅速恢复。在20世纪50～70年代,面对日本厂商在钢铁、汽车、照相机和家用电器标准化与大批量生产等方面的激烈竞争,德国制造业依赖其灵活的产品设计传统,创造了小批量定制模式,主要关注工艺技巧密集型产品的制造、机械工具的模具设计、大型工业设备、精密机床和高级光学仪器等领域,凭借严格的质量标准和完

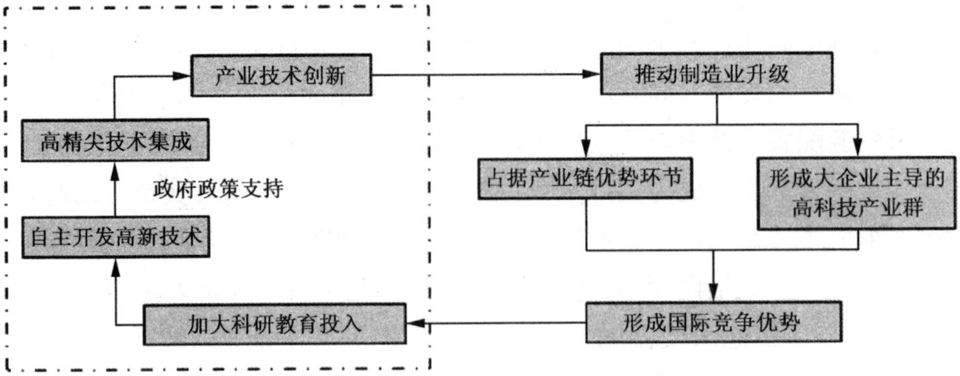

图 1.2 日本制造业升级模式

善的监督机制,德国已将品质打造成制造业的核心竞争力。到 20 世纪 60 年代中叶,美国和日本在发展微电子技术、集成电路技术方面取得了显著成绩,生产了一大批机电一体化的产品,并投向世界市场,而此时德国意识到自己在微电子领域发展滞后,开始实施快速赶超战略,转型进入以化工、制药和电子为主的高新技术产业领域,能源、汽车、化工、制药、电子和信息等产业有了迅速发展。到 90 年代已初见成效,高技术产品的全球市场占有率已达 18.5%,成为世界最大的高技术出口国。

首先,自 2008 年金融危机发生以来,制造业成为德国经济逆势复苏和率先走出衰退的主导产业。以制造业数字化为核心,德国将传统制造业与新兴产业融合对接起来。目前,德国制造的机械设备产品一半以上都应用了微电子控制,而十几年前这个比例还不到 5%。经过微电子技术改造的传统机器设备制造业被定位为新兴产业的上游产业,同时与下游的化学和塑料、电气和电子、汽车、食品和饮料、可再生动力和绿色能源等产业形成有机的生产链。如光伏发电产业,主要由德国机器设备制造企业提供所需的各种设备,而该产业也因此获得了新的发展动力,传统制造业与新兴产业可以有机地结合起来。

其次,德国制造业定位于科技和绿色制造。传统制造业转型升级不仅意味着原业务领域从低端向高端的转移,还包括经营范围的拓展,与信息化和低碳化相结合,走向科技制造和绿色制造。在环境和资源约束条件下,德国重点发展技术密集型环保产业,并逐渐形成有竞争力的环保产业链条。

再次,德国发展生产性服务体系,力图同时成为制造强国和服务大国。在信息技术革命中,德国电气和电子生产企业纷纷参与了电信网络建设、计算机的软硬件建设、信息和通信技术服务等领域,同时也出现了一些新的企业实体。

云计算成为德国信息和通信制造业发展的主攻方向,计划把该产业预算的10%用于云计算的研发,并把它作为今后高新技术产业重要的增长领域。

长期以来,德国的技术人才培训体系为制造业发展提供了重要支撑,通过学校与工厂的结合,德国培养出了大批的高素质产业技术工人。德国制造业的升级是以高端生产技术和装备研发为路径,以高品质为目标,以标准化产品与个性化服务相结合为发展趋势,以完善的职业教育体系为人才保障机制,突破制约产业升级的关键领域,切实做强实体经济,塑造了一个不同于美国制造和日本制造的德国制造模式(见图 1.3)。

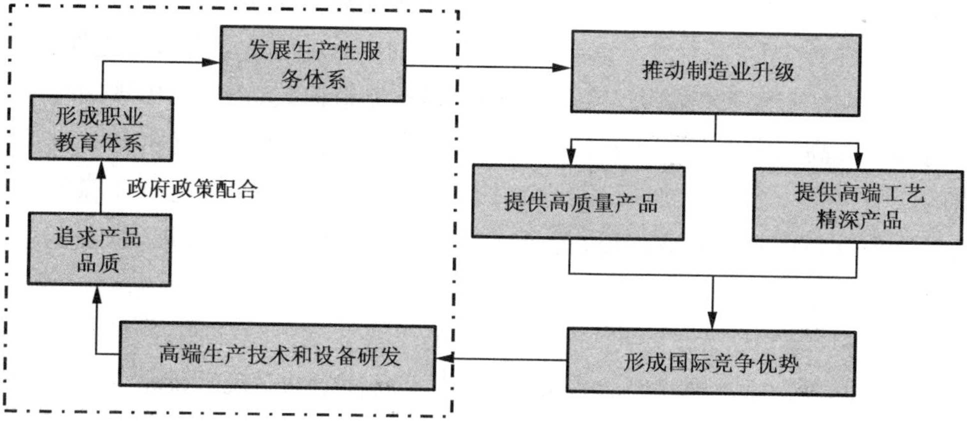

图 1.3 德国制造业升级模式

1.3 对上海市制造业结构转型可提供的借鉴与启示

通过对美国、日本、德国等国家制造业结构转型升级经验的总结,我们可以从中获得如下启示:

第一,重视外部经济环境变化对制造业结构转型带来的影响,夯实工业基础。国际经济环境的变化,如石油危机、金融危机等都会影响进出口结构,而进出口结构变化又进一步影响了制造业的生产结构。美国在金融危机之后,从制造业的现代化、高级化和清洁化中寻找再工业化的出路,日本企业以精益制造开辟出生存发展之路,而德国之所以能在欧洲主权债务危机中表现坚挺,与德国政府长期重视制造业发展的基础建设密不可分。对于上海而言,核心技术、关键部件、基础材料等工业基础能力,决定了本地区的工业整体素质、综合实力和核心竞争力;基础不实、基础不牢,会成为制约制造业优化升级和发展质量提高的关键因素。为此,上海应集中力量突破制约制造业升级的关键领域、关键环节和主要“瓶颈”,夯实工业制造基础,尽快提高工业的整体素质和发展质量。

第二,加大高新技术的研发力度并注重推进高新技术产业化,是推动制造业升级的根本动力。美国鼓励原创性技术创新、日本基于国外先进技术进行改进性创新、德国大力发展高端生产技术研发,无不体现出技术研发对制造业升级的核心作用。对于上海而言,高新技术研发已具有较好的基础,关键在于如何构建有效的高新技术产业化机制,提高技术成果向现实生产力转化的效率。这是我们在推进先进制造业发展过程中需要认真思考的问题。

第三,根据本国或本地实情,认清产业发展方向,找准制造业升级的突破路径。国际经验告诉我们,必须准确定位自身的优势和劣势,发挥优势、取长补短,才能获得比较竞争优势。美国发挥本国的技术优势进行技术原创性创新、日本根据本国资源匮乏的国情致力于创新精益制造模式、德国发挥本国传统制造优势发展高精尖生产设备和技术创新,都是在正确认识自身优劣势基础上做出的战略选择。上海如何在目前全球价值链分工体系和国内竞争环境中寻找到发展先进制造业的突破路径,实现制造业的创新驱动、绿色发展,是我们思考的重点所在。

第四,政府的政策设计需要重视中小企业力量,培育发展一批具有较强竞争力的小巨人企业。国际经验告诉我们,强大而稳定的微观基础是保持产业发展活力和市场竞争力的重要源泉,即便日本的先进制造业是在政府向大企业进行政策和资源倾斜的模式下发展起来的,占企业总数90%以上的中小企业的利益也未被忽视,政府成立了专门机构为中小企业提供政策、金融等服务。中小企业在高新技术研发和产业化领域具有强大潜力,本市要加快培育发展一批规模效益型、科技创新型、持续成长型的小巨人企业,为大企业、大集团培育后备力量。目前在上海,中小企业已经成为先进制造业的重要组成部分,但是中小企业的发展仍然面临诸多“瓶颈”,政府政策如何切实在技术开发、市场开拓、人力资源培训、融资辅导和管理咨询等方面提供支持和服务,帮助中小企业突破障碍、实现飞越,是关系先进制造业发展的重要问题。

第五,生产性服务业与制造业的互动发展,对制造业发展的水平有显著影响。美国、德国的经验表明,服务在制造业产值中所占的比重会呈现出快速上升趋势,生产性服务业能否满足制造业发展的需要,将在很大程度上影响制造业能否顺利实现升级;生产性服务业的发展甚至可能改变制造业的发展路径。对于上海而言,生产性服务业的重要性还未得到充分认同,如何促进生产性服务业与制造业的融合发展是需要前瞻性布局的战略问题。

2

上海制造业结构转型与增长的现状分析

2.1 21 世纪上海制造业结构转型现状

20 世纪 90 年代初，上海制定了“三二一”的发展战略。所谓的“三二一”，即最优先发展第三产业，把第三产业在经济中的比重像很多国际大都市那样提高到 70%以上。但在十多年的实践之后，上海发觉自己走了很长一段的弯路。

根据统计数据，金融业 2003 年对上海市 GDP 的直接贡献率为 10.1%。与 GDP 连续 12 个年头两位数增长的高歌猛进相比，上海金融保险业的增长却显得明显滞后。进入 21 世纪，上海开始决定将产业重心重新向第二产业回归，从而重塑制造业基地，并且改变以前“三二一”的发展战略，把制造业的发展提升到战略的高度。由此，上海拉开了新一轮的制造业结构转型之幕。

2.1.1 21 世纪上海市制造业进入快速发展轨道

上海市制造业基础良好，即使在 20 世纪 90 年代上海市忽视制造业发展的情况下，上海市制造业依然保持了活力，对经济的贡献率较高。2000 年上海实现国内生产总值4 551.15亿元，其中规模以上制造业完成工业增加值就达1 611 亿元，对 GDP 的贡献率达到了 35.4%。2001 年是上海市“十五”规划的开局之年，全年制造业实现工业总产值6 746.46亿元，较 2000 年增长 13.36%，为上海市建设工业新高地夯实了产业基础；2005 年制造业实现工业总产值15 121.28 亿元。“十五”期间制造业平均增长率高达 17.52%，制造业对上海经济的贡献率超过了 65%，从而为“十五”时期的经济发展画上了完美的句号。经过 10 年的发展,上海制造业成果显著,工业总产值于2010年超过3万亿元。

上海制造业总产值从1956年的100亿元发展到1987年的1 000亿元,大约用了30年;2003年,上海制造业总产值为10 037.88亿元,首次超过1万亿元,即上海制造业又用了15年的时间突破1万亿元;2007年,上海制造业总产值为21 425.13亿元,首次超过2万亿元,上海制造业总产值从1万亿元到突破2万亿元仅仅用了4年的时间;2013年,上海制造业总产值为33 899.38亿元,超过3万亿元,再创历史新高。上海市制造业自进入21世纪以来发展速度明显加快,目前上海制造业已经进入了快速发展的通道,随着上海市突出制造业的重要性,相信在不久的将来上海市制造业必定再创辉煌。

2.1.2 六个重点发展的工业行业,经济总量比重大,发展潜力好

根据《上海市国民经济和社会发展第十个五年计划的建议》,上海市以全市产业结构特点、经济总量比重、发展潜力等指标为基准,确定了电子信息产品制造业、汽车制造业、石油化工及精细化工制造业、精品钢材制造业、成套设备制造业和生物医药制造业六个重点发展工业行业。经过10年来的发展,这六个行业已经成为上海市制造业的主导产业。截至2011年,六个重点发展的工业行业的经济总量占全市比重高达66.55%,实现工业总产值21 593.31亿元,是2001年的5倍多。其中,电子信息产品制造业、汽车制造业、石油化工及精细化工制造业相对其他三个行业增长更快。截至2011年,电子信息产品制造业、汽车制造业、石油化工及精细化工制造业工业总产值占比已经超过了六个重点行业总产值的70%。具体见表2.1。

表2.1 2001年、2005年、2011年上海市六个重点发展的工业行业总产值及占全市比重

单位:亿元

行业	2001年	2005年	2011年
工业总产值	3 958.23	9 954.28	21 593.31
电子信息产品制造业	1 013.09	3 989.48	7 166.68
汽车制造业	723.87	1 026.48	4 129.58
石油化工及精细化工制造业	788.86	1 783.99	3 954.01
精品钢材制造业	678	1 339.84	1 813.16
成套设备制造业	558.23	1 532.63	3 888.82
生物医药制造业	196.17	281.85	641.06
六个重点发展的工业行业总产值占全市比重(%)	54.5	63.1	66.55

资料来源:由《上海市统计年鉴》(2000～2012年)整理计算,本表统计的是主营业务收入在2 000万元及以上企业

2.2 上海制造业结构转型分行业现状

2.2.1 上海制造业分行业工业总产值结构变化分析

"十五"期间,上海制造业28个行业中工业总产值比重上升的有8个,分别是家具制造业比重上升0.49%,石油加工、炼焦及核燃料加工业比重上升0.16%,橡胶制品业比重上升0.13%,化学原料及化学制品制造业比重上升0.27%,有色金属冶炼及压延加工业比重上升0.29%,仪器仪表及文化、办公用机械制造业比重上升0.38%,通用设备制造业比重上升2.71%,通信设备、计算机及其他电子设备制造业比重上升8.15%。其中,大部分是上海市"十五"规划划定的重点发展行业。制造业中其他行业占比都在下降,其中下降幅度较大的有纺织业,比重下降1.18%,纺织服装、鞋、帽制造业比重下降1.17%,木材加工及木、竹、藤、棕、草制品业比重下降0.68%,黑色金属冶炼及压延加工业比重下降1.22%,交通运输设备制造业比重下降3.89%。具体见表2.2。

表2.2　上海市制造业分行业"十五"期间产值结构变化

编号	制造业分行业	"十五"期间		
		2001年	2005年	5年变动
1	农副食品加工业	1.28%	1.00%	−0.28%
2	食品制造业	1.91%	1.45%	−0.46%
3	饮料制造业	1.07%	0.70%	−0.37%
4	烟草制品业	1.75%	1.33%	−0.42%
5	纺织业	3.54%	2.36%	−1.18%
6	纺织服装、鞋、帽制造业	3.53%	2.36%	−1.17%
7	皮革、毛皮、羽毛(绒)及其制品业	0.81%	0.73%	−0.08%
8	木材加工及木、竹、藤、棕、草制品业	1.12%	0.44%	−0.68%
9	家具制造业	0.45%	0.94%	0.49%
10	造纸及纸制品业	1.06%	0.91%	−0.15%
11	印刷业和记录媒介的复制	1.09%	0.87%	−0.22%
12	文教体育用品制造业	1.35%	1.00%	−0.35%
13	石油加工、炼焦及核燃料加工业	5.34%	5.50%	0.16%

续表

编号	制造业分行业	“十五”期间		
		2001 年	2005 年	5 年变动
14	化学原料及化学制品制造业	6.70%	6.97%	0.27%
15	医药制造业	2.07%	1.44%	−0.63%
16	化学纤维制造业	0.79%	0.33%	−0.46%
17	橡胶制品业	0.83%	0.96%	0.13%
18	塑料制品业	2.53%	2.36%	−0.16%
19	非金属矿物制品业	2.50%	2.37%	−0.13%
20	黑色金属冶炼及压延加工业	10.13%	8.91%	−1.22%
21	有色金属冶炼及压延加工业	1.41%	1.70%	0.29%
22	金属制品业	4.10%	3.93%	−0.17%
23	通用设备制造业	5.47%	8.18%	2.71%
24	专用设备制造业	2.75%	2.63%	−0.12%
25	交通运输设备制造业	13.16%	9.27%	−3.89%
26	电气机械及器材制造业	7.08%	6.66%	−0.42%
27	通信设备、计算机及其他电子设备制造业	14.69%	22.84%	8.15%
28	仪器仪表及文化、办公用机械制造业	1.48%	1.86%	0.38%

资料来源:由《上海市统计年鉴》(2000～2012 年)整理计算

“十一五”期间,上海市制造业 28 个行业中工业总产值比重上升的有 9 个(见表 2.3),分别是农副食品加工业比重上升 0.07%,食品制造业比重上升 0.23%,烟草制品业比重上升 0.61%,造纸及纸制品业比重上升 0.04%,化学原料及化学制品制造业比重上升 0.58%,医药制造业比重上升 0.12%,塑料制品业比重上升 0.03%,专用设备制造业比重上升 1.24%,交通运输设备制造业比重上升 5.18%。值得说明的是,除了专用设备制造业和交通运输设备制造业比重上升幅度较大外,其他行业上升幅度并不大。至于比重下降的行业,大部分行业下降的幅度都不是很大,也就黑色金属冶炼及压延加工业比重下降了 2.05%,其他行业基本处于微调状态,下降幅度都在 1%以内。上海市于 2005 年颁布了《上海优先发展先进制造业行动方案》,2006 年颁布了《贯彻国务院关于加快振兴装备制造业若干意见的实施意见》,而调整幅度最大的两个行业——专用设备制造业和交通运输设备制造业——正是装备制造业,这说明了 2006 年的产业政策效果较为明显。

表 2.3　上海市制造业分行业"十一五"期间产值结构变化

编号	制造业分行业	"十一五"期间			2001～2010年变化
		2006年	2010年	5年变动	
1	农副食品加工业	0.86%	0.93%	0.07%	−0.36%
2	食品制造业	1.34%	1.57%	0.23%	−0.34%
3	饮料制造业	0.66%	0.60%	−0.06%	−0.47%
4	烟草制品业	1.30%	1.91%	0.61%	0.17%
5	纺织业	2.03%	1.47%	−0.56%	−2.07%
6	纺织服装、鞋、帽制造业	2.29%	1.64%	−0.65%	−1.89%
7	皮革、毛皮、羽毛(绒)及其制品业	0.67%	0.49%	−0.18%	−0.31%
8	木材加工及木、竹、藤、棕、草制品业	0.43%	0.30%	−0.13%	−0.82%
9	家具制造业	0.99%	0.92%	−0.07%	0.47%
10	造纸及纸制品业	0.89%	0.93%	0.04%	−0.13%
11	印刷业和记录媒介的复制	0.79%	0.72%	−0.07%	−0.37%
12	文教体育用品制造业	0.86%	0.54%	−0.32%	−0.82%
13	石油加工、炼焦及核燃料加工业	5.19%	4.82%	−0.36%	−0.51%
14	化学原料及化学制品制造业	7.53%	8.10%	0.58%	1.40%
15	医药制造业	1.34%	1.46%	0.12%	−0.61%
16	化学纤维制造业	0.27%	0.15%	−0.13%	−0.64%
17	橡胶制品业	0.88%	0.65%	−0.23%	−0.18%
18	塑料制品业	2.25%	2.28%	0.03%	−0.25%
19	非金属矿物制品业	2.21%	1.83%	−0.39%	−0.68%
20	黑色金属冶炼及压延加工业	8.16%	6.11%	−2.05%	−4.02%
21	有色金属冶炼及压延加工业	2.35%	1.58%	−0.77%	0.17%
22	金属制品业	3.78%	3.21%	−0.57%	−0.89%
23	通用设备制造业	8.64%	8.50%	−0.14%	3.02%
24	专用设备制造业	2.58%	3.82%	1.24%	1.07%
25	交通运输设备制造业	10.70%	15.88%	5.18%	2.72%
26	电气机械及器材制造业	7.20%	6.96%	−0.24%	−0.12%
27	通信设备、计算机及其他电子设备制造业	22.12%	21.38%	−0.75%	6.69%
28	仪器仪表及文化、办公用机械制造业	1.69%	1.26%	−0.44%	−0.22%

资料来源:由《上海市统计年鉴》(2000～2012年)整理计算

纵观上海市制造业近 10 年的结构调整,下降幅度较大的行业主要有黑色金属冶炼及压延加工业比重下降 4.02%,纺织业比重下降 2.07%,纺织服装、鞋、帽制造业比重下降 1.89%,金属制品业比重下降 0.89%,木材加工及木、竹、藤、棕、草制品业比重下降 0.82%,文教体育用品制造业比重下降 0.82%。上升幅度较大的行业主要有通信设备、计算机及其他电子设备制造业比重上升 6.69%,通用设备制造业比重上升 3.02%,交通运输设备制造业比重上升 2.72%,化学原料及化学制品制造业比重上升1.40%,专用设备制造业比重上升 1.07%。2010 年,通用设备制造业,专用设备制造业,交通运输设备制造业,电气机械及器材制造业,通信设备、计算机及其他电子设备制造业,化学原料及化学制品制造业这 6 个行业工业总产值占了上海市制造业工业总产值的 64.64%。可见这 10 年上海市走新型工业化道路,形成了汽车、信息制造业、化工等 6 个支柱行业,制造业内部结构变化较大。

2.2.2 上海制造业投入要素变化分析

在这部分的研究中,本书选取了分行业的固定资产净值指标作为资本投入要素的衡量标准,同时选取了分行业从业人数指标作为劳动力投入要素的衡量标准。并且,根据轻重工业分类法和要素密集型分类法两种分类方法,分别研究了上海市 2001～2010 年制造业分行业的结构调整和转型过程。

国家统计局对于轻重工业的分类标准,把农副食品加工业,食品制造业,饮料制造业,烟草制品业,纺织业,纺织服装、鞋、帽制造业,皮革、毛皮、羽毛(绒)及其制品业,木材加工及木、竹、藤、棕、草制品业,家具制造业,造纸及纸制品业,印刷业和记录媒介的复制,文教体育用品制造业,化学纤维制造业划分为轻工业制造业,把剩下的行业划分为重工业制造业。

对于要素密集型分类法,采取了黄先海教授(2006)的分类方法,将制造业分成了以下三类:第一,劳动密集型行业包括农副食品加工业,烟草加工业,食品制造业,饮料制造业,纺织业,纺织服装、鞋、帽制造业,皮革、毛皮、羽毛(绒)及其制品业,木材加工及木、竹、藤、棕、草制品业;第二,资本密集型行业包括家具制造业,造纸及纸制品业,橡胶制品业,塑料制品业,印刷业和记录媒介的复制,石油加工、炼焦及核燃料加工业,化学纤维制造业,非金属矿物制品业,文教体育用品制造业,黑色金属冶炼及压延加工业,有色金属冶炼及压延加工业,金属制品业;第三,技术密集型行业包括化学原料及化学制品制造业,医药制造业,通用设备制造业,专用设备制造业,交通运输设备制造业,电气机械及器材制造业,通信设备、计算机及其他电子设备制造业,仪器仪表及文化、办公用机械制造业。

劳动力和资本是经济增长的两种基本投入要素,要剖析劳动力和资本这两种基本投入要素在制造业行业间的流动,可以从微观角度剖析上海市制造业结构转型,从而对上海市制造业结构转型有更深入细致的理解。

1. 劳动力要素的变化

“十五”期间,上海市制造业从业人数由 199.34 万人增长到 261.14 万人,增加了 61.8 万人。28 个制造业行业中,从业人数比重上升幅度最大的 5 个行业分别是通信设备、计算机及其他电子设备制造业上升了 4.82%,通用设备制造业上升了 1.81%,家具制造业上升了 1.01%,塑料制品业上升了 0.71%,金属制品业上升了 0.54%。下降幅度最大的几个行业分别是黑色金属冶炼及压延加工业下降了 2.35%,纺织业下降了 1.64%,交通运输设备制造业下降了 1.30%,化学原料及化学制品制造业下降了 1.28%,专用设备制造业下降了 1.06%。具体如表 2.4 所示。

表 2.4　　上海市制造业分行业 2001～2010 年劳动力结构变化

制造业分行业	“十五”期间			“十一五”期间			10 年总变化
	2001 年	2005 年	变动	2006 年	2010 年	变动	
农副食品加工业	1.38%	0.83%	−0.54%	0.83%	1.10%	0.28%	−0.27%
食品制造业	2.36%	2.12%	−0.24%	2.17%	2.29%	0.12%	−0.07%
饮料制造业	0.70%	0.57%	−0.12%	0.51%	0.49%	−0.02%	−0.21%
烟草制品业	0.32%	0.18%	−0.15%	0.16%	0.14%	−0.02%	−0.19%
纺织业	8.29%	6.65%	−1.64%	6.03%	4.49%	−1.54%	−3.80%
纺织服装、鞋、帽制造业	9.31%	9.15%	−0.16%	8.38%	6.00%	−2.38%	−3.31%
皮革、毛皮、羽毛(绒)及其制品业	1.99%	2.27%	0.28%	2.09%	1.66%	−0.43%	−0.33%
木材加工及木、竹、藤、棕、草制品业	1.21%	0.84%	−0.37%	0.86%	0.66%	−0.21%	−0.56%
家具制造业	0.85%	1.86%	1.01%	1.94%	1.71%	−0.23%	0.86%
造纸及纸制品业	1.26%	1.29%	0.03%	1.30%	1.44%	0.14%	0.18%
印刷业和记录媒介的复制	1.69%	1.73%	0.05%	1.66%	1.68%	0.03%	0.00%
文教体育用品制造业	2.99%	2.80%	−0.19%	2.48%	1.77%	−0.71%	−1.22%
石油加工、炼焦及核燃料加工业	1.54%	0.98%	−0.55%	0.93%	0.82%	−0.11%	−0.72%
化学原料及化学制品制造业	5.67%	4.39%	−1.28%	4.34%	4.27%	−0.06%	−1.40%
医药制造业	2.23%	2.01%	−0.22%	1.99%	1.94%	−0.05%	−0.29%
化学纤维制造业	0.64%	0.33%	−0.31%	0.28%	0.16%	−0.12%	−0.48%
橡胶制品业	1.69%	1.96%	0.27%	1.85%	1.44%	−0.41%	−0.25%

续表

制造业分行业	“十五”期间			“十一五”期间			10 年总变化
	2001 年	2005 年	变动	2006 年	2010 年	变动	
塑料制品业	3.59%	4.30%	0.71%	4.59%	4.76%	0.17%	1.17%
非金属矿物制品业	3.26%	3.33%	0.07%	3.35%	2.78%	−0.57%	−0.48%
黑色金属冶炼及压延加工业	4.50%	2.16%	−2.35%	2.02%	1.41%	−0.61%	−3.09%
有色金属冶炼及压延加工业	1.14%	1.43%	0.29%	1.62%	1.05%	−0.57%	−0.09%
金属制品业	5.70%	6.24%	0.54%	6.33%	6.10%	−0.23%	0.40%
通用设备制造业	7.51%	9.33%	1.81%	9.68%	10.37%	0.69%	2.86%
专用设备制造业	5.38%	4.32%	−1.06%	4.46%	5.49%	1.03%	0.11%
交通运输设备制造业	8.67%	7.36%	−1.30%	7.68%	10.38%	2.69%	1.71%
电气机械及器材制造业	7.64%	8.05%	0.41%	8.37%	9.29%	0.93%	1.65%
通信设备、计算机及其他电子设备制造业	6.64%	11.46%	4.82%	12.05%	14.23%	2.19%	7.60%
仪器仪表及文化、办公用机械制造业	1.86%	2.07%	0.21%	2.08%	2.08%	0.00%	0.21%

资料来源:由《上海市统计年鉴》(2000～2012 年)整理计算

“十一五”期间,上海市制造业从业人数由 265.64 万人增长到 289.04 万人,增加了 23.4 万人,总体变化不大。上海市制造业 28 个行业中,从业人数比重上升幅度最大的 5 个行业分别是交通运输设备制造业上升了 2.69%,通信设备、计算机及其他电子设备制造业上升了 2.19%,专用设备制造业上升了 1.03%,电气机械及器材制造业上升了 0.93%,通用设备制造业上升了 0.69%。下降幅度最大的 6 个行业分别是纺织服装、鞋、帽制造业下降了 2.38%,纺织业下降了 1.54%,文教体育用品制造业下降了 0.71%,黑色金属冶炼及压延加工业下降了 0.61%,有色金属冶炼及压延加工业和非金属矿物制品业都下降了 0.57%。

纵观上海市制造业分行业从业人数 10 年的变化情况,通信设备、计算机及其他电子设备制造业从业人数比重上升了 7.60%,通用设备制造业从业人数比重上升了 2.86%,交通运输设备制造业从业人数比重上升了 1.71%,电气机械及器材制造业从业人数比重上升了 1.65%,塑料制品业从业人数比重上升了 1.17%。从业人数占比下降的行业分别是纺织业从业人数比重下降了 3.80%,纺织服装、鞋、帽制造业从业人数比重下降了 3.31%,黑色金属冶炼及压延加工业从业人数比重下降了 3.09%,化学原料及化学制品制造业从业人数比重下降了 1.40%,文教体育用品制造业从业人数比重下降了 1.22%。进一步分析可以发现,信息制造业和装备制造业从业人数变化巨大,这两个行业吸收了大量的就业人数。2010 年,通用设备制造业,专用设备制造业,交通运输设备制造业,电气机械及器材制造业,通信设备、计算机及其他电子设备制造业 5 个行业从业人数占了上海市制造业总从业人数的 49.76%。

2. 资本投入要素的变化

“十五”期间,上海市制造业资本在分行业间的流动和变化主要情况如下:通信设备、计算机及其他电子设备制造业资本投入占比上升了 8.01%,化学原料及化学制品制造业资本投入占比上升了 1.74%,通用设备制造业资本投入占比上升了 0.81%,非金属矿物制品业资本投入占比上升了 0.45%。这 4 个行业资本投入增加幅度最大,尤其是通信设备、计算机及其他电子设备制造业。资本投入下降幅度最大的几个行业分别是黑色金属冶炼及压延加工业资本投入占比下降了 5.18%,纺织业资本投入占比下降了 1.01%,化学纤维制造业资本投入占比下降了 0.74%,木材加工及木、竹、藤、棕、草制品业资本投入占比下降了 0.59%,橡胶制品业资本投入占比下降了 0.52%。总体来说,“十五”期间上海市制造业资本投入变化不是很大。具体见表 2.5。

表 2.5　　上海市制造业分行业 2001～2010 年资本结构变化

制造业分行业	“十五”期间			“十一五”期间			10 年总变化
	2001 年	2005 年	变动	2006 年	2010 年	变动	
农副食品加工业	0.85%	0.58%	−0.27%	0.54%	0.48%	−0.06%	−0.37%
食品制造业	1.64%	1.40%	−0.24%	1.38%	1.85%	0.47%	0.21%
饮料制造业	1.25%	0.95%	−0.30%	0.94%	0.94%	0.00%	−0.32%
烟草制品业	1.21%	0.74%	−0.47%	0.64%	0.56%	−0.09%	−0.66%
纺织业	3.35%	2.34%	−1.01%	2.14%	1.47%	−0.66%	−1.88%
纺织服装、鞋、帽制造业	1.64%	1.37%	−0.27%	1.26%	1.01%	−0.25%	−0.63%
皮革、毛皮、羽毛(绒)及其制品业	0.32%	0.49%	0.18%	0.44%	0.27%	−0.17%	−0.05%
木材加工及木、竹、藤、棕、草制品业	1.02%	0.43%	−0.59%	0.39%	0.31%	−0.08%	−0.71%
家具制造业	0.31%	0.57%	0.26%	0.59%	0.46%	−0.13%	0.15%
造纸及纸制品业	1.33%	1.51%	0.19%	1.41%	1.46%	0.05%	0.14%
印刷业和记录媒介的复制	1.38%	1.70%	0.32%	1.54%	1.38%	−0.16%	0.00%
文教体育用品制造业	0.76%	0.67%	−0.09%	0.62%	0.47%	−0.15%	−0.29%
石油加工、炼焦及核燃料加工业	5.73%	5.42%	−0.31%	4.63%	3.88%	−0.75%	−1.85%
化学原料及化学制品制造业	7.69%	9.43%	1.74%	11.67%	12.58%	0.91%	4.89%
医药制造业	2.23%	2.31%	0.08%	2.08%	1.77%	−0.31%	−0.46%
化学纤维制造业	1.40%	0.67%	−0.74%	0.54%	0.28%	−0.26%	−1.12%
橡胶制品业	1.83%	1.31%	−0.52%	1.19%	0.80%	−0.39%	−1.03%

续表

制造业分行业	“十五”期间			“十一五”期间			10年总变化
	2001年	2005年	变动	2006年	2010年	变动	
塑料制品业	2.87%	3.16%	0.29%	3.00%	2.95%	−0.05%	0.09%
非金属矿物制品业	3.00%	3.45%	0.45%	3.31%	2.28%	−1.02%	−0.72%
黑色金属冶炼及压延加工业	22.09%	16.92%	−5.18%	16.43%	16.81%	0.38%	−5.29%
有色金属冶炼及压延加工业	0.88%	1.03%	0.14%	1.18%	1.15%	−0.03%	0.27%
金属制品业	3.46%	3.22%	−0.23%	3.02%	3.04%	0.02%	−0.42%
通用设备制造业	5.27%	6.08%	0.81%	6.33%	8.75%	2.41%	3.48%
专用设备制造业	2.57%	2.62%	0.06%	2.77%	3.84%	1.07%	1.27%
交通运输设备制造业	11.14%	9.55%	−1.60%	10.46%	13.88%	3.42%	2.74%
电气机械及器材制造业	5.02%	4.22%	−0.80%	4.31%	4.78%	0.47%	−0.24%
通信设备、计算机及其他电子设备制造业	9.02%	17.03%	8.01%	16.34%	11.83%	−4.51%	2.81%
仪器仪表及文化、办公用机械制造业	0.73%	0.82%	0.09%	0.85%	0.72%	−0.13%	−0.01%

资料来源:由《上海市统计年鉴》(2000～2012年)整理计算

“十一五”期间,上海市制造业资本在分行业间的流动和变化主要情况如下:交通运输设备制造业资本投入占比上升了3.42%,通用设备制造业资本投入占比上升了2.41%,专用设备制造业资本投入占比上升了1.07%,化学原料及化学制品制造业资本投入占比上升了0.91%,食品制造业和电气机械及器材制造业资本投入占比都上升了0.47%。这6个行业资本投入增加幅度最大,尤其是交通运输设备制造业、通用设备制造业、专用设备制造业。资本投入下降幅度最大的几个行业分别是通信设备、计算机及其他电子设备制造业资本投入占比下降了4.51%,非金属矿物制品业资本投入占比下降了1.02%,石油加工、炼焦及核燃料加工业资本投入占比下降了0.75%,纺织业资本投入占比下降了0.66%。其中,通信设备、计算机及其他电子设备制造业资本投入相对“十五”期间形成了巨大的反差,而纺织业资本投入在两个时期变化方向是一致的。

纵观上海市制造业分行业资本投入2001～2010年的变化情况,可以发现以下几个行业资本投入占比变化幅度较大:化学原料及化学制品制造业资本投入占比上升了4.89%,通用设备制造业资本投入占比上升了3.48%,通信设备、计算机及其他电子设备制造业资本投入占比上升了2.81%,交通运输设备制造业资本投入占比上升了2.74%,专用设备制造业资本投入占比上升了1.27%;黑色金属冶炼及压延加工业资本投入占比下降了5.29%,纺织业资本投入占比下降了1.88%,石油加工、炼焦及核燃料加工业资本投入占比下降了

1.85%,化学纤维制造业资本投入占比下降了1.12%,橡胶制品业资本投入占比下降了1.03%。2010年,通用设备制造业,专用设备制造业,交通运输设备制造业,电气机械及器材制造业,通信设备、计算机及其他电子设备制造业,化学原料及化学制品制造业这6个行业资本投入占了上海市制造业资本投入总量的55.66%。

2.3 总结:上海制造业分行业产值结构变化巨大,形成六大支柱性产业

2001～2010年,在一系列政策的引导下,上海制造业开始进行内部结构调整和转型,劳动力和资本生产要素在制造业内部不同的行业间流动,从而带动了上海市制造业结构的调整和转变,并且上海市制造业分行业的产值结构也发生了巨大的变化。

1. 轻工业制造业呈现不断衰退趋势,重工业制造业发展进步较快

根据轻重工业分类法,通过对2000年后上海市制造业分行业产值结构、劳动力结构和资本结构变动的定量分析以及“十五”期间和“十一五”期间的对比分析,发现上海市劳动力和资本投入要素的流动方向是由轻工业制造业流向重工业制造业。从2001年到2010年这10年间,5.53%的资本投入要素由轻工业制造业流向重工业制造业,9.39%的劳动力投入要素由轻工业制造业流向重工业制造业,投入要素在行业间的流动直接导致轻工业制造业产值占比下降7.58%,重工业制造业产值占比则上升了7.58%(如表2.6所示)。就分行业来说,通用设备制造业,专用设备制造业,交通运输设备制造业,电气机械及器材制造业,通信设备、计算机及其他电子设备制造业,化学原料及化学制品制造业发展迅猛,是拉动上海市制造业发展的主要动力。可见,要素在行业间的合理流动有利于促进优势行业的发展,上海市制造业的结构调整思路和方向大体上与美国、日本和德国等发达国家制造业的结构调整思路和方向一致,符合制造业发展的一般规律。

表2.6　轻重工业分类法下的上海市制造业分行业2001～2010年结构变化

指　标	“十五”期间			“十一五”期间			10年总变化
	2001年	2005年	变动	2006年	2010年	变动	
轻工业制造业资本	16.47%	13.43%	−3.04%	12.43%	10.94%	−1.49%	−5.53%
重工业制造业资本	83.53%	86.57%	3.04%	87.57%	89.06%	1.49%	5.53%

续表

指　标	“十五”期间			“十一五”期间			10年总变化
	2001年	2005年	变动	2006年	2010年	变动	
轻工业制造业劳动力	32.98%	30.62%	−2.36%	28.67%	23.59%	−5.09%	−9.39%
重工业制造业劳动力	67.02%	69.38%	2.36%	71.33%	76.41%	5.09%	9.39%
轻工业制造业工业总产值	19.75%	14.41%	−5.35%	13.38%	12.17%	−1.21%	−7.58%
重工业制造业工业总产值	80.25%	85.59%	5.35%	86.62%	87.83%	1.21%	7.58%

资料来源:由《上海市统计年鉴》(2000～2012年)整理计算

2. 技术密集型制造业增长空间大,劳动密集型和资本密集型制造业规模逐渐减小

根据要素密集型分类法,通过对2000年后上海市制造业分行业产值结构、劳动力结构和资本结构变动的定量分析以及“十五”期间和“十一五”期间的对比分析,可以看出,资本和劳动力这两种基本投入要素在“十五”期间和“十一五”期间都是由劳动密集型制造业和资本密集型制造业流向技术密集型制造业。从2001年到2010年这10年间,技术密集型制造业资本投入要素增加了14.49%,劳动力投入要素增加了12.45%,技术密集型制造业在这段时间的增长迅猛,工业总产值增加了13.94%(如表2.7所示)。技术密集型制造业工业总产值比重显著提高。上海市先后形成了通用设备制造业,专用设备制造业,交通运输设备制造业,电气机械及器材制造业,通信设备、计算机及其他电子设备制造业,化学原料及化学制品制造业等一大批技术密集型产业,这些支柱性产业也为上海市创造了大量的就业岗位和财富。

表2.7　　要素密集型分类法下的上海市制造业分行业2001～2010年结构变化

指　标	“十五”期间			“十一五”期间			10年总变化
	2001年	2005年	变动	2006年	2010年	变动	
劳动密集型制造业资本	11.29%	8.31%	−2.98%	7.72%	6.89%	−0.84%	−4.40%
资本密集型制造业资本	45.05%	39.64%	−5.41%	37.46%	34.96%	−2.50%	−10.09%
技术密集型制造业资本	43.66%	52.06%	8.39%	54.81%	58.15%	3.34%	14.49%
劳动密集型制造业劳动力	25.55%	22.61%	−2.94%	21.02%	16.82%	−4.19%	−8.73%
资本密集型制造业劳动力	28.85%	28.41%	−0.44%	28.34%	25.13%	−3.22%	−3.72%
技术密集型制造业劳动力	45.60%	48.99%	3.39%	50.64%	58.05%	7.41%	12.45%
劳动密集型制造业工业总产值	15.01%	10.37%	−4.65%	9.58%	8.92%	−0.66%	−6.09%

续表

指　标	“十五”期间			“十一五”期间			10年总变化
	2001年	2005年	变动	2006年	2010年	变动	
资本密集型制造业工业总产值	31.58%	29.78%	−1.80%	28.62%	23.73%	−4.89%	−7.85%
技术密集型制造业工业总产值	53.41%	59.85%	6.44%	61.80%	67.35%	5.55%	13.94%

资料来源：由《上海市统计年鉴》(2000～2012年)整理计算

3

上海制造业结构转型与增长的实证研究

3.1 基于偏离份额法的实证研究

偏离份额法最早由美国经济学家 Daniel(1942)和 Creamer(1943)相继提出,后经 Dunn,Lampard and Muth(1960)等学者总结并逐步完善,最终在 20 世纪 80 年代初由 Dunn 集各家之所长,总结成现在普遍采用的形式。20 世纪 80 年代末周起业和刘再兴(1989)、崔功豪(1989)将该方法引入中国,并对其做了详细的介绍。Thirlwall(1967)提出了动态偏离份额分析方法,将研究时段分成很多段,以避免对产业结构中重要变化信息的忽略。

偏离份额法是把区域经济的变化看作一个动态的过程,以其所在的或整个国家的经济发展为参照系,将区域自身经济总量在某一时期的变动分解为三个分量,即份额分量、产业结构偏离分量和竞争力偏离分量,以此说明区域经济发展和衰退的原因,评价区域经济结构优劣和自身竞争力的强弱,找出区域内具有相对竞争优势的产业部门,进而可以确定区域未来经济发展的合理方向和产业结构调整的原则。

3.1.1 基于偏离份额法研究的基本思路

假设上海市在经历了时间$[0,t]$之后,经济总量和结构均已发生变化,设初始期上海市经济总规模为 b_{i0},末期(截至 t 年)经济总规模为 b_{it}。同时依照一定的规则把上海市制造业划分为 n 个产业部门,b_{ij0}和 b_{ijt}(其中,$j=1,2,\cdots,n$)表示上海市第 j 个产业部门在初始期与末期的规模,以 B_0 和 B_t 表示全国在初始期与末期的经济总规模,并以 B_{ij0} 与 B_{ijt} 表示在初始期与末期第 j 个产业部门的规模。

上海市第 j 个产业部门在[0,t]时间段的变化率为

$$r_{ij}=\frac{b_{ijt}-b_{ij0}}{b_{ij0}} \qquad 其中,j=1,2,3,\cdots,n \tag{1}$$

全国第 j 个产业部门在[0,t]时间段的变化率为

$$R_{ij}=\frac{B_{ijt}-B_{ij0}}{B_{ij0}} \qquad 其中,j=1,2,3,\cdots,n \tag{2}$$

以全国各产业部门所占的份额将上海市各产业部门规模标准化得到

$$b'_{ij}=\frac{b_{ij0}\cdot B_{j0}}{B_0} \qquad 其中,j=1,2,3,\cdots,n \tag{3}$$

同样,在[0,t]时段内上海市第 j 个产业部门的增长量 G_{ij} 可以分解为 N_{ij}、P_{ij}、D_{ij} 三个分量。

N_{ij} 称为份额分量,N_{ij} 为正说明上海市第 j 个产业部门的增长高于全国的平均水平,N_{ij} 为负说明上海市第 j 个产业部门的增长低于全国的平均水平。P_{ij} 称为产业结构偏离分量,P_{ij} 为正说明上海市第 j 个产业部门的产业结构比全国平均情况好,P_{ij} 为负说明上海市第 j 个产业部门的产业结构比全国平均情况差。$P_{ij}+D_{ij}$ 称为区域增长优势分量,该指标大于 0 说明上海市第 j 个产业部门为相对优势部门,该指标小于 0 则说明上海市第 j 个产业部门为相对劣势部门。

D_{ij} 称为区域竞争力偏离分量,表达式为:

$$G_{ij}=N_{ij}+P_{ij}+D_{ij} \tag{4}$$

份额分量:

$$N_{ij}=b'_{ij}\cdot R_j \tag{5}$$

产业结构偏离分量:

$$P_{ij}=(b_{ij0}-b'_{ij})\cdot R_j \tag{6}$$

区域竞争力偏离分量:

$$D_{ij}=b_{ij0}\cdot(r_{ij}-R_j) \tag{7}$$

增长量:

$$G_{ij}=b_{ijt}-b_{ij0} \tag{8}$$

区域增长优势分量:

$$P_{ij}+D_{ij} \tag{9}$$

3.1.2 基于偏离份额法研究的数据来源与处理

本书选取的数据均来源于《上海市统计年鉴》和《中国统计年鉴》，由于1998年后制造业行业的统计口径改为全部国有及规模以上工业企业，而本书的研究时间段选取为2000～2011年，所以本书所有制造业分行业的数据均是规模以上行业的数据。

本书对数据进行了以下处理：①2003年中国产业分类发生了变化，就制造业部门而言，新、旧产业分类标准都包括了30个制造业，并且变化不大。具体来说，新标准中增加了废弃资源和废旧材料回收加工业，去掉了旧标准中的武器弹药制造业。为了保证数据的连贯统一性，同时考虑到其他28个制造业行业工业总产值足以说明问题，所以本文研究的制造业行业不包括废弃资源和废旧材料回收加工业以及其他制造业。②由于2002年后，上海市统计局不再公布分行业工业增加值，所以本文选取了中国和上海的制造业分行业工业总产值作为产出数据，并且以2000年为基期，以2011年为末期，根据中国和上海市制造业分行业工业品出厂价格构造了分行业价格平减指数，对数据进行了平减处理，从而消除物价变动的影响。

3.1.3 静态偏离份额法实证结果及分析

本书运用静态偏离份额法分别对2000～2005年和2006～2011年两个时间段进行了实证研究，比较了这两个时期上海市制造业结构转型对制造业增长的贡献度，深度挖掘了2000～2005年和2006～2011年上海市制造业分行业结构调整的状况。

1.“十五”时期实证结果

表3.1 “十五”时期实证结果

制造业分行业	N_i	P_i	D_i	G_i	P_i+D_i
农副食品加工业	7.06	133.13	−97.60	42.59	35.53
食品制造业	3.35	168.27	−68.46	103.16	99.81
饮料制造业	1.13	46.70	−7.08	40.76	39.62
烟草制品业	1.57	78.18	−7.46	72.28	70.72
纺织业	23.03	307.63	−203.36	127.30	104.27
纺织服装、鞋、帽制造业	7.38	230.86	−95.71	142.53	135.15
皮革、毛皮、羽毛(绒)及其制品业	1.41	76.10	−20.12	57.39	55.97
木材加工及木、竹、藤、棕、草制品业	1.21	135.45	−142.62	−5.96	−7.17
家具制造业	0.33	66.26	54.39	120.98	120.65

续表

制造业分行业	N_i	P_i	D_i	G_i	P_i+D_i
造纸及纸制品业	2.21	100.33	−9.25	93.29	91.09
印刷业和记录媒介的复制	0.67	79.83	−0.87	79.64	78.97
文教体育用品制造业	0.85	100.76	−26.99	74.61	73.76
石油加工、炼焦及核燃料加工业	15.54	243.84	36.72	296.10	280.56
化学原料及化学制品制造业	52.31	620.32	−246.39	426.24	373.93
医药制造业	4.12	167.01	−48.25	122.88	118.76
化学纤维制造业	3.96	231.58	−426.73	−191.19	−195.15
橡胶制品业	1.06	95.50	−11.97	84.59	83.53
塑料制品业	5.35	202.84	5.92	214.11	208.76
非金属矿物制品业	9.32	177.33	46.10	232.75	223.43
黑色金属冶炼及压延加工业	124.98	1 827.16	−1 683.37	268.77	143.79
有色金属冶炼及压延加工业	5.95	195.65	−96.87	104.73	98.78
金属制品业	13.35	375.36	−112.80	275.91	262.56
通用设备制造业	31.43	731.14	218.43	981.01	949.58
专用设备制造业	7.81	255.39	6.42	269.61	261.81
交通运输设备制造业	107.47	1 373.33	−723.11	757.69	650.22
电气机械及器材制造业	49.89	712.96	−50.54	712.32	662.43
通信设备、计算机及其他电子设备制造业	219.39	1 928.84	1 874.24	4 022.47	3 803.08
仪器仪表及文化、办公用机械制造业	2.62	220.15	5.04	227.80	225.19
制造业工业总产值	704.77	10 881.91	−1 832.30	9 754.38	9 049.61

2. 分析及结论

2000～2005年，上海市制造业总经济增量 G_i 为 9 754.38 亿元，其中份额分量 N_i 为 704.77 亿元，产业结构偏离分量 P_i 为 10 881.91 亿元，竞争力偏离分量 D_i 为−1 832.30亿元，区域增长优势(P_i+D_i)为 9 049.61 亿元。与全国相比，上海市制造业的相对增长率(L)为 0.956，即上海市制造业的总体发展速度略低于全国平均水平，并且竞争优势也不太明显。

产业结构偏离分量 P_i 为总经济增量 G_i 的 111.56%，说明了相对全国来说，上海市制造业的增长主要来源于产业结构偏离分量的增长，产业结构调整对上海市制造业整体发展有极大促进作用。结构效果指数(W)为 1.068，大于1，说明上海市经济中朝阳的、增长快的产业部门比重大，上海市制造业结构较为合理。

竞争力偏离分量 D_i 小于 0，区域竞争效果指数(U)为 0.895，说明上海市制造业的整体竞争力相对全国平均水平略低。

制造业分行业具体情况见表 3.2。

表 3.2　　“十五”时期上海市制造业分行业具体情况说明

区域增长优势大的产业	区域增长优势一般的产业	区域增长优势小的产业
结构优势大 $P_i>0$，竞争力优势大 $D_i>0$	结构优势大 $P_i>0$，竞争力优势小 $D_i<0$	结构优势大 $P_i>0$，竞争力优势小 $D_i<0$
家具制造业 石油加工、炼焦及核燃料加工业 塑料制品业 非金属矿物制品业 通用设备制造业 专用设备制造业 通信设备、计算机及其他电子设备制造业 仪器仪表及文化、办公用机械制造业	农副食品加工业 食品制造业 饮料制造业 烟草制品业 纺织业 纺织服装、鞋、帽制造业 皮革、毛皮、羽毛(绒)及其制品业 造纸及纸制品业 印刷业和记录媒介的复制 文教体育用品制造业 化学原料及化学制品制造业 医药制造业 橡胶制品业 黑色金属冶炼及压延加工业 有色金属冶炼及压延加工业	木材加工及木、竹、藤、棕、草制品业 化学纤维制造业

从各行业增长性角度来看，各行业份额分量 N_i 都大于 0，说明制造业中各个行业都是增长性行业。其中交通运输设备制造业，电气机械及器材制造业，通信设备、计算机及其他电子设备制造业，黑色金属冶炼及压延加工业，化学原料及化学制品制造业 5 个行业增长迅猛。

从各行业产业结构角度来看，上海市制造业 28 个行业产业结构偏离分量 P_i 都大于 0，说明“十五”期间上海市制造业 28 个行业产业结构都比较合理。其中，上述 5 个增长迅猛的行业在结构方面的优势更为突出。除此之外，通用设备制造业，纺织业，纺织服装、鞋、帽制造业这 3 个行业产业结构优势也较为显著。

从各行业竞争力角度来看，上海市有 8 个行业竞争力偏离分量 D_i 大于 0，这些行业的竞争力高于全国平均水平。其中，通信设备、计算机及其他电子设备制造业竞争力偏离分量 D_i 排在第一，通用装备制造业排在第二，这 2 个行业在“十五”期间表现出了非常强大的竞争力。而黑色金属冶炼及压延加工业、交通运输设备制造业、化学纤维制造业、纺织业竞争力偏离分量 D_i 小于 0，这些行业间竞争力低于全国平均水平。

值得说明的是，纺织业，纺织服装、鞋、帽制造业竞争力偏离分量 D_i 略小于 0，说明上海市这 2 个行业的竞争力已经低于全国平均水平。但进一步分析发现，这 2 个行业的产业结构偏离分量 P_i 大于竞争力偏离分量 D_i，区域增长优势 (P_i+D_i) 分别为 104.27、135.15，这说明上海市纺织业在“十五”期间进行了产业结构调整，总体上保持了比较好的经济效益，产业结构转型主导了行业的发展。

上海市制造业28个行业中只有2个行业的区域增长优势小于0，其他26个行业的区域增长优势都大于0。其中，交通运输设备制造业，电气机械及器材制造业，通信设备、计算机及其他电子设备制造业，通用装备制造业，石油加工、炼焦及核燃料加工业，化学原料及化学制品制造业优势较为突出。

相对全国来说，上海市制造业整体结构较为合理，并且结构转型是制造业增长的主要动力。通信设备、计算机及其他电子设备制造业，仪器仪表及文化、办公用机械制造业，通用设备制造业，专用设备制造业，石油加工、炼焦及核燃料加工业，家具制造业，塑料制品业，非金属矿物制品业不仅结构合理，而且竞争力也比较强。

3.“十一五”时期实证结果

表3.3 **“十一五”时期实证结果**

制造业分行业	N_i	P_i	D_i	G_i	P_i+D_i
农副食品加工业	11.60	231.62	−219.26	23.96	12.36
食品制造业	6.50	391.47	−256.94	141.04	134.53
饮料制造业	3.02	205.86	−144.10	64.78	61.76
烟草制品业	2.35	188.70	108.79	299.84	297.49
纺织业	18.45	296.62	−314.72	0.35	−18.10
纺织服装、鞋、帽制造业	9.79	413.67	−424.89	−1.43	−11.22
皮革、毛皮、羽毛(绒)及其制品业	1.82	117.64	−93.97	25.49	23.67
木材加工及木、竹、藤、棕、草制品业	1.81	205.40	−217.21	−10.00	−11.81
家具制造业	1.96	282.39	−200.92	83.43	81.47
造纸及纸制品业	4.39	230.26	−138.28	96.37	91.98
印刷业和记录媒介的复制	1.16	178.93	−133.20	46.89	45.73
文教体育用品制造业	0.70	108.81	−123.68	−14.18	−14.88
石油加工、炼焦及核燃料加工业	29.06	494.69	−504.83	18.92	−10.14
化学原料及化学制品制造业	125.36	1 582.05	−1 154.05	553.36	427.99
医药制造业	9.07	499.08	−322.85	185.29	176.23
化学纤维制造业	0.47	35.05	−46.85	−11.33	−11.80
橡胶制品业	1.97	212.29	−209.92	4.35	2.38
塑料制品业	11.61	488.23	−297.54	202.29	190.68
非金属矿物制品业	37.94	833.39	−798.51	72.82	34.88
黑色金属冶炼及压延加工业	115.24	1 070.04	−1 183.26	2.02	−13.22
有色金属冶炼及压延加工业	12.24	293.04	− 302.40	2.89	−9.36
金属制品业	28.16	896.24	−815.90	108.50	80.34
通用设备制造业	149.38	2 804.69	−1 809.98	1 144.09	994.71
专用设备制造业	31.05	1 044.15	−251.54	823.66	792.61
交通运输设备制造业	335.53	3 982.15	−290.94	4 026.74	3 691.21
电气机械及器材制造业	140.24	2 175.62	−1 402.14	913.72	773.48
通信设备、计算机及其他电子设备制造业	684.04	4 576.87	1 319.17	6 580.08	5 896.04
仪器仪表及文化、办公用机械制造业	5.43	393.64	−318.50	80.57	75.14
制造业工业总产值	1 780.35	24 232.60	−10 548.44	15 464.50	13 684.15

4. 分析及结论

2006～2011 年,上海市制造业总经济增量 G_i 为15 464.50亿元,其中份额分量 N_i 为1 780.35亿元,产业结构偏离分量 P_i 为24 232.60亿元,竞争力偏离分量 D_i 为−10 548.44亿元,区域增长优势(P_i+D_i)为 13 684.15 亿元。与全国相比,上海市制造业的相对增长率(L)为 0.746,即上海市制造业的总体发展速度低于全国平均水平,并且竞争优势也低于全国平均水平。

产业结构偏离分量 P_i 为总经济增量 G_i 的 156.7%,说明了上海市制造业产业结构经历了巨大的变化;与"十五"时期相比,上海市制造业的增长更加依赖于产业结构偏离分量的增长。结构效果指数(W)为 0.978,小于 1,说明上海市经济中朝阳的、增长快的产业部门比重有所下降,上海市制造业的总体经济结构呈现一般化。

竞争力偏离分量 D_i 小于 0,区域竞争效果指数(U)为 0.763,小于 1,说明上海市制造业的整体竞争力低于全国平均水平。

制造业分行业具体情况见表 3.4。

表 3.4　"十一五"时期上海市制造业分行业具体情况说明

区域增长优势大的产业	区域增长优势一般的产业	区域增长优势小的产业
结构优势大 $P_i>0$, 竞争力优势大 $D_i>0$	结构优势大 $P_i>0$, 竞争力优势小 $D_i<0$	结构优势大 $P_i>0$, 竞争力优势小 $D_i<0$
烟草制品业 通信设备、计算机及其他电子设备制造业	农副食品加工业 食品制造业 饮料制造业 皮革、毛皮、羽毛(绒)及其制品业 家具制造业 造纸及纸制品业 印刷业和记录媒介的复制 化学原料及化学制品制造业 医药制造业 橡胶制品业 塑料制品业 非金属矿物制品业 金属制品业 通用设备制造业 专用设备制造业 交通运输设备制造业 电气机械及器材制造业 仪器仪表及文化、办公用机械制造业	纺织业 纺织服装、鞋、帽制造业 木材加工及木、竹、藤、棕、草制品业 文教体育用品制造业 石油加工、炼焦及核燃料加工业 化学纤维制造业 黑色金属冶炼及压延加工业 有色金属冶炼及压延加工业

从各行业增长性角度来看,各行业份额分量 N_i 都大于 0,说明制造业中各

个行业都是增长性行业。和“十五”期间一样,交通运输设备制造业,电气机械及器材制造业,通信设备、计算机及其他电子设备制造业,黑色金属冶炼及压延加工业,化学原料及化学制品制造业 5 个行业在“十一五”期间依然增长迅猛。另外,通用设备制造业增长势头更猛,份额偏离分量已经超过电气机械及器材制造业、黑色金属冶炼及压延加工业、化学原料及化学制品制造业,仅次于交通运输设备制造业,通信设备、计算机及其他电子设备制造业。

从各行业产业结构角度来看,上海市 28 个制造业产业结构偏离分量 P_i 都大于 0,说明“十一五”期间上海市制造业 28 个行业产业结构都比较合理。其中,上述 6 个增长迅猛的行业在结构方面的优势更为突出。除此之外,专用设备制造业产业结构优势也较为显著。

从各行业竞争力角度来看,上海市仅有 2 个行业竞争力偏离分量 D_i 大于 0,与“十五”期间相比,上海市制造业竞争力高于全国平均水平的行业减少了 6 个。家具制造业,石油加工、炼焦及核燃料加工业,塑料制品业,非金属矿物制品业,通用设备制造业,专用设备制造业,通信设备、计算机及其他电子设备制造业,仪器仪表及文化、办公用机械制造业 8 个行业竞争力偏离分量 D_i 由正变负,而烟草制品业竞争力偏离分量 D_i 由负变正,通信设备、计算机及其他电子设备制造业竞争力偏离分量 D_i 相对“十五”期间则有所降低。

上海市制造业 28 个行业中区域增长优势(P_i+D_i)小于 0 的行业从“十五”期间的 2 个增加到 8 个,增加的 6 个行业分别是纺织业,纺织服装、鞋、帽制造业,文教体育用品制造业,石油加工、炼焦及核燃料加工业,黑色金属冶炼及压延加工业,有色金属冶炼及压延加工业。这些行业正是上海市重点调整的行业。

通用设备制造业,专用设备制造业,交通运输设备制造业,电气机械及器材制造业,通信设备、计算机及其他电子设备制造业,化学原料及化学制品制造业区域增长优势依然很突出。

5. 2000～2011 年实证结果

表 3.5　　2000～2011 年实证结果

制造业分行业	N_i	P_i	D_i	G_i	P_i+D_i
农副食品加工业	34.66	653.56	−620.30	67.92	33.26
食品制造业	14.84	745.79	−499.96	260.67	245.83
饮料制造业	7.62	313.64	−206.91	114.34	106.73
烟草制品业	5.83	291.36	96.89	394.08	388.25
纺织业	71.58	956.03	−896.95	130.65	59.07

续表

制造业分行业	N_i	P_i	D_i	G_i	P_i+D_i
纺织服装、鞋、帽制造业	27.58	862.26	−700.03	189.81	162.23
皮革、毛皮、羽毛(绒)及其制品业	4.55	245.69	−158.38	91.86	87.31
木材加工及木、竹、藤、棕、草制品业	7.67	855.39	−868.52	−5.46	−13.13
家具制造业	1.38	273.82	−36.45	238.75	237.37
造纸及纸制品业	8.26	375.50	−168.98	214.77	206.51
印刷业和记录媒介的复制	2.42	287.51	−149.25	140.68	138.26
文教体育用品制造业	2.25	266.82	−207.17	61.90	59.65
石油加工、炼焦及核燃料加工业	68.68	1 077.53	−841.32	304.89	236.21
化学原料及化学制品制造业	248.98	2 952.59	−2 029.28	1 172.29	923.31
医药制造业	19.38	784.74	−470.09	334.02	314.65
化学纤维制造业	15.76	921.34	−1 139.59	−202.49	−218.24
橡胶制品业	4.00	359.64	−265.80	97.84	93.84
塑料制品业	21.65	820.88	−386.84	455.69	434.04
非金属矿物制品业	53.89	1 024.88	−724.62	354.15	300.26
黑色金属冶炼及压延加工业	408.63	5 973.88	−6 016.94	365.57	−43.06
有色金属冶炼及压延加工业	27.35	899.91	−796.26	131.00	103.65
金属制品业	62.65	1 760.90	−1 390.21	433.33	370.68
通用设备制造业	144.92	3 371.08	−1 085.88	2 430.12	2 285.20
专用设备制造业	44.12	1 443.31	−321.03	1 166.40	1 122.29
交通运输设备制造业	563.60	7 202.39	− 2 362.80	5 403.19	4 839.60
电气机械及器材制造业	214.29	3 062.25	−1 418.13	1 858.41	1 644.12
通信设备、计算机及其他电子设备制造业	599.52	5 270.85	5 642.38	11 512.75	10 913.23
仪器仪表及文化、办公用机械制造业	8.78	738.89	−408.56	339.12	330.34
制造业工业总产值	2 694.82	43 792.43	−18 430.98	28 056.27	25 361.45

6. 分析及结论

2000～2011 年,上海市制造业总经济增量 G_i 为28 056.27亿元,其中份额分量 N_i 为2 694.82亿元,产业结构偏离分量 P_i 为43 792.43亿元,竞争力偏离分量 D_i 为−18 430.98亿元,区域增长优势(P_i+D_i)为25 361.45亿元。与全国相比,上海市制造业的相对增长率(L)为 0.672,即上海市制造业的总体发展速度和竞争力都低于全国平均水平。

产业结构偏离分量 P_i 为总经济增量 G_i 的 156.09%,说明了上海市制造业产业结构自 2000 年以来经历了巨大的变化,产业结构调整和转型是上海市制造业增长的主要动力之一。结构效果指数(W)为 1.038,大于 1,说明上海市经济中朝阳的、增长快的产业部门比重较大,上海市制造业的总体经济结构较为合理。

竞争力偏离分量 D_i 小于 0,区域竞争效果指数(U)为 0.648,小于 1,说明上海市制造业的整体竞争力低于全国平均水平。

制造业分行业具体情况见表 3.6。

表 3.6　　2000～2011 年上海市制造业分行业具体情况说明

区域增长优势大的产业	区域增长优势一般的产业	区域增长优势小的产业
结构优势大 $P_i>0$, 竞争力优势大 $D_i>0$	结构优势大 $P_i>0$, 竞争力优势小 $D_i<0$	结构优势大 $P_i>0$, 竞争力优势小 $D_i<0$
烟草制品业 通信设备、计算机及其他电子设备制造业	农副食品加工业 食品制造业 饮料制造业 纺织业 纺织服装、鞋、帽制造业 皮革、毛皮、羽毛(绒)及其制品业 家具制造业 造纸及纸制品业 印刷业和记录媒介的复制 文教体育用品制造业 石油加工、炼焦及核燃料加工业 化学原料及化学制品制造业 医药制造业 橡胶制品业 塑料制品业 非金属矿物制品业 有色金属冶炼及压延加工业 金属制品业 通用设备制造业 专用设备制造业 交通运输设备制造业 电气机械及器材制造业 仪器仪表及文化、办公用机械制造业	木材加工及木、竹、藤、棕、草制品业 化学纤维制造业 黑色金属冶炼及压延加工业

从各行业增长性角度来看,各行业份额分量 N_i 都大于 0,说明自 2000 年以来制造业各个行业都是增长性行业。其中交通运输设备制造业,电气机械及器材制造业,通信设备、计算机及其他电子设备制造业,黑色金属冶炼及压延加工业,化学原料及化学制品制造业 5 个行业增长迅猛。

从各行业产业结构角度来看,上海市制造业 28 个行业产业结构偏离分量 P_i 都大于 0,说明自 2000 年以来上海市制造业 28 个行业产业结构都比较合理。其中,上述 5 个增长迅猛的行业在结构方面的优势更为突出。除此之外,专用设备制造业,石油加工、炼焦及核燃料加工业产业结构优势也较为显著。

从各行业竞争力角度来看,上海市仅有 2 个行业竞争力偏离分量 D_i 大于 0,其行业竞争力高于全国平均水平,这 2 个行业为通信设备、计算机及其他电子设备制造业，烟草制品业。

上海市制造业 28 个行业中只有 3 个行业的区域增长优势（P_i+D_i）小于 0，其中交通运输设备制造业，电气机械及器材制造业，通信设备、计算机及其他电子设备制造业，化学原料及化学制品制造业，通用设备制造业，专用设备制造业优势较为突出。

3.1.4 动态偏离份额法实证结果及分析

考虑到在 2004 年底，《上海优先发展先进制造业行动方案》正式对外公布，对于 2004～2011 年的 7 年时间，本书运用了动态偏离份额法实证研究了上海市制造业结构转型对制造业增长的影响。

1. 整体情况

从表 3.7 中可以看出，上海市份额分量 N_i 和产业结构偏离分量 P_i 每一年都大于 0，上海市制造业结构效应对于上海市制造业经济的发展起到了至关重要的作用，结构的合理性已然成为制造业发展的主要因素。

表 3.7　　2004～2011 年动态偏离份额法实证结果

时期	N_i	P_i	D_i	G_i	P_i+D_i	结构效应
2004～2005	231.17	2 916.07	−548.15	2 599.08	2 367.92	112.20%
2005～2006	291.86	3 788.69	−1 243.16	2 837.39	2 545.53	133.53%
2006～2007	324.34	4 441.87	−777.90	3 988.31	3 663.97	111.37%
2007～2008	284.48	4 044.21	−2 081.17	2 247.52	1 963.04	179.94%
2008～2009	254.23	3 722.17	−3 198.30	778.10	523.87	478.37%
2009～2010	358.93	4 868.57	1 558.83	6 786.33	6 427.40	71.74%
2010～2011	395.63	4 983.81	−3 715.20	1 664.25	1 268.61	299.46%

尤其是在 2008 年发生金融危机后上海市表现出来的结构优势更为显著，2008～2009 年，上海市经济增速首次跌破两位数，上海市制造业发展也受到了巨大的冲击。2008～2009 年上海市制造业总经济增量 G_i 仅为 778.10 亿元，是 2004 年后的最低点，其中份额分量 N_i 为 254.23 亿元，产业结构偏离分量 P_i 为3 722.17亿元，竞争力偏离分量 D_i 为−3 198.30亿元，区域增长优势（P_i+D_i）为 523.87 亿元。

产业结构偏离分量 P_i 为总经济增量G_i 的 478.37%，这也充分说明了上海市制造业产业结构经过调整和转型后具有较强的活力,能抵御较大的外部冲击。

2. 分行业情况

(1)分行业份额分量 N_i 分析

从表 3.8 中可以看出,除了 2009～2010 年黑色金属冶炼及压延加工业、有色金属冶炼及压延加工业份额分量 N_i 略小于 0 以外,其他行业每一年的份额分量 N_i 都大于 0,说明上海市制造业 28 个行业 2004～2011 年都属于增长性行业。交通运输设备制造业,电气机械及器材制造业,通信设备、计算机及其他电子设备制造业,通用设备制造业,化学原料及化学制品制造业优势比较突出,并且每年增长也比较稳定。

表 3.8　　2004～2011 年上海市制造业分行业份额分量

制造业	2004～2005 年	2005～2006 年	2006～2007 年	2007～2008 年	2008～2009 年	2009～2010 年	2010～2011 年
农副食品加工业	2.06	1.40	1.13	2.21	3.17	1.21	1.80
食品制造业	0.99	0.95	1.07	0.98	1.40	1.16	1.37
饮料制造业	0.38	0.40	0.48	0.39	0.57	0.46	0.65
烟草制品业	0.24	0.29	0.38	0.45	0.27	0.52	0.64
纺织业	4.68	4.05	4.82	2.66	1.90	1.75	2.15
纺织服装、鞋、帽制造业	1.87	1.84	2.13	2.06	1.29	1.44	0.68
皮革、毛皮、羽毛(绒)及其制品业	0.37	0.37	0.41	0.27	0.24	0.29	0.19
木材加工及木、竹、藤、棕、草制品业	0.21	0.20	0.32	0.32	0.25	0.20	0.19
家具制造业	0.11	0.34	0.34	0.35	0.22	0.37	0.31
造纸及纸制品业	0.55	0.67	0.87	0.76	0.76	0.55	0.79
印刷业和记录媒介的复制	0.15	0.17	0.23	0.28	0.18	0.23	0.10
文教体育用品制造业	0.21	0.20	0.19	0.19	0.07	0.13	0.01
石油加工、炼焦及核燃料加工业	6.28	6.40	7.60	2.63	5.74	1.07	6.15
化学原料及化学制品制造业	13.01	21.17	21.11	16.83	36.46	6.84	30.40
医药制造业	1.11	1.08	1.18	1.23	1.33	1.47	2.41
化学纤维制造业	0.28	0.14	0.13	0.00	0.02	0.01	0.10
橡胶制品业	0.22	0.35	0.43	0.33	0.31	0.28	0.29
塑料制品业	1.39	2.53	2.40	2.21	2.20	2.17	1.40
非金属矿物制品业	3.09	4.12	5.83	5.11	6.11	6.12	5.29
黑色金属冶炼及压延加工业	28.40	24.23	16.98	17.59	28.32	−4.38	17.40
有色金属冶炼及压延加工业	2.12	3.19	4.29	3.61	1.61	−0.28	3.00
金属制品业	4.14	5.48	5.97	5.85	4.77	4.02	3.24
通用设备制造业	12.93	20.27	26.84	31.21	22.96	33.30	20.90
专用设备制造业	2.00	3.78	4.78	6.97	6.07	8.15	8.80
交通运输设备制造业	17.91	33.10	53.00	46.84	65.06	104.51	72.25
电气机械及器材制造业	15.01	18.68	32.13	33.85	23.82	22.31	28.54
通信设备、计算机及其他电子设备制造业	110.57	135.29	128.23	98.61	38.98	164.14	185.70
仪器仪表及文化、办公用机械制造业	0.91	1.17	1.06	0.70	0.16	0.92	0.90

(2)分行业产业结构偏离分量 P_i 分析

从表 3.9 中可以看出,除了 2009～2010 年黑色金属冶炼及压延加工业、有色金属冶炼及压延加工业份额分量 P_i 略小于 0 以外,其他行业每一年的份额分量 P_i 都大于 0,并且每年的数据都比较平稳,说明上海市制造业 28 个行业 2004～2011 年结构效应都比较突出。交通运输设备制造业,电气机械及器材制造业,通信设备、计算机及其他电子设备制造业,通用设备制造业,化学原料及化学制品制造业优势比较突出。

表 3.9　　2004～2011 年上海市制造业分行业产业结构偏离分量

制造业	2004～2005 年	2005～2006 年	2006～2007 年	2007～2008 年	2008～2009 年	2009～2010 年	2010～2011 年
农副食品加工业	44.42	26.63	22.04	46.29	59.27	19.52	29.56
食品制造业	57.32	52.46	60.30	54.98	79.06	62.35	70.38
饮料制造业	25.67	27.08	32.83	25.69	38.37	30.33	41.72
烟草制品业	15.13	21.07	31.15	40.43	24.47	52.47	62.70
纺织业	73.44	63.40	80.86	45.87	35.24	35.74	45.04
纺织服装、鞋、帽制造业	76.21	75.71	90.99	90.43	56.16	67.27	31.75
皮革、毛皮、羽毛(绒)及其制品业	21.84	22.87	26.32	17.88	17.08	21.89	13.60
木材加工及木、竹、藤、棕、草制品业	25.17	23.30	35.63	31.25	21.70	17.18	15.25
家具制造业	16.57	50.61	48.57	49.04	30.17	53.60	40.20
造纸及纸制品业	26.68	33.86	45.42	40.18	41.22	30.77	44.18
印刷业和记录媒介的复制	20.55	24.95	35.40	44.58	28.29	38.95	15.76
文教体育用品制造业	29.01	28.78	28.85	30.29	11.37	23.81	1.73
石油加工、炼焦及核燃料加工业	124.54	126.24	150.40	49.77	119.95	21.55	136.90
化学原料及化学制品制造业	170.30	273.75	255.45	204.18	455.53	74.79	364.90
医药制造业	54.23	53.06	60.60	65.69	70.67	76.31	119.86
化学纤维制造业	25.05	11.64	11.13	0.12	2.31	0.96	13.10
橡胶制品业	20.08	34.73	43.50	32.86	31.24	29.03	29.39
塑料制品业	57.24	107.89	98.94	91.79	92.06	92.87	58.03
非金属矿物制品业	67.70	90.53	128.78	107.74	123.63	117.07	91.84
黑色金属冶炼及压延加工业	301.58	223.91	154.24	173.25	284.01	−38.72	190.61
有色金属冶炼及压延加工业	67.58	91.07	104.18	73.75	29.09	−5.45	69.20
金属制品业	138.68	177.22	182.56	171.80	134.83	116.98	91.05
通用设备制造业	246.11	388.16	495.48	550.70	378.58	567.64	322.61
专用设备制造业	64.62	129.04	157.56	219.36	171.81	234.76	229.38
交通运输设备制造业	193.23	404.36	637.28	538.58	749.68	1 147.26	681.77
电气机械及器材制造业	214.48	272.61	474.63	461.55	302.34	291.81	363.52
通信设备、计算机及其他电子设备制造业	671.89	867.88	870.83	732.24	320.62	1 599.44	1 730.25
仪器仪表及文化、办公用机械制造业	66.74	85.88	77.96	53.91	13.42	88.40	79.55

(3)分行业竞争力偏离分量 D_i 分析

从表 3.10 中的结果可以看出,几乎所有行业的竞争力偏离分量 D_i 都小于

0,而烟草制品业和通信设备、计算机及其他电子设备制造业在大部分年份竞争力偏离分量 D_i 都大于 0,但也有一部分年份的竞争力偏离分量 D_i 小于 0。

表 3.10　　2004～2011 年上海市制造业分行业竞争力偏离分量

制造业	2004～2005 年	2005～2006 年	2006～2007 年	2007～2008 年	2008～2009 年	2009～2010 年	2010～2011 年
农副食品加工业	−34.17	−26.67	−7.09	−26.72	−69.61	−19.48	−39.33
食品制造业	−27.92	−36.93	−19.85	−34.42	−61.85	−19.23	−56.65
饮料制造业	−19.79	−18.68	−16.20	12.17	−52.48	−31.36	−18.85
烟草制品业	−17.60	0.61	7.40	−4.30	3.27	45.92	34.07
纺织业	−11.99	−64.45	−82.39	−68.77	−77.30	58.96	−86.17
纺织服装、鞋、帽制造业	−37.85	−28.84	−74.96	−67.04	−64.82	−76.03	−62.78
皮革、毛皮、羽毛(绒)及其制品业	−9.19	−14.25	−15.13	−20.64	−27.63	−0.98	−8.31
木材加工及木、竹、藤、棕、草制品业	−30.85	−13.01	−31.11	−36.44	−35.59	−4.60	−24.55
家具制造业	54.39	−6.61	−26.88	−49.87	−32.64	33.20	−63.55
造纸及纸制品业	14.03	−9.43	−12.16	−20.30	−73.33	37.32	−40.65
印刷业和记录媒介的复制	6.82	−10.97	−3.72	−22.61	−28.72	−22.89	−39.15
文教体育用品制造业	−11.89	−27.52	−16.15	−30.10	−33.17	−18.06	−13.31
石油加工、炼焦及核燃料加工业	−110.90	−142.78	−153.01	−47.59	−197.82	39.86	−124.27
化学原料及化学制品制造业	9.32	−102.22	−100.45	−107.99	−433.63	128.19	−399.25
医药制造业	−16.52	−28.29	−29.81	−77.33	6.17	−18.47	−96.00
化学纤维制造业	−48.78	−11.75	41.06	−56.45	−5.06	−2.06	−16.70
橡胶制品业	4.05	−26.19	−34.52	−28.72	−44.48	−11.16	−44.41
塑料制品业	26.18	−71.12	−44.38	−29.49	−99.75	9.91	−78.07
非金属矿物制品业	22.08	−46.08	−114.49	−79.50	−121.83	−96.90	−111.98
黑色金属冶炼及压延加工业	−227.80	−153.36	−148.29	−295.41	−322.91	181.35	−252.03
有色金属冶炼及压延加工业	−45.18	−70.88	−115.01	−68.14	−45.71	22.49	−73.74
金属制品业	−61.33	−133.78	−98.86	−76.74	−285.75	−43.60	−107.60
通用设备制造业	43.25	−103.41	−156.23	−278.01	−413.93	−356.86	−101.09
专用设备制造业	24.21	−59.69	−5.47	38.54	−193.16	−5.90	−57.99
交通运输设备制造业	−309.53	181.31	−75.42	−309.54	32.34	284.32	−1.19
电气机械及器材制造业	−32.53	−58.91	−224.10	−344.26	−405.36	49.22	−196.29
通信设备、计算机及其他电子设备制造业	296.81	−92.97	828.39	68.60	−22.83	1 393.94	−1 557.06
仪器仪表及文化、办公用机械制造业	4.53	−56.30	−49.06	−20.08	−90.72	1.73	−78.30

有一些行业竞争力偏离分量 D_i 的变化值得注意,所以对此作进一步分析。

对于纺织业和纺织服装、鞋、帽制造业来说,纺织服装、鞋、帽制造业每一年的竞争力偏离分量D_i都小于 0,而纺织业除了 2009～2010 年这段时期竞争力偏离分量 D_i 大于 0 以外,其他时间段竞争力偏离分量 D_i 都小于 0,说明这个行业竞争力水平在 2004～2011 年这段时期总体上都低于全国水平。具体见图 3.1。

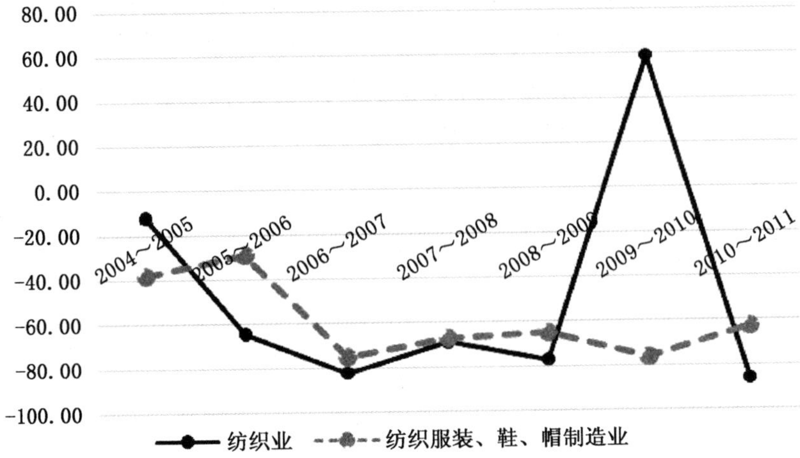

图 3.1　纺织业与纺织服装、鞋、帽制造业竞争力偏离分量(2004～2011 年)

通用设备制造业竞争力偏离分量 D_i 在 2004～2011 年这段时期呈现出 V 字形走势,2009 年后其竞争力偏离分量 D_i 开始攀升,这是一个比较积极的信号,而专用设备制造业竞争力偏离分量 D_i 呈现出 M 字形走势。具体见图 3.2。

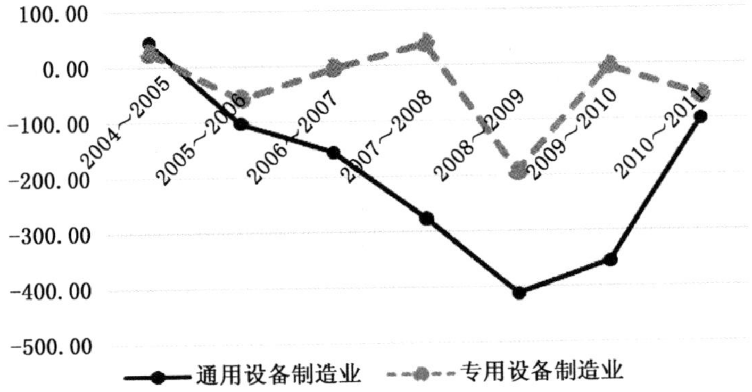

图 3.2　通用设备制造业、专用设备制造业竞争力偏离分量(2004～2011 年)

交通运输设备制造业竞争力偏离分量 D_i 也呈现出 M 字形走势,整体围绕着横坐标轴波动。通信设备、计算机及其他电子设备制造业竞争力偏离分量 D_i 在 2004～2010 年这段时期基本上都大于 0,但是在 2010～2011 年却下降得非常厉害,并且跌破了 0。2011 年,我国规模以上通信设备、计算机及其他电子设备制造业发展很快,但是上海市的这个优势行业竞争力偏离分量 D_i 却跌破了 0,这值得上海市警惕。具体见图 3.3、图 3.4。

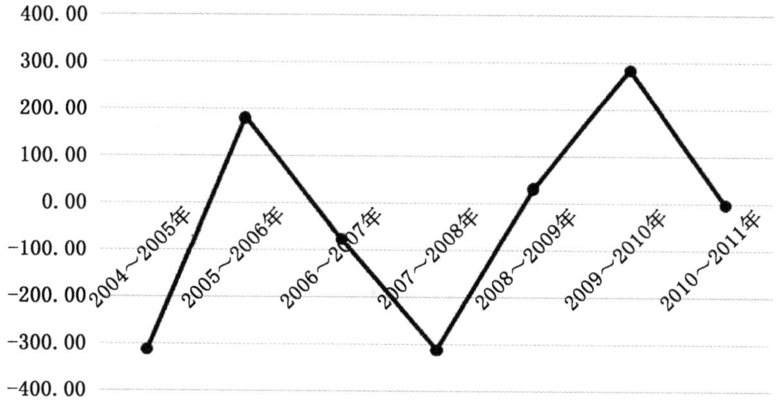

图 3.3　交通运输设备制造业竞争力偏离分量

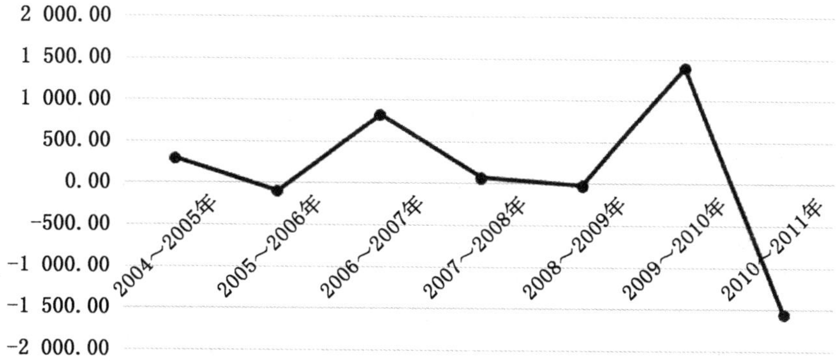

图 3.4　通信设备、计算机及其他电子设备制造业竞争力偏离分量

(4)分行业区域增长优势 $P_i + D_i$ 分析

总体来说,食品制造业,烟草制品业,化学原料及化学制品制造业,医药制造业,通用设备制造业,专用设备制造业,交通运输设备制造业,电气机械及器材制造业,通信设备、计算机及其他电子设备制造业,仪器仪表及文化、办公用机械制造业这几个行业具有较大的区域增长优势。具体见表 3.11。

表 3.11　　2004～2011 年上海市制造业分行业区域增长优势

制造业	2004～2005 年	2005～2006 年	2006～2007 年	2007～2008 年	2008～2009 年	2009～2010 年	2010～2011 年
农副食品加工业	10.24	−0.04	14.95	19.57	−10.34	0.05	−9.77
食品制造业	29.40	15.53	40.44	20.57	17.21	43.12	13.73
饮料制造业	5.88	8.40	16.63	37.86	−14.10	−1.03	22.88
烟草制品业	−2.47	21.68	38.56	36.13	27.74	98.38	96.77
纺织业	61.45	−1.05	−1.53	−22.90	−42.05	94.69	−41.13

续表

制造业	2004～2005年	2005～2006年	2006～2007年	2007～2008年	2008～2009年	2009～2010年	2010～2011年
纺织服装、鞋、帽制造业	38.37	46.87	16.03	23.40	−8.66	−8.76	−31.03
皮革、毛皮、羽毛(绒)及其制品业	12.65	8.61	11.20	−2.76	−10.55	20.91	5.29
木材加工及木、竹、藤、棕、草制品业	−5.68	10.29	4.52	−5.18	−13.89	12.58	−9.30
家具制造业	70.95	34.00	21.69	−0.83	−2.47	86.80	−23.35
造纸及纸制品业	40.71	24.43	33.26	19.89	−32.11	68.09	3.53
印刷业和记录媒介的复制	27.37	13.97	31.68	21.97	−0.43	16.05	−23.39
文教体育用品制造业	17.12	1.27	12.69	0.19	−21.80	5.75	−11.58
石油加工、炼焦及核燃料加工业	13.64	−16.54	−2.61	2.17	−77.87	61.41	12.64
化学原料及化学制品制造业	179.61	171.53	155.00	96.18	21.90	202.99	−34.35
医药制造业	37.71	24.77	30.78	−11.64	76.84	57.84	23.86
化学纤维制造业	−23.73	−0.11	52.18	−56.33	−2.75	−1.10	−3.59
橡胶制品业	24.12	8.54	8.98	4.14	−13.25	17.87	−15.03
塑料制品业	83.42	36.77	54.56	62.30	−7.69	102.78	−20.04
非金属矿物制品业	89.78	44.45	14.29	28.24	1.79	20.17	−20.14
黑色金属冶炼及压延加工业	73.79	70.55	5.96	−122.16	−38.91	142.63	−61.41
有色金属冶炼及压延加工业	22.40	20.19	−10.83	5.60	−16.63	17.04	−4.55
金属制品业	77.35	43.44	83.69	95.06	−150.91	73.38	−16.56
通用设备制造业	289.36	284.75	339.26	272.69	−35.34	210.78	221.51
专用设备制造业	88.83	69.35	152.10	257.90	−21.35	228.86	171.39
交通运输设备制造业	−116.30	585.67	561.86	229.03	782.02	1 431.58	680.58
电气机械及器材制造业	181.94	213.69	250.52	117.29	−103.01	341.03	167.23
通信设备、计算机及其他电子设备制造业	968.70	774.91	1 699.22	800.84	297.79	2 993.38	173.19
仪器仪表及文化、办公用机械制造业	71.27	29.58	28.90	33.84	−77.30	90.14	1.25

根据动态偏离份额法的结果绘制了图 3.5,从而可更直观地给出一些推断。烟草制品业的区域优势基本上逐年在提高,而纺织服装、鞋、帽制造业的区域优势基本上逐年在下降。由于烟草制品业的特殊性,在此不做赘述。值得说明的是,从 21 世纪初上海市纺织业和纺织服装、鞋、帽制造业就开始不断转型,上海市纺织业主动进行以压缩总量、“战略撤退”为特征的结构调整,以“断臂求生”启动经济增长方式转变。但是从本书的分析结果来看,上海市纺织业和纺织服装、鞋、帽制造业并未成功完成转型。在其他省份的竞争下,上海市纺织业和纺织服装、鞋、帽制造业逐渐成为相对劣势的行业。上海市纺织业和纺织服装、鞋、帽制造业这些年也未能形成强有力的品牌,这也是上海市应该深刻反思的地方。

通用设备制造业、专用设备制造业、电气机械及器材制造业的区域增长优势总体上比较平稳;而交通运输设备制造业的区域增长优势在 2009～2011 年表现出一个下跌的趋势。通信设备、计算机及其他电子设备制造业区域增长优势比较大,但是在 2009～2011 年也表现出了一个下跌的趋势。具体见图 3.6、图 3.7。

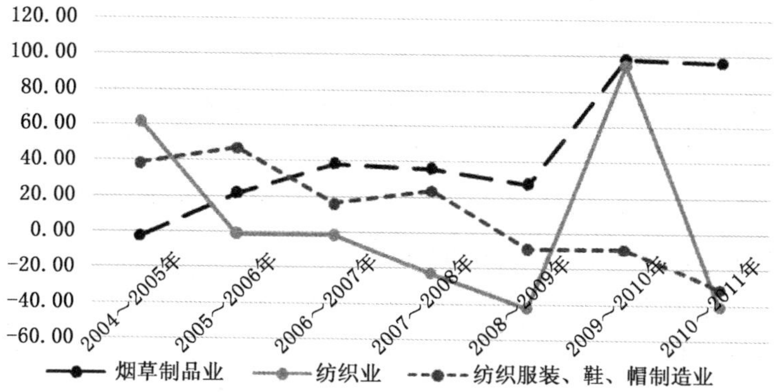

图 3.5　烟草制品业,纺织业和纺织服装、鞋、帽制造业区域增长优势

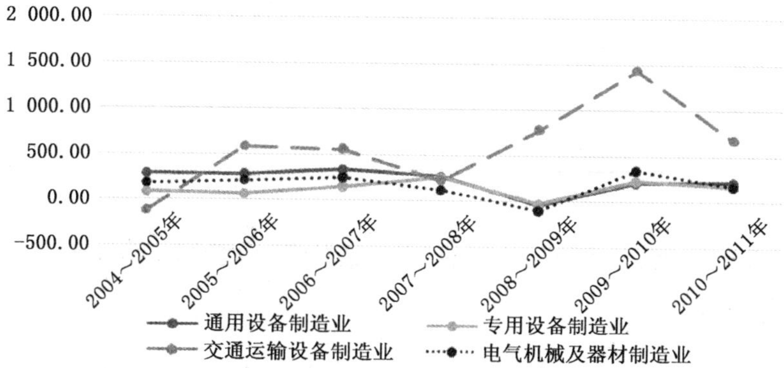

图 3.6　通用设备制造业、专用设备制造业、电气机械及器材制造业和交通运输设备制造业区域增长优势

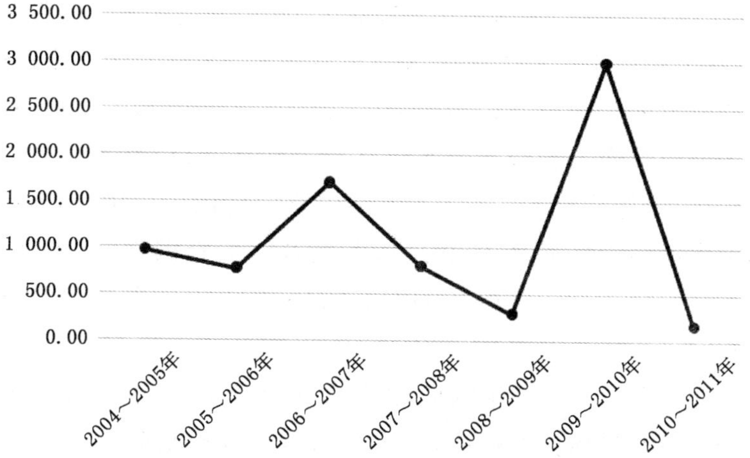

图 3.7　通信设备、计算机及其他电子设备制造业区域增长优势

(5)重点发展行业分析

通过前面一系列的分析,发现交通运输设备制造业,电气机械及器材制造业,通信设备、计算机及其他电子设备制造业,通用设备制造业,化学原料及化学制品制造业,黑色金属冶炼及压延加工业这些行业在各方面的表现都令人满意,但是作为上海市重点发展的行业之一的医药制造业这些年却表现平平。表3.12是根据上面的结果总结出的在总经济增量 G_i、份额分量 N_i、产业结构偏离分量 P_i、竞争力偏离分量 D_i、区域增长优势 P_i+D_i 几个方面这些行业与制造业总体的比值。

表3.12　　2004～2011年上海市制造业分行业各类指标汇总

指标	2004～2005年	2005～2006年	2006～2007年	2007～2008年	2008～2009年	2009～2010年	2010～2011年
G_i	68.29%	82.96%	82.49%	72.92%	146.52%	83.24%	90.25%
N_i	85.57%	86.60%	85.80%	86.10%	84.80%	91.03%	89.78%
P_i	61.64%	64.16%	65.02%	65.79%	66.92%	74.81%	73.31%
D_i	−40.22%	−26.51%	15.93%	−60.86%	−48.97%	107.78%	−67.48%
P_i+D_i	66.60%	82.54%	82.20%	71.01%	176.46%	82.81%	90.39%

3.1.5　总结:上海市制造业整体结构较为合理,结构转型是制造业增长的主要动力

从整体情况来看,2000～2011年,上海市制造业产业规模在不断扩大,产业结构偏离分量 P_i 为总经济增量 G_i 的156.09%,说明了上海市制造业产业结构自2000年以来经历了巨大的变化。结构效果指数大于1,说明上海市经济中朝阳的、增长快的产业部门比重较大,上海市制造业的总体经济结构较为合理。而2008年由于受到国际金融危机的影响,上海市经济增速明显降低,上海市制造业发展受到了巨大的冲击,制造业总产值规模是2004年后的最低点。而这一期间上海市制造业产业竞争力偏离分量 D_i 始终小于0,区域竞争效果指数小于1,说明上海市制造业的整体竞争力低于全国平均水平。因此,找出制约上海制造业的整体竞争力水平提升的关键因素,突破结构转型"瓶颈",探寻适合上海制造业结构转型的有效路径,成为上海市制造业升级发展的必然选择。

从各行业来看,自2000年以来,各行业份额分量 N_i 都大于0,说明上海市制造业各个行业都是增长性行业,其中交通运输设备制造业,电气机械及器材制造业,通信设备、计算机及其他电子设备制造业,通用设备制造业,化学原料及化学制品制造业优势比较突出,并且每年增长也比较稳定。各行业结构偏离

分量 P_i 都大于 0,说明各行业产业结构都比较合理。上海市几乎所有行业的竞争力偏离分量 D_i 都小于 0,仅有通信设备、计算机及其他电子设备制造业,烟草制品业 2 个行业竞争力偏离分量 D_i 大于 0,竞争力高于全国平均水平。其中,通用设备制造业竞争力偏离分量 D_i 在 2004～2011 年这段时期呈现出 V 字形走势,2009 年后其竞争力偏离分量 D_i 开始攀升,这是一个比较积极的信号。而交通运输设备制造业、专用设备制造业竞争力偏离分量 D_i 呈现出 M 字形走势,有下降趋势;通信设备、计算机及其他电子设备制造业竞争力偏离分量在 2010 年下降明显。通用设备制造业、专用设备制造业、电气机械及器材制造业的区域增长优势总体上比较平稳;而交通运输设备制造业的区域增长优势逐年提高,但是在 2009～2011 年表现出了一个下跌的趋势;通信设备、计算机及其他电子设备制造业区域增长优势比较大,但是在 2010 年也表现出了一个下跌的趋势。这些上海重点发展行业虽然属于增长性行业,但近两年区域增长优势与竞争力优势却不断下降,这给上海制造业结构转型带来了更大压力。

3.2 基于 DEA 的经验研究

3.2.1 数据包络分析法实证研究的基本思路

著名运筹学家 A.Charnes,W.W.Cooper and E.Rhodes(1978)首先提出了数据包络分析法,用于评价相同部门间的相对有效性。Farrell (1957)引入技术进步指数(TE)、技术效率(EC)和结构效率(SE),构建了基于 DEA 的 Malmquist 指数。此后,DEA 的 Malmquist 指数被广泛应用于测算 TFP、技术进步等经济指标。国内学者严鹏飞、王兵(2004)和赵伟、马瑞永、何元庆(2005)较早利用了这一方法,此后这一方法在国内得到了广泛的应用。本书将借鉴这些学者的模型和研究方法,对上海市制造业结构转型与制造业增长的关系做进一步的研究,同时对上一节偏离份额分析法的一些结论做检验,其中本节的数据来源与处理和前几节类似。

本书采用的是 Farrell (1957)构造的基于 DEA-VRS 的 Malmquist 指数:

$$M_0^{t+1}(X^{t+1},Y^{t+1},X^t,Y^t)=\frac{D_0^{t+1}(X^{t+1},Y^{t+1})}{D_0^t(X^t,Y^t)}\cdot\left[\frac{D_0^t(X^{t+1},Y^{t+1})}{D_0^{t+1}(X^{t+1},Y^{t+1})}\cdot\frac{D_0^t(X^t,Y^t)}{D_0^{t+1}(X^t,Y^t)}\right]$$

$$=\mathrm{EC}\cdot\mathrm{TE}$$

技术效率变化 EC 再进一步分解为纯技术效率 PE 和规模效率 SE(即结构

效率),则技术效率变化可以表示为 EC=PE·SE。

3.2.2 基于DEA实证研究的结果

使用DEAP 2.1软件对2004~2011年的上海市制造业28个分行业的数据进行实证研究,得出的结果如下。

1.2004~2011年上海市制造业分行业总体情况

表3.13显示2004~2011年上海市制造业全要素生产率TFP增长了3.5%。其中,技术进步TE贡献率较高,在此期间上海市制造业技术进步TE增长率达到了12.8%,但是技术效率EC降低了8.3%,结构效率的变化幅度不是很大。

表3.13　　2004~2011年上海市制造业全要素生产率

	技术效率EC	技术进步TE	纯技术效率PE	结构效率SE	全要素生产率TFP
农副食品加工业	0.822	1.137	0.823	0.998	0.934
食品制造业	0.904	1.137	0.907	0.997	1.028
饮料制造业	0.938	1.115	0.902	1.040	1.046
烟草制品业	1.000	1.111	1.000	1.000	1.111
纺织业	0.920	1.137	0.929	0.990	1.046
纺织服装、鞋、帽制造业	0.866	1.137	0.870	0.995	0.985
皮革、毛皮、羽毛(绒)及其制品业	0.856	1.137	0.864	0.991	0.974
木材加工及木、竹、藤、棕、草制品业	0.908	1.137	0.971	0.935	1.033
家具制造业	0.919	1.137	0.916	1.004	1.046
造纸及纸制品业	0.906	1.137	0.909	0.997	1.030
印刷业和记录媒介的复制	0.928	1.137	0.940	0.987	1.055
文教体育用品制造业	0.896	1.137	0.927	0.967	1.019
石油加工、炼焦及核燃料加工业	0.944	1.083	0.948	0.996	1.022
化学原料及化学制品制造业	0.959	1.108	0.968	0.991	1.063
医药制造业	0.925	1.138	0.925	1.000	1.052
化学纤维制造业	0.921	1.121	1.000	0.921	1.032
橡胶制品业	0.889	1.137	0.901	0.986	1.011
塑料制品业	0.911	1.137	0.912	0.998	1.036
非金属矿物制品业	0.909	1.137	0.909	1.000	1.034
黑色金属冶炼及压延加工业	1.000	1.076	1.028	0.973	1.076
有色金属冶炼及压延加工业	0.857	1.139	0.856	1.001	0.976
金属制品业	0.874	1.137	0.876	0.998	0.995
通用设备制造业	0.938	1.139	0.941	0.997	1.069
专用设备制造业	0.932	1.138	0.929	1.003	1.060
交通运输设备制造业	1.009	1.112	1.022	0.987	1.121

续表

	技术效率 EC	技术进步 TE	纯技术效率 PE	结构效率 SE	全要素生产率 TFP
电气机械及器材制造业	0.891	1.137	0.890	1.000	1.013
通信设备、计算机及其他电子设备制造业	1.000	1.116	1.000	1.000	1.116
仪器仪表及文化、办公用机械制造业	0.894	1.137	0.899	0.995	1.017
均值	0.917	1.128	0.926	0.991	1.035

就分行业的具体情况来看,上海市制造业 28 个行业技术进步 TE 都大于 1;大多数行业的技术效率 EC 普遍小于 1,烟草制品业,黑色金属冶炼及压延加工业,通信设备、计算机及其他电子设备制造业的技术效率为 1,仅有交通运输设备制造业技术效率大于 1。值得说明的是,烟草制品业,化学纤维制造业,通信设备、计算机及其他电子设备制造业纯技术效率 PE 等于 1,交通运输设备制造业、黑色金属冶炼及压延加工业纯技术效率 PE 大于 1,其他行业的纯技术效率 PE 都小于 1,这也是技术效率 EC 受"拖累"的主因。

在结构效率 SE 方面,大多数行业这一指标都非常接近但又不到 1,说明大多数行业还是需要进一步进行结构调整。其中,SE 大于 1 的行业有饮料制造业、家具制造业、有色金属冶炼及压延加工业、专用设备制造业;SE 等于 1 的行业有烟草制品业,医药制造业,非金属矿物制品业,电气机械及器材制造业,通信设备、计算机及其他电子设备制造业。

2. 2004~2011 年上海市制造业分行业结构效率变化情况

图 3.8 反映了上海市制造业 2005~2011 年间结构效率变化的详细情况。首先分析一下上海市制造业整体结构的变化情况,从图中可以看到,上海市制造业结构效率波动比较大,这也反映了上海市在这段时期结构调整的幅度和广度较大。2008 年的金融危机给上海经济发展带来了很大的冲击,但是上海市制造业整体的结构效率却有较大的提升。如果对于结构不合理的产业来说,外部冲击会给产业带来较大的麻烦,那么具有合理结构的产业对外部的冲击具有自我强化的能力和较完善的抵御系统。2008 年上海市制造业的结构效率发生较大反转,也反映了上海市这些年在制造业结构调整方面取得的成果。整体上,上海市制造业的结构效率处于上升通道,这说明了上海市制造业结构调整对制造业增长的贡献度在逐步提高。

从表 3.14 中可以发现,饮料制造业,烟草制品业,通信设备、计算机及其他电子设备制造业的结构效率都较为平稳,而其他行业的结构效率的波动较大。值得说明的是,纺织业,纺织服装、鞋、帽制造业在 2005~2011 年结构效率在逐步提高,可见自 2008 年以来这几个行业转型成功较为显著。其他的行业则波

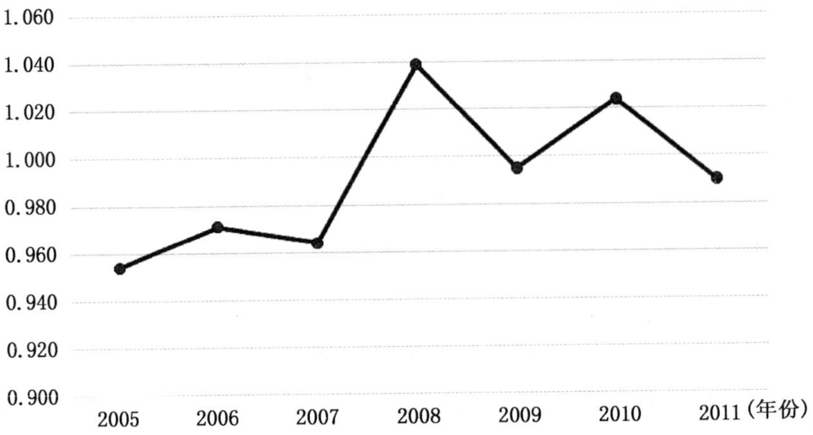

图 3.8　上海市制造业 2005～2011 年间结构效率变化

动较大,2008 年之前大多数行业的结构效率小于 0,而 2008 年后大多数行业的结构效率变为大于 0。

表 3.14　上海市制造业 2005～2011 年结构效率(SE)

	2005 年	2006 年	2007 年	2008 年	2009 年	2010 年	2011 年
农副食品加工业	0.860	0.975	0.913	1.182	1.016	1.050	1.023
食品制造业	0.961	0.962	0.958	1.059	1.007	1.031	1.002
饮料制造业	1.019	1.021	1.043	1.037	1.032	1.083	1.046
烟草制品业	1.000	1.000	1.000	1.000	1.000	1.000	1.000
纺织业	0.977	0.976	0.950	1.027	1.000	1.028	0.977
纺织服装、鞋、帽制造业	0.966	0.974	0.958	1.059	1.012	1.008	0.992
皮革、毛皮、羽毛(绒)及其制品业	0.905	0.921	0.835	1.124	1.010	1.141	1.040
木材加工及木、竹、藤、棕、草制品业	0.747	0.877	0.769	1.515	0.877	1.067	0.875
家具制造业	1.006	0.942	0.883	1.144	0.968	1.118	0.992
造纸及纸制品业	0.963	0.958	0.936	1.086	1.003	1.039	1.000
印刷业和记录媒介的复制	0.961	0.949	0.923	1.098	1.025	0.992	0.975
文教体育用品制造业	0.909	0.915	0.863	1.145	0.958	1.057	0.951
石油加工、炼焦及核燃料加工业	1.033	0.971	0.964	1.002	0.990	1.003	1.010
化学原料及化学制品制造业	0.998	0.979	0.984	1.001	1.000	0.989	0.988
医药制造业	0.973	0.975	0.963	1.035	1.018	1.031	1.010
化学纤维制造业	0.749	0.971	1.523	0.529	0.969	0.963	1.025
橡胶制品业	0.950	0.946	0.916	1.084	0.999	1.017	1.002
塑料制品业	0.985	0.985	0.969	1.037	1.004	1.011	0.997

续表

	2005年	2006年	2007年	2008年	2009年	2010年	2011年
非金属矿物制品业	0.990	0.991	0.973	1.024	1.002	1.005	1.014
黑色金属冶炼及压延加工业	0.937	0.959	1.006	1.014	1.033	1.008	0.862
有色金属冶炼及压延加工业	0.959	1.001	0.939	1.075	0.982	1.058	1.001
金属制品业	0.990	0.992	0.987	1.021	0.997	1.006	0.995
通用设备制造业	0.998	1.000	0.999	1.007	0.986	1.004	0.982
专用设备制造业	0.987	0.992	0.990	1.030	1.006	1.011	1.006
交通运输设备制造业	0.993	1.004	0.975	1.010	0.988	0.961	0.978
电气机械及器材制造业	0.995	0.997	0.996	1.009	1.001	1.005	1.000
通信设备、计算机及其他电子设备制造业	1.000	1.000	1.000	1.000	1.000	1.000	1.000
仪器仪表及文化、办公用机械制造业	0.965	0.982	0.958	1.046	0.994	1.020	1.000
均值	0.954	0.971	0.964	1.039	0.995	1.024	0.990

3. 2004～2011 年上海市制造业分行业技术效率变化情况

从图 3.9 可以发现,上海市制造业技术效率变化曲线较为平稳,在2010～2011 年上扬,而其他时期技术效率值都小于 1,总体上没有大的改善。就分行业的情况而言,烟草制品业和通信设备、计算机及其他电子设备制造业的技术效率等于 1,并且 2005～2011 年没有发生较大的变化,其他大多数行业在大部分时间的技术效率都小于 1。

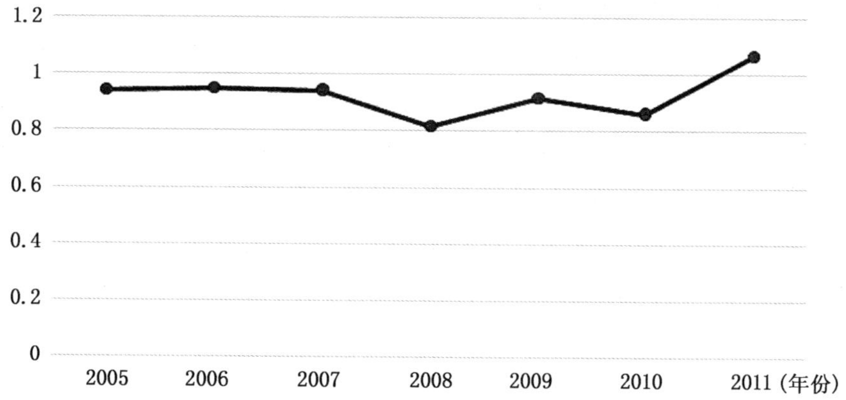

图 3—9 上海市制造业 2005～2011 年间技术效率变化

3. 2. 3 基于 DEA 实证分析的基本结论

1. 上海市制造业技术进步较快,但是技术效率却没有相应提高

技术进步是决定制造业发展的重要因素,技术进步是产业结构升级的主要

范畴之一,它反映了制造业的内在生命力,也是衡量制造业竞争力的标志。上海市这些年制造业技术的快速进步实在不易,是投入很大的人力、物力、财力资源才取得这样令人满意的结果,最重要的是,技术进步有利于促进产业结构的转型。但通过数据包络法发现,上海市制造业全要素生产率的增长并不显著,这是因为技术效率方面的缺陷吞噬了技术进步的成果,2004～2011 年上海市制造业技术进步较快,但是技术效率却没有相应提高。

2. 制造业结构较为合理,纯技术效率乏力

前文已经提到,技术效率可进一步分解为纯技术效率和结构效率。从结构效率方面看,实证结果表明,上海市制造业内部大部分行业的结构效率都接近但又不到 1,所以上海市制造业大多数行业都还有提高的余地,也反映了上海市制造业整体结构调整处于螺旋上升通道,所以从总体上来看,上海市制造业结构较为合理,上海市制造业结构调整对制造业增长的贡献度较大。这样就印证了前一章中偏离份额法的结论。上海市自 2000 年以来采用的重点发展支柱性制造业及积极调整制造业结构等一系列措施取得了较好的效果,上海市制造业结构趋于更合理。上海市制造业分行业也表现出了很好的结构效应,同时不同行业的发展和结构效应分化也较大。上海市政策扶持性行业和重点发展行业结构转型对行业的经济增长拉动作用较为突出,并且具备了相当大的优势,但是,医药制造业作为上海市重点发展的行业,各方面的表现却不佳。

从纯技术效率方面看,2004～2011 年上海市制造业纯技术效率下降了 7.4%,所以说纯技术效率的乏力直接“拖累”了技术效率的改善。长期以来,大家更关注的是加强创新、加快技术升级的步伐等政策,但是未提及上海市纯技术效率的缺陷,未对技术更新速度和技术推广的有效性给予充分关注。从本书的实证结果来看,上海市更多的是在技术效率方面败下阵来,这也是上海市值得反思的地方。上海市应当不折不扣地坚持走向高端转型升级的道路,上海制造要成为上海“智”造,在纯技术效率方面可以改进的地方有很多,改善的空间也很大。

4

上海制造业结构转型与增长的战略思路与对策

4.1 2012年上海制造业结构转型现状与问题分析

4.1.1 重点产业发展放缓，产业结构有待进一步改善

2012年，6个重点发展工业行业实现工业总产值21 063.56亿元，比2011年21 593.31亿元下降了2.5%；实现利润总额1 383.78亿元，比2011年1 497.48亿元下降了7.6%。其中，汽车制造业和生物制药业相对其他4个行业增长更快，精品钢材制造业和生物制药业利润显著提高。电子信息产品制造业、汽车制造业、石油化工及精细化工制造业和成套设备制造业工业总产值占到6个重点行业总产值的89.1%。

1. 重点产业规模增长放缓，汽车和生物制药表现较好

2012年电子信息产品制造业、精品钢材制造业和成套设备制造业分别实现总产值6 755.12亿元、1 548.32亿元和3 773.28亿元，比上一年分别下降5.7%、14.6%和3.0%，下降显著；石油化工及精细化工制造业实现总产值3 944.10亿元，比上一年下降0.2%，略有下降；汽车制造业和生物制药业发展势头良好，分别实现总产值4 296.82亿元和745.93亿元，比上一年上升4.0%和16.4%（如图4.1所示）。2012年6个重点发展工业行业总产值占上海市制造业总产值66.0%，比上一年66.6%有所下降。

2. 重点产业利润整体下降，精品钢材制造业和生物制药业利润略有提高

2012年电子信息产品制造业和汽车制造业分别实现利润额155.51亿元和

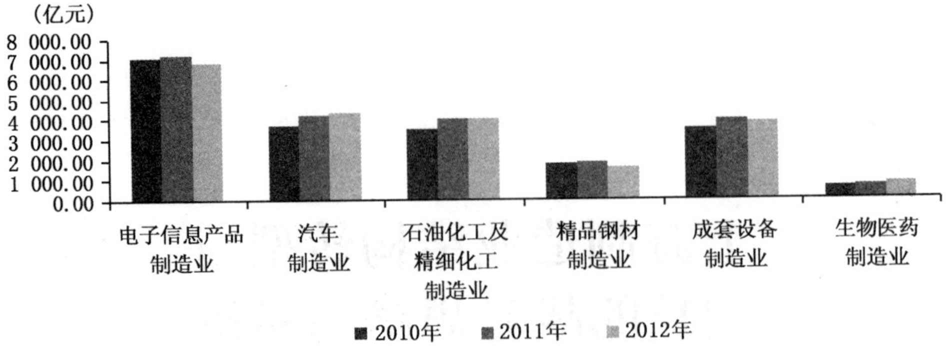

数据来源:《上海市统计年鉴》(2011~2013 年)

图 4.1 上海重点发展行业工业总产值比较

769.13 亿元,比上一年分别下降 9.9%和 3.3%,下降显著;石油化工及精细化工制造业、成套设备制造业分别实现利润额 85.35 亿元和 151.5 亿元,比上一年分别下降 27.0%和 44.6%,下降幅度巨大;精品钢材制造业和生物制药业分别实现利润额 126.58 亿元和 95.62 亿元,比上一年上涨 105.7%和 23.5%(如图 4.2 所示)。2012 年 6 个重点发展工业行业利润额占上海市制造业利润额 64.4%,比上一年 66.4%有所下降。

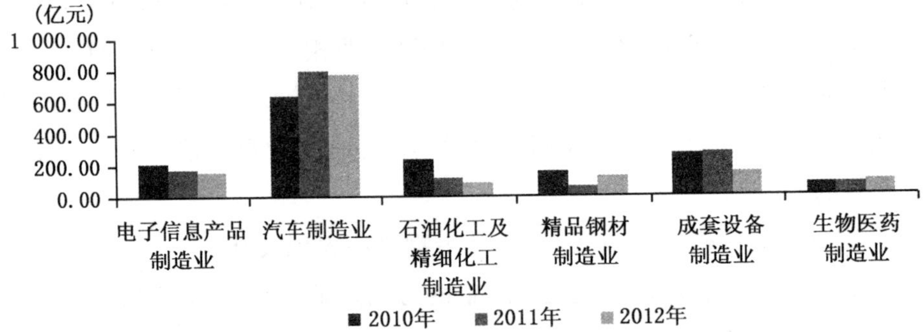

数据来源:《上海市统计年鉴》(2011~2013 年)

图 4.2 上海重点发展工业行业利润额比较

与前文的分析一致,在这 6 个重点发展行业中,电子信息产品制造业和石油化工及精细化工制造业产值规模占上海市制造业产值规模分别达到 32.1%和18.7%,而利润额占比却只有 11.2%和 6.1%,明显偏低,这反映出近些年上海虽然大力推进制造业改造升级,但多数企业特别是电子信息制造业企业还处于全球价值链的低端,未能主导产业链高附加值的关键环节;生物医药制造业无论是产业规模占比还是利润额占比都是这6个重点发展行业中最低的，虽然在2012年有所改善，但仍然存在许多问题，需要进一步推进机制创新，破解产业化中的关键技术"瓶颈"，提升产业竞争力。

4.1.2 轻重工业自主创新能力不强，盈利能力较差

按照制造业轻重工业的分类，2012年上海轻工业制造业总产值规模为6 924.54亿元，比上一年6 788.15亿元增长了2.0%；利润额635.36亿元，比上一年589.36亿元增长了7.8%。重工业制造业产值规模为24 972.33亿元，比上一年25 656.99亿元下降了2.7%；利润额1 514.06亿元，比上一年1 664.47亿元下降了9.0%。

1. 轻工业制造业发展规模有所增大，但总体盈利能力较差

2012年食品制造业，烟草制品业和纺织服装、服饰业分别实现总产值610.46亿元、755.05亿元和542.8亿元，比上一年分别提高24.0%、11.7%和23.3%，提高显著；家具制造业、造纸及纸制品业以及印刷业和记录媒介的复制分别实现总产值256.78亿元、301.94亿元和191.17亿元，比上一年分别提高5.1%、8.0%和3.8%，增长较小(如图4.3所示)。2012年食品制造业、烟草制品业、家具制造业和造纸及纸制品业分别实现利润额50.87亿元、191.15亿元、28.06亿元和17.84亿元，比上一年分别上涨34.3%、13.6%、17.3%和32.1%，上涨较多；印刷业和记录媒介的复制实现利润额18.47亿元，比上一年18.16亿元提高了1.7%，变动不大；纺织服装、服饰业实现利润额33.86亿元，比上一年44.44亿元下降了23.8%(如图4.4所示)。

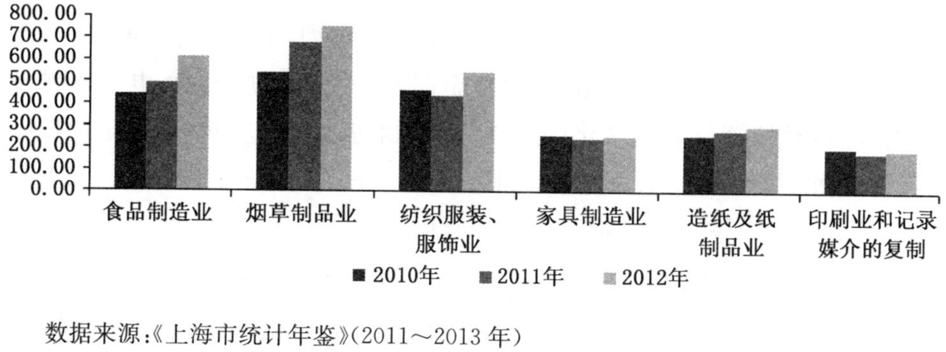

数据来源：《上海市统计年鉴》(2011～2013年)

图4.3 上海轻工业制造业工业总产值比较

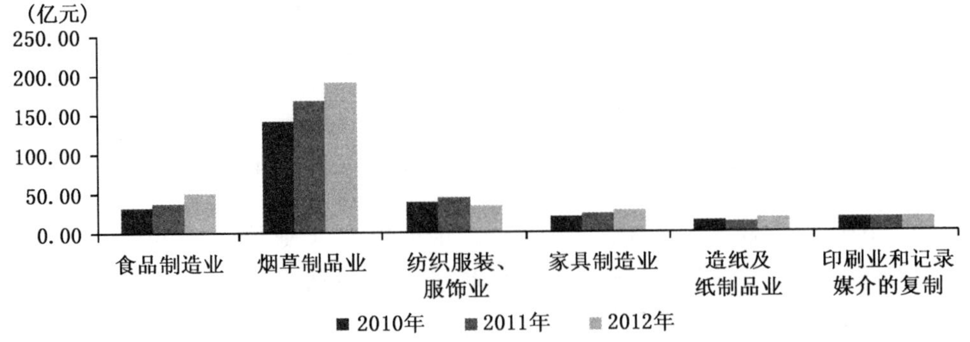

数据来源:《上海市统计年鉴》(2011～2013 年)

图 4.4　上海轻工业制造业利润额比较

结合前文的分析,上海轻工业制造业需要进一步转型发展,应以科技与时尚为发展理念,以先进技术、技术革新为发展杠杆,不断提高创新效率,鼓励家具制造业、造纸业、印刷业、纺织业、服装业等行业采用和推广新工艺、新材料,加大新设备的投入,减轻污染、降低能耗;鼓励企业加大对研发设计环节的投入,通过营销模式创新、产品创新,占据产业价值链上附加值高的关键环节,避免企业低端的同质化竞争,以应对成本的不断上升,提高企业的盈利能力。

2. 重工业制造业发展出现衰退,自主创新能力较差

2012 年化学原料及化学制品制造业实现总产值2 546.55亿元,比上一年2 527.78亿元略微提高 0.7%;黑色金属冶炼及压延加工业,有色金属冶炼及压延加工业,电气机械及器材制造业,以及仪器仪表及文化、办公用机械制造业分别实现总产值1 585.85亿元、457.13 亿元、2 122.80亿元和 298.67 亿元,比上一年分别下降 12.5%、8.1%、1.9%和 17.3%(如图 4.5 所示)。2012 年黑色金属冶炼及压延加工业实现利润额 128 亿元,比上一年增加了 1 倍以上,提高十分显著;化学原料及化学制品制造业,有色金属冶炼及压延加工业,电气机械及器材制造业,以及仪器仪表及文化、办公用机械制造业分别实现利润额 124.56 亿元、7.69 亿元、103.74 亿元和 29.56 亿元,比上一年分别下降 9.1%、34.4%、14.9%和 16.5%,下降显著(如图 4.6 所示)。

重工业代表着一个国家、一座城市的科技水平和制造实力,是国力在工业领域的晴雨表。2012 年,上海重工业总产值在全市工业总产值中所占的比例为 78.3%,化工、金属冶炼、电气机械和仪器仪表等重工业已呈现出加速衰退的发展困境。其中,化工制造业虽然发展规模略有扩大,但利润额却呈现不断下降趋势,行业竞争水平偏低,可以通过发展新能源、新材料等产业来促进重工业

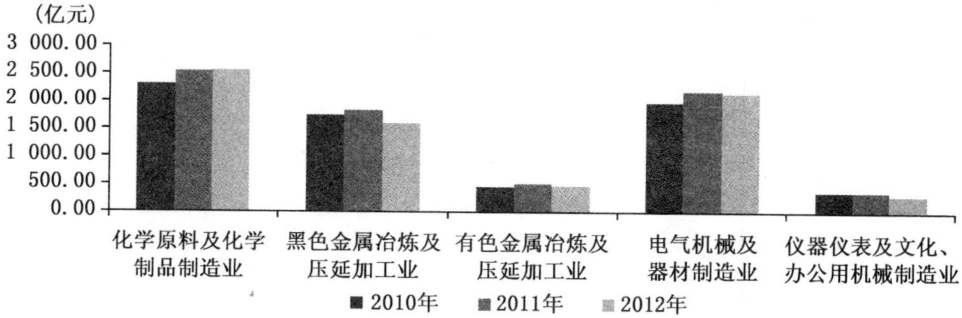

数据来源:《上海市统计年鉴》(2011～2013 年)

图 4.5　上海重工业制造业工业总产值比较

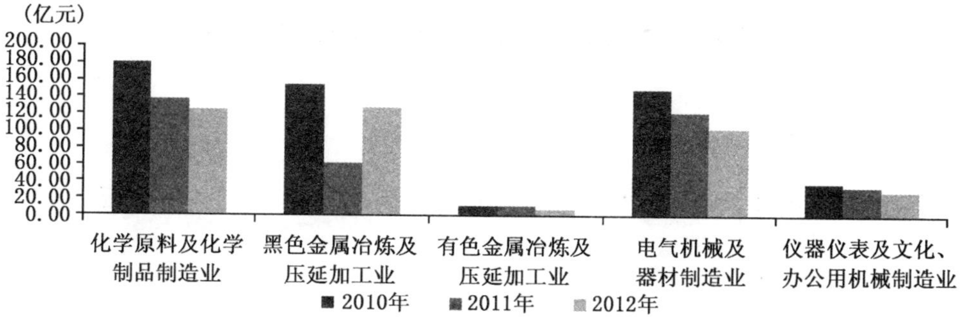

数据来源:《上海市统计年鉴》(2011～2013 年)

图 4.6　上海重工业制造业利润额比较

向高端发展。

4.1.3　技术密集型行业重要性凸显,技术效率有待提高

按照制造业要素密集型分类法,2012 年上海劳动密集型制造业总产值规模为2 842.4亿元,比上一年2 722.83亿元略涨了 4.4%;利润额 324.14 亿元,比上一年 312.54 亿元略涨了 3.7%。资本密集型制造业总产值规模为7 192.29亿元,比上一年7 147.66亿元略涨了 0.6%;利润额 334.41 亿元,比上一年 278.28 亿元增长了 20.2%。技术密集型制造业总产值规模为19 840.52亿元,比上一年20 463.53亿元下降了 3.0%;利润额1 416.72亿元,比上一年1 603.42亿元下降了 11.6%。具体见图 4.7、图 4.8。

结合前文的分析,上海技术密集型制造业已经成为上海制造业转型发展的重要支撑,2012 年上海技术密集型制造业产值规模占全市总产值规模的

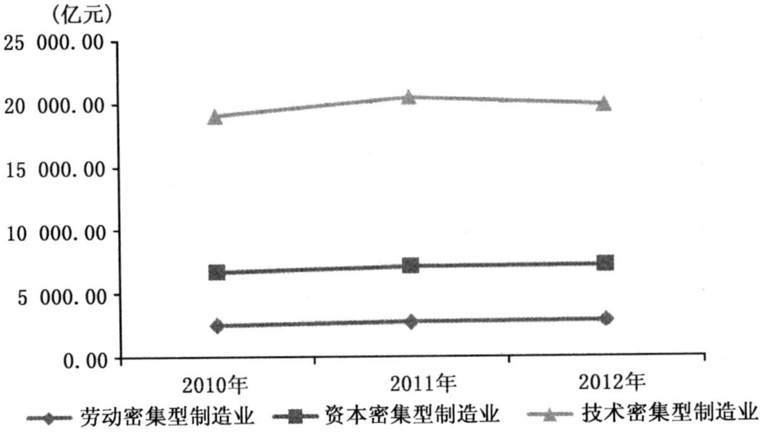

数据来源:《上海市统计年鉴》(2011～2013 年)

图 4.7 要素密集型分类法下制造业总产值规模比较

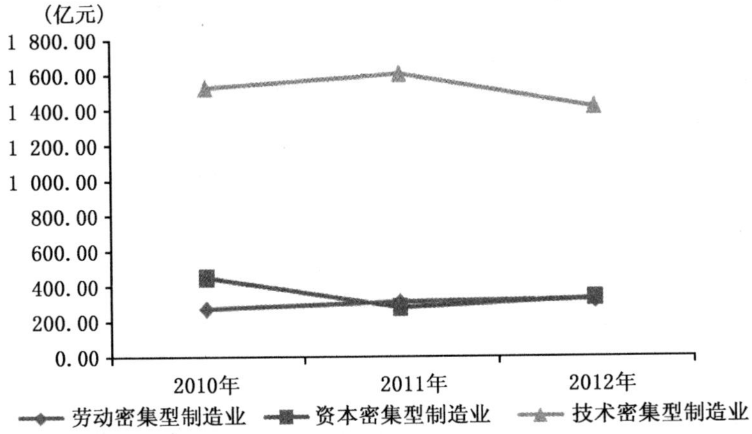

数据来源:《上海市统计年鉴》(2011～2013 年)

图 4.8 要素密集型分类法下制造业利润额比较

66.4%,利润额占全市总额的 68.3%。在上海制造业的结构向高端化转型的过程中,应积极促进劳动密集型、资本密集型制造业向技术密集型制造业转型和再发展,需要对技术效率的提高给予充分关注。低水平的纯技术效率已在抑制技术密集型制造业全要素生产率的提高,技术密集型制造业应抓住发展机会,积极扩大行业规模,加大研发投入,大力引进高水平技术人才,完善相关激励机制,充分重视行业技术更新速度和技术推广有效性的提高,以扭转该行业规模报酬递减的趋势。

4.2 上海制造业结构转型与增长的总体思路

中共十八大提出的“新四化”蓝图中把工业化放在了首位,工业生产尤其是制造业结构转型升级成为社会经济发展中的焦点。上海作为中国重要的制造业基地,自进入21世纪以来面临严峻挑战。外部存在全球金融危机和国内经济下行的影响,内部面临着体制、机制“瓶颈”,环境资源约束。在这种情况下,上海制造业如何进行结构转型升级,实现制造业的规模效益增长?上海制造业必须在原有基础上,结合内外部环境分析,遵循清晰的制造业结构转型升级思路,改变强势政府思维,从产业链整合、价值再配置、供应链协同发展等方面,迎接新工业革命挑战,推进制造业的跨越式发展。总体思路见图4.9。

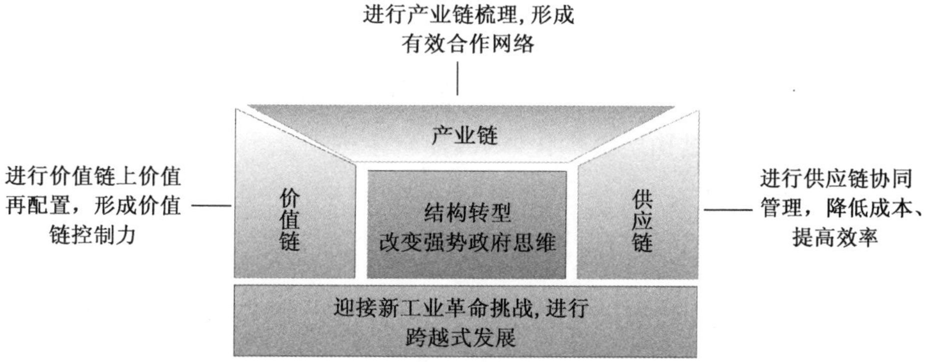

图4.9 发展上海制造业的总体思路

4.2.1 迎接新工业革命挑战,进行跨越式发展

1. 新工业革命是一场集约型性质的革命

新工业革命是人类历史上首次以省资源、省空间、省劳力为基础展开的革命,其核心是电子、机械电子、新型材料、生命工程等高尖端技术。人类将以信息、软件技术之长,弥补资源、能源不足之短,新工业革命由于新的技术革命将导致制造业生产方式与制造模式发生巨大的变化。通过机构的小型化、无人化、智能化,企业间分工将更趋专门化,确定多品种、小批量生产体制,使产品向“轻、薄、短、小”的方向发展,定制化将迎来更多的发展机遇。在上海制造业结构转型升级的关键时期,新工业革命的因素将加大调整的压力和难度。在制造业流程改进、制造设备革新和信息产业融合的趋势下,制造业将真正进入数字智能化时代。智能化制造将使劳动力成本影响产业竞争力的重要性下降,而使智能制造技术、知识产权、

设计、软件、品牌对产业竞争力的影响程度提高,这些要素影响力的提高成为推动经济增长的关键。上海要重振制造业,数字化制造是不可缺少的方面,而这一方面恰恰是上海制造业的短板。上海在帮助制造业企业共享数字化制造成果方面,可以通过数字化制造技术服务平台的构建,增强企业研究开发能力,实现技术扩散功能,并大量培养掌握高技术的数字化制造的人才。

2. 抓住新工业革命的机遇,在全球产业链的整合与重构进程中形成控制力

制造业价值链将会在全球分散分布,这为上海制造业提供了发展机遇,这些机遇将随着新工业革命的推进而增加。上海制造业结构转型应体现出新工业革命的新要求,体现信息技术与工业技术高度融合发展的本质特征。上海应利用信息技术将产业优势和信息技术进行嫁接,取得新的竞争优势;同时,开展制造模式创新和商业模式创新,形成在产业价值链上的竞争优势,去争取全球制造业价值链的控制权,成为占据附加值高端的制造业。上海制造业中作为新主导产业的先进制造业、战略性新兴产业,应以知识创新为导向,依赖制造业技术变化的性质与范围,以及不同产品生命周期模式创新,通过高新技术成果转化重构价值链,形成结构层级优化体系,使自主创新能力与高新技术产业化融入制造业升级。另外,应培育价值链集成商,通过价值链集成商主导先进制造业与生产性服务业的价值链重构,进而实现两个产业动态匹配。

4.2.2 改变强势政府思维,创造市场环境,提高市场竞争力

1. 改变强势政府思维,使政府真正由市场的主体转变为创造市场环境的主体

通过政府机构调整,推动政府资源整合,通过联合办公以及统筹规划的方式,打破条块分割,提高资源利用效率,加大对制造业结构转型的支持力度。政府管理应更多地运用经济、法律手段,加强经济调节和市场监管,要更加注重社会管理和公共服务职能,着力改善民生和加强社会建设,为制造业的转型发展创造良好的发展环境。

在市场经济条件下,行政推动应该有新的内容和表现形式。首先,行政推动不能再扭曲市场机制的作用,应起到因势利导的作用。上海市政府在2005年初颁布了《上海优先发展先进制造业行动方案》,在2006年颁布了《贯彻国务院关于加快振兴装备制造业若干意见的实施意见》,之后上海市又提出大力发展战略性新兴产业。这些产业政策更多的是提出更替式的调整策略,支柱性产业从原有的一些产业更换为另一批产业,这一策略容易造成新的支柱性产业还

未成熟，旧的支柱性产业就已经被放弃。另外，政府推动应抓住关键环节，做相应的制度安排。政府将大量资源投入一些战略性新兴产业，会引发大量投资在低端集聚，同时对需求的关注不够，从而导致需求与供给不匹配。以光伏产业为例，由于电池片和组件生产的技术门槛较低，在战略性新兴产业光环下，各地区一窝蜂地上马光伏生产项目，这使得该行业迅速产能过剩，进入比拼成本的阶段。此外，由于缺乏核心技术、受到下游领域需求萎缩的影响，部分战略性新兴产业产品利润空间越来越小，难以在全球产业链分工中获得竞争优势。

2. 加快体制机制创新，实现市场配置功能升级，提高市场竞争力

产业结构转型升级、技术创新，需要很多条件，企业单独是解决不了的。政府应该提供基础设施建设或服务，同时完善金融体制和法律环境，对勇于尝试、力求创新的企业给予专利或税收上的奖励，为企业发展提供制度支持。就上海新能源产业来说，市场竞争力还不强，现有的一系列补贴机制、税收机制都难以适应新能源快速发展的需要，电力的垄断还很严重。因此，要推动新能源产业的发展，就需要建立公开、竞争、有序、开放的现代能源市场，要打破包括地区间、行业间，甚至是国家间的保护限制，开创一个新的公平环境；要积极地开展多样化的示范项目建设，为新能源发展提供标杆，力争在一些局部地区最大限度发挥新能源的优势，大幅提高新能源的比重；继续加大对太阳能、风能技术的研发，提高电池转化率，解决包括并网、工程设计等一系列的问题，降低新能源开发利用的成本，扩大新能源利用的规模。只有新能源技术进步了和新能源的市场竞争力提高了，才能真正实现新能源的规模化发展。

4.2.3 进行产业链梳理，形成有效合作网络

1. 对产业链进行深入研究、梳理，产业链的分工应实现从垂直分工向水平分工转变

上海制造业产业链的梳理、整合与合作网络的构建，应该针对更明确的目标来开展，各参与单位要明确分工、各司其职，通过建立定期磋商机制，形成利益共享、良性循环的合作关系。通过合作研发，产业链各环节都能从中受益，发挥优势能力，使产业链中上下游的相关部门与企业在不同层面上发挥出重要作用。一旦找到结合点，产业链中协作的各方必能爆发出巨大的能量。比如上海的航运业、造船业、钢铁业都有自己的优势，它们作为产业链上下游的重要一环，其实是一个利益共同体，形成有效的合作网络将有利于各自的发展。从整个产业链共同发展的角度来看，三个行业的合作不能仅限于生产经营方面，应

着眼于应对当前不断出台的国际新标准、新规范而开展多方合作。只有加强互动,共同应对市场变化,抓紧联合研发,才能使三个行业的优势叠加,形成共振效应,通过产业链协作解决问题,在共同取得最大化利益的同时,促进自身实现健康、协调、有序发展(见图 4.10)。

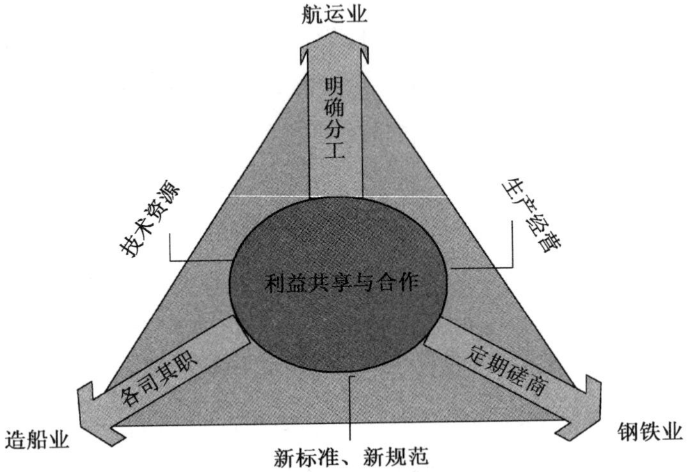

图 4.10 航运业、造船业、钢铁业产业链协作网络

2. 充分发挥政府在促进企业获取产业链控制力中的作用

政府要帮助制造业企业实现关键技术突破,提高技术效率,建立有利于企业技术创新的政策体系。这些政策体系主要包括与创新直接相关的技术标准、风险管理制度、知识产权制度、奖励制度、评价体系、科技咨询和服务体系、税收制度等。通过政策、项目等手段,引导并促使制造业企业与研究机构之间加强合作,由政府拨款或由企业和政府共同出资,整合优势力量,组建产学研一体化研发机构,研发具有自主知识产权的主导产品,使高校、研究院所的科技力量成为企业技术开发的重要依托,实现人才、技术和资源的共享。政府在照顾各方利益的同时,还应帮助各方寻求最优的解决路径,真正使产业链各方实现共赢。

4.2.4 进行价值链上价值再配置,形成价值链控制力

1. 培育自己的不可替代的优势,获得全球价值链中更多的增值份额

自改革开放以来,上海制造业企业以切入全球价值链某些环节的方式参与全球经济分工,确实取得了巨大的成绩,企业的发展带动了整个制造业的发展,也带动了上海经济在相当长时期内的高速增长。然而,同时应看到,通过这种方式嵌入全球价值链的制造业企业,由于缺乏对全球价值链的控制力,往往处

于价值链中的不利地位。上海虽然有像“家化”、“三枪”等老品牌传承设计创新的理念,使中华老字号革故鼎新,实现了凤凰涅槃,重新焕发出光辉,但还有一些老品牌消失了,或做小了,高端的、国际化的品牌还很少。从总体上说,品牌的附加值还不高,不少企业还在替国外品牌公司做产品,出口后贴上外国品牌就身价百倍,而企业自身只能得到微薄的加工利润。因此,制造业企业结构转型的关键在于通过培育自身的优势获取更大的利益,不断创造新工艺、新服务、新产业、新市场,占据全球价值链核心环节,创造更多的价值,使得自身在全球价值链中的某一环节上获得更多的增值份额。

2. 加大自主创新的力度,获得全球价值链控制力

就上海制造业总体而言,其自主创新能力仍然十分薄弱,制造业企业中很多关键技术还需要依靠国外进口。技术创新的外生性和创新能力不足已成为我国制造业企业进行价值链跨越的一大“瓶颈”,进而导致拥有自主知识产权、自主品牌、高附加值的产品比重低,在全球价值链中获得的增值偏低。为此,制造业企业要把自主创新当作一个与企业发展同步的过程,不断在技术上进行突破,特别是核心技术;用自主创新来培育知名品牌,加大创新力度,不断获取新知识、新技术和市场经营能力;要利用价值链分工平台,结合企业自身的资源状况,逐步从价值链的低端环节向高端环节跨越,最后反过来控制或影响整个全球价值链,达到控制整个全球价值链的目的,逐渐成为全球价值链的主导者。制造业企业价值链如图 4.11 所示。

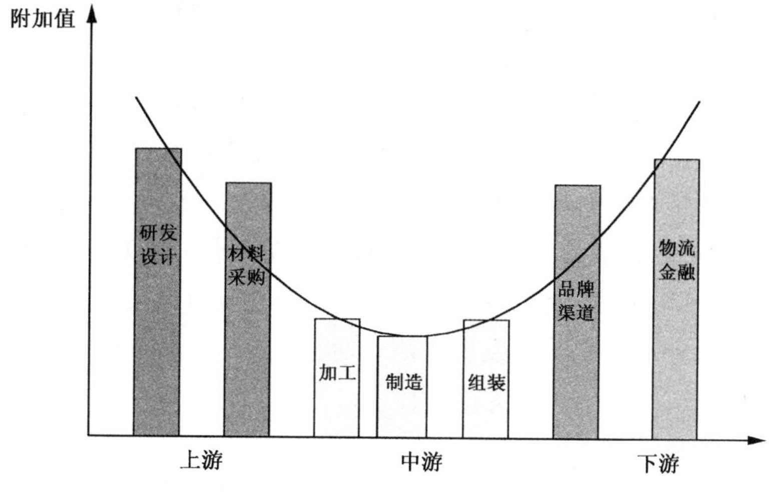

图 4.11　制造业企业价值链

4.2.5 进行供应链协同管理,降低成本、提高效率

1. 产业发展模式网络化,企业间供应链协同管理成为基础手段

随着全球化、知识化、信息化的到来,上海制造业产业供应链正处在快速成长时期,这一时期的一个典型特征就是发展模式的网络化。网络化的经济发展模式将所有社会经济活动都纳入网络的运行轨道,使得企业之间的经济联系变得更为复杂而紧密。企业内部的、纵向的价值链被打破,分解成全球范围内横向的价值链体系。制造业企业要想获得生存所需要的利益并保持持续的竞争优势,就不能仅仅依靠自身的价值链组织,需要上、中、下游的供应商、制造商、销售商以及其他各个主体参与到整个供应链中,一起进行供应链协同,提升自身在激烈竞争中的实力。同时,随着计算机技术、电子信息技术、现代网络技术和通信技术的迅猛发展以及各种信息网络的建设和运营,加快了信息、物资的流动速度,降低了信息传输成本和市场交易成本,各种经济活动完全可以超越组织的边界和时空的限制进行有效运作,这为企业间的供应链协同管理提供了基础手段。

2. 供应链本身的协同优化特性可以降低成本、提高效率

产业供应链通过整合上下游企业、同质企业集群以及产业间的相关企业形成一个集成性关联系统,实现产业各要素、功能、环节以及各企业组织之间的有机联系和高效协作,在产业的范围内实现资源、流程的优化以及功能、组织上的重组,从而可以产生单个制造业企业所不能实现的集成式规模经济效益以及协同价值效益。制造业企业通过观察其参与的供应链运作,分析出供应链中具有战略重要性、影响利润率水平高低的环节,从自身条件出发,加大资金、技术、人力投入,进行改革和创新,强化优势环节,使其转变为具有竞争优势的供应链环节,这样可以大大降低各种业务运作成本、交易成本,杜绝无效资源内耗以及低效、重复使用现象,提高效率。上海的机械工业在致力于电力设备、数控机床和工程机械等诸多主机国产化过程中,采取了在世界范围内采购关键零部件和材料进行总装,并向用户交货的发展战略,取得了主机产品的高速成长。随着高端主机产业规模的迅速扩展,无论是在进口零部件的价格、数量、水平还是交货期方面,都可以感受到国际竞争伙伴越来越明显的有意制约,有的已关系到产业安全。机械工业必须把基础技术、基础工艺、基础件等向高端升级,并将必不可少的共性基础支撑环节作为战略性重点予以加强。要打破原有行业分割格局,使主机行业、零部件行业、信息服务行业等发挥各自优势,相互支持和配合。

机械制造业供应链关系如图 4.12 所示。

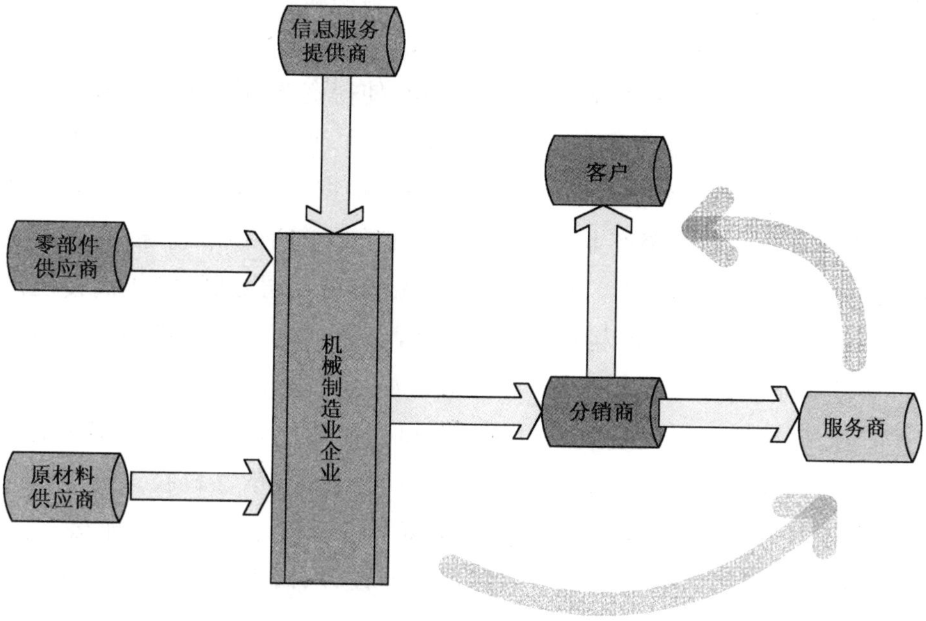

图 4.12 机械制造业供应链关系

4.3 促进上海制造业结构转型与增长的政策建议

4.3.1 深化机制改革,摆脱产业更替思维,政策到位

1. 转变政府管理职能,深化体制机制改革,营造良好环境

“十二五”期间上海改革开放进一步深化,改革的关键在于政府与市场、政府与企业的关系的处理上,按照政企分开、政资分开、政事分开、政府与中介组织分开的原则,深化行政审批制度改革,将政府职能从一些市场规则的制定者和审批者角色转换到为市场主体服务和创造良好发展环境上来。多年来,上海制造业的主体以国有企业为主,推动制造业转型升级的主导者是政府,虽然自改革开放以来上海许多国有企业制度发生了巨大的变化,转型为现代公司制度,但它们的内在机制并未彻底改变,而政府对国有企业的管理主体虽然发生了变化,但在产权制度没有大的变化的情况下,仍然依靠管人、管事、管资产的基本方法,难以形成有效的激励机制,难以提高企业的创新效率,难以激发企业自主创新、转型升级的积极性。所以上海制造业结构转型升级的成功,需要不

断深化体制机制改革,以符合市场经济体制要求为前提,以企业为核心,改善企业外部环境,关键在于率先进行体制转换和机制创新。

2. 摆脱产业更替式的结构调整策略

信息化技术的崛起和经济全球化的加速,使得资源可以在全球范围内进行优化配置,根据成本收益的原则,不同的产业链往往被安排在不同的地区。对于上海市传统制造业,不应当全盘否定,而应当根据产业链的特点,沿着产业链上下游改造升级这些传统产业;按照产业链生产导向型和市场导向型,分别强化研发设计或品牌营销环节,逐步实现产业链向更高层级跃迁,提高传统产业的附加值;以提升产业能级为主要转型策略,选择具有比较优势的产业价值链环节,通过加强创新,升级产业链。例如,上海纺织业曾被誉为上海的"母亲工业",为上海城市发展做出过重大贡献。上海纺织业已走过了130多年的光辉历程,应进行精心设计,逐步退出低端、低效纺织业务,依靠科技进步推进企业向高端化发展,加强品牌建设和开发;应坚持"科技与时尚"的发展理念,坚定地走高端纺织之路,努力推进传统纺织制造业向设计、研发和品牌服务等高端环节提升,从而重铸上海纺织业的辉煌。

4.3.2 指引生产要素流动,优化资源配置

1. 培养高素质劳动力,提高生产效率

在由创新和科技进步驱动的现代经济发展进程中,人力资本已经成为决定当前竞争地位和未来发展潜力的重要因素之一,劳动力素质,尤其是劳动者接受新技术、新工艺的能力,对于生产效率的提升至关重要。上海制造业的发展在全国处于领先地位的重要原因之一是有高素质的上海人才队伍。上海制造业的转型发展更需要大批高素质、高技能的创新型及应用型人才。因此,应当遵循人才成长规律,为广大制造业从业人员提供培训和教育机会,不断创新人才培养模式,加速创新型领军人才脱颖而出;要积极营造有利于人才辈出的创新环境,有计划地积极培养、造就创新型科技人才,从依赖劳动力低成本优势逐步转向依赖劳动力高素质优势,从而促进生产效率的提升和产品质量升级。

2. 加强对生产要素流动的指引,促进资本和劳动力生产要素在行业间和产业链间的合理流动

研究表明,资本和劳动力生产要素由相对劣势行业流向相对优势行业有利进制造业整体的增长。不仅要按照资源优化配置的要求,在全市范围内进素布局调整和产业结构调整,而且要按照全国区域经济布局的要求,

积极推进产业的战略性转移。上海市不仅要鼓励生产要素由传统行业流向支柱性行业和新兴产业,更重要的是突破行业间流动的单一思维,积极推动生产要素由低附加值产业链向高附加值产业链流动。大力促进上海的国有企业在结构调整和产业转移中的作用,不仅要搞活国有独资企业,而且要通过合资合作、控股参股等办法,使国有资产通过宏观调控来支配更多的社会资产,不断提高国有资产渗透能力和产出效益,充分发挥国有经济在国民经济中的主导作用。

4.3.3 加强创新整合能力,提高创新效率

1. 用创新驱动转型,形成持久创新力

促进上海制造业结构高端化的过程,是依靠科技进步和创新,实现产业高技术含量、产品高附加值和市场高占有率的过程。上海制造业的大部分企业尚处于微笑曲线中附加值低的"下颚"处,在产业链附加值高的两端环节的实力依然较弱。在劳动力成本不断上涨的压力下,只有通过技术进步、技术效率的提升,降低生产成本,才能提高产品质量,增加产品品种,形成持久的创新力。上海的老字号三联集团下的"吴良材"、"茂昌"眼镜实施了科技创新,突破技术难关,相继研发出了青少年渐进多焦镜、树脂片去毛复新技术、762 特耐磨树脂镜片、宽式宽屏渐进多焦镜,并获得了专利发明证书。这些技术成果在国际上处于领先地位,使得上海眼镜业市场份额稳居全国行业前列,成为全国眼镜行业的龙头企业。加快上海制造业转型升级,核心在于不断迅速利用各种先进科学技术成果,对产品生产过程、工艺流程进行改造和优化;关键是推动发展方式由以投资拉动为主向创新驱动转变,技术进步路径由以引进技术为主向自主创新转变。

2. 搭建共性技术平台,增强企业创新能力

上海应支持制造业企业建立技术中心和研发中心,增加资金投入,建立共性技术研发平台,吸引科研院所、大学和研究型企业的参与;同时,要注重建立共性技术的扩散机制,培养高校、政府资助的科研机构成为企业研发的辅助力量,通过政府资助等方式扩散技术,培育企业自主创新能力。对于大型企业,要发挥其科研优势,鼓励其培育具有独创性的核心技术能力,完善产业内和产业间的技术渗透体系。对于中小型企业,鼓励其形成技术创新的网络体系,作为核心技术的补充,积极进行应用性创新。企业与科研院所应加强合作,建立产学研经常性交流机制,拓宽企业自主创新的视野,同时进一步做好知识产权保

护工作,通过专利保护、知识产权市场交易,加大共性技术与企业之间的利益结合度,提高保护创新成果的意识。

4.3.4 促进二、三产业融合发展,加快制造业结构转型与增长的步伐

1.“两化融合”推动制造业深刻变革,重塑制造业格局

随着信息技术的快速发展和普及应用,信息化与工业化融合为一种全面、动态、优化的资源配置方式。信息技术在制造业中的广泛应用,使得企业间全球化的分工协作变得更方便、更快捷、成本更低、效率更高,促进了企业管理与组织模式的革命性变化。传统制造业基本是生产装备、卖装备,而现在制造业通过信息化实现由卖装备向卖服务转变。在现代经济增长模式下,金融、信息等产业能够提供高质量的服务,这将在很大程度上影响制造业企业的未来发展。信息技术使产品内涵得到丰富,提升了产品价值,使企业商业模式和经营模式实现转型,同时也带动了相关产业链新的增长。信息技术融入企业研发设计、生产经营的各个环节,创新了研发手段,优化了研发流程,提升了研发效率和研发能力。“两化融合”为企业创新发展带来了新机遇,信息技术的普及应用,使得信息和知识的扩散以及人力资本的提升成为引领经济社会发展的重要动力。上海是信息的汇聚地、人才的集聚地,上海现代生产性服务业已经成为极大拓展“两化融合”空间、促进产业结构战略性调整、提高产业附加值的重要途径。

2. 以生产性服务业的发展为切入点,加快二、三产业融合进程,推动二、三产业融合的新型产业体系的建立

制造业是服务业发展的基础,制造业生产效率的提高有利于服务业的发展和竞争力的提高;反过来,服务业生产效率的提高也有利于制造业的发展和竞争力的提高。生产性服务业是二、三产业的结合地带,承担着上海市制造业转型发展的重要责任。按照上海市的规划,生产性服务业包括总承包、总集成、节能环保、融资租赁、服务外包、科技研发服务、专业技术服务、创意产业八大领域,这些生产性服务业的发展有利于服务业和制造业的良性互动。总之,生产性服务业的发展直接关系到上海市二、三产业融合的新型产业体系的建立。因此,促进生产性服务业与制造业融合迫在眉睫。产业融合将优化资源配置,实劳动力转移和扩大就业,提高经济增长的活力,解决制造业整体竞争力较弱、间较小的问题。二、三产业的融合是制造业发展的趋势,越是先进的制牌、营销和供应链的控制越是重视,从而价值链环节的实现越依赖于

服务业。不仅如此,企业的运作十分依赖于金融服务业参与到创建的服务平台中;反过来,金融服务的困境会制约制造业向高端发展。“十二五”期间上海产业结构正是以服务经济为主导,促进传统制造业向服务经济转型升级是上海制造业向高端转型的必然要求。

4.3.5 建立绿色为先的新发展模式,走可持续发展之路

1. 突出先进制造业的产业优势,促进产业优胜劣汰

“十二五”期间,节能减排和环境友好是上海制造业生产过程中必须十分重视的基本要求。对于高耗能和高污染的重点行业,产品的设计和制造要更加体现全生命周期的绿色理念,高效、低污染、能回收、资源可重复利用等因素必须置于优先位置,应通过产业链的延伸加强资源的综合利用,包括从产品的研制、开发、生产到包装、运输、使用、循环利用等各个环节,将生产中所产生的各种废物降到最低。上海应突出产业优势,做出更大成绩,不仅在大飞机、大型燃气机等方面做出品牌,还要发展大型的化工设备、煤化工,包括将来的二氧化碳捕捉和利用技术;推进钢铁、电力、石化、建筑、建材等行业节能降耗技术改造;推进清洁生产,完善工业废水、废气和废渣回收处理设施,企业要实施清洁生产技术改造工程,在源头治理污染物的排放;同时,坚决淘汰高污染、高能耗、高物耗的落后产能,不断催生资源利用和节能环保的新模式,实现产业结构的转型升级。上海外高桥第三发电有限责任公司(简称“外三”)成为世界上最高效的燃煤发电厂,离不开提供绿色电力、创造优质生活的企业理念。外三以节能创新为主线,5 年内先后成功研发了“零能耗脱硫”技术、“节能型高效除尘”技术、“节能型全天候脱硝”技术等 18 项节能关键技术,其中 12 项为世界首创,其他 6 项为国内首创。其始终围绕着节能减排、科技创新的理念,使节能减排水平不断提升,为社会创造更大价值。

2. 实现绿色为先、建立低碳经济的可持续发展模式

上海作为我国的经济中心城市,经济实力较强、科技水平较高、智力资源丰富、城市开放度高,有基础、有必要在低碳经济基础上率先发展,探索出一条适合自身特点,又具有普遍借鉴意义的低碳城市发展之路。低碳经济的本质是转变经济发展方式,突出低消耗、低排放、高附加值的现代服务业发展方式,注重新能源技术、节能技术的创新突破,这与上海制造业转型发展要求高度契合。

目前,上海处于发展低碳经济的起步阶段,在存在能源、环境约束的情况下,应促进优势产业进一步提升产业竞争力、聚焦重点,从关键性领域进行突

破，运用先进技术改造传统产业，推进劣势产业的转型，实现节能降耗。上海发展低碳经济，要聚焦新能源、节能环保等新兴产业，将其培育成为新的经济增长点。在加大能源结构优化调整过程中：一是加大低碳清洁能源的开发利用。针对上海可再生能源的资源特点，积极发展风能、太阳能和生物质能项目，推动主要低碳能源的规模化、产业化和商业化发展，发展新能源的装备产业，占领先机，突破智能电网限制。二是大力促进生产过程中的传统化石能源的低碳化利用。三是加快发展新能源和节能环保产业。新能源产业要进一步强化技术研发，核电、风电、太阳能发电、整体煤气化联合循环(IGCC)要在国内率先形成设计、制造和成套能力；新能源汽车发展要进一步加快产业化进程；节能服务业发展要进一步健全市场交易平台。积极发展合同能源管理，培育完善环境能源交易所功能，不断拓展节能减排与环保领域的技术、资本和权益交易，开发创新碳交易、碳金融产品市场。

本书由上海文化发展基金会图书出版专项基金资助出版

图书在版编目(CIP)数据

产业发展与结构转型研究(第四卷),大公司主导变革:我国产业结构战略性调整的新思路、新政策:基于产业链重构视角/芮明杰,杨锐著.—上海:上海财经大学出版社,2015.12
ISBN 978-7-5642-2295-6/F·2295

Ⅰ.①产… Ⅱ.①芮…②杨… Ⅲ.①中国经济-产业经济-转型经济-研究②中国经济-产业结构调整-研究 Ⅳ.①F269.2②F121.3

中国版本图书馆 CIP 数据核字(2015)第 306779 号

□ 丛书策划 王永长
□ 责任编辑 陈 佶
□ 封面设计 张克瑶

CHANYE FAZHAN YU JIEGOU ZHUANXING YANJIU

产业发展与结构转型研究(第四卷)

大公司主导变革:
我国产业结构战略性调整的新思路、新政策
——基于产业链重构视角

芮明杰 杨 锐 著

上海财经大学出版社出版发行
(上海市武东路 321 号乙 邮编 200434)
网 址:http://www.sufep.com
电子邮箱:webmaster @ sufep.com
全国新华书店经销
上海华教印务有限公司印刷装订
2015 年 12 月第 1 版 2015 年 12 月第 1 次印刷

710mm×1000mm 1/16 20.25 印张(插页:2) 342 千字
定价:45.00 元